D1985021

Ontdek

Loiredal

anwb

Loiredal – veelgestelde vragen 7

Favorieten 12

In vogelvlucht 14

Reisinformatie, adressen, websites

Informatie 18
Weer en reisseizoen 21
Reizen naar het Loiredal 23
Overnachten 25
Eten en drinken 28
Actieve vakanties, sport en wellness 30
Feesten en evenementen 34
Praktische informatie van A tot Z 36

Kennismaking – Feiten en cijfers, achtergronden

Loiredal in het kort 42
Geschiedenis 44
De rivier en haar landschappen 50
De reis van de zalm 54
De Loireschippers – helden uit de tijd van de riviervaart 56
Jeanne en Martinus – de heiligen van de Loire 58
Son et lumière – toveren met licht en geluid 62
Culinair genieten – de keuken van de Loire 64
Douceur de vivre – de wijnen van de Loire 67
Een lesje architectuurgeschiedenis 72
Estuaire Nantes-St-Nazaire – kunst aan de monding van de Loire 76

Onderweg in het Loiredal

Van Gien naar Blois **82**
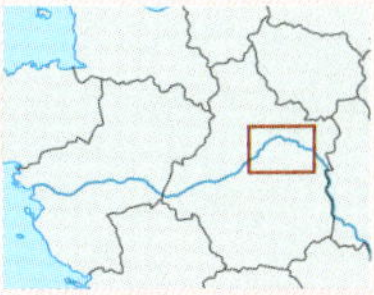
Gien 84
Château de Sully 87
St-Benoît-sur-Loire 88
Châteauneuf-sur-Loire 89
Orléans 89
Meung-sur-Loire 97
Beaugency 100
Château de Talcy 101
Blois 102
Fietstocht van Blois naar Chambord 112
Chambord 115
Cheverny 121
Villesavin 122
Beauregard 123
Chaumont 124

Bourges, Sologne en Sancerre **128**

Bourges 130
Sologne 141
Romorantin-Lanthenay 143
Sologne des Étangs 144
Wandeling bij La Ferté-Beauharnais 144
Lamotte-Beuvron en Souvigny-en-Sologne 145
Château La Ferté-St-Aubin 146
Aubigny-sur-Nère 147
Sancerre 147

Oostelijke Touraine **152**
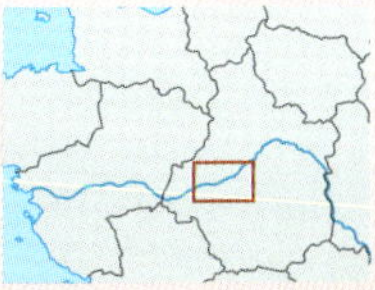
Amboise 154
Chenonceau 162
Montrichard en St-Aignan 165
Château de Valençay 168
Montrésor 169
In het dal van de Indrois 169
Loches 170

Tours **174**

Middeleeuws centrum met moderne accenten 176
Rond de kathedraal 177
Rond de St-Julien 181
Rond de Place Plumereau 184
Prieuré de St-Cosme 185

Westelijke Touraine **190**
Langeais 192
Bourgueil 197
Chinon 198
In het dal van de Vienne 206
Azay-le-Rideau 207
Saché 209
Château d'Ussé 211

In het dal van de Loir **212**
Vendôme 214
Montoire-sur-le-Loir 215
La Possonnière 218
La Chartre-sur-le-Loir 219
Fietstocht door de Coteaux du Loir 219
Château du Lude 223
La Flèche 225

Anjou **226**
Candes-St-Martin 228
Van Montsoreau naar Saumur 229
Saumur 232
Fontevraud 243
Montreuil-Bellay 247
Le Puy-Notre-Dame 248
Doué-la-Fontaine 248
Cunault 249
Op de fiets naar Cunault 253
Château de Brissac 254
Château de Montgeoffroy 254
Angers 254
Château du Plessis-Bourré 267
Château de Serrant 267

Nantes **268**
Van het kasteel naar de botanische tuin 271
Oude en nieuwe stad 274
Buiten het centrum 277

Toeristische woordenlijst 284
Culinaire woordenlijst 286
Register 288
Fotoverantwoording en colofon 296

Op ontdekkingsreis

De Loire ontdekken op de fiets – heerlijk ontspannen langs de rivier 98
Een boottocht over de Loire – één met de natuur 126
In het Palais Jacques Cœur – bij de koninklijke schatbewaarder 138
Leonardo da Vinci's ideeënfabriek – op bezoek in Le Clos Lucé 158
Souvenirs, souvenirs – winkelen in Tours 182
Villandry – geometrie van hagen en bloemperken 194
Wijnproeverijen – naar de wijndomeinen van Chinon 204
Langs de Sint-Jacobsroute – dorpskerken met romaanse fresco's 216
Crémant uit Saumur – een bezoek aan de grotkelders 240
Grotten in Anjou – leven en kunst onder de grond 250

Kanovaren op de Loire bij zonsopgang

Kaarten en plattegronden

Stadsplattegronden

Orléans	92
Blois	106
Bourges	132
Amboise	157
Loches	173
Tours	178
Chinon	198
Saumur	234
Angers	258
Nantes	272

Routekaarten en detailkaarten

Loire: wijnbouwgebieden	68
Beaugency – Châteauneuf-sur-Loire, fietstocht	99
Château de Blois	104
Blois – Chambord, fietstocht	112
Loire bij Chaumont, boottocht	127
Marais des Bourges	133
Bourges: Palais Jacques Cœur	139
La Ferté-Beauharnais, wandeling	145
Amboise: Le Clos Lucé	159
Villandry: tuin	195
Chinon: wijndomeinen	205
Dorpskerken met romaanse fresco's	217
De Coteaux du Loir, fietstocht	222
Grotkelders in Saumur	241
Grotten in Anjou	251
Saumur - Cunault, fietstocht	253

▶ Dit symbool verwijst naar de uitneembare kaart

Fraai uitzicht op de noordgevel van het kasteel van Chambord

Loiredal – veelgestelde vragen

Weinig tijd? De belangrijkste kastelen in drie dagen

Met een strakke planning kunt u met de auto in drie dagen – plus de dagen voor de heen- en terugreis – de belangrijkste Loirekastelen bezoeken. De eerste nacht verblijft u in **Chambord.** In de avonduren en de volgende ochtend hebt u het kasteel bijna voor u alleen. De volgende etappe gaat naar **Blois,** waar in het centrum een schitterend renaissancekasteel staat. Onderweg bezoekt u het park en het kasteel van **Cheverny,** bekend van de strips van Kuifje. Vervolgens staat een bezoek aan het **tuinenfestival van Chaumont** op het programma. Hier kunt u eventueel de hele dag doorbrengen en dan in de vooravond een boottochtje over de Loire maken. Wie meer haast heeft, rijdt verder via het kasteel van **Chenonceau,** dat als een brug over de rivier de Cher is gebouwd en over een fraaie tuin beschikt, naar het imposante koningskasteel van **Amboise.** Overnachten kan in **Tours,** waar u de avond begint met een aperitief op de Place Plumereau. In het ruime aanbod aan restaurants en bodega's vindt iedereen wel iets van zijn gading. De laatste dag is bestemd voor de renaissancetuinen van **Villandry,** gevolgd door een bezoek aan het waterslot van **Azay-le-Rideau,** een architectonisch juweeltje aan de rivier de Indre. Een overnachting in Azay betekent volop rust in een idyllische omgeving. Wie 's avonds liever uitgaat of wil winkelen, rijdt terug naar Tours.

Welke andere bezienswaardigheden zijn een bezoek waard?

Liefhebbers van romaanse architectuur moeten zeker tijd inruimen voor de abdijen van Fontevraud en St-Benoît. In het klooster van **Fontevraud** bracht Eleonora van Aquitanië, de machtigste vrouw uit de middeleeuwen, haar laatste levensjaren door. Haar graf en

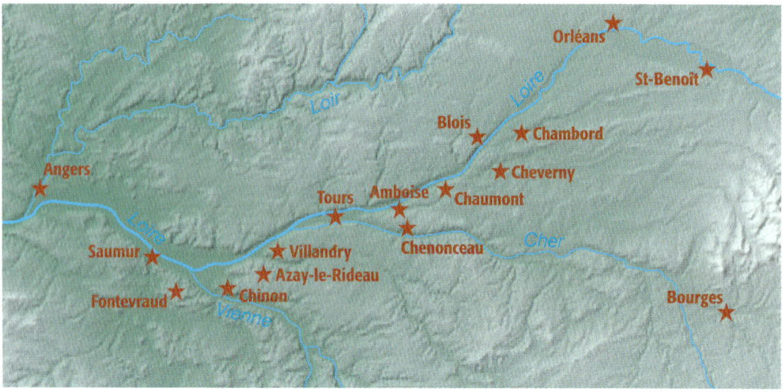

De belangrijkste kastelen en plaatsen in het dal van de Loire

dat van haar tweede man Hendrik II van Engeland en dat van hun zoon Richard Leeuwenhart geven in de abdijkerk een beeld van de pracht en macht van de Plantagenets. De abdij van **St-Benoît** betovert niet alleen met haar rijkbewerkte kapitelen, maar ook met haar ligging aan de Loire. Aan de westelijke Loire, in de omgeving van **Saumur**, kunt u een bezoek brengen aan de talrijke **tufsteengrotten**, ontstaan door het uithakken van steenblokken die als bouwmateriaal dienden voor de Loirekastelen. In enkele van de ondergrondse steengroeves werden complete dorpen aangelegd, in andere ontstonden beeldenparken. Nu fungeren veel grotten als wijnkelder of worden er champignons geteeld.

Romantische wijnkelder in een ondergrondse steengroeve

Zijn er ook interessante dorpen en steden?

De imposante gebouwen in de steden langs de Loire getuigen van de belangrijke rol die deze regio in de geschiedenis heeft gespeeld. Een kleine omweg leidt naar **Bourges**, met als blikvanger de kathedraal, die zelfs de UNESCO Werelderfgoedlijst heeft gehaald. In de zomer lonkt een avondwandeling langs de prachtig uitgelichte renaissancepaleizen. **Orléans, Tours** en **Angers** zijn levendige universiteitssteden waar de historische stadscentra uitnodigen tot flaneren en een kopje koffie op een terras. **Blois** en **Saumur** verrassen de bezoeker met goed bewaard gebleven oude stadswijken en fraaie uitzichten op de Loire. Het aan de monding van de rivier gelegen **Nantes** is een reisdoel op zich. De westelijke metropool is een bruisende, culturele havenstad met exotische architectuur uit de 18e eeuw, toen Nantes floreerde als de toch enigszins dubieuze hoofdstad van de suiker- en slavenhandel.

Waarnaartoe met kinderen?

Veel kastelen heten kinderen welkom met speciale attracties als doolhoven, speelterreinen en speurtochten. Bij **Chambord** zullen vooral de sprookjesachtige torens en daken de kinderen aanspreken. Verder zijn er fietsen en roeiboten te huur en er is een enorm park dat vraagt om verkenning. Fans van Kuifje zullen het kasteel van **Cheverny** wel herkennen, met als extra attractie het dagelijks voeren van de jachthonden. In **Amboise** blijft de enorme wenteltrap voor koetsen fascineren, net als de heftige gebeurtenissen uit de Godsdienstoorlogen. In het huis van Leonardo da Vinci kunnen jong en oud enkele reconstructies van de uitvindingen van het renaissancegenie zelf testen.

Zijn er bijzondere overnachtingsplekken?

Wie 's avonds graag de stad in gaat, moet zeker een of meer overnachtingen in **Tours** overwegen. Vanuit deze stad zijn veel kastelen snel te bereiken. Wie een voorkeur heeft voor een landelijke omgeving en liever zelf zijn eigen potje kookt, kiest voor een *gîte* in een dorp. Voor 'prinsen en prinsessen' is een **overnachting in een kasteel** niet te overtreffen. Met de formule van *chambres d'hôtes* is het overnachten in een kasteel zelfs voor gezinnen financieel mogelijk geworden. De enorme kamers bieden vaak genoeg plek voor vier personen. Logeren in een *maison troglodyte*, een **grotwoning**, is – niet alleen voor kinderen – het hoogtepunt van een Loirereis. Er zijn luxueuze grotaccommodaties met alle comfort, maar ook

Overnachten met flair in een grotwoning

eenvoudige *auberges* die een betaalbare overnachting in een meerpersoonskamer aanbieden. Beide opties staan garant voor een authentieke ervaring.

Leven als god in Frankrijk?

Het *savoir vivre* wordt aan de Loire al sinds mensenheugenis met passie gepredikt en het aanbod aan voortreffelijke restaurants en hotels is dan ook zeer groot, zelfs voor een gemiddeld budget. De suggesties hieronder zijn daarom ook niet meer dan een kleine selectie van wat er zoal mogelijk is.

In **Au Rendez-Vous des Pêcheurs** in **Blois** laat chef-kok Christophe Cosme zien hoe je een sterrenkeuken kunt combineren met een ontspannen sfeer. In **Chenonceaux** keren culinaire genieters steeds weer terug naar **Auberge du Bon Laboureur.** En wie in **Azay-le-Rideau** na de kasteelbezichtigingen behoefte heeft aan landelijke rust, zoekt een plekje in het voormalige postkoetsstation van **Grand Monarque.** Op het terras onder de oude bomen is ook een kleine lunch al een culinaire belevenis.

Hoe is het openbaar vervoer?

De Loirekastelen zijn met de bus en de trein niet of nauwelijks te bereiken. Wie zonder auto onderweg is, kan vanuit Tours met georganiseerde busexcursies de kastelen in de omgeving bezoeken. De steden langs de rivier zijn wel goed met het openbaar vervoer bereikbaar. Een prima alternatief voor de auto is de fiets, waarvan er dan ook veel te zien zijn langs de oevers van de Loire.

Waar zijn de mooiste tuinen?

Ook tuinliefhebbers hebben het langs de Loire voor het uitkiezen. Het internationale tuinenfestival bij het kasteel van **Chaumont** is een *must*, net als de schitterende tuin van **Villandry** en de tuinen van **Cheverny** en **Chenonceau.** Verder zijn er kleine tuinen die volop inspiratie bieden voor de eigen tuin, zoals de **Jardins de Roquelin** in Meung-sur-Loire van de bekende rozenkweker Stéphane Chassine, de tuin van **Beauregard**, waar eigentijdse en historische concepten vakkundig met elkaar worden gecombineerd, en de sprookjesachtige tuin van het **Château du Rivau** bij Chinon. Wie op zijn balkon 'blauwe' tomaten wil kweken, gaat naar het Conservatoire de Tomates van de prins van Broglie in het **Château de la Bourdaisière,** ten oosten van Tours.

De mooiste tuinen langs de Loire

Waar vind ik de beste wijnen?

De wijnbouwgebieden rond **Chinon** werden al in de tijd van Rabelais (1494-1553) geprezen. In de stad zelf vindt u talrijke adressen om de wijnen te proeven. Ook is het mogelijk de wijnboeren in de stad of op hun terrein te ontmoeten voor een informatief gesprek. Op de overzichtskaart van de **Route des Vins de Chinon** zult u beslist uw lievelingswijn ontdekken. **Saumur** staat bekend om de mousserende witte wijnen. In de omgeving kunt u verschillende in grotten gevestigde wijnkelders bezoeken. Aantrekkelijke wijnplaatsen zijn bijvoorbeeld **Montsoreau, Turquant** en **Dampierre.**

Fietsen of wandelen?

Wie over genoeg tijd beschikt, kan via de **GR3** de Loire van de bron tot aan de monding te voet volgen. Het traject tussen Orléans en Saumur is ongeveer 250 km lang en passeert de belangrijkste kastelen. Populair bij wandelaars is ook het heidelandschap van de **Sologne.**

Het relatief vlakke Loiredal met de aan de oevers liggende dorpen en steden is echter vooral geschikt voor fietsers. Speciaal voor hen is er een 800 km lange **fietsroute** langs de Loire aangelegd, die de rivier van Orléans tot aan Nantes volgt. Mooie uitzichten op de rivier kunt u vooral verwachten op de trajecten tussen Orléans en Blois en tussen Saumur en Cunault.

Daarnaast zijn er gemarkeerde rondgaande routes (*boucles*), bijvoorbeeld rond Chambord. Een aanrader is verder een gecombineerde **fiets- en kanoroute** langs de rivier de Vienne, van Chinon naar Candes-St-Martin.

Op zoek naar iets nieuws? Sightseeing met een verrassing

Met een **boottocht** in een traditionele platbodem kunt u de rivier van dicht-

Het tuinenfestival van Chaumont verrast elk jaar met nieuwe tuinideeën

bij ervaren. Afhankelijk van de beschikbare tijd of uw voorkeur kiest u voor een twee uur durende tocht of een excursie van een hele dag, inclusief een uitgebreide lunch (*biwak*) op een van de eilanden. Een mooie plek voor een riviertocht is de monding van de Vienne in de Loire bij **Candes-St-Martin.** Bij een tocht in de vroege avond vanaf **Chaumont** hebt u grote kans op een ontmoeting met een beverfamilie of beverratten.

Zijn er nog speciale tips?

Vooral in de zomervakantie kan het zeer druk worden in en rond de bekendste Loirekastelen, waardoor bijvoorbeeld Chenonceau veel aan charme inboet. Er zijn echter alternatieven! Kom bijvoorbeeld 's avonds en overnacht ter plekke, dan hebt u het kasteel bijna voor u alleen.

Of kies voor de kleinere *châteaux*: **Beauregard** en **Villesavin** zijn wellicht net zo mooi als hun grote broers, maar veel minder druk (zie blz. 113). Een 'echt' Loirekasteel is ook te vinden in het dal van de rivier de Loir (niet te verwarren met de Loire): **Le Lude** beschikt over fraaie tuinen, maar is in privébezit en wordt nog altijd bewoond, waardoor het niet oogt als een museum (zie blz. 223). Hier kunt u nog de echte kasteelsfeer beleven, maar dan zonder het massatoerisme. In de directe nabijheid ontdekt u bovendien de kleine romaanse kerken van het Loirdal, waar u kunt genieten van unieke fresco's. Het is beslist de moeite waard om af en toe van de gebaande paden af te wijken!

Veel groen en uitzicht op de Loire in de bisschoppelijke tuin van Blois. Zie blz. 110.

Fascinerend: de wenteltrap in het kasteel van Chambord. Zie blz. 118.

Favorieten

De reisgidsen van de ANWB worden voortdurend bijgewerkt met actuele informatie. Daartoe trekken de auteurs geregeld weer langs de diverse plaatsen in de beschreven streek. Hierbij ontdekken zij ook heel persoonlijke lievelingsplekjes, zoals dorpjes die buiten de platgetreden toeristische paden liggen, een heel bijzondere strandbaai, sfeervolle pleintjes die uitnodigen om even bij te komen, een stukje ongerepte natuur. Het zijn de favoriete locaties waar je eigenlijk telkens weer naartoe wilt gaan.

Niet alleen 's avonds druk bezocht: de Place Plumereau in Tours. Zie blz. 187.

Blik over de Vienne op Chinon en de koninklijke burcht. Zie blz. 200.

Het Château de la Verrerie is ideaal voor een romantisch weekend. Zie blz. 148.

De galerij in het kasteel van Chenonceau straalt grandeur uit. Zie blz. 167.

Het Hôtel de France in La Chartre-sur-le-Loir. Zie blz. 220.

Rivieridylle met eiland bij Candes-St-Martin. Zie blz. 230.

In vogelvlucht

Anjou
In het westelijk deel van de Loire zijn Saumur, Angers, het schilderachtige dorp Candes-St-Martin, de abdij van Fontevraud en de grotten rond Saumur de toeristische trekpleisters.
Zie blz. 226.

Tours
De universiteitsstad is de ideale uitvalsbasis voor een verkenning van de Loirekastelen. In Tours zelf ontdekt u boeiende musea, maar ook uitstekende restaurants en talrijke winkels. Dat maakt het een stad voor zowel cultuurliefhebbers als levensgenieters. Sfeer proeven kan op de vele terrasjes op de Place Plumereau.
Zie blz. 174.

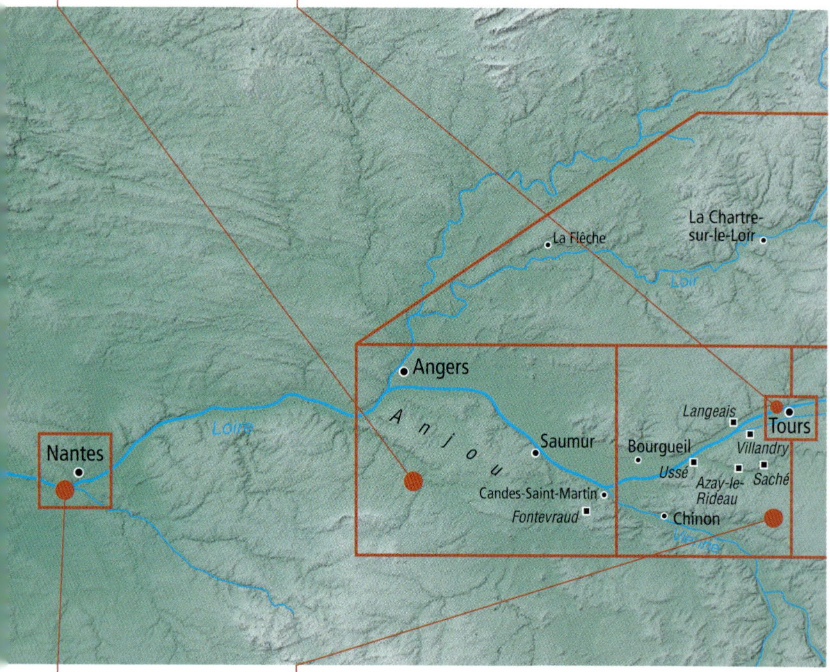

Nantes
De voormalige hoofdstad van Bretagne, ooit een bloeiend centrum van handel en scheepsbouw, nodigt uit met gedurfde architectuur en een boeiend cultureel leven. Zie blz. 268.

Westelijke Touraine
De verkenning van de 'vallei van de koningen' leidt langs de kastelen van Langeais, Azay-le-Rideau en Ussé. Het kasteel van Villandry is beroemd vanwege zijn renaissancetuin, terwijl Saché herinnert aan de Franse schrijver Honoré de Balzac. Naar Chinon gaat u voor een wijnproeverij of een kanotocht over de Vienne. Wijnliefhebbers kunnen hun tocht vervolgen naar Bourgueil.
Zie blz. 190.

In het dal van de Loir
Tussen Vendôme en La Flèche kunt u, in de luwte van het massatoerisme, wandelen en fietsen, van Loirwijnen genieten en romantische fresco's bewonderen. Zie blz. 212.

Van Gien naar Blois
Aan de oostelijke Loire liggen de sprookjesachtige stadjes Gien, Meung en Beaugency, de bruisende, historische steden Orléans en Blois, de indrukwekkende kastelen van Sully, Chambord en Cheverny en het stadje Chaumont met zijn boeiende tuinenfestival. Op de fiets of tijdens een boottocht ervaart u de natuur in en langs de rivier. Zie blz. 82.

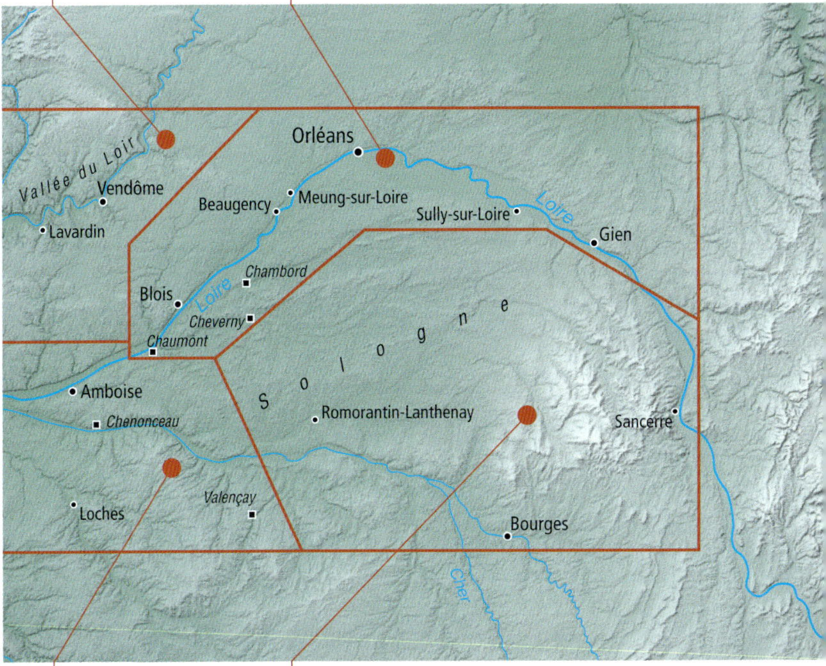

Oostelijke Touraine
Ten oosten van Tours volgen de bezienswaardigheden elkaar snel op: de kastelen van Amboise, Chenonceau en Valençay en het middeleeuwse stadje Loches. Zie blz. 152.

Bourges, Sologne en Sancerre
De kathedraal van Bourges heeft een plaats gekregen op de UNESCO Werelderfgoedlijst. In de Sologne, met als hoofdplaats Romorantin-Lanthenay, wachten u discreet in de heidevelden verstopte kasteelhotels en voortreffelijke restaurants. Wandelroutes leiden naar mysterieuze meertjes. Sancerre staat bekend om zijn wijnen. Zie blz. 128.

Reisinformatie, adressen, websites

Diana van Poitiers liet de tuinen van het kasteel Chenonceau aanleggen

Informatie

Internetadressen

Niet alleen bestuurlijk, maar ook op toeristisch gebied is Frankrijk ingedeeld in departementen en arrondissementen. Dat betekent dat er geen overkoepelende dienst is die zich bezighoudt met het gehele Loiredal. Voor informatie kunt u terecht bij het toeristenbureau van de betreffende regio.

www.loirestreek-frankrijk.nl

De website van het toeristenbureau van het centrale Loiredal is ook beschikbaar in het Nederlands. Hier vindt u informatie rond de belangrijkste thema's, zoals fietsen, cultuur, winkelen, tuinen en wijn. Verder kunt u reizen boeken en er zijn verwijzingen naar brochures die u kunt downloaden. Handig voor de vakantieplanning is een uitgebreide zoekfunctie voor accommodaties in verschillende comfort- en prijsklassen.

www.touraineloirevalley.nl

Ook in het Nederlands beschikbaar is de site van het toeristenbureau van het departement Touraine. Hier kunt u de vakantie voorbereiden en informatie inwinnen over de belangrijkste bezienswaardigheden. Ook is er een uitgebreide agenda van evenementen.

www.enpaysdelaloire.com

De bestuurlijke regio Pays de la Loire heeft een eigen toeristenbureau en een eigen website met uitgebreide informatie over het gebied tussen Saumur en Nantes. Met een zoekfunctie kunt u de gewenste informatie snel vinden. In het Frans en Engels.

www.laloireavelofietsroute.nl

Zeer uitgebreide informatie over de 800 km lange fietsroute langs de Loire, van de bron tot de monding. Met kaarten, bezienswaardigheden, accommodaties en fietsverhuur. In het Nederlands.

www.loire-chateaux.org

Gezamenlijke website van de negentien populairste kastelen in het Loiredal. Met beschrijvingen, tips en doorverwijzingen naar andere sites. In het Frans, Duits en Engels.

nl.france.fr

Officiële site van het Frans Bureau voor Toerisme, ingedeeld naar thema en per regio. Met veel tips en praktische informatie over reizen naar en in het Loiredal, overnachtingen, evenementen, adressen enzovoort.

www.zevisit.com

Site met audioguides die te downloaden zijn, onder andere een fietstocht rond Blois die u kunt afluisteren via een mp3-speler (alleen in het Frans).

www.vinsdeloire.fr

Een interessante site over wijnen in het Loiredal tussen Blois en de riviermonding. Met achtergrondinformatie, evenementen en adressen rond de bekende wijnen van Anjou, Nantes, Saumur en Touraine. Informatie over wijnboeren en overnachtingsmogelijkheden op wijnlandgoederen. Met uitgebreide zoekfunctie voor wijnkelders en een lijst met *caves touristiques,* die vaste openingstijden hebben en wijnproeverijen voor individuele bezoekers organiseren. In het Frans, Duits en Engels.

www.vins-centre-loire.com

Website met veel interessante tips over wijngaarden en wijnen uit Sancerre. Alleen in het Frans.

Toeristenbureaus

Bij het Frans Bureau voor Toerisme (Atout France) kunt u terecht voor toeristische informatie over de verschillende Franse regio's en over een groot aantal vakantiethema's (cultuur, fietsen, gastronomie, kamperen, naturisme, natuur, kust, steden en wijn).

Atout France is echter niet bedoeld voor het reserveren van accommodaties. Daarvoor kunt u wel terecht bij de plaatselijke Offices de Tourisme, waar ze beschikken over brochures, stadsplattegronden en tips voor uitstapjes. Vaak wordt er Engels en/of Duits gesproken. De openingstijden zijn doorgaans 9-12 en 15-17 uur, in het hoogseizoen en in grotere plaatsen vaak langer en ook op zondagochtend.

Atout France – Frans Bureau voor Toerisme

Voor Nederland:
nl.france.fr
Voor België:
be.france.fr

Comité Régional du Tourisme du Centre/Val de Loire

37, avenue de Paris
F-45000 Orléans
tel. 02 38 79 95 00
www.visaloire.com
Informatie en praktische tips over het 'klassieke' Loiredal met zijn beroemde kastelen. Het omvat het gebied tussen Sancerre en Tours en de regio rond Bourges.

Comité Régional du Tourisme des Pays de la Loire

7, rue du Général de Bollardière
F-44202 Nantes Cedex
tel. 02 40 89 89 89
www.enpaysdelaloire.com
Toeristische informatie over het westelijk deel van de Loire, rond Anjou en Nantes. Tips voor korte uitstapjes en aanbiedingen voor complete pakketreizen.

Agence de Développement Touristique Loir-et-Cher – Coeur Val de Loire

2/4 rue du Limousin
F-41000 Blois
tel. 02 54 57 00 41
www.coeur-val-de-loire.com
Hier kunt u terecht voor informatie over het centrale Loiredal rond Blois en de Sologne. Links naar Gîtes de France en andere accommodaties, met de mogelijkheid om rechtstreeks te boeken. Alleen in het Frans.

Agence Départementale du Tourisme de Touraine

Place de la Préfecture
F-37927 Tours Cedex 9
tel. 02 47 70 37 37
www.touraineloirevalley.com
Nederlandstalige informatie over de landstreek rond Tours.

Comité Départemental du Tourisme de l'Anjou

Place Kennedy
BP 15157
F-49051 Angers Cedex 02
tel. 02 41 23 50 50
www.anjou-tourisme.com
acceuil@anjou-tourisme.com
Een rijke bron aan informatie over Anjou, het gebied rond Angers en Saumur. In het Frans en Engels.

Leestips

Balzac, Honoré de: *Louis Lambert*, oorspronkelijke uitgave 1832 (niet in het Nederlands vertaald). In deze roman heeft Balzac herinneringen aan zijn schooltijd in Vendôme verwerkt. Daaruit blijkt hoe de jonge Balzac leed onder het strenge regime van de monniken die de school leidden. Als matige en dromerige scholier zat hij vaak in het strafkamertje. Hij beklaagde zich niet en gebruikte de tijd om te lezen.

Balzac, Honoré de: *Eugénie Grandet*, Nederlandse uitgave 1996. Het indringende verhaal van een gierige vader en zijn ongelukkige dochter Eugénie speelt zich af in het oude Saumur (zie blz. 236).

Flaubert, Gustave: *Langs velden en oevers*, Nederlandse uitgave 2003. Beschrijving van een zwerftocht die de grote Franse auteur in de zomer van 1847 maakte met een vriend, de schrijver Maxime du Camp. Het neemt de lezer mee door het landschap van Bretagne en langs de kastelen van de Loire.

Havank: *Het spookslot aan de Loire*, oorspronkelijke uitgave 1936, e-book 2010. Klassieke detectiveroman rond de Franse inspecteur 'De Schaduw' en zijn Nederlandse collega Uyttenbogaert. Ze onderzoeken een occulte moord in een oud Loirekasteel, waarbij de dader wellicht niet menselijk is.

Michelin Groene Gids: *Kastelen van de Loire*, Nederlandse uitgave 2011. Uitgebreide toeristische informatie over de Loirekastelen tussen Orléans en Angers, met de belangrijkste bezienswaardigheden en een achttal autorondritten. Inclusief informatie over adressen, openingstijden enzovoort.

Pérouse de Montclos, Jean-Marie: *Kastelen langs de Loire*, Nederlandse uitgave 1998. Een beschrijving van een zestigtal kastelen, waaronder uiteraard bekende namen als Angers, Blois, Chambord, Châteaubriant, Chenonceaux, Cheverny, Langeais, Mehun-sur-Yèvre, Nantes, Serrant en Sully-sur-Loire. De auteur duikt ook in de geschiedenis om de oorsprong van de kastelen te achterhalen. De beschrijvingen zijn geïllustreerd met honderden foto's van Robert Polidori.

Pikkemaat, Guus: *Eleonore van Aquitanië*, Nederlandse uitgave 2011. Eleonore (of Eleonora) van Aquitanië was een van de machtigste vrouwen van de 12e eeuw. Ze was hertogin van Aquitanië (in het zuidwesten van Frankrijk) en werd later koningin van Frankrijk en Engeland. Ze was bepaald niet onder de indruk van haar mannelijke rivalen en werd door hen verguisd en belasterd. In latere perioden zijn er talrijke verhalen over haar geschreven dan wel verzonnen. Wat is waar en wat is niet waar? Ze ligt begraven in de abdij van Fontevraud.

Haasse, Hella: *Het woud der verwachtingen*, 1949, 26e druk 2008. Internationale bestseller over het veelbewogen leven van Karel van Orléans (1394-1465) tijdens de Honderdjarige Oorlog. De wijze waarop Haasse de hertog tot leven brengt als kind, soldaat, politicus, gevangene en dichter en haar beschrijvingen van de gebeurtenissen tijdens de Honderdjarige Oorlog, zijn onnavolgbaar. Deze historische roman is een ware klassieker.

Pozzoli, Milena Ercole: *Kastelen aan de Loire*, Nederlandse uitgave 1997. Niet alleen de bekende kastelen aan de Loire, maar ook die ten noorden en ten zuiden ervan komen aan de orde. De nadruk ligt op uitbundige kleurenillustraties van zowel het ex- als het interieur.

Trotter: *Kastelen van de Loire*, Nederlandse uitgave 2011. Reisgids voor wie het gebied rond Orléans, Tours, Chateauroux en Bourges grondig wil verkennen. Met uiteraard veel aandacht voor de talrijke kastelen langs de Loire en de vele zijrivieren.

Weer en reisseizoen

Klimaat

Het Loiredal staat bekend om zijn milde klimaat. In het voorjaar is de lucht helder en fris, met af en toe een stevige bui. Omdat ook de Loire dan grote hoeveelheden water aanvoert, staan vanaf mei de tuinen van de kastelen en landgoederen volop in bloei en laten de eerste rozen zich zien. In het najaar, wanneer het licht warm en helder is, is het doorgaans goed weer. 's Zomers kan er af en toe een broeierige hitte over het dal hangen en zakt het waterpeil in de anders zo majestueuze rivier drastisch.

Voor- en najaar zijn vanwege de doorgaans aangename temperaturen de beste perioden voor een 'culturele' reis langs de Loire. Tussen november en april wordt het een stuk guurder en zijn bovendien vele bezienswaardigheden gesloten of slechts heel beperkt geopend. Ook restaurants zijn in deze periode relatief vaak gesloten. Rond feestdagen als Pasen en Pinksteren heerst er topdrukte rond de kastelen. Het tijdig reserveren van een hotel is in deze perioden net zo noodzakelijk als in het hoogseizoen in juli en augustus. Vooral in augustus, als de Franse scholen vakantie hebben, kan het in de regio heel druk worden.

Kleding en uitrusting

Het klimaat stelt geen bijzondere eisen aan kleding of uitrusting. Neem voor de zekerheid wel altijd een regenjas en/of paraplu mee. Bedenk bij het inpakken van de koffer verder wat u wilt gaan doen: voor het bekijken van architectonische details in kastelen of kerken is een verrekijker altijd handig. Neem voor kanovaren een fleecetrui mee (droogt snel!) en verder zwemkleding, lichte schoenen en bescherming tegen de zon. Wie langere afstanden gaat fietsen, zal veel plezier hebben van een (onder)broek met zeem. Voor chique restaurants zult u passende, nette kleding mee moeten nemen. Een bistro kunt u ook binnenstappen in een spijkerbroek.

Klimaattabel van het Loiredal (Tours)

	J	F	M	A	M	J	J	A	S	O	N	D
Dagtemperatuur in °C	7	8	11	14	18	22	25	24	21	17	11	7
Nachttemperatuur in °C	2	2	3	5	8	11	13	13	11	8	4	2
Aantal zonuren per dag	2	3	5	6	7	8	8	8	6	4	3	2
Aantal dagen regen per maand	12	11	11	9	11	7	7	7	8	9	10	12

Beste reistijd voor bijzondere activiteiten

Son et lumière: nachtelijke bezichtigingen, middeleeuwse markten en muziek in de openlucht – in juli en augustus bruist het in deze anders zo kalme regio!
Rozentuinen: rozen zijn in de tuinen van de Loire te zien van mei tot juli.
Wijnoogst: van half september tot in oktober wordt de druivenoogst binnengehaald. Wijnboeren zijn dan doorgaans te druk voor proeverijen.

Reizen naar het Loiredal

Douane

EU-burgers die naar een ander EU-land reizen, moeten beschikken over een paspoort of identiteitsbewijs. Ook kinderen moeten een eigen identiteitsbewijs hebben. Wie reist met een gemotoriseerd voertuig, moet een rijbewijs en de documenten van dat voertuig kunnen laten zien. Het meenemen van de internationale groene kaart van de verzekering wordt aanbevolen.

Invoer van goederen

Sinds de opening van de interne Europese markt mag u binnen de EU goederen voor eigen gebruik vrij in- en uitvoeren. Daarbij worden (per persoon van minimaal 18 jaar) de volgende hoeveelheden geaccepteerd: 800 sigaretten, 400 kleine sigaren, 200 grote sigaren en 1 kg tabak. Verder 10 l sterkedrank, 20 l likeurachtige dranken (tot 22% alcohol), 90 l wijn (waarvan maximaal 60 l mousserende wijn) en 110 l bier. Pas als u meer dan de hierbovenstaande hoeveelheden meeneemt over de grens, moet u kunnen aantonen dat de goederen daadwerkelijk voor eigen gebruik zijn bestemd. Neemt u goederen in grotere hoeveelheden mee die voor zakelijke doeleinden zijn bestemd, dan zult u accijns moeten betalen.

Huisdieren

Het meenemen van dieren jonger dan drie maanden is niet toegestaan. Voor elk huisdier dat u meeneemt, moet u bij de dierenarts een EU-dierenpaspoort halen. Het bewijs van inenting tegen rabiës moet ouder dan 21 dagen zijn.

De Loire en de vele zijrivieren bieden een keur aan recreatiemogelijkheden

Heenreis

... met het vliegtuig

Er gaan geen directe vluchten naar het Loiredal. De enige mogelijkheid is om naar vliegveld Charles de Gaulle bij Parijs te vliegen en daarvandaan met de TGV verder te reizen naar Orléans, Tours of Nantes. Het hele traject afleggen met de trein is dan veel praktischer.

... met de trein

Alle treinreizen in de richting van het Loiredal gaan via Parijs. Vanuit Nederland (www.nsinternational.nl) en België (www.b-europe.com) kunt u met de Thalys naar Parijs. Daar komt u aan op station Paris Nord. Hier gaat u met de metro naar station Gare Austerlitz (zo'n twintig minuten) en vervolgens met een Franse trein verder richting uw eindbestemming. Met de TGV Atlantique bent u in 95 minuten van Parijs in Angers en binnen een uur in Tours (vanaf station Montparnasse). Ook met regionale treinen (TER) zijn de belangrijkste steden langs de Loire goed bereikbaar. De totale reistijd Amsterdam-Tours bedraagt 6 à 7 uur (of meer als u voor een trage verbinding kiest).

... met de auto

Vanuit Nederland gaat de snelste route via Antwerpen en Lille naar Parijs (vanaf Lille tolweg). Bij Parijs volgt u de borden van de A11 als u richting Chartres, Le Mans, Angers of Nantes wilt. Voor de richting Orléans/Tours volgt u bij Parijs de borden Bordeaux en neemt u vervolgens de A10 (L'Aquitaine). Eenmaal bij Orléans kunt u ook de A71 richting Bourges en Clermont-Ferrand volgen. Op de meeste autosnelwegen (*autoroute*, A plus een nummer) betaalt u tol (*péage*). Het traject Parijs-Tours kost ongeveer

€ 35. Meer informatie over de Franse wegen vindt u op www.autoroutes.fr. Wilt u tolvrij rijden, neem dan de (trage) N-wegen (*route nationale*). Landschappelijk aantrekkelijk zijn vaak de D-wegen (*route départementale*).

Reizen in het Loiredal

Trein

De grotere plaatsen langs de Loire zijn via het spoor met elkaar verbonden. Een overzicht van de lijnen vindt u op www.sncf.com (Transport Express Régional, TER). De TGV rijdt naar Tours, Saumur, Angers en Nantes. De treinreis van Tours naar Angers duurt ongeveer een uur.

Bus

Vanuit Tours worden verschillende busexcursies naar de omliggende kastelen georganiseerd (reserveren via het toeristenbureau of via www.tours-tourisme.fr, Franstalig). Van april tot september rijdt er vanuit Blois een bus naar de kastelen van Chambord en Cheverny. Tickets zijn te koop bij het toeristenbureau van Blois of in de bus. Daarmee krijgt u ook korting op de toegangsprijs van de kastelen.

Taxi

Passagiers stappen achterin in. Het minimumtarief is ongeveer € 6. 's Nachts en in het weekend zijn taxi's duurder.

Auto

Huurauto

Een huurauto kunt u eenvoudig en goedkoop boeken via internet. Alle grote verhuurders zijn vertegenwoordigd. De prijzen liggen, afhankelijk van het seizoen, tussen € 150 en € 400 per week voor een kleine auto.

Verkeersregels

Maximum snelheid: op autosnelwegen 130 km per uur (bij nat weer 110 km/h), op autowegen met twee rijbanen 110 (100) km per uur, op provinciale wegen 90 (80) km per uur, binnen de bebouwde kom 50 km per uur; voor motoren geldt een maximumsnelheid van 90 km per uur op autowegen en 80 km per uur op overige wegen.
Parkeren: voor postkantoren, politiebureaus en ziekenhuizen en bij gele strepen langs de weg is parkeren verboden.
Alcoholgrens: maximaal 0,5 promille.
Autogordels: ook verplicht op de achterbank.
Verplicht meenemen: voor alle inzittenden moet er een geel reflecterend veiligheidsvest in de auto aanwezig zijn, net als een gevarendriehoek en twee alcoholblaaspijpjes.
Bij overtredingen kunnen zeer forse boetes worden uitgedeeld, die ter plekke betaald moeten worden.

Pech onderweg

Langs de autosnelwegen staan praatpalen; bij autopech bent u verplicht deze te gebruiken of te bellen met het gratis noodnummer 08 00 08 92 22.
ANWB Alarmcentrale: tel. 00 31 70 314 14 14.

Verkeersinformatie

Op radio FM 107,7 wordt regelmatig verkeersinformatie uitgezonden.

Fietsen

Fietsers moeten een geel veiligheidshesje bij zich hebben. Bij slecht zicht – 's nachts en overdag – moet elke fietser buiten de bebouwde kom het reflecterende vest aantrekken. Wie dat niet doet, riskeert een boete van € 35.

Overnachten

Hotels

Hotels zijn er langs de Loire in alle prijs- en comfortklassen. Tips voor goede overnachtingsadressen vindt u in deze gids bij de plaatsbeschrijvingen.

In Frankrijk worden de hotels ingedeeld in vijf categorieën, oplopend van één ster (eenvoudig) tot vijf sterren (zeer luxueus). Deze classificatie zegt alleen iets over het aantoonbare comfort; zo moeten in een driesterrenhotel alle kamers over een eigen badkamer /douche beschikken. In een tweesterrenhotel kunt u echter vaak net zo prettig overnachten. De hotels zijn wettelijk verplicht de kamerprijzen bij de ingang en in de kamers zelf zichtbaar op te hangen.

Een Frans bed valt – ondanks de benaming (*grand lit* = groot bed) – voor twee personen vaak wat klein uit. In een kamer met twee aparte bedden (*chambre à deux lits*) slaapt u doorgaans comfortabeler.

Logis Hotels

Onder de naam Logis Hotels heeft zich een groot aantal middenklassehotels verzameld. U herkent ze aan het symbool van een gele open haard tegen een groene achtergrond. Het gaat om (familie)bedrijven met een goede prijs-kwaliteitverhouding, een regionale keuken en een huiselijke sfeer.

Inmiddels is uit de samenwerking een Europese vereniging ontstaan van zelfstandige hoteliers die zich als doel hebben gesteld te moderniseren 'zonder de ziel van het bedrijf te verliezen'. Alle belangrijke informatie en een zoekfunctie voor de adressen vindt u via www.logishotels.com.

Relais & Châteaux

Luxueuze hotels in kastelen en herenhuizen hebben zich verzameld in een overkoepelende organisatie met de naam Relais & Châteaux. Zeven van deze monumentale accommodaties zijn te vinden in het Loiredal. Voor een tweepersoonskamer betaalt u vanaf ongeveer € 180. Een lijst met adressen is verkrijgbaar via de reserveringscentrale: tel. 069 69 75 91 17, www.relaischateaux.com.

Châteaux & Hôtels de France

Onder deze verzamelnaam presenteren zich Franse kasteelhotels in de gemiddelde prijsklasse, aangevuld met bed-and-breakfastaccommodaties. Informatie vindt u onder meer via www.chateauxhotels.com (in het Frans en Engels).

Hôtels de Charme en Maisons d'hôtes de Charme

Hotels en pensions met een buitengewone charme, een zorgvuldige en sfeervolle inrichting, een persoonlijke *touch*, een gastvrije ontvangst en een restaurant waar iets bijzonders op tafel komt, zijn bijeengebracht onder dit groene label. Adressen in alle comfort- en prijsklassen vindt u via www.iguide-hotels.com (in het Frans).

Chambres d'hôtes

Zo heet de Franse variant van *bed and breakfast*, een particulier adres met een gastenkamer (en soms een eigen badkamer). Een diner aan de 'gastentafel' is vaak onderdeel van een verblijf in een *table d'hôte*. De eigenaars voorzien hun gasten graag van tips voor het verkennen van de omgeving. Bovendien biedt

Veel kastelen beschikken over gastenkamers, soms informeel, soms heel chic

een B&B de mogelijkheid om kennis te maken met het dagelijks leven in het Loiredal. De organisatie Gîtes de France bemiddelt bij het reserveren van een *chambre d'hôtes*, die vaak in karakteristieke huizen zijn gevestigd (www.gites-de-france.com). Ook de websites van de toeristenbureaus verwijzen soms naar Gîtes de France. Bijzonder sfeervolle *chambres d'hôtes* vindt u via www.iguide-hotels.com.

Overnachten in een kasteel

Wie geen behoefte heeft om 's avonds uit te gaan en in plaats daarvan de rust en het dagelijks leven van een kasteel wil leren kennen, kan een nacht logeren in een kasteel. Het **Château de la Verrerie** in de Sologne (zie blz. 148) en het **Château de Brissac** (zie blz. 254) in Anjou behoren tot de chicste en duurste adressen op dit gebied. Hier betaalt u voor een tweepersoonskamer met ontbijt minimaal € 250.

Het kan echter ook eenvoudiger: in een van de vele, iets bescheidener herenhuizen – waar het onder oude ceders en kastanjebomen verstopte gazon wat verwilderd aandoet en waar de decoratieve vijvers niet altijd gevuld zijn, maar waar de kamers wel minimaal 30 m² groot zijn – kunt u met twee personen inclusief ontbijt overnachten voor ongeveer € 100.

Deze gastenkamers in kastelen mag u echter niet vergelijken met professionele kasteelhotels: televisie, telefoon en minibar zult u hier vergeefs zoeken. Soms bent u hier daadwerkelijk een 'gast', die 's avonds in de salon samen met *madame* en *monsieur* de nieuwsberichten op de televisie volgt.

Een lijst met adressen van gastenkamers in kastelen in het oostelijk Loiredal en Touraine kunt u opvragen bij de Association Bienvenue au Château, 9, rue Louis Kerautret Botmel, Immeuble Athéa, 35000 Rennes, tel. 02 99 83

26 26. Handiger is het om de complete lijst op internet te bekijken: www.bienvenueauchateau.com (met zoekfunctie, in het Frans en Engels).

Jeugdherbergen

Jeugdherbergen (*auberges de jeunesse*) vindt u in Beaugency, Vierzon, Bourges, Chinon, Langeais en Nantes. Een overnachting kost ongeveer € 15-20 per persoon. In de zomer is het verstandig te reserveren. Om hier te kunnen overnachten, moet u beschikken over een internationale jeugdherbergpas, in Nederland Stayokay Card genoemd. Deze is verkrijgbaar via www.stayokay.com. Een overzicht van alle jeugdherbergen in Frankrijk is verkrijgbaar bij de Fédération Unie des Auberges de Jeunesse: FUAJ – Centre National, 27, rue Pajol, F-75018 Paris, tel. 01 44 89 87 27, www.fuaj.org.

Vakantiewoningen

Gîtes de France

Bij de vereniging Gîtes de France kunt u al sinds 1951 vakantiewoningen (*gîtes* en de landelijk gelegen *gîtes ruraux*) huren. Er wordt veel waarde gehecht aan de karakteristieke uitstraling van de accommodatie. Zo zijn er vakantiewoningen bij boerenbedrijven, wijnlandgoederen en meer. In totaal telt Frankrijk zo'n 55.000 *gîtes*, variërend van eenvoudig tot zeer comfortabel. Afhankelijk van inrichting, ligging en comfort zijn ze geclassificeerd met één tot drie korenaren (*épis*). Op www.gites-de-france.com vindt u de adressen en kunt u reserveren.

Aanbod op internet

Vakantiewoningen zijn ook te huur via gespecialiseerde verhuurders. Kijk bijvoorbeeld op www.belvilla.nl, www.airbnb.nl, www.happyhome.nl, www.casamundo.nl en www.homeaway.nl.

Campings

Het Loiredal beschikt over een groot aanbod aan goede campings. Ook de gemeentelijke campings (*municipals*) hebben doorgaans voldoende voorzieningen. Adressen vindt u in de campinggidsen van de ANWB (www.anwbcamping.nl) en de ACSI, of op internet: www.campingfrance.com.

Campingtips

Sûnelia, les Bois du Bardelet: viersterrencamping tussen Orléans en Sancerre, beloond met een 'Groene Sleutel' vanwege de milieuvriendelijkheid. De gebouwen gaan harmonisch op in het landschap en er is een groot aanbod aan sportactiviteiten. Overnachten in chalets aan het water in het hoogseizoen vanaf ongeveer € 115 voor 4 personen, standplaats vanaf ongeveer € 36,20 voor 2 personen (www.bardelet.com).

Camping-Gien: deze camping direct aan de Loire heeft als extra attractie enkele 'pipowagens' (*roulottes*), waar u in een nostalgisch decor kunt overnachten. *Roulotte* hoogseizoen € 105 per dag voor 5 personen, tent € 50 of 85 voor 2 of 5 personen (www.camping-gien.com).

Parc des Alicourts: 'supercamping' in Pierrefitte-sur-Sauldre in de Sologne, met een gedeelte dat is ingericht voor wellness, met bijvoorbeeld balneotherapie en zwembaden. Het parkgedeelte heeft standplaatsen voor tenten, maar ook zijn er chalets, cottages en 'boomhutten' en lodges. Ook is er een golfbaan (www.lesalicourts.com).

Eten en drinken

Veel kastelen zijn ook op zondag geopend voor bezoekers, maar het valt niet mee om daarna een restaurant te vinden. Vooral in de kleinere plaatsen en buiten het hoogseizoen zijn de meeste restaurants op zondagavond gesloten – blijkbaar blijven de meeste mensen dan liever thuis. Ook de kleine steden maken op zondag een uitgestorven indruk en zelfs bij cafés hangt dan vaak een bordje met *'fermé'* (gesloten) op de deur.

Ontbijt

Het Franse ontbijt (*petit déjeuner*) is sober en bestaat doorgaans uit koffie met melk, een stuk stokbrood, boter en jam. De meeste hotels zijn op internationale gasten ingesteld en serveren bij het ontbijt daarnaast ook kaas, ham, yoghurt en eieren. In sommige hotels wordt echter nog altijd vastgehouden aan de tradities, maar dat kan ook goed uitpakken, bijvoorbeeld als u wordt verwend met zelfgemaakte marmelade en verse croissants van de bakker.

Betaalbare culinaire lunches

Veel restaurants, ook uit de topklasse, bieden rond lunchtijd vaak (relatief) betaalbare menu's aan – een goede gelegenheid om te genieten van de kookkunsten van topchefs. Voorbeelden: in La Roche le Roy bij Tours € 26 (diner vanaf € 60, zie blz. 188) of in L'Atlantide in Nantes € 40 (diner vanaf € 70, zie blz. 281). Bedenk daarbij wel dat in deze betaalbare lunchmenu's geen dure ingrediënten worden verwerkt zoals bij de avondmenu's.

Restaurant, bar en salon de thé

De Franse tafeletiquette wordt geleidelijk wat losser. Formele gewoonten kom je steeds minder tegen, hoewel men met name buiten de toeristengebieden nog wel conservatief is. Hier is het niet gebruikelijk om – dieet of niet – 'alleen een salade' te bestellen.

Een complete maaltijd bestaat uit minimaal drie gangen: voorgerecht, hoofdgerecht en dessert. Dit geheel kan met een aperitief, tussengang en kaas eenvoudig tot zes gangen worden uitgebreid. Door de veranderde eetgewoontes bieden steeds meer goede restaurants ook tweegangendiners aan. Rond lunchtijd wordt in veel eenvoudige restaurants een prima dagmenu (*plat du jour*) geserveerd of een *formule* aangeboden: een hoofdgerecht met naar keuze een voorgerecht of een dessert.

In het weekend is het verstandig een tafel te reserveren. Op zondagavond zijn bijna alle restaurants gesloten, vooral de betere adressen; pizzeria's en crêperies zijn soms wel geopend. Veel bars, cafés en *salons de thé* (theesalons, vaak met banketbakkerij) bieden bovendien kleinere gerechten, salades en sandwiches aan. Een leuk alternatief voor een restaurantbezoek zijn de bars de vins. Hier kunt u naast een glas wijn of een wijnproeverij ook terecht voor plats de charcuterie (kaas, worst).

Altijd een ruime keuze: een van de wijnbars langs de Loire

Actieve vakanties, sport en wellness

Ballonvluchten

De schoonheid van de kastelen en de omliggende parken en landerijen krijgt een heel andere dimensie vanuit de lucht. Een ballonvlucht is echter een dure grap, waarbij u op minimaal € 200 per persoon moet rekenen. Ballonvluchten worden onder andere aangeboden in **Cheverny, Tours** en **Blois**. Wie het geld ervoor overheeft, kan rekenen op een onvergetelijke ervaring.

Boottochten

Aan boord van een traditionele platbodem kunt u niet alleen de sfeer van eeuwen geleden opsnuiven, maar ook kennismaken met de beschermde natuur van de ongetemde rivier. In veel plaatsen langs de Loire kunt u aanmonsteren voor een vaartocht. In **Blois** worden in de zomermaanden excursies met een traditionele Loire-aak aangeboden (reserveren via het Office de Tourisme in Blois, www.observatoireloire.fr). In **Rochecorbon** bij Tours vertrekt elke zaterdag van mei tot september het schip de St-Martin-de-Tours voor een tocht over de Loire (boeken via het Office de Tourisme in Rochecorbon of Tours). Vanuit **Candes-St-Martin** vaart de Amaranthe en in **Chaumont** organiseert Millière Raboton interessante bootexcursies (www.milliere-raboton.net, zie blz. 126). De natuurbeschermingsorganisatie **CPIE** organiseert vanuit Candes-St-Martin en Montsoreau leerzame tochten met kleine boten om de bijzondere natuur beter te leren kennen (info via www.cpie-val-de-loire.org, zoek op: *ecotourisme*).

Ballonvluchten – aanbieders op internet

www.franceballoons.com
www.art-montgolfieres.fr
www.aerocom.fr
www.balloonrevolution.com

Fietsen

La Loire à Vélo

De oevers van de Loire lenen zich uitstekend voor een fietstocht, ook al doordat er vlak langs de rivier nauwelijks hellingen zijn (het dal uit is er soms wel een pittig klimmetje). Het is een prettige manier om het landschap te ontdekken en tegelijk in beweging te bijven. Sinds de zomer van 2008 is de 800 km lange La Loire à Vélo berijdbaar, een bewegwijzerde **fietsroute** tussen Sancerre en Nantes, met onderweg talrijke picknickplekken, accommodaties en fietsverhuurbedrijven. De route is in beide richtingen bewegwijzerd en gaat voor twee derde direct langs de Loire, met onderweg schitterende uitzichten op de rivier. U fietst deels over vrijliggende fietspaden, deels over fietsstroken op doorgaande wegen en deels over rustige landweggetjes. Sinds 2013 is het ook mogelijk om in de zomermaanden de fietstocht te onderbreken en een deel van het traject met de regionale treinen van de TER af te leggen. De fiets kunt u dan gratis en zonder reservering in een speciale fietswagon van de Interloire-trein meenemen.

Onder de noemer 'Accueil Vélo' bieden bijna honderd hotels, pensions, campings en andere accommodaties langs de route, in samenwerking met de plaatselijke toeristenbureaus, extra service aan de fietsers in de vorm van een energierijk ontbijt en lunchpakketten, stallingsruimte, fietsverhuur en reparatiemogelijkheden. Ook de bezienswaardigheden onderweg zijn bij het project betrokken, zodat u nu bijvoorbeeld bij kastelen en tuinen plekken vindt om de fiets neer te zetten.

Daarnaast werkt La Loire à Vélo samen met verschillende fietsverhuurbedrijven. Zij zorgen voor transport van de fiets naar de startplaats, een ruime keuze uit goede toerfietsen, handige routekaarten en praktische informatie over de bezienswaardigheden langs de route.

Voorbereiding

Wie langere afstanden gaat fietsen, moet beschikken over een goede toerfiets, liefst met minimaal zeven versnellingen, een redelijke conditie en een sportieve instelling. Fietsers zonder ervaring testen thuis hoeveel kilometer per dag ze aankunnen. Dat is vooral belangrijk als u met kinderen op pad gaat. Wie twee of meer dagen met kinderen gaat fietsen, moet ze vooral in het begin niet overvragen, anders is op de tweede dag het enthousiasme helemaal weg. Daarnaast is het belangrijk onderweg voldoende pauzes en leuke uitstapjes in te lassen. Redelijk getrainde fietsers halen, afhankelijk van het terrein en de omstandigheden, zo'n 80-100 km per dag. Als u onderweg langer de tijd wilt nemen om dingen te bekijken, ga dan voor dagetappes van 50-60 km. Georganiseerde fietsreizen houden meestal een maximum aan van 40-50 km per dag.

Uitrusting

Een strakke fietsbroek met zeem zal niet iedereen aanspreken, maar bij langere afstanden zorgt deze voor minder pijn op schuurplekken en aan het zitvlak. Tip: er zijn ook onderbroeken met een zeem, die u onder andere kleding kunt dragen. Let er dan wel op dat die kleding geen dikke randen heeft, want dan kunnen alsnog schuurplekken ontstaan. Speciale fietstruien en -jacks houden de wind tegen of zorgen voor het snel afvoeren van zweet. Klikpedalen met speciale schoenen voorkomen dat uw voeten van de trappers glijden.

Met weinig bagage fietst het een stuk prettiger. Voor een tocht van een week hebt u per persoon genoeg aan twee zijtassen en eventueel een stuurtas. Ga zo mogelijk voor waterdichte tassen die uw spullen beschermen bij regen. Een zware rugzak fietst niet prettig en leidt tot extra zweten. Boekt u bij een fietsspecialist, dan wordt de bagage voor u elke dag van hotel naar hotel of van camping naar camping gebracht (zie kadertekst).

Golf

Golfers vinden in het Loiredal goede omstandigheden. **Les Bordes** (www.lesbordes.com), een van de beste golfterreinen van Europa, bevindt zich niet

La Loire à Vélo – informatie en reisorganisaties

www.fietsvakantiewinkel.nl: informatie over fietsvakanties in het Loiredal en over fietsbussen.
www.loire-a-velo.fr: internetsite van de fietsroute.
www.randovelo.fr: vakanties langs de Loirefietsroute, bijvoorbeeld in zes dagen van Orléans naar Tours € 465 per persoon (accommodatie, fiets, bagagetransport). Partner van La Loire à Vélo.
www.loirevelonature.com: bijvoorbeeld gezinstocht Touraine, vier dagen € 996. Veel verhuurbedrijven, 24 uur per dag geopend. Partner van La Loire à Vélo.

ver van kasteel Beaugency, te midden van dichte eikenbossen. Deze baan is echter exclusief voor leden. Ook zeer mooi, en bovendien wel voor iedereen toegankelijk, is de golfbaan van **Château Cheverny.** Het is een ontwerp van de architect Olivier van der Vynckt. De 18-holesbaan (6272 m, par 71) beslaat 142 ha met bos, hoogteverschillen en waterpartijen. Geïnteresseerden kunnen green fees reserveren via www.golf-cheverny.com. Ook in de buurt van Tours vindt u een prachtige 18-holesbaan in de schaduw van eeuwenoude ceders, met talrijke kleine kastelen in de omgeving: **Golf de Tours** (www.bluegreen.com).

Kano en kajak

De Loire en de zijrivieren bieden volop mogelijkheden om te kanovaren. Mooi is een tocht over de **Vienne** tussen Chinon en Candes St-Martin (zie blz. 230). Let op: tijdens droge zomers zijn door de lage waterstand kanotochten op sommige trajecten een stuk lastiger of zelfs onmogelijk. In **St-Dyé** bij Chambord kunt u per halfuur of hele dag een kano huren (Val des Châteaux Canoë-Kayak, St-Dyé, www.vcck41.com, vanaf € 5 per uur). In **Bréhémont** bij Tours biedt **Loire Vélo Nature** (www.lav.loirevelonature.com) een tweedaagse tocht van Savonnières naar Candes-St-Martin en een driedaagse tocht naar een Gennes bij Saumur. Overnachten gebeurt in tenten op een Loirestrand. De tochten worden, afhankelijk van het weer en de waterstand, van maart tot november georganiseerd, zowel met als zonder begeleiding (twee dagen vanaf € 45). Ook is het mogelijk een kano voor een halve dag te huren (€ 15). Informatie over de Loire tot Tours en een handige **kanogids** (te downloaden) vindt u via www.canoe-regioncentre.org. Kanotochten kunt u verder downloaden via www.parc-loire-anjou-touraine.com; zoek op *fiches canoe-kayak*.

Kanoverenigingen en -clubs op internet

www.cocck-club-canoe-kayak-chinon.fr
www.polenautiquedesaumur.com
www.lav.loirevelonature.com
www.loisirs-nature.fr

Paardrijden

Te paard van kasteel naar kasteel: speciale reisorganisaties als Trailfinders Ruitervakanties (www.horseholiday.com) maken het mogelijk. De bagage wordt met een minibusje getransporteerd, overnachten doet u in een hotel of B&B.

Ten zuiden van Tours strekt zich het **Parc Naturel Régional de la Brenne** uit. Voor paardenliefhebbers is dit een aantrekkelijk natuurgebied met mogelijkheden voor meerdaagse trektochten. Informatie en routebeschrijvingen via www.parc-naturel-brenne.fr.

Wandelen

In het Loiregebied is vooral de **Sologne** met zijn bossen en heidevelden geschikt voor wandelaars – kom in de herfst als u van de fraaie kleuren wilt genieten. In Bracieux begint een 19 km (ingekort 13 km) lange, gemarkeerde wandelroute door bossen en heidevelden, met onderweg beekjes, boerderijen en kastelen. Door de Sologne loopt verder de langeafstandswandelroute GR31 'Sentier Sologne-Sancerrois'. Maar ook een korte wandeling behoort tot de mogelijkheden: de toeristenbureaus beschikken over tal van

Fietsen langs de Loire – de veerpont biedt een aangename pauze

routesuggesties. Of rijd gewoon naar een parkeerplaats en kijk op de informatieborden. Onder andere in Marolles-en-Sologne, La Ferté-Beauharnais en Marcilly-en-Gault zijn wandelroutes gemarkeerd en kunt u wandelkaarten verkrijgen bij het toeristenbureau.

Nog meer wandelsuggesties (met kaarten) voor de Sologne en het Loiregebied vindt u via www.tourismeloir-et-cher.com (alleen in het Frans).

Wandelgidsen

De wandelgids (Topo-Guide) *Le Centre Val de Loire ... à pied* bevat gedetailleerde topografische kaarten en beschrijvingen (in het Frans) van wandelroutes in de regio Centre. De gids *De l'Anjou au Pays nantais à pied: Chemins des mariniers de la Loire* beschrijft 31 wandelingen langs de oevers van de westelijke Loire. Deze boekjes worden uitgegeven door de Fédération Française de la Randonnée Pédestre (Franse wandelbond) en zijn te koop in boekhandels, grote supermarkten en toeristenbureaus. In Nederland zijn ze soms te koop bij gespecialiseerde boekhandels of te bestellen via de boekhandel of via internet.

Wellness

Het Loiredal kent geen grote wellnesstraditie. Kampeerders kunnen zich ten zuiden van Orléans laten verwennen in het **Parc des Alicourts** (www.lesalicourts.com, zie blz. 27). In Ardon, ook aan de zuidkant van Orléans, bevindt zich **Les Balnéades** (www.lesbalneades.fr, in het Frans), een wellnesscomplex met zwembaden, fitness, massages en talrijke wellnessbehandelingen. Het kuurcentrum werkt samen met het nabijgelegen golfterrein Golf de Limère.

Feesten en evenementen

Markten en braderieën

Bijna elk weekend vindt in de dorpen en steden een weekmarkt plaats. Daarnaast zijn er gespecialiseerde (jaar-) markten als de *foire aux vins* (wijn) en de *foire aux fromages* (kaas), waarbij boeren, wijnproducenten en kaasmakerijen uit de regio hun producten aanbieden. Vaak is er ook een feesttent waar u aan tafels al het lekkers kunt proeven. De Franse manier van feestvieren – goed eten in prettig gezelschap – kunt u hier van dichtbij meemaken.

Fêtes de Jeanne d'Arc

Frankrijk is trots op zijn geschiedenis en tradities. Dat is goed te zien tijdens de Fêtes de Jeanne d'Arc in Orléans. Elk jaar wordt een scholiere uitgekozen die dat jaar Jeanne mag spelen. Op de avond van 29 april voert zij te paard de processie aan, waarna het feesten kan beginnen. De processie volgt de route waarlangs Jeanne op deze dag in 1429 Orléans binnenreed en de gehate Engelsen verdreef. Paardenshows, een middeleeuwse markt en andere activiteiten zorgen voor extra feestelijkheden langs de route. De kathedraal vormt het decor van een klank- en lichtshow en de jeugd trekt massaal naar de Place de la Loire, waar dj's het plein omtoveren tot een openluchtdansvloer. Op de ochtend van 8 mei worden de feestelijkheden afgesloten met een militaire parade.

Culturele festivals

Gedurende de zomer vinden overal langs de Loire culturele festivals plaats. Theater en muziek in de openlucht, middeleeuwse markten en nachtelijke lichtspektakels (*son et lumière*) verlevendigen dan de historische steden. Cultureel gezien van groot belang zijn het **Festival d'Anjou** in juni en juli, met theatervoorstellingen in kastelen en herenhuizen rond Angers, en de **Folles Journées** in januari in Nantes. Hier verzamelen zich dan de groten uit de klassieke muziek rond thema's als barok of Schubert.

Kenmerkend voor het Loiredal zijn de klank- en lichtshows, ofwel **son et lumière**, waarbij de kastelen met kleurrijke lampen worden belicht en historische scènes op de muren worden geprojecteerd. Ga bijvoorbeeld eens kijken in Amboise, waar een honderdtal figuranten – meestal bewoners van de stad – hun best doen om de geschiedenis extra levendig neer te zetten. Ook in Blois kunt u op deze leerzame manier kennismaken met de plaatselijke geschiedenis.

Ook het **Tuinenfestival van Chaumont** (Festival des Jardins) is een omweg waard. Elk jaar is er een nieuw thema, waarmee landschaps- en tuinarchitecten van over de hele wereld aan de slag gaan op het grote terrein rond het kasteel van Chaumont. De door het seizoen heen steeds weer veranderende voorbeeldtuinen zijn van april tot half oktober te bezoeken. Wie meer wil weten over de vaak verrassende en ludieke tuincreaties, kan zich aansluiten bij een van de botanische of tuinarchitectonische rondleidingen (ook in andere talen dan het Frans, reserveren verplicht, tel. 02 54 20 99 22, www.domaine-chaumont.fr). Bovendien zijn in het kasteel en het omliggende park tentoonstellingen en installaties van hedendaagse kunst rond het thema 'kunst en natuur' te bekijken.

Festival de Loire

De bewoners van het Loiredal heroveren hun rivier! Dat gaat onder andere gepaard met een rivierfestival, dat sinds 2003 om het jaar wordt georganiseerd. In de tweede helft van september van oneven jaren verzamelen zich de binnenvaartschippers van de Loire in **Orléans** voor een groot feest op en rond de kades. Het is het grootste binnenvaartfestival ter wereld, waar in 2015 meer dan tweehonderd schepen en zeshonderd bemanningsleden (mannen en vrouwen) op afkwamen. Op de kades van Orléans wordt het festival aangekleed met muziek, theater en historische markten. Op het water worden boottochten, steekspelen en wedstrijden gehouden. In het Village de Loire, een soort marktdorp, kunt u in veertig tot vijftig tenten de culinaire specialiteiten van de Loire proeven en de traditionele ambachten ontdekken.

Feestagenda

Januari-februari

Folles Journées: festival rond klassieke muziek in Nantes, met grote namen uit de internationale muziekwereld en een jaarlijks wisselend thema, zoals Italiaanse barok.

April

Festival du Printemps in Bourges: chansons, wereldmuziek, folk en rock maken van Bourges jaarlijks één week de 'hoofdstad van het lied'.

Eind april-begin mei

Fêtes de Jeanne d'Arc in Orléans: concerten, voorstellingen, processies en middeleeuwse markt ter herinnering aan de bevrijding van Orléans in 1429 door Jeanne d'Arc.

Mei-juni

Festival International de Musique de Sully: eind mei-begin juni. Jazz, opera en klassieke muziek in het kasteel en de kerken van Sully en omgeving.
Orléans-Jazz: half-eind juni. Jazzfestival met grote namen uit de mainstream- en avantgardejazz.
Festival d'Été in Bourges: half juni-half sept. Dagelijks een gratis openluchtconcert (jazz, klassiek ...).

Juli

Des Lyres d'Été in Blois: in de zomermaanden bijna dagelijks concerten, straattheater, circus, goochelaars – een bont programma op de pleinen van het centrum.
Festival d'Anjou: op één na grootste theaterfestival van Frankrijk (na Avignon) met talrijke sterren en een aantrekkelijk programma; voorstellingen in de kastelen rond Angers.
Musique sur l'Île: begin juli. Groot wereldmuziekfestival in Nantes.
Le Carrousel de Saumur: derde weekend van juli. Optredens van de eliteruiters van het Cadre Noir, de cavalerie en de gevechtstanks op de Place du Chardonnet.

Augustus

Les Rendezvous de l'Erdre in Nantes: eind aug.-begin sept. Volksfeest met jazz en boottochten op de rivier (www.rendezvouserdre.com).

September

Festival de Loire in Orléans: in de tweede helft van sept. De schippers van de Loire komen in Orléans bij elkaar voor een groots feest op het water en op de kades.

Praktische informatie van A tot Z

Ambassades

Nederlandse ambassade in Frankrijk

7-9, rue Eblé
75007 Paris
tel. 01 40 62 33 00
www.nederlandwereldwijd.nl/landen/frankrijk

Belgische ambassade in Frankrijk

9, Rue de Tilsitt
75840 Paris Cedex 17
tel. 01 44 09 39 39
ingang loketten:
1, avenue Mac-Mahon
france.diplomatie.belgium.be/nl

Apotheken

Apotheken (*pharmacies*) zijn te herkennen aan een groen kruis boven de deur. Doorgaans zijn ze 9-12.30 en 14-18.30 uur geopend. Kijk voor noodgevallen op het informatiebord bij de deur.

Elektriciteit

De netspanning in Frankrijk is 230 V. Platte stekkers passen probleemloos, maar ronde stekkers moeten (meestal) over een extra gat tussen de twee pinnen beschikken. Hiervoor kunt u een verloopstekker van het type E gebruiken. Ook op campings hebt u soms een verloopstekker nodig.

Feestdagen

1 januari – Nieuwjaar (*nouvel an*)
Pasen (*pâcques*)
1 mei – Dag van de Arbeid (*jour de travail*)
8 mei – Einde van de Tweede Wereldoorlog (*armistice de 1945*)
Hemelvaart (*ascension*)
Pinksteren (*pentecôte*)
14 juli – Bestorming van de Bastille, nationale feestdag (*fête nationale de la France, quatorze juillet*)
15 augustus – Maria Hemelvaart (*assomption*)
1 november – Allerheiligen (*toussaint*)
11 november – Einde van de Eerste Wereldoorlog (*armistice de 1918*)
25/26 december – Kerst (*noël*)

Fooien

In restaurants is het gebruikelijk minimaal 5% van het totaalbedrag als fooi te geven. Dat geld telt u niet op bij de rekening, maar laat u achter op het schoteltje waarop de rekening is gebracht. Als u met een creditcard betaalt, laat u de fooi in contant geld op de bar achter. Ook in cafés en bars is het gebruikelijk wat munten op tafel achter te laten. Zorg er dus voor dat u altijd wat losse munten bij de hand hebt.

Geld

In Frankrijk kunt u op veel plaatsen betalen met uw bankpas en creditcard, bijvoorbeeld bij benzinestations, in supermarkten, restaurants en hotels. Ook bij tolwegen (*péage*) kunt u eenvoudig met een creditcard betalen. Ga daarvoor in de rij met het opschrift CB (*carte bancaire*) staan en stop eerst uw *ticket* (bonnetje) van de tolweg en dan uw creditcard in het apparaat. Verder staan op veel plaatsen geldautomaten (*guichet automatique*).

Gezondheid

Wanneer u in eigen land tegen ziektekosten bent verzekerd, dan geldt die verzekering ook in andere EU-lidstaten, waaronder Frankrijk. Toch kan het gebeuren dat u de kosten van een behandeling moet voorschieten. In dat geval krijgt u de kosten op vertoon van de rekening later terug van uw ziektekostenverzekeraar. Handig is het om voor vertrek een Europese gezondheidskaart (EHIC) aan te vragen via www.ehic.nl. Deze kaart heeft als doel de procedures rond de medische hulp te vergemakkelijken. Zo hoeft u met een EHIC eventuele medische kosten niet voor te schieten. De EHIC is persoonsgebonden en moet voor elk gezinslid apart worden aangevraagd.

Kinderen

Wie in het Loiregebied met kinderen op pad gaat, hoeft niet bang te zijn dat ze zich gaan vervelen. De kastelen spannen zich steeds meer in om gezinnen binnen de poorten te krijgen en zorgen daarom voor voldoende kinderattracties. In Ussé wacht een 'echt' Doornroosje in de torenkamer op ontdekking, in Cheverny ontmoet u Kuifje en Bobbie, in Amboise worden in de tuin spelletjes uit de renaissance georganiseerd en in Chinon kunnen kinderen zich verplaatsen in de kruisridder Richard Leeuwenhart.

Als kleine kinderen toch zijn uitgekeken op al die kastelen, vinden ze misschien een ontdekkingstocht door de grotten spannend. Saumur is hiervoor het beste startpunt. Vooral het grottendorpje Rochemenier prikkelt de fantasie. Vlakbij kunt u in een grotrestaurant in een oude oven gebakken *fouaces* (broodjes met verschillende vullingen) proeven. Een picknick op een van de vele grasveldjes langs de Loire of een zijrivier blijft favoriet bij kleine én grote kinderen. Ook een kanotocht over de Vienne of een boottocht over de Loire, bijvoorbeeld bij Chaumont, doet het altijd goed.

Veel restaurants zijn kindvriendelijk: Franse gezinnen gaan bij feestelijke gelegenheden graag uit eten en nemen dan de kinderen mee. Ook in de wat chiquere restaurants zijn kinderen welkom, zolang ze zich redelijk kunnen gedragen. Vaak zijn er kindermenu's met kleinere porties en tegen een gereduceerde prijs (€ 6-10) beschikbaar. Voor kinderen die moeite hebben met stilzitten, is er altijd nog een crêperie of pizzeria.

Media

Kranten

Buitenlandse kranten, waaronder Nederlandstalige, zijn in het hoogseizoen in het Loiredal beperkt verkrijgbaar, en dan meestal met een dag vertraging. De krant lezen via internet is een goed alternatief. De belangrijkste landelijke dagbladen zijn *Le Monde* en *Libération*. In steden als Nantes en Tours worden vaak speciale kranten voor toeristen met nieuwtjes en evenementen uitgebracht. U vindt ze bij de Offices de Tourisme en soms bij de kiosk.

Radio en televisie

Bijna alle hotelkamers (met uitzondering van de goedkoopste) zijn voorzien van een televisie met kabelaansluiting, waarop alle Franstalige zenders te zien zijn. France 3 en Centre zijn de regionale zenders. Lokale televisiezenders vindt u in de steden Tours en Orléans. Regionale radiozenders zijn onder andere France Bleu Touraine (www.francebleu.fr/touraine), Berry en Orléans.

Noodgevallen

Europees alarmnummer: tel. 112
Politie en ongevallendienst (police secours): tel. 17
Ambulance (SAMU): tel. 15
Brandweer (pompiers): tel. 18
Pechhulp: Frankrijk kent geen landelijke pechhulpdienst zoals Nederland en België. Bij pech belt u de ANWB in Den Haag, tel. 0031 70 314 14 14, of de TCB in Brussel, tel. 0032 2 233 23 45.
Blokkering bankpas/creditcard: voor Nederland, tel. 00 31 30 283 53 72, www.pasblokkeren.nl, voor België, tel. 00 32 70 34 43 44, www.cardstop.be.

Prijzen en bespaartips

Gemiddelde prijzen bij benadering:
Middenklassehotel: € 85 voor 2 pk.
Ontbijt: € 12 per persoon.
Chambre d'hôtes middenklasse: € 80 voor 2 personen met ontbijt.
Jeugherberg: € 22 per persoon.
Driegangenmenu in restaurant: afhankelijk van de regio circa € 29.
Fles regionale wijn in een restaurant: vanaf € 18.
Pizza: € 12.
Bier: € 5.
Café crème: € 3.
In deze gids worden prijzen vermeld van een driegangendiner. Door de week is het eten tijdens lunchtijd goedkoper.
Kasteelbezoek: vanaf € 10, korting voor kinderen, studenten en senioren.
Brandstof: tanken is het goedkoopst bij de grote supermarkten, zoals Leclerc en Carrefour. Mijd liefst de benzinestations langs de snelwegen.
Kortingskaarten: Orléans, Angers en Nantes hebben **toeristenpassen** voor 24, 48 of 72 uur. Hiermee krijgt u korting op de toegangsprijs van musea en bezienswaardigheden en in het openbaar vervoer (zie blz. 97 en 283).

Omgangsvormen

Beleefdheid wordt gewaardeerd: groet liever niet eenvoudig met *bonjour*, maar met *bonjour madame* of *bonjour monsieur*. Probeer ook om de juiste momenten alstublieft *(s'il vous plaît, madame)* en dank u wel *(merci monsieur)* te zeggen. Bedenk verder dat bij een bezoek aan een chic restaurant gepaste kleding hoort. Bij een restaurantbezoek wacht u altijd tot het personeel u een tafel toewijst.De ober wordt aangesproken met *madame* of *monsieur* en zeker niet met *garçon*, zoals vroeger op school werd geleerd. De bediening is doorgaans zeer voorkomend en attent. Alleen om de rekening zult u concreet moeten vragen.

Openingstijden

Banken: ma.-vr. 9-12, 14-16 uur.
Winkels: in Frankrijk gelden geen vaste openingstijden voor winkels. De meeste winkels zijn geopend ma.-za. 9-12 en 14-18 uur, bakkers en kruideniers soms ook zo.-ochtend (dan zijn ze ma. meestal gesloten). Grote supermarkten ma.-za. 9-20 uur of langer (soms op zo. en dan niet op ma.).
Kerken: 's middags vaak gesloten.
Musea: meestal 10-12 en 14-17 uur, di. vaak gesloten.
Offices de Tourisme: doorgaans 9-12 en 15-17 uur, zie blz. 19.
Postkantoren: 9-18, za. 9-12 uur.
Restaurants: vaak zo.-ma. gesloten.

Reizen met een beperking

Een overzicht van aangepaste hotels en andere handige informatie voor mindervalide reizigers is verkrijgbaar bij de Association des Paralysés de France, 17, boulevard A. Blanqui, 75013 Paris, www.apf.asso.fr. Daar is ook de brochure *Où ferons nous étape* verkrijgbaar (alleen in het Frans). Op de website van Gîte de France vindt u accommodatie die geschikt is voor mensen met een beperking (www.gites-de-france.com, *disabled access*). U vindt ook informatie bij Logis Hotel (www.logishotels.com).

Onder de noemer 'Tourisme & Handiap' (www.val-de-loire-41.com/tourisme-et-handicap) wordt al jaren getracht het oponthoud in de regio zo makkelijk mogelijk te maken voor mensen met een beperking.

Roken

Het algehele rookverbod voor openbare ruimtes geldt ook in cafés, bars en restaurants. In de meeste hotels mag niet worden gerookt. Rookwaar wordt alleen verkocht in *bar-tabacs* en in *bureaus de tabac*, herkenbaar aan de rode ruit.

Souvenirs

Herinneringen aan een vakantie in het Loiregebied koestert u met een fles wijn uit de regio, die te koop zijn bij de wijnboer, de *maisons du vin* en de wijnhandel. Andere delicatessen zijn geitenkaas uit Touraine of in glazen potten ingemaakte pasteitjes die, samen met andere culinaire souvenirs, te koop zijn in delicatessenwinkels, op markten of direct bij de producent. Daarnaast kunt u bij de talrijke rommelmarkten *(brocantes)* op zoek gaan naar dat ene 'typisch Franse' souvenir – maar houdt u rekening met forse prijzen.

Taal

Aan de Loire spreekt men 'hoogfrans'. Met name de jonge generaties spreken vaak ook een beetje Engels. Datzelfde geldt voor het personeel in hotels en restaurants en op campings. Menukaarten zijn in het Frans en soms ook in het Engels opgesteld. Bij grote bezienswaardigheden zijn er vaak rondleidingen in het Engels. In het voor- en najaar zult u genoegen moeten nemen met gedrukt informatiemateriaal. Audioguides zijn vaak wel meertalig (soms is er zelfs een Nederlandse versie).

Telefoneren

Landnummers:
Frankrijk: 00 33
Nederland: 00 31
België: 00 32
Bellen naar Frankrijk: na het landnummer 00 33 vervalt de eerste nul van het abonneenummer (Frankrijk gebruikt geen netnummer).
Telefoneren binnen Frankrijk: kies altijd het volledige tiencijferige nummer.

Veiligheid

Het Loiregebied is net zo veilig of onveilig als de rest van Midden-Europa. Omdat het gebied (met uitzondering van enkele kastelen) weinig massatoerisme kent, valt bijvoorbeeld het aantal autoinbraken mee. Natuurlijk moet u wel alle gebruikelijke voorzorgsmaatregelen in acht nemen: laat geen waardevolle spullen in de auto achter en let op drukke plekken, zoals markten, altijd goed op uw tas.

Kennismaking – Feiten en cijfers, achtergronden

Het hooggelegen, met vestingmuren versterkte kasteel van Amboise

Loiredal in het kort

Feiten en cijfers

Ligging en oppervlakte: de Loire is de langste rivier van Frankrijk. Over een lengte van 1012 km strekt de rivier zich uit van de Mont Gerbier de Jonc (in het Centraal Massief) ten zuiden van Le Puy tot aan de monding in de Atlantische Oceaan bij St-Nazaire/Nantes.
Historische provincies en regionale hoofdsteden: Orléanais met Orléans, Blésois met Blois, Touraine met Tours, Saumurois met Saumur, Anjou met Angers en Pays Nantais met Nantes.
Officiële taal: Frans.
Inwoners: regio Centre 2.550.000, regio Loire-Atlantique 3.500.000.
Munteenheid: euro.
Tijdzone: Midden-Europese Tijd (MET).
Vlag: *Le Tricolore* gaat terug tot de Franse Revolutie en staat symbool voor de ingeperkte macht van de koning (wit), ingeklemd tussen de kleuren van Parijs (blauw en rood).

Geografie en natuur

De Loire is een van de weinige overgebleven oorspronkelijke rivieren van Europa: er zijn nauwelijks regulerende maatregelen getroffen. Er varen dan ook hoofdzakelijk pleziervaartuigen; de beroepsvaart zou te veel last hebben van de sterk wisselende waterstanden en de zich constant verplaatsende zandbanken en eilanden. Voor vogels, die hier volop nestmogelijkheden vinden, is het een waar paradijs. Touraine en Anjou maken geologisch gezien deel uit van een kalksteenplateau, waarin de Loire en de zijrivieren een bedding hebben uitgesleten. Het witte, vulkanische tufsteen werd gebruikt als bouwmateriaal voor kastelen en steden. Rond Saumur bevinden zich tal van grotten – verlaten steengroeves – waarin onder andere wijn wordt opgeslagen. De Loire kent enkele belangrijke zijrivieren. De Allier begeleidt de Loire in het Centraal Massief, het dal van de Cher loopt ten zuiden van de Loire tussen Tours en Bourges, de Loir stroomt aan de noordkant tussen Vendôme en La Flèche, de Indre mondt achter Tours uit in de Loire en de Vienne doet datzelfde bij Candes-St-Martin.

Geschiedenis

De Loire wordt gezien als 'nationale rivier' en als symbool voor de eenheid van het land. Orléans was in de 7e eeuw de hoofdstad van Frankrijk; tijdens de Honderdjarige Oorlog (1337-1453) met Engeland vluchtte de koning vanuit Parijs naar de Loire en ten slotte naar Bourges. Eind 15e eeuw regeerden de Franse koningen het land vanuit de Loirekastelen.

Staat en politiek

Sinds de Franse Revolutie is Frankrijk opgedeeld in departementen (vergelijkbaar met een provincie in Nederland en België), die vanaf 1972 zijn samengevoegd tot grotere regio's. De Loire stroomt door de regio's Centre en Pays de la Loire. De regio Centre bestaat uit de departementen Loiret (669.000 inw.), Loir-et-Cher (333.000 inw.) en Indre-et-Loire (603.000 inw.); de regio Pays de la Loire bestaat uit de departementen Maine-et-Loire (806.000 inw.) en Loire-Atlantique (1.347.000 inw.).

Economie en toerisme

Al sinds de middeleeuwen speelt het Loiregebied een belangrijke rol in de Franse economie. Het vruchtbare stroomgebied van de Loire wordt gebruikt voor de teelt van groente en bloemen, op de zandige grond van de Sologne gedijen aardbeien en asperges. Vooral rond Orléans worden vroege groenten geteeld, die rechtstreeks naar de markthallen van Parijs worden getransporteerd. Dankzij het milde klimaat zijn twee oogsten per jaar mogelijk, waarbij dankbaar gebruik wordt gemaakt van het water uit de Loire. Bijzonder is de teelt van champignons in de grotten van Saumurois. De constante temperaturen (van 9-10°C 's winters tot maximaal 16°C 's zomers), de luchtvochtigheid (tot 90%) en het gebrek aan licht zorgen voor ideale omstandigheden. De basis voor de productie is mest, vermengd met gehakseld vochtig stro, voedingsstoffen en sporen (het zaad) van de champignons. Dit mengsel wordt gepasteuriseerd en in luchtdoorlatende plastic zakken gedaan. In een speciale ruimte broeien de zakken veertien dagen bij een temperatuur van ongeveer 25°C, tot de sporen gaan kiemen. Dan wordt het geheel naar koelere ruimtes verplaatst en na nog eens veertien dagen dringen de eerste champignons door de gaten. Nu wordt het licht aangedaan om de paddenstoelen verder te laten groeien. Enkele dagen later kan worden geoogst.

Ook het toerisme is een belangrijke economische factor. Alleen al kasteel Chenonceau wordt elk jaar door een miljoen mensen bezocht. Het merendeel daarvan doet dat met een dagexcursie vanuit Parijs. Andere belangrijke economische spelers in het Loiregebied zijn de chemische industrie rond Orléans, de elektrotechnische en computerindustrie rond Angers, de haven van St-Nazaire, de dienstensector (congrescentra in Tours en Angers) en de energiesector (vier kerncentrales).

Zo'n 70% van de in Frankrijk geproduceerde elektriciteit is afkomstig van kerncentrales. Een vierde daarvan wordt geproduceerd door vier kerncentrales, die sinds de jaren 80 in het Loiregebied (Belleville, Dampierre, St-Laurent-des-Eaux en Avoine) zijn gebouwd. Dat maakt van het Loiredal de op één na grootste (na het Rhônedal) producent van kernenergie in Frankrijk. Lange tijd was men overtuigd van de voordelen en de veiligheid van nucleaire energie, maar daar komt geleidelijk verandering in. Toen de regering in 1997 werkte aan plannen voor een vijfde kerncentrale aan de monding van de Loire, stuitte dat op heftige bezwaren van de plaatselijke bevolking. De bouw ging dan ook niet door.

Bevolking, taal en religie

Orléanais valt nog net onder de invloedssfeer van Parijs (90 min. met de TGV). Veel mensen wonen in Orléans en werken in Parijs. Langs de Loire leven de meeste mensen in kleine, historische steden. De hoogste bevolkingsdichtheid is te vinden in het westelijk deel: de regio rond de stad Nantes (170 inw. per km²). De dunstbevolkte regio's zijn het departement Indre ten zuidoosten van Tours (36 inw. per km²) en het departement Cher met de stille Sologne (45 inw. per km²). Aan de Loire wordt geen dialect gesproken: de bevolking is eerder op het land gericht dan op de regio zelf. Ongeveer 83% van de Fransen behoort officieel tot de katholieke kerk. In Angers studeren ongeveer twaalfduizend studenten aan de Université Catholique l'Ouest (UCO).

Geschiedenis

Kelten, Romeinen en eerste christenen

ca. 1000 v. Chr.	Keltische stammen – de Galliërs – vestigen zich in het gebied van het huidige Frankrijk.
58-52 v. Chr.	Julius Caesar verovert Gallië. Begin van een driehonderd jaar durende Romeinse heerschappij.
371-397 n. Chr.	St.-Martinus is bisschop van Tours en sticht het klooster Marmoutier. Na zijn dood in Candes wordt deze plaats een bedevaartoord.

Het Frankische Rijk – Merovingen en Karolingen

5e-8e eeuw	Germaanse volken dringen Gallië binnen. De Franken verspreiden zich steeds verder en stichten het Frankische Rijk.
592	Bisschop Gregorius van Tours beschrijft de geschiedenis van de Franken.
651	Stichting van de abdij van Fleury-sur-Loire (later St-Benoît).
768-814	Karel de Grote breidt het Frankische Rijk uit tot heel West-Europa.
einde 8e eeuw	Alcuin, vriend en raadgever van Karel de Grote, sticht in Tours een scriptorium, een van de eerste belangrijke middeleeuwse scholen.
843	Het Frankrijk van Karel de Grote wordt in drie delen gesplitst; het West-Frankische Rijk onder Karel de Kale beslaat globaal het gebied van het huidige Frankrijk.
9e eeuw	De Vikingen varen de Loire op en richten verwoestingen aan.

De Capetingers – koningen en feodalisme

ca. 1000	Frankrijk is uiteengevallen in talrijke vorstendommen. De kroondomeinen, het landbezit van de koning, omvat alleen het Île de France. In 987 begint met Hugo Capet de dynastie van de Capetingers, die als hoofdsteden Parijs, Chartres en Orléans kent. In datzelfde jaar wordt Hugo's zoon, Robert de Vrome, in de kathedraal Ste-Croix van Orléans tot medekoning gekroond. Vanaf 996 is hij alleen koning.
987-1040	Fulco III, ook wel Fulco Nerra genoemd, is graaf van Anjou.
ca. 1100	Stichting van het klooster van Fontevraud.
1137-1180	Regering van Lodewijk VII.
1137	Huwelijk van Lodewijk VII met Eleonora van Aquitanië. Hierdoor breidt zijn rijk zich uit tot aan de Pyreneeën.

1146 Bernard van Clairvaux roept in Vézelay op tot de tweede kruistocht.

1152 Scheiding van Lodewijk VII en Eleonora van Aquitanië. Eleonora huwt met Hendrik II Plantagenet, hertog van Normandië en graaf van Anjou.

1189 Hendrik II, sinds 1154 bovendien koning van Engeland, sterft in Chinon.

1189-1199 Hendriks zoon Richard Leeuwenhart is koning van Engeland, hertog van Normandië en graaf van Anjou. Eleonora van Aquitanië regeert tijdens de kruistochten en de gevangenschap van haar zoon.

1180-1223 Filips II Augustus is koning van Frankrijk. In 1202 brengt hij Anjou terug onder de Franse kroon.

1195-1265 Bouw van de kathedraal van Bourges.

1226-1270 Lodewijk IX de Heilige. Blanca van Castilië regeert voor haar minderjarige zoon en tijdens de kruistochten van 1248-1254. Vanaf 1230 zet Lodewijk IX landvoogden en seneschalken (plaatsvervangers van de koning) in als bestuurders van zijn koninkrijk.

1265 Hertog Karel van Anjou verovert het koninkrijk Sicilië.

1285-1314 Filips IV de Schone, de laatste grote Capetingerkoning. Na zijn dood raakt het rijk in een crisis; verschillende troonopvolgers volgen elkaar snel op.

1306 Stichting van de Rechtenfaculteit in Orléans.

1328 Karel IV (1322-1328) heeft geen mannelijke nakomelingen. De kroon gaat naar zijn neef Filips van Valois.

De Honderdjarige Oorlog tussen Frankrijk en Engeland

1337 Eduard III van Engeland, via zijn moeders kant kleinkind van Filips de Schone, maakt aanspraak op de troon. Hij verklaart de oorlog aan Filips van Valois. Anjou verandert in een strijdtoneel.

1348 Pestepidemie en hongersnood.

1355 Eduard, 'de zwarte prins van Engeland', verwoest met zijn leger Aquitanië. In 1356 rukt hij op tot aan de Loire.

1356 Nederlaag van de Fransen bij Poitiers. Koning Jan II de Goede, de zoon van Filips van Valois, wordt gevangengenomen.

1359 Verdrag van Londen: Jan de Goede moet Aquitanië en Normanië afstaan aan Eduard van Engeland. Het Franse koninkrijk wordt teruggebracht tot het gebied van de vroegere Capetingermonarchie.

1360 Vrede van Brétigny. Ontslagen soldaten trekken plunderend door het land.

1373 Lodewijk I, hertog van Anjou, geeft opdracht voor de wandtapijten van de Apocalyps van Angers.

1380-1422 Karel VI de Waanzinnige. 'Ooms als regenten': de hertogen van Bourgondië, Anjou, Berry en Bourbon regeren in plaats van de aanvankelijk minderjarige en vanaf 1392 krankzinnige koning.

1408 De Bourgondiërs maken in Parijs de dienst uit.

1413 Hertog Jan van Berry geeft opdracht voor het kostbare getijdenboek *Très Riches Heures* bij de gebroeders Van Limburg.

1415 Overwinning van de Engelsen tijdens de Slag bij Azincourt. Hertog Karel van Orléans wordt door de Engelsen gevangengenomen.

1417/18 De Engelsen veroveren Normandië.

1420 Hendrik V van Engeland trouwt met de Franse prinses Catharina van Valois. Door het Verdrag van Troyes wordt hij de Franse kroonprins.

1422 Hendrik VI van Engeland erft als kind van tien maanden oud de kronen van Engeland en Frankrijk. De hertog van Bedford regeert in zijn naam.

1422-1461 Karel VII. De Engelsen staan in Parijs; de erfelijke troonopvolger heeft in 1418 de stad verlaten en resideert in Loches en Chinon.

1429 Jeanne d'Arc bevrijdt Orléans van de Engelse belegeraars en begeleidt in datzelfde jaar Karel VII naar zijn kroning in Reims.

1431 Proces en executie van Jeanne d'Arc in Rouen.

1437 Karel VII trekt op feestelijke wijze Parijs binnen. Hij verblijft echter meestal aan de Loire, voornamelijk in Tours.

De Valois

1461-1483 Lodewijk XI botst als koning met de machtige hertogen. Hij resideert vooral in het kasteel van Plessis-lès-Tours bij Tours.

1483-1498 Karel VIII. Tot 1491 regeert Anna van Beaujeu het land voor haar minderjarige broer. De koning resideert in Amboise.

1491 Karel VIII trouwt met Anna van Bretagne in Langeais. Zo gaat ook Bretagne, het laatste zelfstandige hertogdom, op in het Franse koninkrijk.

1494-1496 De veldtocht van Karel VIII naar Napels mislukt.

1499-1515 Lodewijk XII. De nieuwe koning trouwt met de weduwe van zijn voorganger, Anna van Bretagne, en zet ook de Italiëpolitiek van Karel VIII voort. Als kleinzoon van prinses Valentina Visconti maakt hij aanspraken op Milaan, dat hij in 1499 verovert. Lodewijk resideert in Blois.

1515-1547 Renaissance in Frankrijk: Leonardo da Vinci komt op uitnodiging van Frans I naar Blois (1517). Benvenuto Cellini wordt de koninklijke goudsmid (1540). Bouw van de kastelen van Blois (start in 1515), Chambord (1519), Chantilly (1527) en Fontainebleau (1528). De oorlogen tegen de rivaal Karel V en de aanspraken op Bourgondië, Vlaanderen en Italië bepalen de buitenlandse politiek. In 1519 wordt niet Frans I maar Karel V tot keizer gekozen. De koning strijdt tegen de reformatie.

1532-1564 Rabelais publiceert zijn roman *Gargantua en Pantagruel*. De eerste protestantse bijbel verschijnt in 1535 in Frankrijk. De dichter Pierre de Ronsard komt in 1550 met zijn odes.

1547-1559 Hendrik II is koning van Frankrijk.

De Godsdienstoorlogen

1559 Het Verdrag van Cateau-Cambrésis tussen Hendrik II en Filips II van Spanje beëindigt de Italiaanse Oorlogen tussen de Habsburgers en het Huis van Valois. Na de dood van de koning erft de 15-jarige Frans II de troon. De hertog De Guise, de oom van zijn vrouw Maria Stuart, regeert het land. Repressie tegen de hugenoten (de Franse protestanten), die onder leiding staan van Lodewijk I van Bourbon-Condé, Gaspard de Coligny en de hertog van Montmorency.

1560 De Samenzwering van Amboise: een poging van de hugenoten om de koning te ontvoeren en zo de macht van de hertog De Guise in te perken, mislukt. De samenzweerders worden gedood en hun lijken tentoongesteld. Na de dood van Frans II in december bestijgt Karel IX de troon. Zijn moeder Catharina de Medici heeft als regentes het feitelijke bestuur van het land in handen.

1562-1598 Tussen katholieken, protestanten en het koningshuis, die wisselende bondgenootschappen afsluiten, woeden acht Hugenotenoorlogen. Het centrale gezag boet steeds meer aan macht in. Spanje bedreigt als bondgenoot van het katholieke huis Guise de soevereiniteit van Frankrijk.

22 aug. 1572 Bartholomeüsnacht. Bij de feestelijkheden rond het huwelijk van Margaretha van Valois met de protestantse Hendrik van Navarra is de hele protestantse adel te gast in Parijs. Bij een massale moordpartij worden 3000 hugenoten in Parijs en 10.000 in de provincie gedood.

1574 Koning Hendrik III vlucht voor de in Parijs almachtig geworden hertog De Guise van het Louvre naar Blois.

1585-1589 Verbond van de katholieken met Filips II van Spanje, met als doel de hugenoten te bestrijden. Die hebben zich verzameld rond de volgende troonopvolger, Hendrik van Navarra. Hendrik III laat in 1588 de hertog De Guise in Blois vermoorden. In 1589 verenigen de legers van Hendrik III en Hendrik van Navarra zich tegen Spanje. Een jonge dominicaan vermoordt de koning.

1589-1610 Hendrik IV (van Navarra) weet het hele land te verenigen. In 1593 bekeert hij zich tot het protestantisme. In 1598 sluiten Frankrijk en Spanje vrede. In het Edict van Nantes biedt Hendrik IV de hugenoten een beperkte vorm van godsdienstvrijheid.

Absolutisme en Revolutie – het Huis Bourbon

1610-1643 Lodewijk XIII en kardinaal Richelieu creëren een absolute monarchie. De jezuïeten werken aan een contrareformatie.

1654-1715 Absolute monarchie onder Lodewijk XIV, de Zonnekoning.

1685 Opheffing van het Edict van Nantes. De hugenoten moeten het land uit vluchten, onder andere naar Nederland. Economische en culturele teruggang in Saumur, Blois en Tours.

1789-1799 Franse Revolutie. In een totale omwenteling van de machtsverhoudingen wordt de burgerij de belangrijkste machtsfactor. Terwijl de revolutie in het centrale deel van het Loiredal zonder veel bloedvergieten verloopt, doen de verschrikkingen in Nantes niet onder voor de terreur in Parijs.
Tussen 1793 en 1795 woeden er oorlogen in de Vendée: de onthoofding van Lodewijk XVI en de vervolging van priesters roepen in de West-Franse regio veel weerstand op bij de bevolking. In juli bezetten de koningsgezinden geheel Anjou. Uiteindelijk worden ze bij St-Nazaire verslagen.

1804-1815	Eerste Keizerrijk onder Napoleon Bonaparte.
	Op weg naar de Republiek– macht aan de burgerij
1815-1830	Herstel van de monarchie.
1830-1848	Julirevolutie van de middenklasse en burgerlijke monarchie onder de laatste koning Lodewijk Filips I.
1843	De eerste spoorlijn verbindt Orléans met Parijs; in 1846 wordt de lijn Tours-Parijs geopend.
1848-1852	Tweede Republiek. In 1851 staatsgreep van president Lodewijk Napoleon, die zich laat kronen tot keizer Napoleon III.
1852-1870	Tweede Keizerrijk.
1870-1871	Frans-Duitse Oorlog.
1870-1940	Derde Republiek.
	De 20e en 21e eeuw
1914-1918	Eerste Wereldoorlog.
1939-1945	Tweede Wereldoorlog: steden aan de Loire hebben te lijden onder verwoestingen van eerst de Duitsers en daarna de geallieerden.
1946-1958	Vierde Republiek.
1958	Vijfde Republiek. Charles de Gaulle, tot 1969 president, drukt zijn stempel op het moderne Frankrijk.
1963	Frankrijks eerste kerncentrale bij Chinon wordt geopend.
1972	Frankrijk wordt verdeeld in 27 regio's. Het oostelijk Loiredal valt onder de regio Centre, het westelijke deel onder Pays de la Loire.
1989	Eerste rit van de TGV (*Train à Grande Vitesse*) Atlantique.
2000	De UNESCO verklaart het Loiredal tot Werelderfgoed.
2011	In Angers wordt de eerste tramlijn geopend.
2015	Het kasteel van Saumur is na jarenlange restauratiewerkzaamheden weer voor het publiek toegankelijk.
2016	Emmanuel Macron wordt gekozen tot president.

De rivier en haar landschappen

De levensader van Frankrijk, symbool voor de eenheid van het land dat zij van oost naar west doorstroomt – de Loire is meer dan een rivier, ze is een mythe. Dat veel van de schoonheid en natuurwaarden behouden zijn gebleven, is niet in de laatste plaats te danken aan de milieuorganisatie SOS Loire Vivante.

Met een lengte van 1012 km is de Loire de langste rivier van Frankrijk. Zij ontspringt ten zuiden van de stad Le Puy in het Centraal Massief, waar zij zich diep heeft ingegraven in het harde vulkaangesteente, en komt bij Nevers samen met de Allier. Vervolgens buigt de rivier in het Bekken van Parijs af en stroomt dan in een brede bedding, begeleid door oeverbossen en natte graslanden, richting de Atlantische Oceaan. Onderweg voegen zich talrijke zijrivieren bij de Loire en verdeelt zij zich telkenmale in vele armen, die groene eilanden en okerkleurige zandbanken omspoelen.

Een bed van schelpkalk

Toen miljoenen jaren geleden, in de geologische periode van het tertiair, de zee zich terugtrok uit het Bekken van Parijs (een laagte met het huidige Parijs globaal als middelpunt), bleef een dikke laag kleine diertjes en schelpen achter, die zich later verdichtte tot kalksteen. De Loire stroomt voor een flink deel door dit vlakke bekken met zijn lichte, zachte gesteente, dat in grote mate bijdraagt aan het unieke karakter van het dal. Het bijna witte kalksteen geeft de stadjes, kastelen en kerken hun lichte kleur en gaf de bouwers uit de renaissance de kans zich uit te leven in hun drang naar decoratie. Julien Gracq (1910-2007), chroniqueur van de stad Nantes, beschreef de levendigheid van het gesteente als: 'poreus krijtgesteente van kalk, door de zon uitgehard en bros, door de vochtigheid van het door riet doorbroken water zacht en brokkelig, met stukken die snel afbreken, gemarmerd met delicaat, rookkleurig grijs dat lijkt op fijne, hard geworden schimmeldraden van Roquefort'.

Bij Orléans maakt de Loire een grote bocht westwaarts en stroomt dan door een weids dal, waarbij ze het karakter krijgt van een breed uitwaaierende, trage rivier. Het dal, dat tot 8 km breed kan zijn, wordt aan de noordkant begrensd door het Plateau van Beauce, de graanschuur van Frankrijk. Aan de zuidkant ligt het zandige gebied van de Sologne met zijn dennenbossen en heidevelden.

In de Tuin van Frankrijk

Wie de Loire nadert ter hoogte van de oude koningsstad Blois, ziet dat het enkele kilometers brede dal ligt ingeklemd tussen de kalkwanden van

Vredige avondstemming aan de Loire

Beauce, waarna de rivier zich richting Touraine weer verbreedt. Hier, in de 'Tuin van Frankrijk' met zijn groente- en fruitteelt, graanvelden en akkers, ontvangt de Loire veel extra water van haar zijrivieren: de Cosson, de Beuvron, de Sauldre, de Cher, de Indre en de Vienne. Aangesterkt door dit water ontvouwt de Loire in Anjou, tussen Saumur en Angers, haar grootste majesteitelijke schoonheid in de vorm van een weids dal met oeverbossen en hellingen met wijnstokken. Voorbij Angers wordt het dal weer smaller en steiler, en neemt leisteen de plaats in van kalksteen. Bij Ancenis zoekt de Loire zich een weg door het graniet van het Armoricaans Massief. Aangekomen bij de vlaktes rond Nantes zijn riet en moerassen aanwijzingen dat de zee dichterbij komt, waarna de rivier bij St-Nazaire haar water loost in de Atlantische Oceaan. Onderweg hiernaartoe mag de rivier vrijelijk haar gang gaan, met als gevolg dat er al heel lang nauwelijks sprake is van scheepvaart. De waterstand is meestal te laag en daarom bleef de Loire het lot bespaard om in het keurslijf van een betonnen vaargeul te worden geperst.

De grillige Loire

De Loire is een zeer grillige, onberekenbare rivier. In de zomer droogt ze bijna uit, maar in het voorjaar kan ze door smeltende sneeuw en in het najaar door heftige regenbuien in slechts enkele uren aanzwellen tot een machtige stroom. In 1980 was er extreem hoogwater. Binnen een uur steeg het waterpeil met 4 m, waarbij aan de bovenloop bossen werden weggeslagen en woonwijken overstroomden. In 2016 werd Chateau Chambord overspoeld door een overstroming. De voorstanders van regulering van de rivier herinneren ook graag aan het verwoestende hoogwater van 1856 en 1866: bij een herhaling van deze waterstanden zouden nu tot 200.000 mensen worden getroffen. In de jaren 80 werden in de Loire en enkele zijrivieren stuwdammen gepland en gedeeltelijk gerealiseerd. Maar tot een verdere regulering is het nooit gekomen; de meeste plannen verdwenen in een la – dankzij SOS Loire Vivante.

Boottochten en informatie

De riviernatuur leert u het best kennen tijdens een **boottocht** in de schemering, als de bevers hun burchten verlaten. Ga bijvoorbeeld mee met Millière Raboton in Chaumont (zie blz. 126). Alles over **SOS Loire Vivante** vindt u via www.sosloirevivante.org.

SOS Loire Vivante

In 2011 kreeg de natuurbeschermingsorganisatie voor haar werk een onderscheiding van het World Wildlife Fund. En bij haar twintigste verjaardag in 2009 was er niet alleen een groot feest, maar ook, zoals het bij een actiegroep hoort, een wandeltocht van vier dagen naar de bron van de Loire. In 2017 vierde de vereniging de successen in de strijd om het behoud van de natuur met een grote fietstocht langs de Loire. Het burgerinitiatief heeft aanzienlijk bijgedragen aan een andere manier van denken over de omgang met rivieren. Het regelmatig voorkomende hoogwater, bijvoorbeeld bij de Maas en de Rhône, bewijst dat regulering van een rivier een ramp niet kan voorkomen en de gevolgen vaak zelfs versterkt. Daarom wordt overal in Europa nagedacht over het terugbrengen van de rivieren naar hun vroegere, ruime bedding (zie ook www.ruimtevoorderivier.nl). Onder het voorzitterschap van biologe Christine

In de Loire leven nog bevers

Jean uit Nantes heeft Loire Vivante veel onderzoek laten doen, dat door de EU in het kader van de LIFE Projects met 8 miljoen euro werd gefinancierd. Het resultaat was onder andere dat de Franse regering in 1999 besloot de geplande stuwdam van Chambonchard niet te bouwen. In 1994 was door de inzet van Loire Vivante ook al de aanleg van de stuwdam van Serre de la Fare stopgezet en later werden de dammen bij Maisons Rouges en bij St-Etienne-de-Vigan (aan de bovenloop van de Allier) afgebroken.

Bever- en otterreservaten

Voorlopig is dit oorspronkelijke rivierenlandschap gered. Aan de bovenloop van de Loire leven nog bevers en otters, en zandbanken en eilandjes bieden nestgelegenheid aan talrijke vogels: 250 soorten werden in het kader van de LIFE Projects geteld. Blauwe reigers stappen voorzichtig met hun lange poten langs de oevers en de stern – witte buik, zwarte kap op de kop, rode snavel en rode poten – geldt als symbool van de wilde Loire, aangezien hij afhankelijk is van de eilandjes en zandbanken. In de eerste aprildagen komt het sierlijke neefje van de meeuw uit Afrika om hier te broeden. De eieren worden gelegd in eenvoudige kuiltjes in het zand of het grind. Aan de Rijn, waar de stern ook ooit voorkwam, zijn ze al honderd jaar uitgestorven. De geplande stuwdammen zouden de stroomsnelheid hebben vergroot en de rivier dieper hebben gemaakt, waardoor veel zandbanken en eilandjes zouden zijn verdwenen. Als het hoogwater zou uitblijven, verdwijnen bovendien de oeverbossen en de vochtige graslanden waar veel moerasvogels voedsel en beschutting vinden. Maar de strijd gaat verder. Nu wil Loire Vivante de al jaren in de planning zittende uitbreiding van de havens van Nantes en St-Nazaire tegenhouden, omdat die de uitgestrekte natte natuur in het mondingsgebied van de Loire zou verwoesten.

Op zondagochtend staan de mannen al vroeg met een hengel aan de oever van de rivier. Maar als er een zalm wordt gevangen, moet die meteen in het water worden teruggezet.

De zalm is uit de meeste Europese rivieren verdwenen en ook in de Loire is het bestand met ongeveer 90% teruggelopen. En dat terwijl de zalm in de 19e eeuw niet werd gezien als delicatesse, maar als volksvoedsel. Destijds werden jaarlijks meer dan 40.000 zalmen in de Allier gevangen, maar aan het eind van de 20e eeuw was dat aantal gedaald tot 250. De aanleg van dammen, veranderingen in het stroombed, ongecontroleerde visserij en watervervuiling waren daarvan de oorzaken. De overgebleven exemplaren worden nu beschermd.

Van de paaiplaats naar de zee

Een van de laatste paaiplekken van de zalm in Europa is het brongebied van de Allier in het Centraal Massief. De vissen zetten hun eitjes af tussen de stenen op de bodem. Tussen februari en maart komen de larven uit het ei en ontwikkelen zich in enkele dagen tot lichtgekleurde, langwerpige visjes met oranje vlekken – pas na een jaar krijgt de zalm de kenmerkende zilveren huid. Al snel beginnen de jonge zalmen aan hun lange reis. Ze zwemmen de Allier

De reis van de zalm

Roofvogels zijn de natuurlijke vijanden van de Loirezalmen

af, komen zo in de Loire en trekken dan door naar de Atlantische Oceaan. De zalmen verblijven een week in de mondingsdelta om aan het zoute zeewater te wennen. Daarna gaan ze de oceaan op en beginnen aan de volgende etappe: een reis van duizenden kilometers richting de Faröer Eilanden, gelegen tussen Schotland en IJsland.

Na twee tot vier jaar keren de ongeveer 1 m lange en 12-13 kg zware vissen terug naar hun geboortegrond. Met behulp van hun voortreffelijke reukzin herkennen ze het water van hun oorsprongsrivier. In de zomer, als de watertemperatuur stijgt tot 18°C, onderbreken ze hun reis stroomopwaarts en wachten ze in diepere, koelere plekken op beter weer. In de herfst zetten ze hun reis naar de paaiplaatsen voort.

Terugreis met hindernissen

De eerste hindernis is het door de haven vervuilde water in de monding van de Loire. Vervolgens moeten ze in het centrale deel van de rivier de voor de kerncentrales gebouwde stuwen en de stuwdammen in de bovenloop overwinnen. Om de zalm te beschermen en te helpen, zijn vistrappen aangelegd, waarlangs de vissen stapje voor stapje hogerop kunnen komen. Bij de waterkrachtcentrale van Montistrol-d'Allier is zelfs een vislift gebouwd, die de zalmen 17 m omhoog brengt over de stuwdam van Poutès. In Vichy is een telstation ingericht, waar u vanachter panoramaruiten de krachtige vissen tegen de stroom in kunt zien zwemmen.

De weinige vissen die het, als door een wonder, lukt om alle hindernissen te overwinnen, paaien tussen half november en half december. Het vrouwtje maakt met heftige bewegingen kuiltjes in het grind op de rivierbodem. Hierin legt ze haar eitjes, die vervolgens door de mannetjes worden bevrucht. Een deel van de zalmen sterft, een ander deel zwemt de rivier weer helemaal af – en dan begint de kringloop weer van voren af aan.

Redding voor de zalmen

Nadat in 1998 twee stuwdammen in de Vienne en de Allier werden afgebroken, is de situatie voor de zalm verbeterd. Desondanks weten maar weinig zalmen de 1000 km te overbruggen. Van elke 7500 eitjes overleven zo'n 1500 larven en daarvan zwemmen er 150 naar de oceaan. Aan de terugreis beginnen vier vissen, waarvan slechts twee hun geboortegrond bereiken. Maatregelen moeten ervoor zorgen dat dit aantal hoger wordt of in elk geval constant blijft. Ten eerste werd in 1994 het vissen op zalm verboden, ten tweede werd in 2001 in het kader van een groot natuurbeschermingsprogramma (Loire Grandeur Nature) bij de Allier in Chanteuges een kweekcentrum voor zalm geopend. 'Hier kweken we geen zalm voor de braadpan', vertelt de directeur Patrick Martin, 'maar toekomstige sporters die in staat moeten zijn om 12.000-15.000 km te zwemmen.'

Oudere zalmen worden hier verzorgd en kunnen zich in alle rust voortplanten. Jonge vissen kunnen krachten verzamelen voor hun lange reis. Jaarlijks gaan ongeveer 200.000 jongelingen op pad. Daarvan keren er vijf- à zeshonderd terug. In klimatologisch gunstige jaren weten zelfs meer dan duizend zalmen de paaigrond te bereiken. Op de website van het zalmenstation (www.saumon-sauvage.org, alleen in het Frans) vindt u een webcam waar u 24 uur per dag de langszwemmende vissen kunt bekijken.

De Loireschippers – helden uit de tijd van de riviervaart

Eeuwenlang was de rivier een belangrijke verkeersader. In de middeleeuwen reisde men sneller en comfortabeler over water dan over land. De Loire verbond Parijs, het Île de France en Orléans met de Atlantische Oceaan. Op de oevers strekte zich de 'Tuin van Frankrijk' uit, waarvan de vruchten per schip naar de markten werden vervoerd. Onderweg moesten de Loireschippers talrijke gevaren het hoofd bieden.

De trotse, onafhankelijke schippers genoten groot respect. Ze droegen bijnamen als Grosse Gorge (Grote Keel) of Vent de Travers (Tegenwind). Herkennen deed men ze aan hun grote, zwarte vilthoed, hun blauwe linnen hemd en hun gouden oorringen, waaraan een ankertje bungelde. De directeur van de handelskamer stond ze elke keer persoonlijk op te wachten bij hun aankomst in de haven van Nantes, om ze vervolgens eervol binnen te halen. In 1895 keerde een zekere Auguste Léger niet meer terug van zijn tocht. Zijn schip was de laatste van de Loirevloot. De komst van de nieuwe spoorwegen betekende het einde van de ooit zo machtige vloot.

Zo'n honderd jaar eerder was de binnenvaart op de Loire begonnen in Roanne. Hier werd steenkool uit de

Traditionele platbodems op de Loire

Auvergne ingeladen en via de Loire stroomafwaarts gebracht. Eenmaal op de plaats van bestemming aangekomen, ontmantelde men het schip en verkocht men het hout. Een populair scheepstype was de van naaldhout gemaakte *salambarde*, 28 tot 30 m lang en 5 m breed. Met deze *salambardes* brachten de schippers ook klei uit Neuvy naar de aardewerkfabrieken in Gien, en flessen uit Decize naar de wijnproducenten van Saumur, Vouvray, Tours en Angers. Tot 35 ton kon er in een *salambarde*.

De Loire bepaalde het ritme van de reis. Net als nu vulden grote massa's zand de bedding. De constant wandelende zandbanken zorgden voor grote gevaren en onberekenbare stromingen. Een plotselinge daling van de waterstand kon betekenen dat de schippers weken- en soms zelfs maandenlang moesten wachten. In het gunstigste geval legden de schippers het meer dan 400 km lange traject tussen Neuvy en Nantes af in drie weken. In de voormalige havens van Gien, Sully, Châteauneuf en St-Benoît heerste destijds grote bedrijvigheid. In St-Germain, de schipperswijk van Sully, werden in 1870 nog 39 schippers geteld. Herbergen en kroegen, waar er veel van waren, droegen namen als L'Ancre (Het Anker) of St-Nicolas, naar de schutspatroon van de schippers.

In het zog van de Loireschippers

De grootste collectie rond de verdwenen scheepvaart op de Loire bevindt zich in het **Musée de la Marine de Loire** in Châteauneuf (zie blz. 89).
Op het **Festival de Loire** in Orléans (zie blz. 35 en 97) herleven de tijden van de Loireschippers. Ook een **tochtje** met een typische platbodem zoals die op de rivier voeren, herinnert aan de tijden van weleer (zie blz. 126).

Jeanne en Martinus – de heiligen van de Loire

Orléans, Blois, Loches – in bijna elk dorp en elke stad staat wel een beeld van Jeanne d'Arc. Tenslotte bevrijdde dit moedige meisje het koninkrijk van de gehate Engelsen en werd zij zo een trots symbool van de Franse natie. Bisschop Martinus heeft een heel andere achtergrond, maar is bijna net zo geliefd. De heilige uit Tours (ook wel St.-Maarten genoemd), heeft een groot stempel op Frankrijk gedrukt en wordt vereerd om zijn barmhartigheid.

De langdurige strijd tussen Engeland en Frankrijk, die men nu meestal de Honderdjarige Oorlog (1337-1453) noemt, heeft diepe wonden geslagen: het rijk werd versnipperd, het land verwoest. Sinds de tijd van koning Karel VI de Waanzinnige streden de Bourgondiërs en de Armagnacs om de macht. Hendrik V van Engeland huwde met de Franse prinses Catharina van Valois. In het Verdrag van Troyes werd vastgelegd dat hun kinderen de Franse troon zouden erven. Daarna kon de Franse troonopvolger Karel VII – beroofd van zijn rechten – zich nog slechts spottenderwijs 'koning van Bourges' laten noemen. Parijs was op de hand van de Engelsen, die met steun van de Bourgondiërs het gebied ten noorden van de Loire hadden veroverd.

Dan rijdt aan het begin van 1429 een zeventienjarig boerenmeisje uit Lotharingen, gekleed in mannenkleding en begeleid door een handvol mannen, vanuit Vaucouleurs in Champagne naar Chinon om koning Karel haar steun te betuigen. Tijdens de 400 km lange route was ze in de winter dwars door vijandelijk gebied gereden, waar huursoldaten plunderend en moordend rondtrokken.

De maagd als veldheer

De legende vertelt dat Jeanne wordt ontvangen in de burcht, waar driehonderd ridders zich in de grote zaal hebben verzameld. Om het meisje, dat beweert door God gezonden te zijn, op de proef te stellen, mengt Karel zich onder zijn mannen, zonder dat hij als koning herkenbaar is. Jeanne loopt echter direct op hem af en zegt: 'Edele Dauphin, ik heet Jeanne la Pucelle en ben gezonden door de Koning van de Hemel, die u via mij laat weten dat u gezalfd en gekroond zult worden in de stad Reims...' Ze vraagt vervolgens om een leger, waarmee ze Orléans van de Engelse belegering wil bevrijden.

En zo gebeurt het. Het meisje wordt benoemd tot legeraanvoerder en krijgt een leger mee met duizenden manschappen, wapens, voorraden en banieren. Onder andere door een gunstige timing lukt het Jeanne en haar leger van koningsgezinden in mei 1429 de Engelse belegeraars van Orléans te verdrijven. In juli begeleidt ze de koning naar Reims, waar hij wordt gezalfd en gekroond. Maar voor de muren van Parijs gaat het mis als de koning een wapenstilstand

Beeld van Jeanne d'Arc in Orléans

heeft gesloten met de Bourgondiërs, maar Jeanne wil doorvechten. Het is inmiddels 23 mei 1430 als ze bij Compiègne door de Bourgondiërs gevangen wordt genomen en door koning Karel aan haar lot wordt overgelaten. Haar missie heeft dan nog geen jaar geduurd, waarbij – en daar is ze trots op – geen mens is gedood. Wel heeft ze inmiddels veel vijanden gemaakt en dat zal haar uiteindelijk fataal worden.

Voor de inquisitie

In de verslagen van het proces, dat van januari tot mei 1431 in het door de Engelsen bezette Rouen door een kerkelijke rechtbank tegen haar wordt gevoerd, zijn de verstandige en dappere antwoorden van Jeanne zorgvuldig genoteerd – het proces moest tenslotte in alles rechtmatig lijken. De grote spreekvaardigheid van het eenvoudige meisje verbaasde de goed opgeleide aanklagers; zelfs nu nog maakt haar intelligentie indruk. Al snel wordt *Jeanne la Pucelle,* de Maagd, zoals ze zichzelf noemt, door het volk vereerd.

De aanklagers beschuldigden haar van ketterij en hekserij. Niet met Gods hulp had ze Orléans bevrijd en de koning naar zijn kroning geleid, maar met hulp van duivelse machten. De beschuldigde weigerde bovendien gehoorzaamheid aan de kerk te zweren, waarmee haar verbondenheid met het kwade nog eens werd bevestigd. Jeanne had namelijk gezegd zich eerst te onderwerpen aan de wil van God, die haar door stemmen had opgeroepen tot haar heilige taak, en daarna pas te voldoen aan de wetten van de kerk. Daarmee was ze een bedreiging voor de eenheid en de autoriteit van de kerk, en moest ze zich verantwoorden voor de inquisitie. De kerk probeerde zo haar eigen macht te beschermen, maar tegelijk was er ook politiek in het spel: de kerk was verbonden met de Engelsen, die de inquisitie gebruikten om Karel VII zijn aanspraken op het koningschap te ontzeggen. Want als hij met hulp van het kwaad was gezalfd, dan was de kroning onrechtmatig geweest. De uitslag stond daarmee al vast voordat het proces was begonnen: Hendrik van Engeland wilde dat Jeanne koste wat kost gedood zou worden. En dat gebeurde ook: op 30 mei 1431 werd ze levend verbrand op het marktplein van Rouen.

In 1456, drie jaar na het einde van de oorlog, kwam er een nieuw vonnis, waarbij werd vastgesteld dat de eerste zitting slechts om politieke redenen had plaatsgevonden. Nu was het zaak de onschuld van Jeanne te bewijzen om elke twijfel over de rechtmatigheid van het koningschap van Karel VII weg te nemen en de weg vrij te maken voor zijn opvolger Lodewijk XI.

Jeanne d'Arc nu

In Orléans is Jeanne nog alom aanwezig. Bezoek bijvoorbeeld de jaarlijkse Fêtes de Jeanne d'Arc in het voorjaar. Of bekijk in de kathedraal de gebrandschilderde ramen met haar verhaal. Of ontdek de exposities in het Maison de Jeanne d'Arc, waar alles nog eens op een rijtje is gezet.

Postuum beroemd

Jeanne, de beroemdste persoon uit de 15e eeuw, groeide uit tot een icoon van de Franse geschiedenis. Haar levensloop werd vereeuwigd in talrijke theaterstukken, boeken en films en in de 19e eeuw werd Jeanne het symbool van vaderlandsliefde en nationaal bewustzijn. Tijdens de Eerste Wereldoorlog was ze de schutspatroon van het leger en de Lotharinger Charles de Gaulle vroeg haar om hulp bij de bevrijding van Frankrijk in de Tweede Wereldoorlog. Haar biografe Régine Pernoud, tot 1985 directeur van het Centre Jeanne d'Arc in Orléans, ziet haar echter meer als 'schoolvoorbeeld van een politieke gevangene die vervolgd wordt omdat die de heersende macht aanvalt en de ideologie die de machthebbers daarbij hanteren'.

St.-Maarten

In Tours trekt zijn graf nog altijd pelgrims en in sommige streken in Nederland en België wordt zijn naamdag (11 november) gevierd met lampionnen en snoep voor de kinderen: Martinus van Tours (ca. 316-397), ook wel St.-Maarten genoemd, trok als prediker door heel Europa en is een van de populairste heiligen van het christendom. Martinus werd geboren in Pannonië, een vroegere Romeinse provincie aan de Donau. Als jongeman werd hij soldaat in het Romeinse leger, tot er in de winter van 338-339 iets bijzonders gebeurde: hij zou de helft van zijn kostbare soldatenmantel hebben gegeven aan een bibberende bedelaar die voor de deur van de kerk van Amiens zat. Deze bedelaar openbaarde zich in een droom als Jezus Christus, waarna Martinus uit het leger ging en zich liet dopen.

De list van de burgers van Tours

Volgens de overlevering hadden de burgers van Tours een list nodig om Martinus tot bisschop te kunnen kiezen, een taak waarvoor hij zich niet waardig genoeg achtte. Onder het voorwendsel dat zijn hulp nodig was bij een zieke, lokten ze hem uit zijn schuilplaats in Ligugé bij Poitiers en voerden hem hardhandig mee naar Tours, waar ze hem tot bisschop benoemden.

Maar Martinus verkoos ook als bisschop de eenzaamheid en trok zich terug in een hermitage bij Tours, die tweehonderd jaar eerder al als toevluchtsoord had gediend voor Gatien, de eerste bisschop van de stad. Zijn moeite was echter tevergeefs: talrijke aanhangers bleven zich rond hem verzamelen. Daarna stichtte hij een klooster bij Marmoutier en leidde daar het leven van een monnik. Het scriptorium van dit klooster zou later uitgroeien tot de beroemdste school van de middeleeuwen. In de 8e eeuw zou Alcuin, vriend en raadgever van Karel de Grote, hier zijn opleiding krijgen.

Predikers als Martinus speelden een belangrijke rol bij de verspreiding van het christendom door Europa. Ze bereikten ook de mensen ver weg van de Romeinse verkeersaders en wisten hen langzaam los te weken van hun Keltische en Germaanse riten en de nieuwe religie tot een massabeweging te maken. Ze stichtten kerken en kloosters, die vanaf dan de basis zouden vormen voor een geheel nieuwe christelijke cultuur. Rondom de godshuizen groeiden dorpen en stadjes, of zoals historica Régine Pernoud schrijft: 'Als na een bocht in de weg in Frankrijk, of waar dan ook waar u halt houdt, een kerktoren met daaromheen wat huizen opdoemt, dan is dat ongetwijfeld te danken aan St.-Martinus.' In Frankrijk zijn meer dan zevenhonderd dorpen naar hem genoemd. Ook is het woord 'kapel' (*chapelle*) afgeleid van *capa*, zijn soldatenmantel. In Tours herinneren een basiliek en een museum aan St.-Martinus. Zijn beroemde abdij van Marmoutiers werd echter tijdens de Franse Revolutie verwoest. Enkele bewaard gebleven resten zijn te zien in het Musée des Beaux-Arts in Tours (zie blz. 180).

Son et lumière – toveren met licht en geluid

Het kasteel van Blois als podium voor een fantasievolle lichtprojectie

Multimediaspektakels veranderen de chateaus van Amboise en Blois in de zomermaanden voor enkele uren in ware sprookjeskastelen. Vergezeld door feestelijke muziek ontvouwt het kleurrijke licht van de projectoren prachtige digitale beelden op de façades van licht steen.

Dankzij de tussenkomst van de scenograaf en componist Damien Fontaine, kan men spreken van een renaissance van het ietwat verouderde licht- en klankspektakel. De jonge kunstenaar uit Nancy transformeert kathedralen en kastelen in de zomer in fantastische multimediale spektakelstukken. Zijn producties zijn wereldwijd te zien, van Moskou tot Sao Paulo.

In Amboise werkte hij samen met het plaatselijke renaissancegezelschap ARA aan een nieuwe productie. Het bijna dertig jaar oude schouwspel *A la Cour du Roy François* werd vervangen door het nieuwe *La Prophétie d'Amboise*. Meer dan tweehonderd amateuracteurs uit Amboise en omgeving zijn betrokken bij het historische spektakel aan de voet van het kasteel. Samen met de uitgebreide digitale geluidseffecten maken zij het evenement tot een belevenis.

Het verhaal begint in de 19e eeuw met de restauratie van het slot. Op de bouwplaats dromen jonge arbeiders van veldslagen en ridders. Als met een tijdmachine neem je vervolgens een kijkje in de roemruchte historie van het kasteel, met 'optredens' van keizer Frans I, Leonardo da Vinci, Louise van Savoye en vele anderen.

Kastelen als decor

In Blois doet men het zonder menselijke figuranten en laat men alles over aan de muziek en de projectoren, die met hoge snelheid over het kasteel be-

wegen en als een caleidoscoop kleuren en patronen op de gevel toveren. Zo trekt er een bonte mengeling aan fabelwezens, dansers en historische gebeurtenissen en anekdotes langs, die de toeschouwers als ware illusies kunnen betoveren. De muziek werd gecomponeerd door de bekende filmcomponist Eric Demarsan. Op onderhoudende wijze worden de toeschouwers op bekend gemaakt met de geschiedenis van het kasteel, de bijzondere architectuur en de vroegere bewoners: Anna van Bretagne, Frans I en Catharina de Medici. Dramatisch hoogtepunt is de moord op de hertog De Guise in opdracht van Hendrik III.

Op woensdag wordt de klank- en lichtshow in het Engels opgevoerd. De teksten zijn van de hand van André Decaux. De teksten zijn ingesproken door bekende Franse acteurs: Robert Hossein, Pierre Arditi en Fabrice Lucchini.

De eerste *son et lumière* vond in 1952 plaats in Chambord. Amboise volgde in 1954, waarna ook andere kastelen het succesvolle voorbeeld overnamen. Maar in de loop der jaren verouderden de producties nogal – in Chambord stopte men er al jaren geleden mee. Daniel Fontaine gaf ze echter radicaal nieuw elan met fantasievolle ensceneringen en zeer moderne akoestische en visuele effecten.

Ook ander amusement zorgt voor nieuw leven in de kastelen. In Valençay werd een betoverend, klein theater uit de tijd van Napoleon gerestaureerd, zodat er weer voorstellingen kunnen plaatsvinden. De toenmalige kasteelheer Talleyrand had het laten bouwen om wat verstrooiing te bieden aan de Spaanse prinsen die naar Valençay waren verbannen. In de kasteelkeuken kunt u in de pannen kijken waarin de koks op de gigantische vuurplaats het diner voor de prinsen bereidden.

Culinair genieten – de keuken van de Loire

In het Loiregebied kunt u heerlijk eten. In een groot aantal toprestaurants wordt op het hoogste niveau gekookt, maar ook in talrijke 'gewone' restaurants doen ambitieuze chef-koks hun best om smakelijke gerechten op tafel te zetten. De klassieke Franse keuken heeft nog steeds de overhand, soms met een creatieve, moderne touch. Stevige regionale specialiteiten kennen er een lange traditie.

Een heerlijk voorgerecht dat vaak op tafel komt is *chèvre chaud*, jonge geitenkaas uit Ste-Maure, Chavignol of Valençay, op geroosterd brood, warm gemaakt in de oven en geserveerd met salade, aangemaakt met notenolie. De ste-maure is cilindervormig, de chavignol is hoog en rond (*crottin*) en de valençay heeft de vorm van een piramide. De geitenkaas uit het Loiregebied is goed voor meer dan 10% van de totale productie in Frankrijk. De kazen gaan ook uitstekend samen met de witte wijnen van de Loire; zo past een fruitige sancerre goed bij een crottin de chavignol.

In de lente en de zomer staan vroege groenten als voorgerecht op de kaart: jonge erwten en worteltjes, salades en zeker ook asperges uit de Sologne, die, meestal lauwwarm en met een vinaigrette geserveerd, een heerlijke geur verspreiden. Al in de middeleeuwen werden *poires tapées* bereid. In een langdurig proces werden peren in kokend water gedompeld, geschild en vervolgens meerdere dagen in de oven gedroogd. Daarna werd er met een plat mes op geslagen om er de laatste restjes lucht uit te verwijderen. De beste *poires tapées* vindt u in Rivarennes bij het kasteel van Ussé. Gekookt in wijn smaken ze heerlijk als dessert of bij wild of gebraden vlees.

Varkensvlees

Beroemd zijn de *rillettes* uit Tours: in eigen vet gegaard varkensvlees, dat met stevig brood en kleine, zure augurken als voorgerecht wordt geserveerd. Maar het smaakt ook goed op een sandwich aan de bar of bij de picknick. De schrijver Balzac (1799-1850) zou het graag hebben gegeten. Dan zijn er nog *rillons*: grotere stukken van de borst van het varken, ook weer lang gegaard en geconserveerd in eigen vet. *Rillons* en *rillettes* zijn doorgaans te vinden bij wat eenvoudiger restaurants die zich hebben gespecialiseerd in de oorspronkelijke regionale keuken.

Loirevis is schaars

Snoek, zalm, karper en alose uit de Loire zijn een zeldzame delicatesse geworden. Datzelfde geldt voor de *friture*, jonge Loirevissen die in hun geheel worden gebakken en als voorgerecht worden geserveerd. Sinds enige tijd staan ze echter weer op het menu

Zeevruchten met Loirewijnen

SANCERRE

De geitenkaasjes van de Loire zijn in heel Frankrijk populair

in de *guinguettes*, de terrasrestaurants die steeds vaker langs de oevers van de rivier te vinden zijn. Alleen exclusieve toprestaurants kunnen het zich veroorloven een visser in te huren. De beroepsvissers zijn door de teruggelopen vangsten bijna verdwenen en op de markt wordt nauwelijks nog vis uit de Loire aangeboden – wat er aan vis wordt gegeten, is meestal op zondag zelf uit het water gehaald. In de Sologne worden in de herfst de wateren leeggevist. Dan worden de snoekbaarzen en karpers direct op straat verkocht en staan ze in veel restaurants op de kaart.

In Anjou is *matelote d'anguille*, palingragout in rode wijn, een populair gerecht. In Nantes wordt bij vis *beurre blanc* geserveerd – azijn en boter zijn de basisingrediënten van deze heerlijke saus. Of daar ook sjalotjes bij moeten, is een eeuwenoude discussie. In Nantes, de vroegere hoofdstad van Bretagne, is de menukaart Bretons, met bijvoorbeeld *plateaux de fruits de mer* (vaak uit meerdere lagen bestaande creaties met oesters, langoesten, schelpdieren, garnalen enzovoort) en *moules marinières* (mosselen gekookt in witte wijn).

Wild en appeltaart

In de Sologne, het wildrijke heidelandschap tussen de Loire en de Cher, staan in het jachtseizoen in de herfst veel wildgerechten op de kaart, zoals in druivenblad gewikkelde en in witte wijn gesmoorde patrijs of hazenpastei.

Een klassieker in heel Frankrijk is *tarte tatin*, beroemd gemaakt door de zusters Tatin uit het dorpje Lamotte-Beuvron. Volgens het verhaal ontvingen ze in hun hotel gasten uit Parijs, die in het dorpje waren om te jagen. Toen het misging met het bakken van een appeltaart, verzonnen ze deze smakelijke variant: smelt suiker in een koekenpan op laag vuur en leg hierop partjes appel met de bolle kant naar beneden, doe er dan boter over. Laat het even staan en leg er een laagje deeg over. Bak de taart in de oven en draai hem daarna om.

De wijnen van de Loire zijn een afspiegeling van de verscheidenheid, de lichtheid en de blijmoedigheid van het landschap, de grandeur van de kastelen en het ontspannen ritme van het leven – 'douceur de vivre' – van de bewoners van het Loiredal.

Wie de oevers van de eindeloos lange Loire volgt, kan elke dag bij de lunch én bij het diner genieten van weer een nieuwe regionale wijn. Het zijn overwegend fruitige, frisse (ook de rode wijnen), ongecompliceerde en jong te drinken wijnen, die een prima begeleiding vormen bij een eenvoudige maaltijd. Als souvenir kunt u een kistje van de wijn die de vorige avond in het restaurant zo goed smaakte, direct bij de wijnboer kopen. In tegenstelling tot de wereldberoemde wijnen van Bourgondië en Bordeaux zijn de prijzen van de Loirewijnen bijna altijd vriendelijk te noemen. Vanaf € 10 koopt u bij de wijnboer bijvoorbeeld een smakelijke fles chinon.

Wijnen ontdekken

Een goede uitvalsbasis voor een wijnreis vormen bijvoorbeeld Chinon (rode wijnen) en Sancerre, met zijn wereldberoemde witte wijnen. Beide zijn bovendien aantrekkelijke oude stadjes in een fraai landschap en met een breed aanbod aan restaurants. Bij de toeristenbureaus en de *maisons du vin* van de wijncoöperaties kunt u lijsten met adressen van de regionale wijnboeren krijgen, plus een kaart van de wijnbouwgebieden en de uitgezette wijnroutes (*routes de vin*). Vooral de *caves touristiques* zijn helemaal ingesteld op bezoekers: ze

Douceur de vivre – de wijnen van de Loire

Druivenoogst aan de Loire

Wijnbouwgebieden in de Loire

bieden vaste openingstijden en becommentarieerde wijnproeverijen (een lijst en een overzichtskaart vindt u via www.vinsdeloire.fr).

Bessenaroma uit Chinon

Al in de middeleeuwen verbouwden monniken uit de abdij van Bourgueil wijn aan de noordkant van Chinon. De schrijver Rabelais (1483-1553) gaf hoog op over de rode wijnen van dit middeleeuwse stadje aan de Vienne (jaarproductie nu 85.000 hl). De cabernet-francdruif wordt hier ook wel met de oude benaming 'breton' aangeduid. Deze belangrijkste druif voor rode wijn – met het kenmerkende bessenaroma – wordt hier al duizend jaar aangeplant. Hiervan maakt men chinon, bourgueil, st-nicolas de bourgueil en saumur-champigny. Uit St-Nicolas de Bourgueil, gelegen in de buurt van Bourgueil en Chinon, komen rode wijnen met een vergelijkbaar karakter (59.000 hl), maar meestal iets lichter van toon.

Witte wijnen uit Anjou

Even lieflijk als het landschap zijn traditioneel de witte wijnen van Anjou. Naast deze edelzoete wijnen produceert men hier, inmiddels al meer dan tien jaar, ook droge witte wijnen, waarvoor men de chenin-blancdruiven vermengt met sauvignon en/of chardonnay. De laatste tijd zijn de weelderig zoete wijnen weer in de mode gekomen, maar dan gekoeld als aperitief. De zachtaardige, lang houdbare witte wijnen van de Coteaux du Layon, gemaakt van chenin-blancdruiven die groeien op de hellingen van de rivier de Layon (48.000 hl) in het hart van Anjou, hebben een groengouden of gele tint en zijn delicaat en aromatisch. Quarts de Chaume is de naam van een klein wijngebied (580 hl) in de Coteaux du Layon. Hier komen volle, intensieve,

edelzoete witte wijnen met een goudgele kleur vandaan, die u tientallen jaren kunt bewaren. Savennières zijn karaktervolle, droge cheninwijnen van de hellingen van de rivier de Serrant. Ze ontplooien na vijf tot tien jaar hun honing-, viooltjes- en lindenbloesemaroma (5200 hl). De rode Anjouwijnen – probeer de anjou villages – van cabernet franc zijn fruitig en bloemig, en hebben een robijnrode tot kersenrode tint.

Kleine wijnbouwgebieden in het dal van de Loir

Een bezoek aan het dal van de zijrivier de Loir biedt de unieke kans wijnen van de *appellations* jasnières en coteaux du loir te proeven. De wijngebieden zijn klein; slechts een tiental families maakt wijnen die buiten Frankrijk nauwelijks verkrijgbaar zijn van de druivensoorten chenin, gamay en pineau d'aunis. Deze laatste druif geeft de lichte rode wijn zijn prikkelende, kruidige aroma. De jasnières, gemaakt van de chenindruif, is een fruitige, subtiele witte wijn met een goudgele kleur die enkele jaren moet rijpen om zijn fijne 'vuursteensmaak' (*pierre à fusil*) te ontwikkelen. Goede jaargangen kunnen zich tot twintig jaar en zelfs langer blijven ontwikkelen. De kostbaarste variant is de jasnières van met de hand geoogste late druiven die door edele rotting zijn aangetast. Deze zoete wijn drinkt u bij ganzenlever, als aperitief of bij het dessert. In La Chartre-sur-le-Loir kunt u zich in de sfeervolle wijnbar of aan de bar van het Hôtel de France verdiepen in de smaaknuances tussen de verschillende regiowijnen. Of u gaat direct naar de producent (zie blz. 223).

Wijnproeverijen

Een bezoek aan een wijnboer (*viticulteur*) is een ervaring op zich. U ontmoet mensen die diep in hun streek zijn geworteld en die als een kunstenaar trots zijn op hun alcoholische creaties – voor kunst én ambacht zijn tenslotte grote hoeveelheden kennis, ervaring, intuïtie en creativiteit nodig. Als de werkzaamheden op het bedrijf het toestaan, laten de wijnboeren u graag kennismaken met hun wijnen. Met een glas in de hand staat u tussen eiken vaten waarin de wijn wordt opgeslagen, misschien zelfs in een van de voor de regio rond Saumur kenmerkende grotten die in de steile hellingen zijn uitgehakt en als wijnkelder dienstdoen – het witte kalkstof vormt hier een laagje op de eindeloze rijen flessen.

Een wijnproeverij begint altijd met een soepele witte wijn en gaat dan geleidelijk richting de stevige rode wijnen. Ook komen jongere wijnen vóór oudere wijnen op tafel. Eerst beoordeelt u de kleur van de wijn, dan probeert u met uw neus in het glas een eerste indruk van de wijn te krijgen en tot slot neemt u enkele kleine, zorgvuldige slokjes. Een goedkeurend knikje, enkele woorden over de fraaie kleur, de geur, de smaak. Het laatste proefglaasje is geleegd, de prijslijst ligt al klaar. Enkele flessen moet u in elk geval meenemen – als de wijn tenminste heeft gesmaakt.

Kleine begrippenlijst

Bonnezeaux: klein wijnbouwgebied (ongeveer 2000 hl) van de Coteaux du Layon ten zuiden van Angers. Aromatische en ietwat zoete wijn van zeer rijpe druiven. Langere tijd houdbaar.
Chenin blanc en pineau de la Loire: druivensoorten waarvan in Touraine en Anjou witte wijnen worden gemaakt.
Cheverny: naam van het prachtige jachtslot in de Sologne en van een klein wijnbouwgebied (12.000 hl) met droge, frisse witte wijnen van chardonnay en sauvignon blanc. Fruitige rode wijnen (10.000 hl) worden gemaakt met gamay of pinot noir.

Hoogstaand en gevarieerd: het aanbod aan wijnen en crémants

Côte/Coteaux: bij wijngaarden op hellingen en op hoogvlaktes profiteren de druiven van de directe instraling van de zon en van de in de kalkbodem opgeslagen zonnewarmte. Daardoor rijpen de druiven beter. De wijnen zijn krachtiger en hebben meer tannines, waardoor ze langer houdbaar zijn dan wijnen van zandige, vlakke gebieden.

Coteaux de l'Aubance: edelzoete wijn van de chenindruif die op de hellingen langs de Aubance in Anjou wordt verbouwd (5700 hl).

Coteaux du Giennois: rond de stad Gien wordt een lichte rode wijn gemaakt van gamay en pinot noir. Ook witte wijn (8500 hl) die vergelijkbaar is met een sancerre.

Coteaux du Loir: zeer kleine *apellation* (270 hl), fruitige, lichte rode wijn van langs de rivier de Loir.

Coteaux du Vendômois: wijnbouwgebied ten westen van Vendôme. Hier wordt de kruidige pineau d'aunis vermengd met gamay en pinot noir om tot een frisse rode wijn te komen (9600 hl).

Crémant de Loire: in Saumurois en rond Vouvray worden mousserende wijnen volgens de champagnemethode gemaakt (zie blz. 240).

Gamay: populaire, robuuste druif voor eenvoudige rode wijn.

Jasnières: neusje van de zalm bij de Loirewijnen; bij goede jaargangen een lang houdbare witte wijn met een fijne honingtoets (2300 hl).

Menetou-Salon: de rijke koopman Jacques Cœur bezat in de 15e eeuw wijnstokken in dit wijnbouwgebied ten oosten van Bourges. Nu vindt u hier rode wijnen van pinot noir en kruidige, licht droge witte wijnen van sauvignon blanc. Sterk vergelijkbaar met de wat bekendere wijnen van het nabijgelegen Sancerre.

Montlouis: levendige droge of milde, vriendelijke witte wijnen uit de Touraine (15.000 hl).

Muscadet: droge witte wijn van de Beneden-Loire (300.000 hl). Wordt vaak *sur lie* gemaakt, waarbij de wijn na gisting blijft doorrijpen op de droesem, waardoor meer smaak ontstaat. Combineert erg goed met vis en zeevruchten uit Bretagne.

Pinot noir: uit Bourgondië afkomstige druivensoort, die met name aan de oosteijke Loire wordt gebruikt voor rode wijnen.

Pouilly-Fumé en Pouilly-sur-Loire: wijnbouwgebieden in het oostelijk Loiredal, nabij Sancerre (70.000 hl). Jong te drinken witte wijnen van de blanc-fumédruif (een sauvignon) of de chasselas (Pouilly-sur-Loire), met karakteristieke smaak van 'vuursteen', dat in de bodem zit.

Quincy: klein wijnbouwgebied aan de Cher (12.000 hl) westelijk van Bourges, met zeer droge, elegante witte wijnen van de sauvignondruif.

Reuilly: gelegen naast Quincy aan de Cher (10.000 hl). Hier worden vergelijkbare witte, maar ook lichte, fruitige rode wijnen van pinot noir geproduceerd.

Sancerre: frisse, jong te drinken witte wijnen van kalkrijke grond (140.000 hl) en aromatische rode wijnen (18.000 hl).

Sauvignon: veelgebruikte druif voor witte wijnen van Sancerre, Pouilly-Fumé en Menetou-Salon.

Vins de l'Orléanais: in de 16e eeuw verbood het stadsbestuur van Parijs de aankoop van wijnen die op een afstand van meer dan 88 km van de hoofdstad waren geproduceerd. Daarmee begon een bloeitijd voor de wijnen uit Orléans. Het zijn eenvoudige wijnen van pinot noir, chardonnay en gris meunier (met de geur van bessen).

Vouvray: uitstekende, lang houdbare witte wijnen (75.000 hl) en alcoholrijke mousserende vouvray pétillant (42.000 hl) uit Touraine. Kunnen droog of zoet uitvallen.

Een lesje architectuurgeschiedenis

Het Loiredal is vooral beroemd dankzij de majestueuze kastelen, maar ook de middeleeuwse kloosters, de kleine romaanse kerken en de grote gotische kerken behoren tot de architectoniche hoogtepunten van Frankrijk. Veel van de kastelen zijn ooit begonnen als weerbare burcht en later uitgebouwd tot luxueuze paleizen met alle pracht en praal van de Italiaanse renaissance – het is een weerspiegeling van de Franse geschiedenis in de vorm van architectuur.

De abdijkerk van St-Benoît-sur-Loire, in de middeleeuwen een belangrijk religieus centrum, bezit schitterende, met figuren en ornamenten versierde kapitelen (zie foto). De kerk van Fontevraud, naast Cluny in Bourgondië en de Grande Chartreuse bij Grenoble een van de rijkste en machtigste kloosters van Europa, maakt alleen al indruk door haar ongekende omvang. Het bijzondere aan de kerken in het Loiredal is vooral de rijkdom aan fresco's: de schilderingen die in veel romaanse dorpskerken de wanden bedekken en die de plaats innamen van rijk bewerkte beelden. Mooie voorbeelden zijn onder andere te zien in het dal van de zijrivier de Loir, zoals in St-Jacques-des-Guérets, Montoire-sur-le-Loir en Lavardin, maar ook langs de Loire zelf, bijvoorbeeld in de crypte van Tavant, de kerk van Brinay en een kleine ronde kapel niet ver van het kartuizerklooster van Liget.

Gotische kathedralen met kruisribgewelven, luchtbogen en hoge glasramen met spitsbogen vindt u in Tours, Orléans, Angers en Nantes. De kathedraal van Bourges, een stuk ten zuiden van de Loire gelegen, behoort samen

Kapiteel in het koor van de Abbaye de St-Benoît: het offer van Abraham

met de kathedralen van Chartres, Reims, Amiens, Le Mans en Soissons tot de hoogtepunten van de 13e-eeuwse gotiek en betovert met haar schitterende gebrandschilderde ramen in karakteristieke blauwe en rode tinten.

Kenmerkend voor Anjou is de angevijnse of Plantagenetstijl, herkenbaar aan de kruisribben die als de baleinen van een paraplu vanuit een centrale zuil uitwaaieren en extreem gebogen, koepelvormige gewelven overspannen. Vaak zijn de gebouwen ook verdeeld in drie schepen van globaal dezelfde breedte en hoogte. Het mooiste voorbeeld, naast Fontevraud, is de Église St-Serge in Angers.

Van burcht tot pronkpaleis

Het woord *château* betekent in het Frans zowel een middeleeuwse vesting als een paleisachtig kasteel. Daarmee is meteen de geschiedenis van de Loirekastelen beschreven, want vele zijn ooit begonnen als burcht en later uitgebouwd tot de huidige sprookjeskastelen. Vanaf de buitenkant is deze bouwgeschiedenis vaak nog te reconstrueren: achter alle pracht en praal is de vesting uit de tijd van de feodale heren nog te herkennen aan de vestingtoren met mezekouwen (gaten waardoor men stenen of kokend water op aanvallers gooide) of aan de plattegrond van een centrale donjon (woontoren) met rondom vier hoektorens. Slechts enkele keren werd er een compleet nieuw kasteel uit de grond gestampt; meestal bouwde men verder aan bestaande constructies.

Pas na de Honderdjarige Oorlog tussen Engeland en Frankrijk, toen tegen het einde van de 15e eeuw de Franse koning het centrale gezag had hersteld, ontstonden de fraaie bouwwerken die nu zoveel toeristen naar de Loire lokken. De functie veranderde toen van een verdedigingswerk dat angst moest aanjagen en gezag moest uitstralen, naar een lustslot dat diende om comfortabel in te wonen en om mee te pronken.

De oorspronkelijke, middeleeuwse burchten waren gebouwd om vijanden buiten de deur te houden. De centrale woontoren, de donjon, was vaak alleen via ladders te bereiken, waarna deze in geval van nood omhoog konden worden getrokken. De vensters waren klein, waardoor er slechts weinig licht naar binnen drong. Resten van zulke burchten zijn in veel gevallen nog terug te vinden in de huidige kastelen, bijvoorbeeld in Chinon en Loches. Ze herinneren aan een tijd dat de kasteelheer zijn – vaak kleine – territorium moest verdedigen en zich in geval van een aanval met enkele gewapende mannen terugtrok in zijn vesting.

Het dal van de koningen

Toen de Engelsen tijdens de Honderdjarige Oorlog in 1418 Parijs hadden veroverd, vluchtte de afgezette Franse troonopvolger, de latere Karel VII, naar de Loire. Vanaf die tijd resideerden de Franse koningen zo'n anderhalve eeuw lang in het Loiredal, dat hun meer veiligheid bood dan het onberekenbare leven in de grote stad Parijs. Pas Hendrik IV zou begin 17e eeuw met zijn gevolg terugkeren naar Parijs.

In 1494 trok koning Karel VIII met zijn leger naar Italië om erfaanspraken op het koninkrijk Napels op te eisen. Maar Karels veldtocht mislukte en het was juist de Italiaanse renaissance die op haar beurt Frankrijk veroverde. Op zijn terugtocht vanuit Napels naar het noorden leerden de koning en zijn gevolg in Rome, Milaan, Padua, Mantua, Venetië en Rimini een cultureel hoogstaande levensstijl kennen, die aan Frankrijk, dat zwaar te lijden had gehad van de Honderdjarige Oorlog, voorbij was gegaan. Ze zagen steden vol kunstwerken en marmeren paleizen met kunstzinnig aangelegde tuinen, waarna Karel besloot kunstobjecten en curiositeiten mee te nemen naar Frankrijk en Italiaanse bouwmeesters, tuinarchitecten, schilders en beeldhouwers in dienst te nemen.

De renaissance

Toch waren het niet Karel VIII of zijn opvolger Lodewijk XII, die ook een veldtocht naar Italië ondernam, maar pas diens opvolger koning Frans I die na 1520 begon met het consequent toepassen van de bouwstijl uit Italië. De boeken van de antieke leermeester van de architectuur Vitruvius (ca. 85-20 v. Chr.) werden weer gelezen en bij het ontwerpen van grote bouwwerken namen architecten steeds vaker de plek in van de traditionele meestermetselaars. Blois en Chambord werden de uithangborden van koning Frans. Elegante arcadengalerijen omringden de woongebouwen, pilasters en lisenen sierden de gevels, en rijkbewerkte ornamenten met antieke motieven – ovalen, takken, vazen, medaillons – verschenen op de muren, de kapitelen en de dakkapellen.

Toch bleven de Franse tradities behouden: men bracht de Italiaanse decoraties aan op gotische bouwwerken. En nog altijd maakten de ontwerpers gebruik van grote en kleine torens, steile daken met hoge dakkapellen en uitspringende traptorens met wenteltrappen. Dat had er deels mee te maken dat de nieuwbouw plaatsvond rond oudere, bestaande kastelen, maar ook toen koning Frans in een bos bij Chambord een geheel nieuw jachtslot liet bouwen, werd gekozen voor een plattegrond van een middeleeuws kasteel met een centrale donjon en hoektorens. 'Frankrijk', zo oordeelt de historicus Lucien Febvre, 'heeft iets samengevoegd en tegelijk iets origineels voortgebracht, een geslaagde mix van de oude Franse tradities die de tijd hebben doorstaan en de schitterende vernieuwingen van de andere kant van de Alpen.'

Achter de pronkgevels was het leven niet altijd even glorieus. De fraaie schouwen bliezen rook de kamers in en 's winters hield men de bontmantels aan. Ook was er weinig en dan ook nog klein meubilair, want de koning reisde onafgebroken door zijn land. In het jaar 1533 heeft hij op meer dan dertig plaatsen in heel Frankrijk overnacht. Daarbij ging een flink deel van de meubels en de hofhouding steeds mee, waaronder drie- tot vierduizend personeelsleden, met daarbij onder anderen inkopers, leveranciers en ambachtslieden.

De culturele vernieuwingen waren niet alleen een zaak van de koning. Ook

Het kasteel van Ussé lijkt het decor van een sprookje

een deel van de burgerij had er zijn aandeel in. Zo ontstond er een bankierskaste die het geld voor de – mislukte – koninklijke veldtochten bijeen moesten brengen. Een van de eersten was Jacques Cœur uit Bourges, die met zijn vermogen rond 1450 de laatste veldslagen van de Honderdjarige Oorlog had gefinancierd. Zijn gotische herenhuis in Bourges deed niet onder voor het nu verdwenen paleis van de hertog van Berry. De schitterende kastelen van Chenonceau en Azay-le-Rideau zijn gebouwd door kapitaalkrachtige burgers, die in het gevolg van de koning door Italië waren meegereisd en van wie het vermogen later werd geconfisceerd.

De kastelen nu

Na de Franse Revolutie, waarbij de burgerij de macht overnam en de oude adel werd verdreven, werden bijna alle kastelen onteigend. Sommige werden gesloopt of vervielen tot ruïnes; de grote, zoals Saumur en Blois, werden gebruikt als kazerne. Pas halverwege de 19e eeuw herontdekte men het 'nationale erfgoed' en kwam er steeds meer kritiek op het 'ontheiligende' gebruik van de historische bouwwerken. Daarop begon men de kastelen te restaureren. Inmiddels zijn de meeste ingericht als museum. Veel, waaronder Blois en Saumur, zijn staatseigendom, andere, zoals Chenonceau en Villandry, zijn privébezit. Het onderhoud van een kasteel met bijbehorende tuin kost miljoenen per jaar. Dat geld wordt onder andere met entreegelden bijeengebracht: 'Een kasteel moet geleid worden als een bedrijf; daarbij telt elke euro en elke bezoeker,' vindt Robert Carvallo, die in Villandry dankzij zijn ondernemende instelling de reconstructie van de renaissancetuin kon financieren, een taak waar zijn grootvader al mee was begonnen.

Estuaire Nantes-St-Nazaire – kunst aan de monding van de Loire

Op weg naar zee passeert de Loire aan de monding een landschap dat zowel natuur- als industriegebied is. Als de haven van St-Nazaire zou worden uitgebreid en de vaargeul uitgediept om grotere schepen binnen te laten, dan betekent dat het einde voor de uitgestrekte natte natuur in de mondingstrechter van de Loire. Sinds 2007 levert de culturele manifestatie Estuaire Nantes-St-Nazaire met zijn kunstwerken een bijdrage aan het verlevendigen van de Loire voor mens en natuur.

Na 2009 vond Estuaire Nantes-St-Nazaire in 2012 voor de derde en laatste keer plaats. Sinds deze manifestatie zijn meer dan dertig werken van internationaal bekende kunstenaars te zien langs een 60 km lang traject tot aan de Loiremonding. Uitgenodigd waren kunstenaars als Daniel Buren, Jeppe Hein, Tadashi Kawamata, Kinya Maruyama, François Morellet, Ernesto Neto, Roman Signer, Felice Varini en Erwin Wurm. Hun werken zijn stuk voor stuk uniek, maar hebben als verbindend element dat ze een nieuw perspectief op het landschap en de architectuur bieden. De meeste kunstwerken zijn na de manifestatie blijven staan en zijn soms zelfs verder uitgewerkt. Ze veranderen de Loiredelta in een stimulerend kunstlandschap, dat bij een verkenning telkens voor verrassingen zorgt.

'Les Anneaux' van Daniel Buren in Nantes

Dubbel perspectief

De kunstroute begint in Nantes op de kop van het Île de Nantes met *Les Anneaux* (2007) van **Daniel Buren.** Deze belangrijke hedendaagse Franse kunstenaar werkte hiertoe samen met de architect Patrick Bouchain. Zij creëerden een serie ringen van aluminium, die verwijzen naar de industriële architectuur van de havenkades, maar die tegelijk doorkijkjes bieden op het water en de lucht. Zo combineert het werk het dubbele perspectief op zowel de natuur als de architectuur. 's Nachts worden de ringen omringd door stralende halo's in allerlei kleuren.

Omgekeerde wereld

Aan de oever van de Loire bij **Couëron** staat een uniek huis: scheef en tot aan de eerste verdieping omspoeld door het water van de rivier. Het is een replica van de vroegere Auberge de Lavau, die de kunstenaar **Jean-Luc Courcoult** hier onder de naam *Maison dans la Loire* (2007) te water heeft gelaten. Volgens Courcoult, die zich met zijn Compagnie Royal de Luxe vooral bezighoudt met kunst in de openlucht, is zijn werk een voorbeeld van *réalisme imaginaire*, een denkbeeldig realisme. Het gaat om 'concrete, tastbare, absolute realiteit', maar dan 'denkbeeldig' omdat de objecten als doel hebben de droom in het dagelijks leven van de toeschouwers te brengen.

Kunst à la nature van Erwin Wurm

In Le Pellerin, bij de monding van het Canal St-Martin in de Loire, ligt een merkwaardige boot op de kade. De boeg van het kleine zeiljacht buigt zich naar de Loire toe en lijkt als een dier in het water te willen glijden. De Oostenrijkse kunstenaar **Erwin Wurm**, schepper van *Misconceivable* (2010), een 'mogelijk verkeerd te begrijpen' werk, is beroemd geworden met zijn One-Minute-Sculptures, waarbij hij museumbezoekers met gewone objecten op een ongewone manier voor zijn videocamera liet poseren.

Een uniek huis

Vlak bij de elektriciteitscentrale op een eiland in de Loire bij het plaatsje **Cordemais** heeft de Japanse installatiekunstenaar **Tatzu Nishi** zijn *Villa cheminée* (2009) gebouwd. Het is een klein gemeubileerd huisje met een tuin, zoals er vele in deze streek staan. Alleen staat het hier op de nagemaakte onderbouw van een rood-wit gestreepte schoorsteen zoals de nabije elektriciteitscentrale die heeft. Het biedt een surrealistische aanblik als uit de fantasiewereld van een Japanse manga. Nishi speelt met de verschillen in grootte en perspectief, benadrukt het contrast tussen industrie en natuur. Hier hebt u ook een weids uitzicht over de Loiremonding. Een overnachting met ontbijt in het kunstwerk is mogelijk (Office de Tourisme in Nantes, tel. 02 72 64 04 79).

Andere perspectieven

Architectuur moet voor de Japanse kunstenaar **Kinya Maruyama** altijd 'social sculpture' zijn, een middel om de maatschappij te veranderen. Maruyama maakt deel uit van Team Zoo, dat architectuur ziet als ruilmiddel, als werktuig voor integratie, dat beschermt als een kledingstuk maar de bewegingen niet hindert. Vanuit die gedachte creëerde hij bij **Paimbœuf** een Japans aandoende speelse tuin met paviljoens en huisjes van materialen uit de omgeving, zoals kastanjehout, zand en gesteenten. Ook werd het project uitgevoerd door mensen uit de omgeving. Maruyama kreeg aan het begin van het project hulp van leerlingen van twee scholen uit Paimbœuf. Verder hebben studenten van de architectuurfaculteiten van Nantes, Versailles en Tokio in een uitwisselingsprogramma samengewerkt. Zo werd de *Jardin Étoilé* (2007) een geliefde plek aan de monding van de Loire om te wandelen, te spelen, te mediteren of gewoon te ontspannen.

Ook **Tadashi Kawamata** realiseert zijn projecten in nauwe samenwerking met mensen uit de omgeving waar het kunstwerk wordt gerealiseerd – en dat doet hij overal ter wereld. In **Lavau-sur-Loire**, tegenover Paimbœuf, ontstond op deze wijze *L'Observatoire* (2009), een houten uitkijktoren in de *marais*, het moeraslandschap aan de monding van de Loire. De toren is via een boven het riet gebouwd vlonderpad te bereiken. De lichte constructies van het pad en de toren, beide van hout, passen wonderwel in het landschap. Kawamata gebruikt voor zijn projecten bij voorkeur gerecyclede materialen, zoals oud steigerhout of stoelen. Voor *L'Observatoire* werkte Kawamata ook samen met studenten uit Nantes en met natuurbeschermers die betrokken zijn bij het *Plan du Loire Grandeur Nature*, een integraal plan voor de toekomst en de natuur van de Loire.

St-Nazaire is vooral een industrie- en havenstad. De indrukwekkende Pont St-Nazaire, een van de langste bruggen van Frankrijk, overspant hier de Loire. 's Avonds wordt het elegante bouwwerk door schijnwerpers in het zonnetje gezet. Heel anders is de sfeer in de haven. Vanaf het uitzichtpunt op het panoramaterras van de onderzeebootbasis (*base sous-marine*) kijkt u uit over pakhuizen, kranen en silo's. Maar ook over een veld met witte en rode driehoeken, die deels vlak op de daken liggen en deels schuin omhoog steken. De compositie met de titel *Suite de triangles* (2007) is van de Zwitserse kunstenaar **Felice Varini**. Zij biedt een moderne versie van een anamorfose, een vertekende afbeelding die slechts vanaf één punt zijn ware aard laat zien, een kunstwerk dat de toeschouwer verrast en mogelijk aan het denken zet. Het is een waardige afsluiting van de kunstroute Estuaire!

Informatie

Internet: www.estuaire.info.
Les Anneaux, Nantes: buslijn 1 tot Chantiers Navals, dan 15 min. lopen over de Pont Anne de Bretagne naar de bananenloods op het Île de Nantes.
La Maison dans la Loire, Couëron: vanuit Nantes via de D75 richting Indre, dan de D107 naar Couëron.
Misconceivable, Le Pellerin: vanuit Nantes via de D723 richting St-Brévin-les-Pins, in Le Pellerin de borden naar het Canal de la Martinière volgen.
Villa Cheminée, Cordemais: van Nantes over de D107 naar Cordemais, hier bij Port de Plaisance en Hippodrom via de autobrug naar het eiland met de elektriciteitscentrale (toegang tot het huis zo. 14-18 uur met rondleiding).
Le Jardin Étoilé, Paimbœuf: vanuit Nantes de D723 naar Paimbœuf, aan het oosteinde van de oeverpromenade.
L'Observatoire, Lavau-sur-Loire: vanuit Nantes via de N165 tot aan Savenay, hier de N171 nemen, dan via de D217 richting Lavau-sur-Loire en de D3 naar Lavau-sur-Loire.
Suite de Triangles, St-Nazaire: uitzicht vanaf het *terrasse panoramique de la base sous-marine*, dag. mrt.-half juli, sept.-dec. 10-12.30, 14-17.45, half juli-aug. 10-18.45 uur.

Onderweg in het Loiredal

De brug over de Loire in Blois: de oude platbodems kunnen er gemakkelijk onderdoor

IN EEN OOGOPSLAG

Van Gien naar Blois

Hoogtepunten ✸

Blois: het koninklijk slot, de schilderachtige, schuin lopende straatjes en de gezellige drukte in de zomer zijn de grootste trekkers in deze fraaie, historische stad. Zie blz. 102.

Chambord: het grootste en indrukwekkendste kasteel in het Loiredal, een sprookjesdecor midden in het bos. Zie blz. 115.

Op ontdekkingsreis

De Loire ontdekken op de fiets – heerlijk ontspannen langs de rivier: een fietsroute volgt de gehele Loire en biedt onderweg uitzicht op oeverbossen, zandbanken en eilanden. Graslanden langs de oevers en de rozentuin van Roquelin nodigen uit tot een korte rustpauze. In Beaugency, Orléans en het scheepvaartmuseum van Châteauneuf kunt u langer op verkenning gaan. Zie blz. 98.

Een boottocht over de Loire – één met de natuur: in het ritme van de rivier sturen de scheepslui van Millière Raboton hun *toues* naar de zandbanken en de eilandjes. Onderweg kunt u reigers, sterns en bevers tegenkomen. Zie blz. 126.

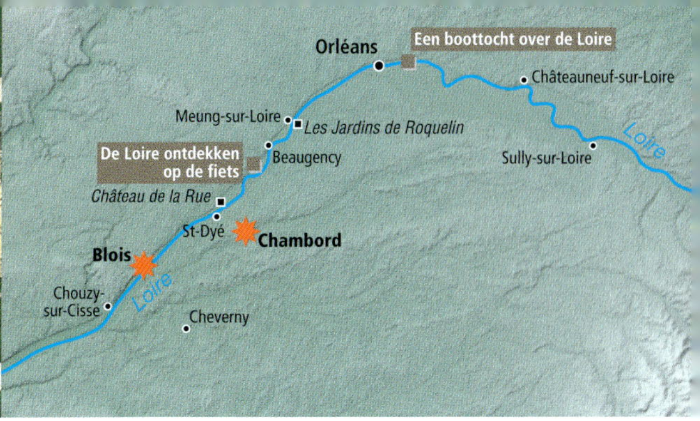

Bezienswaardigheden

Sully-sur-Loire: de grote hoektorens van dit middeleeuws aandoende kasteel spiegelen zich in de slotgracht. Zie blz. 87.

Orléans: ooit de belangrijkste haven aan de Loire, nu een stad met een bezienswaardige kathedraal, een historisch centrum en bedrijvige kades. Zie blz. 89.

Cheverny: een elegant jachtslot dat banden heeft met de stripheld Kuifje. Zie blz. 121.

Actief

Fietstocht rond Blois: tijdens deze tocht ontdekt u eerst Chambord en fietst u vervolgens naar St-Dyé voor een picknick aan de rivier. Zie blz. 112.

Loisirs Loire Valley: boogschieten, een tochtje op een quad of een rondvlucht? Patricia en Philippe maken het mogelijk op het Domaine de la Pépinière in Chouzy-sur-Cisse. Zie blz. 114.

Sfeervol genieten

Les Jardins de Roquelin in Meung-sur-Loire: rozen en tal van andere bloemen en planten in de tuinen van Stéphane Chassine. Zie blz. 99.

Château de la Rue bij Cours-sur-Loire: geniet van het goede leven in dit landhuis uit de 18e eeuw. Zie blz. 120.

St-Dyé-sur-Loire: ga bij de oude haven van Chambord naar Clos Joséphine en kies uit de heerlijkste delicatessen voor een picknick. Zie blz. 121.

Uitgaan

Chez Jacques in Blois: hier komt tout Blois in een fijne sfeer bij elkaar onder het genot van een wijntje – in de zomer met een *Aperitif Musical*. Zie blz. 115.

Son et lumière in Blois: na het invallen van de duisternis wordt het kasteel van Blois het decor van een klank- en lichtspel. Zie blz. 115.

Vanaf Gien reist u met de Loire mee in de richting van Orléans en Blois. De rivier, die uit de Auvergne afkomstig is, neemt vanaf hier toe in breedte en volume. In Gien vindt u ook het eerste, zij het nog bescheiden kasteel van het Loiredal. Een interessant relict uit de 19e eeuw is de kanaalbrug bij Briare: een smal aquaduct waarmee schepen de rivier kunnen oversteken.

Het 70 km lange traject tussen Gien en Orléans kunt u via een oude, smalle weg afleggen, waarbij de Loire vaak in beeld komt en de natuur een belangrijke rol speelt aan de groene oevers. De abdijkerk van St-Benoît is een bijzonder fraai voorbeeld van de romaanse bouwkunst in dit schitterende rivierlandschap.

De voormalige koningsstad Orléans lokt bezoekers met het drukke studentenleven en de vele restaurants en cafés. Hiervandaan loopt een ongeveer 50 km lange weg langs de Loire naar Blois, daarbij stadjes met een lange geschiedenis passerend – Beaugency en Meung-sur-Loire zijn een tussenstop waard.

De stad Blois bezit het eerste voorbeeld van een luisterrijk koningsslot aan de Loire. Rond de stad liggen talrijke satellietkastelen, waardoor het een ideaal uitgangsunt is voor een kastelenroute.

INFO

Internet

www.valdeloire-france.com: praktische info over het hele Loiredal.
www.orleans-metropole.fr: evenementenagenda, actuele tentoonstellingen, uitgaanstips.

Toeristenbureaus

Orléans: Office de Tourisme & de Congrès d'Orléans: 2, place de l'Etape, tel. 02 38 24 05 05, www.tourisme-orleans.com.
Blois: Office de Tourisme, 23, place du Château (tegenover het kasteel), tel. 02 54 90 41 41, www.bloischambord.com. Beide toeristenbureaus hebben informatie over de hele regio.

Vervoer

Orléans en Blois zijn per trein vanuit Parijs te bereiken. Verschillende keren per dag vertrekken er vanuit deze twee steden treinen naar Tours, Saumur en Angers.

Gien ▶ S 2

In Gien (16.000 inw.) ziet u voor het eerst een klassiek stadspanorama langs de rivier, zoals u dat verderop nog veel vaker zult tegenkomen: pal aan het water een boulevard met platanen, daarachter een rij huizen en daar weer achter de torens van kerken en kastelen.

Château de Gien

Musée de la Chasse: tel. 02 38 67 69 69, www.chateaumuseegien.fr, dag. mei-sept. 10-18 uur, okt.-apr. 13.30-17.30, in het weekend alleen met rondleiding in het Frans, 10.30, 14.30 en 16 uur.

Het ondanks de torens bescheiden ogende, bakstenen **Château de Gien** werd in 1484 gebouwd in opdracht van Anne de Beaujeu, dochter van Lodewijk XI en destijds regentes van het land. Sinds 1952 is er in het kasteel een **jachtmuseum** ondergebracht. Wapens, trofeeën en schilderijen illustreren de geschiedenis van de koninklijke 'sport', die eeuwenlang in de nabijgelegen Sologne werd bedreven. Vanaf de kasteelterrassen, die naar middeleeuwse tekeningen zijn gereconstrueerd, kijkt u uit over de stad en de rivier.

De pont-canal van Briare bij Gien verbindt twee kanalen met elkaar

De kerk **Ste-Jeanne d'Arc** sluit met haar bakstenen muren bijna naadloos aan bij het kasteel van Gien.

Faïencerie de Gien

Musée: 78, place de la Victoire, tel. 02 38 05 21 06, www.gien.com, ma.-za. 10-18, juli-sept. zo., vr. 11-17 uur, € 6/2
In het westen van de stad staat de belangrijkste aardewerkfabriek van Frankrijk: de **Faïencerie de Gien.** In een kelder van de oude fabriek, waar vroeger de grondstoffen voor het aardewerk werden opgeslagen, toont nu het **Musée de la Faïencerie** een overzicht van de producten die hier sinds 1821 zijn gemaakt. Het in heel Frankrijk beroemde, met de hand beschilderde aardewerk kunt u tegen betaalbare prijzen kopen in de bijbehorende winkel. Korting krijgt u bij oudere series en bij producten van de tweede keus.

Pont-canal de Briare ▶ S 2

Vanuit Gien kunt u ook eerst de andere kant op: volgt u de D952 in zuidoostelijke richting, dan komt u na ongeveer 10 km bij de *pont-canal* van **Briare.** Dit 664 m lange wonder der techniek van het eind van de 19e eeuw verbindt het Canal Latéral aan de rechteroever met het Canal de Briare aan de linkeroever van de Loire. Met zijn gietijzeren lantaarns en obelisken op zware stenen sokkels, waaruit weer gietijzeren scheepsrompen tevoorschijn komen, doet het in 1897 geopende aquaduct denken aan de Pont d'Alexandre III in Parijs. Het is dan ook niet verwonderlijk dat het ingenieursbureau Gustave Eiffel bij de aanleg betrokken was. Via brede wandelpaden aan weerszijden van de waterbak wandelt u naar de Port de Plaisance van Briare. Hiervandaan kunt u met een excursieboot een aangenaam tochtje over de kanalen maken, eventueel aangevuld met meergangenmaaltijd en een oversteek via het aquaduct (zie blz. 87).

Overnachten

Degelijk – Rivage: 1, quai de Nice, tel. 02 38 37 79 00, www.hotel-du-rivage-gien.fr, 2 pk vanaf € 82. Traditierijk hotel; een beetje sleetse elegantie, maar nog steeds het beste adres op het plein. De pianobar bestaat al sinds 1929, comfortabele kamers met grote badkamer.

Eenvoudig – Villa Hôtel: In Poilly-lez-Gien, tel. 02 38 27 03 30, www.villa-hotel-gien.fr, 2 pk € 45. Betaalbaar, even buiten de drukte gelegen accommodatie in motelstijl, met tuin. Halfpension (*soirée d'étape*) met ontbijt en diner € 64 per persoon. Geserveerd wordt dan een dagmenu met voor- en nagerecht.

Eten en drinken

Sterrenkeuken – Côté Jardin: 14, route Bourges, tel. 02 38 38 24 67, www.cotejardin-restaurant.com, zo.-avond, di.-wo. gesl., menu vanaf € 40. Elegant, vriendelijk en in lichte tinten ingericht restaurant met moderne regionale keuken. De gerechten worden bereid met verse en zorgvuldig geselecteerde ingrediënten. Absoluut reserveren!

Kasteel van Sully-sur-Loire: een middeleeuwse burcht met ronde torens en een slotgracht

Actief

Boottochten in Briare – **Les Bateaux Touristiques:** Port de Plaisance, tel. 02 38 37 12 75, www.les-bateaux-touristiques-briare.com. *Croisière* (cruise) met lunch (juli-aug. dag. 11.30-14.45 uur) of diner (mei-sept. za.) € 43, *promenade* zonder maaltijd € 8,50 (15-16.30 uur), korting voor kinderen.

Informatie

Office de Tourisme: place Jean Jaurès, 45500 Gien, tel. 02 38 67 25 28, www.gien-tourisme.fr, juli-aug. ma.-za. 9-18.30, zo. 10-12.30, sept.-juni ma.-za. 9.30-12, 14-17.30/18 uur.

Château de Sully ▶ R 2

Chemin de la Salle Verte, Sully-sur-Loire, tel. 02 38 36 36 86, www.chateausuly.fr, apr.-sept. di.-zo. 10-18, juli-aug. ook ma., feb.-mrt., okt.-dec. di.-zo. 10-12, 14-17 uur, kasteel en park € 7/3,50, tot 6 jaar gratis

Al van verre zijn de ronde, van lichte kalksteenblokken opgetrokken torens van het kasteel van Sully te zien. De middeleeuwse waterburcht beschermde vanaf het einde van de 10e eeuw de haven bij de samenvloeiing van de Loire en de Sange, en de landerijen van de baron van Sully.

Jeanne d'Arc liet hier in 1429, nadat ze Orléans had bevrijd, Karel VII beloven dat hij zich in Reims zou laten kronen. In de 18e eeuw vond de uit Parijs verbannen schrijver Voltaire toevlucht in het kasteel en creëerde hij zijn stukken in de grote zaal op de eerste verdieping van de donjon. Maximilien de Béthune, minister van Financiën onder Hendrik IV en door hem tot hertog van Sully benoemd, had de grote zaal aan het begin van 17e eeuw luxueus laten inrichten en de grisailles (monochrome schilderingen) met portetten van zijn voorouders in de raamnissen laten schilderen. Via weergangen komt u in de bovenste ruimte van de donjon met uitzicht op de 15 m hoge houten dakconstructie van eind 14e eeuw, een van de mooiste in Frankrijk. Sluit af met een wandeling door de fraaie tuinen van het kasteel.

Overnachten, eten

Ontspannen – **La Closeraie:** 14, route Porte-Berry, tel. 02 38 05 10 90, www.hotel-la-closeraie.com, 20-31 aug. gesl., 2 pk vanaf € 85. Hier kunt u 's avonds bij het aperitief piano spelen of door de boeken in de bibliotheek bladeren.

De kamers in het 19e-eeuwse tufstenen gebouw zijn eenvoudig, maar smaakvol ingericht. Goed ontbijt, 's zomers in de kleine achtertuin.
Traditioneel – **La Bonne Etoile:** 1, rue de la Poste, Les Bordes, tel. 02 38 35 52 15, menu € 17-43. Laat u niet afschrikken door de nuchtere inrichting: de traditionele keuken in het landelijk gelegen restaurant met tuin is absoluut de moeite waard.

Uitgaan

Klassieke muziek – **Festival International de Musique de Sully:** www.festival-sully.com, eind mei-begin juni. Al meer dan veertig jaar goede klassieke muziek in het kasteel van Sully en omliggende locaties.

Informatie

Office de Tourisme: place du Général de Gaulle, 45600 Sully-sur-Loire, tel. 02 38 36 23 70, www.sully-loire-sologne.fr, mei-juni, sept. ma.-za. 9.30-12.30, 14-18, zo. 10-12.30, juli-aug. ma.-za. 9.30-13, 14-18.30, zo. 10-12.30, okt.-apr. ma.-za. 9.30-12.30, 14-17.30, di. alleen 14-17.30 uur.

St-Benoît-sur-Loire ▶ R 1

Abbaye de Fleury

www.abbaye-fleury.com, dag. 6.30-22 uur

Aan het einde van de middag kunt u in de abdijkerk van St-Benoît-sur-Loire het gregoriaanse gezang van de monniken bij de vespers gaan beluisteren, want sinds 1944 is de benedictijnenabdij weer in gebruik.

In de 7e eeuw waren de benedictijnen met de kostbare relikwieën van hun stichter Sint-Benedictus op de vlucht voor de Langobarden in het Loiregebied terechtgekomen, waar ze toevlucht zochten in Fleury. Hun klooster zou zich daarna ontwikkelen tot een centrum van middeleeuwse cultuur, dat de in 1108 gestorven Capetingerkoning Filips I St-Benoît uitkoos als zijn laatste rustplaats.

De huidige kerk dateert uit de 11e-12e eeuw. Abt Gauzlin was de bouwmeester van de zware poorttoren, het oudste deel van de basiliek. De steenblokken had hij per schip laten aanvoeren uit de streek rond Nevers. De toren moest versterkt worden omdat de overval van de Noormannen, die de vorige kerk in brand hadden gestoken, nog vers in het geheugen lag. Zware, korte en met halfzuilen versierde pijlers dragen het zware gewelf. Bovenaan illustreren de rijkbewerkte kapitelen welke gevaren de monniken uit de 11e eeuw moesten trotseren op hun route naar het eeuwige leven: demonische koppen, monsters met vervaarlijke klauwen – ze belichamen het kwaad dat altijd op de loer lag.

Het lange middenschip met tongewelf, gebouwd met het kenmerkende, lichtgekleurde kalksteen van de Loire, leidt naar een verhoogd koor. Hier doen de kapitelen, die onder andere scènes uit het leven van Benedictus uitbeelden, niet onder voor die in de poorttoren. Het marmeren mozaïek in de vloer is een restant van de verwoeste voorganger van de basiliek.

Het dorp

Op het dorpskerkhof ligt schrijver en dichter Max Jacob begraven. Hij werd in 1944 door de Gestapo gearresteerd en stierf in het doorgangskamp Drancy. De tot het katholicisme bekeerde Joodse dichter had toen twintig jaar bij de haven van St-Benoît gewoond, in een bescheiden huis aan de rivier, waar plaquettes op de muur herinneren aan de hoge waterstanden van de 19e eeuw. Vlakbij ligt in de rivier een eiland met bomen, waarvandaan af en toe een reiger majestueus opstijgt (verlaat het dorp richting Germigny, dan borden 'Port' volgen).

Germigny

Theodulf, een van de eerste abten van St-Benoît en een vriend van Karel de Grote, liet in het naburige Germigny een villa bouwen. Bewaard gebleven is de in de 19e eeuw grondig gerestaureerde huiskapel (van omstreeks 806). Het gouden mozaïek in de apsis, met duidelijke invloeden van Ravenna, is het best bewaard gebleven voorbeeld van Karolingische kunst in Frankrijk. (apr/-sept. 9.30-18.30, okt.-mrt. 10-17 uur).

Overnachten

Rustig – **Labrador:** in St-Benoît, tel. 02 38 35 74 38, www.hoteldulabrador.fr, 2 pk € 72. Traditioneel hotel met tuin en *salon du thé* tegenover de kerk.

Eten en drinken

Stijlvol – **Grand St-Benoît:** 7, place St-André, tel. 02 38 35 11 92, menu vanaf € 31 (reserveren!). Uitstekende moderne keuken van hotel Labrador (zie hierboven), gezellige eetzaal met houten balken aan het plafond. Terras op het kerkplein.

Châteauneuf-sur-Loire ▶ R 1

In deze kleine plaats wordt de Loire omzoomd door groene, uitnodigende gazons. Wie nieuwsgierig is naar het leven van de vroegere Loireschippers, stapt binnen bij het **Musée de la Marine de Loire** (1, place Aristide Briand, www.musee-marinedeloire.fr, wo.-ma. apr.-okt. 10-18, nov.-mrt. 14-18 uur, € 3,50/2). Talrijke objecten maken het leven van de schippers tastbaar, daarnaast zijn er wisselende tentoonstellingen.

Orléans ▶ P/Q 1

Orléans heeft veel gedaan om aantrekkelijker te worden voor bewoners en toeristen. Doel is de kwalificatie 'Villes d'art et d'histoire' te verkrijgen, waarmee het ministerie van Cultuur sinds 1985 steden beloont die een rijk cultureel erfgoed hebben en dat goed onderhouden. Orléans heeft aan het begin van het millennium het historische centrum grootschalig gerestaureerd en de voetgangersgebieden uitgebreid. De beste verandering: de Loire neemt in de stad nu weer een belangrijke plaats in. Langs de oevers zijn promenades aangelegd en bij mooi weer kunt u een hapje eten in het aan de kade gelegen, historische stoomschip L'Inexplosible.

Het op een kruispunt van belangrijke verkeersaders gelegen Orléans is vanuit Parijs de eerste haven aan de Loire. Hier scheepte men in en hier werden de goederen ingeladen die vervolgens per schip naar Tours, Saumur of Nantes werden getransporteerd – totdat in de 19e eeuw de spoorwegen kwamen en de Loireschippers wegconcurreerden. De vroegere koningsstad verzuimde zich aan te passen aan de nieuwe situatie en zakte weg in stagnatie.

De bloeitijd van Orléans lag in de vroege middeleeuwen. Toen was het de koningsstad van de Capetingers: Robert II de Vrome werd in 987 in de Cathédrale Ste-Croix gezalfd. Zijn vader, Hugo Capet, was graaf van Orléans en in latere perioden zouden de hertogen van Orléans uitgroeien tot een van de machtigste geslachten van het land. De juridische faculteit van de stad trok in de 14e eeuw studenten uit heel Europa aan – nu is de in 1962 opnieuw opgerichte universiteit gehuisvest in de voorstad La Source. De hoofdstad van de regio Centre telt 114.000 inwoners.

In het spoor van Jeanne d'Arc

Orléans bezit in de vorm van de Cathédrale Ste Croix een nationaal monument. Ook speelde de stad een hoofdrol in de Franse geschiedenis: in 1429 bevrijdde Jeanne d'Arc de stad van de Engelse bezetters en sindsdien wordt dit heroïsche feit elk jaar gevierd. De **Fêtes de Jeanne d'Arc** beginnen op de avond van 29 april met een feestelijke optocht. Verlicht door fakkels volgt de stoet dezelfde route waarlangs Jeanne op deze zelfde dag in het jaar 1429 Orléans binnentrok. Vanuit de Porte de Bourgogne aan de oostkant van de stad reed ze door de Rue de Bourgogne naar het huis van haar gastheer Jacques Boucher aan de andere kant van Orléans, het huidige Maison Jeanne d'Arc. De rol van Jeanne wordt daarbij gespeeld door een meisje van goede komaf, dat afwisselend wordt gekozen uit de studentes van de verschillende hogescholen in de stad.

Place du Martroi en de belangrijkste straten

Een goede startplaats voor een wandeling door Orléans is de **Place du Martroi** 1, een royaal plein met in het midden het groengepatineerde bronzen ruiterstandbeeld van stadsheldin Jeanne uit 1855. Hoge woonhuizen van rond de vorige eeuwwisseling, sommige voorzien van opvallende koepeldaken, omringen het plein, waar heel Orléans zich

Op de Place du Martroi herinnert een ruiterbeeld aan Jeanne d'Arc

lijkt te verzamelen. Vanuit het plein lopen grote en kleine wegen de stad in, waaronder de **Rue de la République**, de hoofdwinkelstraat van Orléans. De **Rue Royale** en de **Rue Jeanne d'Arc** aan de zuidkant zijn twee belangrijke verkeersaders. De chicste winkels van Orléans hebben een plekje gevonden onder de arcaden van de Rue Royale. Na te zijn verwoest in de Tweede Wereldoorlog, werden de 18e-eeuwse huizenblokken aan deze straat zorgvuldig herbouwd. De Rue Royale komt uit bij de fraaie Pont George V, een 18e-eeuwse brug over de Loire, die werd vernoemd naar de Engelse koning als dank voor de samenwerking met de Engelsen in de Eerste Wereldoorlog.

Vanaf de brug wordt u aan beide zijden van de rivier getrakteerd op een mooi stadspanorama. Aan de noordkant, enigszins verstopt achter het weelderige groen op de oevers, doemen de twee torens van de kathedraal op.

Rond de kathedraal

Cathédrale Ste-Croix 2

Place Ste-Croix, dag. 9.15-18 uur

De brede Rue Jeanne d'Arc leidt direct naar de **Cathédrale Ste-Croix**. Om het trotse bouwwerk een toepasselijke toegangsweg te geven, kreeg de Rue Jeanne d'Arc in de 19e eeuw een homogene bebouwing. Zo kon niets de aandacht afleiden van de imposante westgevel van de kathedraal: hoge portalen met spitse bogen, grote roosvensters en een elegante, doorbroken galerij, dit alles bekroond met een tweetal luchtige torens van drie verdiepingen – een prachtig staaltje ambachtelijk werk.

Van de middeleeuwse voorganger, begonnen in 1278 maar nooit voltooid, zijn alleen de koorkapellen en twee traveeën van het middenschip behouden gebleven. In de 17e eeuw liet koning Hendrik IV de in de Godsdienstoorlogen verwoeste kathedraal herbouwen – in gotische stijl, waarna ook in de 18e en 19e eeuw *à la gothique* verder werd gebouwd. Sommigen plaatsen het resultaat in de grote Franse architectuurtraditie, anderen volgen Marcel Proust in zijn mening dat de kathedraal een monstruositeit is geworden.

De gebrandschilderde ramen in de viering, de oudste ramen van de kathedraal, herinneren aan de Zonnekoning. Ook de koorstoelen zijn gemaakt door kunstenaars van Lodewijk XIV. De zeer hoge, vijfschepige kerk heeft kleurrijke ramen die het leven van Jeanne d'Arc illustreren – een glazen stripboek uit de 19e eeuw. Jeanne pronkt ook in de vorm van een heroïsch beeld met wapenuitrusting in de kapel waar de gevallenen uit de Eerste Wereldoorlog worden herdacht. Tijdens de jaarlijkse feesten ter ere van Jeanne in het voorjaar wordt de kerk versierd met de bonte wapens van haar medestrijders Bâtard d'Orléans, Duc d'Alençon, Gilles de Rais, Raoul de Gaucourt en vele anderen. Vanaf de omheinde tuin van het **Ancien Évêché** 3 (tickets in het toeristenbureau ertegenover), het voormalige **bisschoppelijk paleis**, hebt u het beste uitzicht op de schitterende luchtbogen aan de buitenzijde van het koor.

Een mooi panorama over de hele stad krijgt u vanaf het platform tussen de torens van de kathedraal. Aan de noordkant ziet u op de plek van het vroegere kerkhof (tot 1786) een door arcaden omgeven grasperk, de **Campo Santo** 4, dat nu tijdens de Fêtes de Jeanne d'Arc als openluchttheater dienstdoet.

Musée des Beaux-Arts 5

1, rue Fernand-Rabier, www.orleans.fr, tel. 02 38 79 21 83, di.-za. 10-18 (do. 20), zo. 13-18 uur, vaste collectie € 6/3

Dit museum voor beeldende kunst is een van de oudste en rijkste musea van

Orléans

Bezienswaardigheden

1 Place du Martroi/ Marché nocturne
2 Cathédrale Ste-Croix
3 Ancien Évêché
4 Campo Santo
5 Musée des Beaux-Arts
6 Hôtel Groslot
7 Collégiale St-Aignan
8 Hôtel Cabu
9 Maison de Jeanne d'Arc
10 Hôtel Toutin
11 Notre-Dame-de-Recouvrance
12 Les Turbulences – Frac Centre
13 Parc Floral de la Source

Overnachten

1 D'Arc
2 De l'Abeille
3 Des Cèdres
4 Hotel d'Orléans
5 Auberge de Jeunesse

Eten en drinken

1 La Parenthèse
2 Eugène
3 La Dariole
4 Le Lièvre Gourmand

Winkelen

1 Sébastien Papion
2 Cave de Marc et Sébastien
3 Halles Châtelet

Uitgaan

1 L'Astrolabe
2 Infrared
3 Les Becs à Vin
4 VerDiVin
5 Cinéma Pathé Orléans

Frankrijk. Bekend is vooral de verzameling Franse schilder- en beeldhouwkunst uit de 17e-18e eeuw, met werk van onder meer Georges de la Tour en François Boucher. In 1984 betrok het museum een nieuw neoklassiek gebouw, waarin de oude kunstwerken op een levendigere manier worden gepresenteerd – deels zelfs op felrode wanden.

Hôtel Groslot 6

Place de l'Étape, zo.-vr. 10-12, 14-18, za. 10-18

Jeanne d'Arc presenteert zich nóg een keer voor de monumentale trappen van Hôtel Groslot, pal naast het museum – dit keer vereeuwigd in brons. Net als in de kathedraal draagt ze een wapenuitrusting met een zwaard en

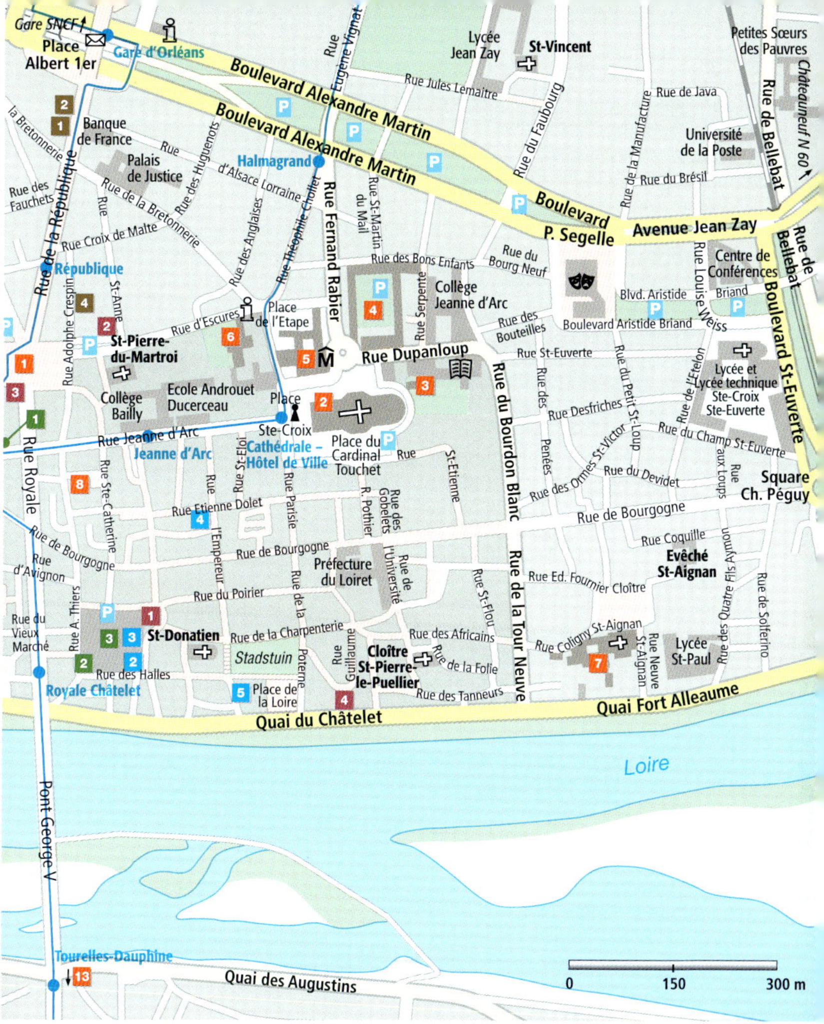

duidelijk zichtbare soldatenlaarzen. Het 16e-eeuwse Hôtel Groslot werd in de 19e eeuw gerestaureerd en uitgebreid met een nieuwe zijvleugel. Van 1790 tot eind jaren 80 fungeerde dit sierlijke bakstenen gebouw als het stadhuis van Orléans.

Het oude centrum

Sfeervolle straatjes vindt u in het voetgangersgebied ten zuiden van de kathedraal. De **Rue de Bourgogne, Rue Étienne Dolet** en **Rue du Poirier** worden omzoomd door eenvoudige stenen huizen en vakwerkpanden, met daarin onder meer cafés, bars en winkels. De kasseien geven aan dat dit het oudste deel van de stad is. Het autovrije oude centrum loopt tot aan de Loire. Een moderne stadstuin is ingericht op het dak van het complex aan de Place de la Loire waarin onder meer de **Cinéma Pathé Orléans** 5 is gehuisvest.

Op enige afstand staat het **Collégiale St-Aignan** 7 met een crypte uit 1029. Bezichtigen kan op afspraak via het Office de Tourisme of tijdens een rondleiding. De archaïsche kapitelen behoren met de kapitelen van de torenpoort van St-Benoît tot de oudste voorbeelden van romaanse bouwkunst in het Loiredal.

Aan de Rue Ste-Catherine, een van de oudste straten van Orléans, die ooit van de Place du Martroi naar de Loire liep, ziet u twee bijzondere renaissancepaleizen. **Hôtel des Créneaux,** een fraai 16e-eeuws gebouw met kruisvensters en veel beeldhouwwerk aan de gevel, was het eerste stadhuis van Orléans. Ertegenover, aan de groene Square Abbé Desnoyers, herbergt **Hôtel Cabu** 8, met een rijkbewerkte gevel en trap, de collecties van het **Musée Archéologique et Historique de l'Orléanais** (hôtel Cabu, tel. 02 38 79 25 60, www.orleans-metropole.fr/332, de Gallo-Romeinse zalen en Jeanne d'Arc di.-zo. 10-13, 14-18 € 6/3). U ziet er Gallo-Romeinse objecten, zoals de schat van Neuvy-en-Sullias, en tal van sculpturen uit Germigny-des-Prés en St-Benoît-sur-Loire.

Ten westen van de Rue Royale

Maison de Jeanne d'Arc 9

3, place Général-de-Gaulle, tel. 02 38 68 32 63, www.jeannedarc.com.fr, di.-zo. 10-13, 14-18, okt.-mrt. alleen 14-18 uur, € 6/3

Het in de Tweede Wereldoorlog gebombardeerde vakwerkhuis van Jacques Boucher, schatbewaarder van de hertog van Orléans, waar Jeanne van 29 april tot 9 mei 1429 woonde, werd op historisch verantwoorde wijze herbouwd. Nu herbergt het huis een klein, maar onderhoudend en leerzaam museum over Jeanne d'Arc. Een maquette van de Engelse belegering van Orléans illustreert de verschrikkingen van de Honderdjarige Oorlog. Een stem op de achtergrond vertelt over de geschiedenis van Jeanne, waarbij steeds het juiste deel van het model wordt uitgelicht. Touchscreens en films tonen de route die Jeanne heeft afgelegd en in de galerie kunt u zien hoe de Maagd van Orléans in de loop van de eeuwen is afgebeeld.

Hôtel Toutin 10

26, rue Notre-Dame-de-Recouvrance

Dit mooiste renaissancepand van Orléans gaat schuil achter een wat onopvallende gevel van wit kalksteen. Binnen ontdekt u een schitterende binnenplaats met een door klimop en wingerd gesierde arcadegalerij. Het huis werd in 1540 gebouwd voor de kamerheer van de zoon van koning Frans I.

Notre-Dame-de-Recouvrance 11

15, rue Notre-Dame-de-Recouvrance

De in 1513 gebouwde kerk Notre-Dame-de-Recouvrance is een van de weinige stadsmonumenten die in de Tweede Wereldoorlog niet werden verwoest. Het koor van het van buiten nogal onopvallende bouwwerk beschikt over gebrandschilderde ramen die diverse keren zijn gerestaureerd; de rest van het interieur stamt grotendeels uit de 19e eeuw.

Les Turbulences – Frac Centre 12

88, rue du Colombier, www.frac-centre.fr, tel. 02 38 62 52 00, wo.-zo. 14-19 uur, € 2

Dt centrum voor hedendaagse kunst is een must voor liefhebbers van architectuur. De avantgarde-architecten Jakob + MacFarlane hebben in 2013 op het terrein van een voormalige kazerne een futuristisch ogend toegangsgebouw neergezet en de omliggende militaire bouwwerken ingericht als tentoonstellingsruimten. Het Frac richt zich voornamelijk op de architectuur van de laatste 500 jaar. De collectie bestaat uit 500 modellen en 10.000 tekeningen van moderne architecten. Dit alles is samengebracht rond drie hoofdthema's: de experimentele architectuur van de jaren 50 en 60, met ontwerpen van Archigram, Friedman, Parent en Schein; de jaren 80 met Tschumi, Libeskind en de Nederlander Koolhaas, en de recente ontwikkelingen in de architectuur.

Tip

Met de tram naar het Parc Floral de la Source 13

Orléans heeft twee tramlijnen. Lijn A brengt u in ongeveer twintig minuten direct naar het park van La Source in het voorstadje Olivet ten zuiden van de stad (uitstappen bij de halte Université-Parc Floral). De grote landschapstuin aan de bron (*source*) van de rivier de Loiret beschikt over oude bomen, bloemperken, fonteinen, een vlinderkas, een speelterrein en een kinderboerderij. Op warme zomerdagen is dit niet alleen voor de bewoners van Orléans een aangenaam uitstapje. 's Middags *plat du jour* in het tuinrestaurant voor € 13 (Avenue du Parc Floral, www.parcfloraldelasource.com, apr.-half nov. dag. 10-18/19 uur, anders alleen 's middags, tijdens de *nocturnes* 's zomers tot 21.30 uur, € 6/5/4).

Overnachten

Jugendstil – **D'Arc** 1: 37, rue République, tel. 02 38 53 10 94, www.bestwestern.fr, 2 pk vanaf € 95. Elegant ingerichte kamers met modern comfort in een jugendstilpand met art-decomozaiek bij de ingang en een imposante entree. Niet ver van het station.

Nostalgisch – **De l'Abeille** 2: 64, rue d'Alsace-Lorraine, tel. 02 38 53 54 87, www.hoteldelabeille.com, 2 pk vanaf € 88. Geheel in 19e-eeuwse stijl, liefdevol ingericht hotel met charme en comfort. Al vier generaties in handen van dezelfde familie.

Met tuin – **Des Cèdres** 3: 17, rue Maréchal Foch, tel. 02 38 62 22 92, www.hotelcedresorleans.com, 2 pk vanaf € 67. In een rustige wijk, maar toch dicht bij het centrum. Bij mooi weer ontbijt in de tuin.

Stadshotel – **Hotel d'Orléans** 4: 6, rue Adolphe Crespin, tel. 02 38 53 35 34, www.hoteldorleans.com, 2 pk vanaf € 95. Oudgediende vlak bij de Place du Martroi. Sinds een renovatie in 2014 heeft het weer een modern jasje.

Auberge de Jeunesse la Motte Sanguin 5: avenue Beaumarchais, Stade Omnisports, 45100 Orléans-La Source, tel. 02 38 53 60 06, www.aubergedejeunesseorleans.fr, jeugdherberg met 1 pk, 2 pk en kamers met 4 of 8 bedden, in 2 pk met ontbijt € 22 per persoon.

Eten en drinken

In de Rue de Bourgogne vindt u internationale en klassieke restaurants, cafés en bars.

Traditioneel – **La Parenthèse** 1: 26, place du Châtelet, tel. 02 38 62 07 50, www.restaurant-la-parenthese.com, aug. zo.-ma. gesl., menu vanaf € 31. Uitstekende gerechten komen op tafel in dit rode vakwerkpand uit 1597 – in de zomer ook op het terras. Klassiekers uit de Franse keuken, modern bereid, domineren de menukaart: ossenhaas in madeirasaus, stoofpotje met kalfsnieren, baars met champignons en croutons.

Mediterrane sfeer – **Eugène** 2: 24, rue Ste-Anne, tel. 02 38 53 82 64, www.restauranteugene.fr, za., zo. gesl., menu vanaf € 27, formule € 15. Eugènes mediterrane keuken en de bijbehorende sfeer in zijn restaurant zijn zeer populair bij de bevolking van Orléans, dus het is absoluut noodzakelijk om te reserveren. Zeer goede prijs-kwaliteitverhouding.

Lunch – **La Dariole** 3: 25, rue Étienne Dolet, tel. 02 38 77 26 67, ma., wo.-do. alleen lunch, za., zo. gesl., menu vanaf € 26. Drukbezocht restaurant (reserveren!) in een vakwerkpand met een terras. Wisselende menukaart met daarop seizoensspecialiteiten als konijn met basilicum en uiencompote.

Michelinster – **Le Lièvre Gourmand** 4: 28, quai du Chatelet, tel. 02 38 53 66 14, www.lelievregourmand.com, di. gesl., menu vanaf € 34. Moderne ambiance met veel wit en uitstekende, hedendaagse gerechten in een 19e-eeuws gebouw. Reserveren aanbevolen.

Winkelen

Zoetigheden – **Sébastien Papion** 1: 32, rue Jeanne d'Arc, www.sebastienpapion.com, di.-za. 10-13, 14-19 uur. Specialiteit van de jonge chocolatier zijn de bonbons 'Couleurs de Loire', gevuld met honing uit de Sologne, frambozenazijn uit Orléans of peren uit Olivet; verder diverse bitterkoekjes en karamelsaus (Avalanche de Caramel).

Wijn – **Cave de Marc et Sébastien** 2: 7, place du Chatelet, di.-vr. 10-12, 15-19.30, za. 9.30-13, 14-19.30, zo. 10-13 uur. Twee gerenommeerde sommeliers uit de regio bieden in hun winkel uitgelezen wijnen uit heel Frankrijk aan.

Groente en fruit – **Halles Châtelet** 3: dagelijkse markt, ideaal voor wie zelf zijn potje kookt.

Avondmarkt – **Marché nocturne:** vr. 17-21.30 uur op de Place du Martroi 1. In de zomer een alternatief voor een restaurant. Specialiteiten als brood, kaas, taarten en vruchtensappen.

Uitgaan

Livemuziek en cultuur – **L'Astrolabe** 1: boulevard Jean Jaurès, derde verdieping van de ijsbaan (*patinoire*), www.lastrolabe.org. Muzikaal initiatief van de stad met club en kleine concertzaalvoor hiphop, chanson, reggae enzovoort. Optredens van regionale en internationale artiesten. Kijk voor het actuele programma op de website.

Trefpunt – **Infrared** 2: place du Chatelet, www.facebook.com/infrared.orleans. Club en burgerrestaurant met een jong publiek. Indie, elektro en rock. Wie een lokaal biertje wil proeven, neemt een La Johannique: troebel, ongefilterd bier met een aroma van honing en kruiden.

Wijnbar – **Les Becs à Vin** 3: 8, place du Châtelet, www.becsavin.com, 12-1 uur. Keus uit 200 wijnen, per glas of per fles. Specialiteit zijn de biologische wijnen. Bij de wijn worden hapjes aangeboden, zoals quiche, *terrine maison*, kaasplateau en *charcuterie*. Gemoedelijke sfeer, u kunt de wijn ook meenemen, er zijn zitplaatsen buiten.

Meer wijn – **VerDiVin** 4: 2, rue des Trois Maries, www.verdivin.com. Wijnparadijs in een 13e-eeuws gewelf. Meer dan twintig wijnen per glas. Van 18 uur tot middernacht kunt u hier een hapje eten, alleen een glas wijn drinken of een compleet menu inclusief bijpassende wijn nuttigen. In 2017 door magzine *Terre des Vins* uitgeroepen tot een van de beste wijnbars van het land.

Films – **Cinéma Pathé Orléans** 5: place de la Loire, ingang aan de Quai du Châtelet, tel. 02 38 77 70 70, www.cinemasgaumontpathe.com. Groot filmpaleis onder een kleine daktuin.

Info en festiviteiten

Informatie

Office de Tourisme & de Congrès: 2, place de l'Étape, 45056 Orléans, tel. 02 38 24 05 05, www.tourisme-orleans.com. U kunt hier de City Pass kopen waarmee u korting krijgt bij musea en in het openbaar vervoer.

Evenementen

Fêtes de Jeanne d'Arc: april/mei. Tiendaags spektakel ter herinnering aan de bevrijding van Orléans in 1429. Op 29 april trekt 'Jeanne' Orléans binnen, met historische show en ontvangst door de burgemeester (Place de la République); op 7 en 8 mei feesten en optochten in historische kostuums, middeleeuwse markt met oude ambachten en culinaire specialiteiten (Campo Santo), vuurwerk, middeleeuwse kampementen en concerten.
Festival de Loire: www.festivaldeloire.com, in oneven jaren in september. Aan de kades liggen historische Loireplatbodems en er zijn goederen te koop die vroeger per schip over de Loire werden vervoerd. Het publiek wordt beziggehouden met zeemansliederen, theater en vuurwerk.

Vervoer

Trein: regelmatige verbindingen met Parijs en Angers (via Blois, Amboise, Tours en Saumur).
Auto: parkeerterreinen langs de buitenste ringweg en bij Campo Santo.
Tram: twee tramlijnen.
Fiets: bij de 28 stations van vélo'+ door de hele stad kunt u een fiets huren en die vervolgens in een van de andere stations terugzetten. Abonnees van deze voorziening krijgen korting (er zijn ook dag- en weekabonnementen); aanmelden doet u via de website. Meer informatie: www.agglo-veloplus.fr.

Meung-sur-Loire ▶ P 1

De kerk **St-Liphard** en de **Tour de Manassès de Garlande** uit de 12e eeuw vormen het monumentale romaanse hart van deze kleine plaats, maar de meeste bezoekers komen voor het kasteel. Zeer bezienswaardig zijn verder de **Jardins de Roquelin** aan de andere kant van de rivier (zie blz. 98).

Château de Meung

16, place du Martroi, tel. 02 38 44 36 47, www.chateau-de-meung.com, apr.-mei, sept.-okt. di.-zo. 10-18, juni-aug. di.-zo. 10-19, mrt. za., zo. 14-18 uur, € 9/7,50/5,50
Ook voor wie niet van empiremeubels houdt, vormt het kasteel van Meung een boeiende bestemming. De vroegere residentie van de bisschop van Orléans is nu privé-eigendom en alleen met een rondleiding te bezichtigen. Op een regenachtige dag, als u rillend door de middeleeuwse gangen loopt, is het niet moeilijk om u een beeld te vormen van het dagelijks leven in het kasteel. In juli en augustus wordt een halfuur durend 'Rendezvous met de middeleeuwen' aangeboden. Zo kunt u zich de toenmalige tafeletiquette laten uitleggen of u bekwamen in boogschieten.

Beroemd werd het kasteel door de dichter Jean de Meung, die in de 13e eeuw het tweede deel van de *Roman de la Rose* schreef, een van de belangrijkste werken van de hoofse cultuur. In 1461 werd François Villon, een groot dichter maar ook een ▷ blz. 100

Op ontdekkingsreis

De Loire ontdekken op de fiets – heerlijk ontspannen langs de rivier

Wie de 'wilde Loire' wil ontdekken, is tussen Beaugency en Châteauneuf op de goede plek. Met de fiets rijdt u steeds dicht bij de rivier en geniet u van het uitzicht op oeverbossen, zandbanken en eilandjes.

Kaart: ▶ P/R 1/2
Informatie: www.laloireavelofietsroute.nl.
Route: Beaugency-Orléans-Châteauneuf, ongeveer 60 km, duur 1-2 dagen, gemarkeerd met groen-gele bordjes met het opschrift 'La Loire à Vélo'.
Uitrusting: toerfiets (zie blz. 30), water en picknickspullen.
Fietsverhuur: www.locationdevelos.com, Détours de Loire in hotel La Sologne in Beaugency (tel. 02 38 61 22 23, zie blz. 101). Fiets vanaf € 16 per dag, (bagage)transport mogelijk.
Overnachten: Orléans (zie blz. 95).
Treinverbinding: TER met fietstransport tussen Orléans en Beaugency.
Jardins de Roquelin: Meung-sur-Loire, op de linkeroever, www.lesjardinsderoquelin.com, eind apr.-half okt. wo.-ma. 10-18 uur, € 6.

Het smalle fietspad slingert links van de Loire tussen akkers en weilanden door van **Beaugency** naar **Meung-sur-Loire.** Het traject is autovrij, maar wel wat hobbelig. Neem in Meung de tijd voor een bezoek aan het kasteel (zie blz. 97) en de prachtige tuin.

Bij een rozenkweker

In de **Jardins de Roquelin** op de linkeroever zijn fietsers welkom om aan de tafels van de rozentuin hun picknickmand uit te pakken. Daarbij worden verschillende drankjes geserveerd, bijvoorbeeld heerlijk appelsap uit Normandië.

Rozenkweker en tuinarchitect Stéphane Chassine startte in 2002 op het terrein van een middeleeuws hof met de aanleg van een tuin in Engelse stijl. In de door pergola's en hekken afgescheiden 'kamers' bloeien meer dan 450 verschillende soorten rozen. Talrijke vaste planten zorgen daarbij voor extra kleur en geur. In de vijver verzorgen de kikkers in de paartijd kwaakconcerten, terwijl pauwen over de gazons paraderen. Stéphane Chassine onderhoudt dit paradijsje zonder kunstmest en bestrijdingsmiddelen.

Veel planten die u in de tuin tegenkomt, zijn te koop in de aangrenzende *pepinière*. Een kleine troost voor bezoekers zonder een tuin: in de winkel vindt u ook allerlei decoratieartikelen in landhuisstijl.

Van Meung naar Orléans

Vanuit Meung gaat de route verder over de linkeroever, waarbij u vlak langs de rivier fietst. Steeds weer wordt u verrast met schitterende uitzichten op de Loire. Bij **Le Vieux-Bourg** leidt een smalle weg naar een strandje aan het water: een ideale plek voor een picknick!

De 11e-eeuwse kerktoren van **St-Hilaire-St-Mesmin** wijst de weg naar de volgende bestemming. In het stadje aangekomen, overspant een brug de Loiret, een zijriviertje van de Loire. Hiervandaan fietst u ongeveer 30 km over een rivierdijk naar **Orléans.** Ook in de stad is de route – grotendeels autovrij langs de kades – goed gemarkeerd.

Van Orléans naar Châteauneuf

De tweede helft van de route fietst u vanaf **Orléans** over de linkeroever via oude dijkwegen, die u slechts af en toe deelt met een auto. Links doemt de wilde Loire op, met steeds weer fraaie uitzichten, bijvoorbeeld op het eiland tegenover het dorp **Chécy.** Bij **Sandillon** kunt u eventueel via een zijweg naar het 1 km verderop gelegen dorp fietsen om picknickspullen te kopen of een kopje koffie te drinken. De volgende gelegenheid daartoe vindt u in **Jargeau.** Hiervandaan is het nog maar enkele kilometers naar de eindbestemming, de oude Loirehaven **Châteauneuf.** In deze kleine plaats met aantrekkelijke grasperken langs de Loire illustreert het **Musée de la Marine de Loire** de geschiedenis van de scheepvaart op de rivier (zie blz. 57 en 89).

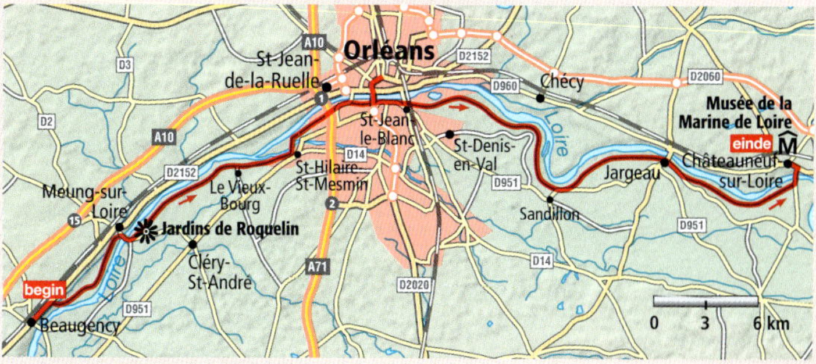

dief en vagebond, enkele maanden opgesloten in de onderaardse kerker van de donjon, tot hij onverwacht amnestie kreeg van koning Lodewijk XI.

De aan het begin van de 13e eeuw gebouwde burcht van de bisschoppen kreeg het tijdens de Honderdjarige Oorlog flink te verduren. In geval van nood konden de bisschoppen via onderaardse gangen ontsnappen naar de kerk van Cléry en zelfs naar het 34 km verderop gelegen Blois.

De combinatie van weerbaar kasteel en chic paleis levert een bijzonder gebouw op. Vanaf de straatkant oogt het met zijn dikke muren en ronde torens erg zwaar, maar vanaf de hof ziet u vooral twee 17e-eeuwse woonvleugels met hoge ramen, die in de 18e eeuw de oorspronkelijke kruisvensters vervingen. Vanuit de vensters kijkt u uit over het oude marktstadje.

Cléry-St-André ▶ P 1

www.clery-st-andre.com, dag. 9-18 uur

In Meung steekt u de rivier over. Het lieflijke Loiredal verder volgend, doemt na ongeveer 8 km aan de stille horizon de basiliek **Notre-Dame de Cléry** op. Het hoogoprijzende bouwwerk van witte kalksteen, een hoogtepunt in de flamboyante gotiek, wordt omgeven door een hele serie luchtbogen, die rusten op steunberen en zuilen met op de kapitelen een eenvoudige versiering van eikenbladeren. De Mariavereerder Lodewijk XI financierde de herbouw van de in 1428 (tijdens de Honderdjarige Oorlog) verwoeste bedevaartkerk, waarin hij begraven wilde worden. De pelgrims kwamen af op een Mariabeeld dat in 1280 in de grond was gevonden en waaraan al snel wonderbaarlijke krachten werden toegeschreven. De herbouw startte in 1443. Lodewijk stierf in 1483, nog voordat de kerk klaar was. Zijn graf werd verwoest tijdens de Godsdienstoorlogen en in 1622 vervangen door het huidige monument van Michel Bourdin. De stoffelijke resten van de koning en zijn vrouw Charlotte van Savoye liggen in een grafkelder, hun schedels zijn te zien onder een glazen plaat.

In de 16e eeuw werden extra kapellen aan de basiliek toegevoegd. De **Chapelle St-Jacques** (eerste zijkapel rechts) is versierd met stenen schelpen en bedelzakken, een herinnering aan het feit dat Cléry een halte was – en is – op de pelgrimsroute naar Santiago de Compostela.

Beaugency ▶ P 2

Volgt u de D951 tot aan Lailly-en-Val en neemt u hier de D19, dan wacht na 12 km een fraaie oude **brug** die leidt naar het hart van Beaugency. Het is de enige middeleeuwse stenen brug tussen Orléans en Blois. Aan de overkant van de brug toont het stadje zich in de vorm van een boeiend silhouet: een zware, 11e-eeuwse donjon, met daarnaast een kerktoren met opvallend spitse top, overschaduwen de leistenen daken van de bescheiden, kalkstenen huizen en de hoge kruinen van de platanen langs de rivieroever.

Pas halverwege de 20e eeuw brak het serene stadje uit zijn middeleeuwse ommuring. Vanaf de oude stadsmuur aan de westkant, met daarin de 12e-eeuwse **Porte Travers**, kijkt u uit over de rivier, de brug en de bossen van de Sologne. Smalle straatjes met kasseien slingeren naar beneden richting de Loire. Vanaf de Place St-Firmin voor de **donjon** leidt de Rue de la Sirène langs een **beeld van Jeanne d'Arc** naar het mooie oude stadhuis, in 1526 gebouwd in renaissancestijl.

Église Notre-Dame

dag. 9-18 uur

In het romaanse godshuis Notre-Dame, een voormalige abdijkerk, werd in 1152 het huwelijk van Lodewijk VII met Eleonora van Aquitanië ontbonden. Ondanks talrijke verbouwingen is het oorspronkelijke karakter van het gedrongen bouwwerk met zijn zware zuilen en smalle zijschepen bewaard gebleven. Op de houten gewelven staan de wapens van de kasteelheren van 1663 tot 1665.

Château de Dunois

2, place Dunois, tel. 02 38 44 36 47, www.chateau-de-beaugency.com, apr.-juni, sept.-okt. di.-zo. 10-18, juli-aug. dag 10-19 uur,kijk op de website voor de openingstijden in de winter, € 9/7,50

Graaf Jean de Dunois, de 'Bastaard van Orléans', liet halverwege de 15e eeuw een oude burcht vervangen door dit kasteel voor zichzelf en zijn vrouw Marie d'Harcourt. De bastaardbroer van koning Karel VII had de stad op 16 juni 1429 aan de zijde van Jeanne d'Arc van de Engelsen bevrijd. In het kasteel is het Musée Régional de l'Orléanais ondergebracht.

Overnachten, eten

Landhuis – **Le Petit Bateau:** 54, rue du Pont, tel. 02 38 44 56 38, ma.-di. gesl., menu vanaf € 35. Een jong stel heeft in 2012 de landelijke herberg met plafondbalken, open haard en aantrekkelijke binnenplaats overgenomen. Voortreffelijke, moderne variant van de traditionele keuken.

Waar vroeger de postpaarden stonden – **Ecu de Bretagne:** place Martroi, tel. 02 38 44 67 60, www.ecudebretagne.fr, 2 pk vanaf € 89, menu vanaf € 36. Het voormalige postpaardenstation uit 1607, gelegen in het hart van het stadje, beschikt over nette, smaakvol ingerichte kamers. Het restaurant is gezellig, de keuken degelijk en seizoensgericht, de wijnen komen uit de regio.

Eenvoudig maar charmant – **La Sologne:** 6, place St-Firmin, tel. 02 38 44 50 27, www.hoteldelasologne.net, 2 pk vanaf € 71. Goed onderhouden, historisch pand met kleine, vriendelijk ogende kamers. Ook fietsverhuur.

Goed en betaalbaar – **Relais du Château:** 8, rue du Pont, tel. 02 38 44 55 10, wo. en okt.-juni di. en do.-avond gesl., menu vanaf € 23. Populair restaurant in de winkelstraat met degelijke keuken.

Informatie

Office de Tourisme: 3, place Dr. Hyvernaud, 45190 Beaugency, tel. 02 38 44 54 42, www.tourisme-beaugency.fr.

Château de Talcy ▶ O 2

Talcy, www.chateau-talcy.fr, tel. 02 54 81 03 01, mei-aug. dag. 9.30-12.30, 14-18, sept.-apr. 10-12.30, 14-17 uur, € 6/5

Bij de kleine plaats Mer kunt u de Loire even verlaten voor een tocht door het boerenland van Beauce, waar een handvol huizen rond een robuust kasteel uit begin 16e eeuw liggen.

Een poort in een zware, vierkante toren geeft toegang tot een met kasseien geplaveid binnenplein. Het hoofdgebouw rust op brede arcaden; daar vlak voor wordt de aandacht getrokken door een waterput met een door drie zuilen gedragen puntdak en een rozenstruik. Twee schone dames woonden op het kasteel en werden onderwerp van lofdichten: Cassandra Salviati inspireerde de bekende dichter Pierre de

Ronsard, die de dochter van de Italiaanse bankier Bernard Salviati op een bal in Blois had leren kennen. Later zei Agrippa d'Aubigné over de kleindochter van deze bankier dat hij door haar de poëzie niet meer kon loslaten. Sinds Salviati Talcy in 1517 kocht en liet verbouwen, is er slechts weinig veranderd. De inrichting en het meubilair ademen nog steeds de sfeer van een eeuwenoud familiekasteel.

Blois* ▶ O 2

Natuurstenen huizen met leigrijze daken, daarvoor een groene zoom van platanen en daarachter een kathedraal en een kasteel, aangevuld met de donkere spitsen van de torens van de abdijkerk St-Nicolas en een boogbrug die de brede, traagstromende rivier overspant: Blois (45.000 inw.) biedt het kenmerkende beeld van een provinciestad aan de Loire.

De stad was vanaf de 10e eeuw zetel van de graven van Blois, die op de heuvel een eerste burcht lieten bouwen. In 1498 werd Blois zelfs een koningsstad toen Lodewijk XII hier werd gekroond. Monumentale woningen getuigen van de rijke bestuurders en kooplieden die met de koning waren meegekomen en die bekend stonden om hun Italiaanse levenswijze die ze tijdens een veldtocht door Italië hadden leren kennen.

In de tweede helft van de 16e eeuw leed de stad onder de verschrikkingen van de Godsdienstoorlogen, waardoor de Florentijnse gezant Lippomano in 1577 moest berichten dat Blois een 'grote, mooie stad is, maar inmiddels verwoest'. Pas onder Gaston van Orléans, de naar de Loire verbannen broer van Lodewijk XIII, kende Blois in de eerste helft van de 17e eeuw weer een bloeitijd. Gaston haalde kunstenaars en intellectuelen naar zijn hof, onder wie Molière, steunde de jezuïeten bij de bouw van kerken en de benedictijnen bij het herstellen van hun abdij.

In de 19e eeuw werd Blois door de komst van een chocolade- en een schoenenfabriek een kleine industrie- en arbeidersstad. Een in het groot denkende burgemeester liet vervolgens een serie representatieve gebouwen neerzetten en nieuwe verkeersaders aanleggen, zoals de Rue Denis Papin. Toen in heel Frankrijk hernieuwde belangstelling voor het historisch erfgoed groeide, werd het leger uit het kasteel verwijderd en werd het complex gerestaureerd. Nu vallen het kasteel en het historische centrum onder monumentenzorg.

Kasteel van Blois: een achtkante traptoren siert de vleugel van Frans I

Château de Blois 1

Place du Château, tel. 02 54 90 33 33, www.chateaudeblois.fr, jan.-mrt., nov.-dec. 10.15-17, apr.-juni, sept. 9.15-18.30, juli-aug. 9-19 uur, son et lumière apr.-sept. dag. als de duisternis aanbreekt, wo. in het Engels; € 12/9,50/6,50, met klank- en lichtshow € 19,50/15,50/10,50, andere combikaartjes mogelijk, bijvoorbeeld met de Maison de la Magie of met La Fondation du doute, zie website voor details, inbegrepen zijn de theatervoorstelling of het virtual reality-spektakel over de laatste momenten in het leven van de Duc de Guise (in het seizoen).

De bouwgeschiedenis van veel Loirekastelen – van middeleeuwse vesting naar luxueus pronkpaleis – is bij het kasteel van Blois goed te zien. Op een plateau boven de Loire staan rond een grote binnenplaats drie woonvleugels in elk een heel verschillende bouwstijl: de vleugel van Lodewijk XII (rond 1500, een combinatie van flamboyante gotiek en renaissance), de vleugel van Frans I (rond 1520, in een sierlijke renaissancestijl) en de nooit voltooide 17e-eeuwse residentie van Gaston van Orléans. De middeleeuwse burcht van de graven van Blois is in het huidige complex nog terug te vinden in de vrijstaande Tour du Foix en de Salle des États, een grote vergaderhal uit de 13e eeuw.

De vleugel van Lodewijk XII

Een entreeportaal in de vleugel van Lodewijk XII biedt toegang tot de binnenplaats van het kasteel. Boven het portaal (verwoest tijdens de Franse Revolutie, nu een kopie) liet de koning zich als een Italiaanse renaissancevorst gezeten op een paard vereeuwigen. Lodewijk van Orléans was in 1498 zijn neef Karel VIII opgevolgd als koning. Zijn familiekasteel wilde hij toen laten uitbouwen tot een residentie met koninklijke allure. Samen met zijn vrouw Anna van Bretagne, de weduwe van zijn voorganger, plande hij een nieuwe vleugel: de rozerode bakstenen van de muren contrasteren met de witte natuurstenen decoraties, terwijl grote ramen licht en lucht binnenlaten en de galerij met arcaden het geheel een sierlijke uitstraling geeft. De vleugel getuigt van een nieuwe optimistische periode na de

Plattegrond van het Château de Blois

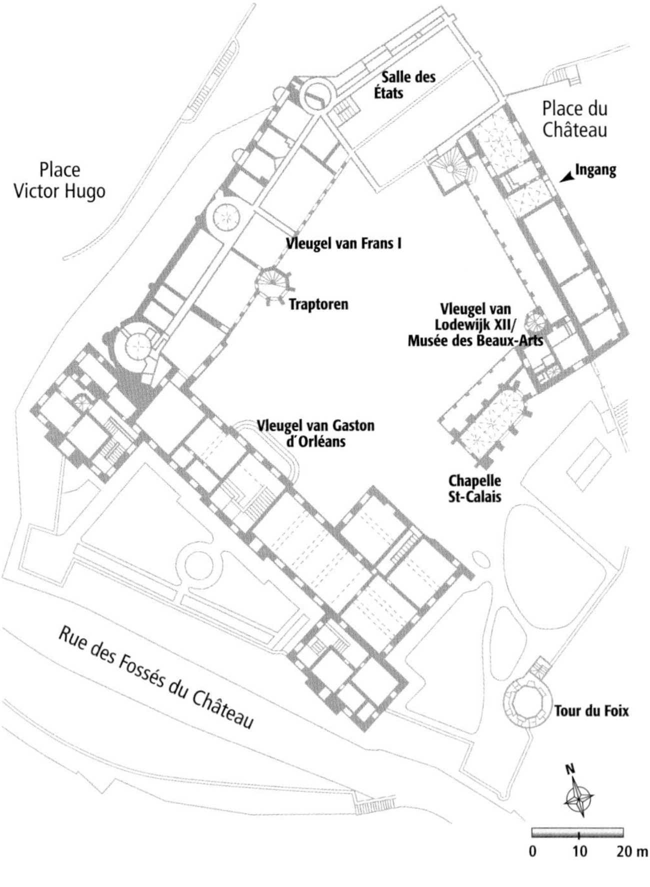

verschrikkingen van de Honderdjarige Oorlog. De initialen L(ouis) en A(nna) sieren de spits toelopende gevels van de dakkapellen en een stekelvarken – het symbool van Lodewijk XII – is afgebeeld op het portaal. Het werk werd uitgevoerd door Franse ambachtslieden die eerder het kasteel van Amboise voor Karel VIII tot een waardige residentie hadden verbouwd. Daarom is ook de Lodewijkvleugel nu een mooi voorbeeld van de laatgotische stijl, met hier en daar kenmerken van de vroege renaissance. De Lodewijkvleugel herbergt het **Musée des Beaux-Arts** (dezelfde openingstijden als het kasteel).

Tuinarchitect Pacello de Mercogliano, die met Karel VIII uit Napels was meegekomen, kreeg de opdracht aan de noordoostkant een renaissancetuin aan te leggen. De terrassen strekten zich uit tot bij het huidige station, waarbij een gesloten galerij de diepe greppel van de huidige Rue des Fossés overspande om zo tuin en kasteel met elkaar te verbinden. Het Pavillon d'Anne de Bretagne tegenover het kasteel aan de andere kant van de Place Victor Hugo fungeerde destijds als 'tuinhuisje'.

De vleugel van Lodewijk sluit aan op de gotische **Chapelle St-Calais**, de kapel van het koninklijke paar. Deze kapel is het vroegere koor van een kerk. Het schip werd in de 17e eeuw gesloopt toen Gaston van Orléans zijn vleugel liet bouwen.

De vleugel van Frans I

Veel details van deze vleugel, zoals het steile dak met leistenen, de hoge dakkapellen en de aanwezigheid van een **draaitrap**, staan nog in de traditie van de Franse gotiek, maar de uitbundige decoraties getuigen van iets nieuws. Hoewel de bouw slechts enkele jaren na de voltooiing van de Lodewijkvleugel begon, ademt alles Italiaanse renaissance: horizontale en verticale banden, rijk bewerkt met gebeeldhouwde decoraties, verdelen de voorgevel. De salamander, het symbool van Frans I, vult de gevelvlakken, terwijl de balustrade bij de dakrand rijkelijk is versierd met motieven uit de vroege renaissance, zoals guirlandes, krullen en schelpen. Blikvanger is de achthoekige, halfopen wenteltrap. De Franse schrijver Gustave Flaubert vond de trap zo gracieus, dat deze hem deed denken aan de kanten kraag van een adellijke dame. Ook hier duiken weer koninklijke symbolen op: de doorboorde zwaan van Claude van Frankrijk, de hermelijn van Anna van Bretagne, de gekruiste vleugels van Louise van Savoye en uiteraard de koninklijke salamander. De vleugel van Frans I is in alles een symbool van macht van de op pracht en praal verliefde koning. Bijkomende reden dat hij de middeleeuwse vleugel van hertog Karel van Orléans liet verbouwen, was dat zijn echtgenote Claude van Frankrijk als dochter van Lodewijk XII haar jeugd in Blois had doorgebracht en graag in het kasteel verbleef.

De vleugel van Gaston van Orléans

Een van zijn opvolgers, Gaston van Orléans, gaf in de 17e eeuw aan François Mansart de opdracht een nieuw deel aan het kasteel te bouwen. Het moesten vier streng classicistische vleugels worden, met tuinterrassen die tot aan de Loire liepen. Geldgebrek verhinderde – gelukkig – uitvoering van deze plannen, maar de koepel in de onvoltooide vleugel toont iets van de grandeur die Mansart voor ogen had. Gaston woonde de rest van zijn leven in de vleugel van Frans I. Bij de in 2000 afgeronde restauratie is ook het bordes van de vleugel in ere hersteld.

De vertrekken

Toen de burgeroorlog tussen protestanten en katholieken de eenheid van

Blois

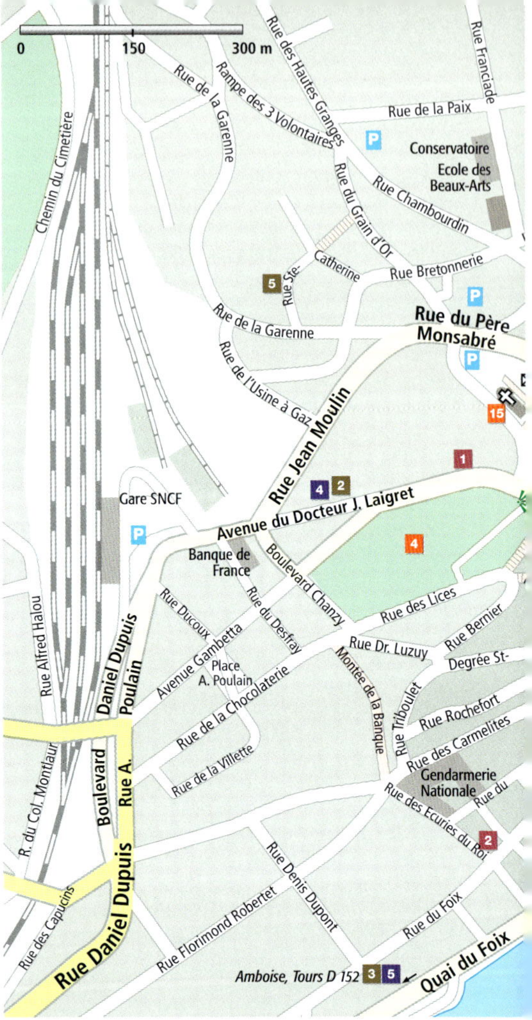

Bezienswaardigheden

1 Château de Blois
2 Maison de la Magie Robert-Houdin
3 Maison des Vins du Loir-et-Cher
4 Jardin du Roi
5 Église St-Nicolas
6 Place Louis-XII
7 Couvent des Jacobins
8 Hôtel Sardini
9 Cathédrale St-Louis
10 Maison des Acrobates
11 Ancien Évêché (nu stadhuis)
12 Jardins de l'Évêché
13 Hôtel d'Alluye
14 Hôtel de Guise
15 St-Vincent-de-Paul

Overnachten

1 Mercure Centre
2 Anne de Bretagne
3 Le Clos Pasquier
4 Du Bellay
5 La Maison du Carroir

Eten en drinken

1 L'Oranjerie du Château
2 Au Rendez-Vous des Pêcheurs
3 Le Bistrot de Léonard
4 Au Bouchon Lyonnais
5 Le Vespa

Winkelen

1 Markt
2 Biologische markt
3 Langlois
4 La Boîte aux Chocolats

Actief

1 Promenades en Fûtreau
2 Promenades en Attelage

het rijk bedreigde, werd het kasteel van Blois nog eenmaal door de koninklijke familie bewoond. Hendrik III vluchtte in 1574 vanuit Parijs, waar hertog De Guise almachtig was geworden, naar de Loire, gevolgd door zijn moeder Catharina de Medici, de eigenlijke regentes, aangezien Hendrik te zwak en labiel was. Uiteindelijk liet de koning in december 1589 hertog De Guise op laffe

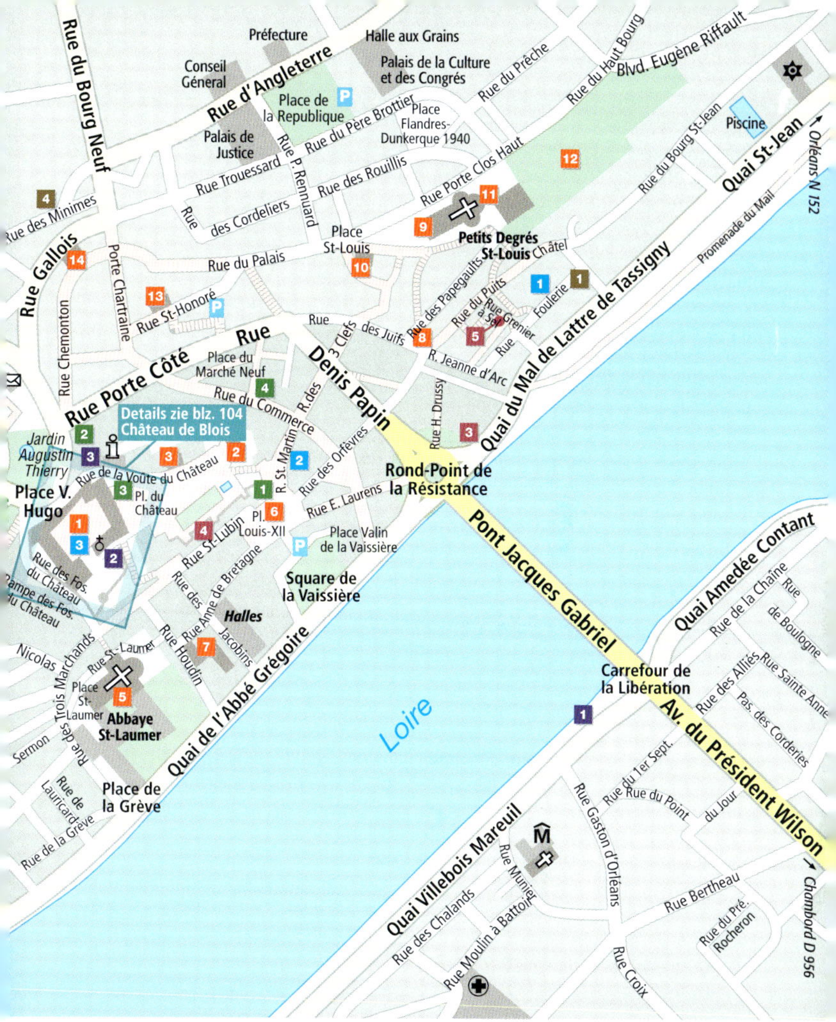

3 À Nous les Petits Clous
4 Détours de Loire
5 Loisirs Loire Valley

Uitgaan
1 Le Saint-James
2 Chez Jacques

3 Son et lumière

wijze in de koninklijke vertrekken vermoorden. Catharina stierf twee maanden later in Blois.

De vertrekken van Hendrik en zijn moeder Catharina zijn te bekijken in de vleugel van Frans I. De verfijnde smaak van de koningin is onder meer terug te vinden in de houten lambrizering van haar kamer, met achter de wanden diverse geheime ruimtes waar zij, althans volgens de schrijver Alexandre Dumas in zijn roman *Reine Margot*, vergif bewaarde. Naast het kabinet van Catharina zijn alleen de fraaie schouwen in de grote feestzaal op de eerste verdieping nog origineel. De andere meubels en ook het bontgekleurde textiel in renaisancestijl op de wanden dateren uit de 19e eeuw, toen Félix Duban het kasteel liet restaureren. Datzelfde geldt voor de verstrengelde monogrammen van Catharina de Medici en Hendrik II, die overal opduiken in de vertrekken van Catharina. De combinatie van een H en twee keer een C vormt overigens de letter D – voor Diana van Poitiers, de maîtresse van de koning.

Maison de la Magie Robert-Houdin 2

1, place du Château, tel. 02 54 90 33 33, www.maisondelamagie.fr, apr.-aug. dag. 10-12.30, 14-18.30, sept. ma.-vr. 14-18.30, za., zo. 10-12.30, 14-18.30 uur, rest van het jaar zie website, € 10/8/6,50

Tegenover het kasteel steken regelmatig onder luid geratel mechanische, metalen draken hun kop door de ramen van een statig pand. Wie dit Maison de la Magie betreedt, maakt kennis met de Wereld van de Illusionisten, waarvan de in Blois geboren, wereldberoemde Robert-Houdin de eerste was. Harry Houdini heeft zich zelfs naar deze meester van de magie vernoemd.

Maison des Vins du Loir-et-Cher 3

11, place du Château, tel. 02 54 74 76 66, www.fav41.fr, juli-sept. ma.-vr. 9-12, 14-8 uur

In de winkel annex informatiecentrum van de vereniging van wijnproducenten krijgt u een overzicht van de verschillende wijnboeren in het departement Loir-et-Cher. Een selectie van hun wijnen is hier te koop.

Stadswandeling

Voor een verkenning van de stad kunt u bijvoorbeeld beginnen bij de **Jardin du Roi** 4. Op een deel van de voormalige terrassentuin die Lodewijk XII liet aanleggen, is in 1992 een nieuwe tuin in renaissancestijl ingericht. Hiervandaan kijkt u uit over de **Place Victor Hugo**, een groen eilandje met oude bomen, omringd door druk verkeer, het **Pavillon d'Anne de Bretagne** ertegenover, de middeleeuwse **Tour Beauvoir**, een restant van de oude stadsomwalling, en de torens van de **kathedraal.** Rechts is de opera-achtige loggiagevel met arcaden, erkers en torentjes van het kasteel te zien, door Frans I gebouwd op de plek van de middeleeuwse stadsmuur. Vanaf de nabijgelegen **Place des Lices** is heel goed te zien hoe groot de door Gaston van Orléans gebouwde vleugel was.

Via de **Rampe des Fossés du Château** wandelt u, ongehinderd door auto's, naar beneden richting de **Église St-Nicolas** 5. Het huidige uiterlijk van de kerk met zijn steile daken en hoog oprijzende torenspitsen heeft zijn oorsprong in de 12e eeuw. Benedictijnen, die voor de Noormannen naar Blois waren gevlucht, bouwden hier al rond 900 een eerste abdijkerk. Zij brachten de relikwieën van St.-Lomer met zich mee, een heilige aan wie de abdijkerk oorspronkelijk was gewijd. In het koor zijn met bladeren en figuren versierde kapitelen te zien; een stenen altaarstuk (15e eeuw) toont op ontroerende, naïeve wijze scènes uit het leven van Maria van Egypte.

Ga vanaf de kerk even terug en dan rechtsaf via de oude **Rue St-Lubin** naar de **Place Louis-XII** 6. In de zomer kunt u hier op een terras een plekje zoeken en wat drinken. De gotische bron achter op het plein voorzag de bevolking van Blois vanaf de 12e eeuw van drinkwater. Buig na de bron met de weg mee scherp naar rechts. Bij de **Rue des Jacobins** staan de gebouwen van een voormalig klooster, het **Couvent des Jacobins** 7. Op de binnenplaats zijn nog resten te zien van de tijdens de Franse Revolutie verwoeste 13e-eeuwse kloosterkerk. De resterende gebouwen rond de kruisgang uit de 16e eeuw bieden onderdak aan het **Muséum d'Histoire Naturelle** (Place Saint-Nicolas, wo.-za, in schoolvakanties ook di. 10-12, 14-18, zo. 14-18 uur, € 3,50/2).

Rond de kathedraal

Loop terug naar het plein en ga bij de bron de **Rue des Orfèvres** in en verderop de **Rue du Poids du Roi**. Zo komt u in de sfeervolle kathedraalbuurt. Voorname, meestal 16e-eeuwse huizen van grauw geworden kalksteen of ruwe natuursteen, voorzien van kleine vensters en erkers, vullen de wanden van de smalle **Rue du Papegaults** en **Rue du Puits-Châtel**. Prachtig is het **Hôtel Sardini** 8 uit de tijd van Lodewijk XII in de **Rue du Puits-Châtel** (nr. 7). Een eerbetoon aan de koning: een stekelvarken bij de traptoren. Gaat u rechts voor het huis de trap af, dan komt u bij een groene binnenplaats die het deelt met het aangrenzende huis. Een smalle passage bij nr. 17 leidt naar de al even fraaie **Cour de Miracle.**

Volg links de **Petits Degrés St-Louis** naar boven en u komt uit bij de 17e-eeuwse **Cathédrale St-Louis** 9, waarvan de toren met de koepel als eerste zichtbaar wordt vanuit de smalle straatjes. Aan de **Place de St-Louis** voor de kathedraal vormt het **Maison des Acrobates** 10 een mooi voorbeeld van een middeleeuws vakwerkhuis. De naam van het huis verwijst naar de acrobaten en narren die langs de gevel omhoog klimmen.

Aan het begin van de 18e eeuw werd het voormalige aartsbisschoppelijk paleis of **Ancien Évêché** 11 (nu stadhuis) gebouwd naar een streng classicistisch ontwerp van Jacques Gabriel. Dezelfde architect tekende de in 1724 geopende Loirebrug, die daarna vaak werd verwoest, maar ook steeds weer werd hersteld – Gabriels zoon zou overigens de Place de la Concorde in Parijs ontwerpen. De voor de bisschoppen aangelegde tuinen, de **Jardins de l'Évêché** 12 (zie blz. 110), liggen als een balkon boven de Loire.

Wandel terug langs de kathedraal en volg de **Rue du Palais** steeds rechtdoor (wordt **Rue St-Honoré**). Bij de trap links kijkt u uit over de **Rue Denis Papin**, een brede verkeersader die in de 19e eeuw werd aangelegd tussen de bovenstad en de Loirebrug en die u eerder in Parijs zou verwachten. Nog verder weg ziet u bij helder weer de bossen van de Sologne. Het beeld bij de trap toont de in Blois geboren natuurkundige en uitvinder Denis Papin, die onder andere de snelkookpan uitvond en die als hugenoot uit Frankrijk moest vluchten en zo in Engeland en Duitsland terechtkwam.

Hôtel d'Alluye 13 en Hôtel de Guise 14

Op **Rue St-Honoré** nr. 8 ziet u een van de mooiste renaissancehuizen van de stad: **Hôtel d'Alluye.** Het werd rond 1500 gebouwd voor Florimond Robertet, baron van Alluye, schatbewaarder van Frankrijk, secretaris van Karel VIII, Lodewijk XII en Frans I, en gezant van Frankrijk in de republiek Florence. Het in de 19e eeuw gerestaureerde gebouw heeft een zelfde gevel van baksteen en natuursteen als de kasteelvleugel van Lodewijk XII. Als de poort naar de binnenplaats open is, kunt u de twee verdiepingen hoge arcadegalerij met antiek ogende decoraties bekijken.

Ook het **Hôtel de Guise** in de nabijgelegen Rue Chemonton ▷ blz. 112

Favoriet

Jardins de l'Évêché 12

In de zomer verspreiden rozen hun geur in de bisschoppelijke tuinen, terwijl kastanjes schaduw bieden aan de mannen die petanque spelen. Het uitzicht vanaf de hooggelegen tuinen reikt van de leigrijze daken van de huizen tot de rivier, de brug en in de verte de bossen van Blois, waarin het kasteel van Chambord verstopt moet liggen. Dit grootse panorama deelt u met Jeanne d'Arc – haar ruiterstandbeeld werd na de Eerste Wereldoorlog geschonken door de Amerikaanse bondgenoten.

getuigt, samen met de omliggende stadspaleizen, van de grote rijkdom aan het begin van de 16e eeuw. Medaillons van Romeinse keizers op de gevel verwijzen naar de klassieke oudheid.
De Rue Chemonton leidt naar de Place Victor Hugo, met daaraan de jezuïetenkerk **St-Vincent-de-Paul** 15. Deze werd in de 17e eeuw, tijdens het bewind van Gaston van Orléans, geheel in barokstijl opgetrokken.

Aan de zuidoever van de Loire, bereikbaar via de Pont Jacques Gabriel, bevindt zich achter de kerk de kruisgang van **St-Saturnin**, een van de weinige bewaard gebleven kerkhoven uit de 16e eeuw in Frankrijk. Het dateert uit de tijd van Frans I.

Fietstocht van Blois naar Chambord ▶ O 2/3

Fietsroute van ongeveer 48 km/5 uur; kasteelbezoek ongeveer 2 uur; fietsverhuur bij Détours de Loire, zie blz. 115; overnachtingsmogelijkheid in Chambord (zie blz. 117), St-Dyé (zie blz. 121) of in Château de la Rue (zie blz. 120)

Een populaire en eenvoudige fietstocht, gedeeltelijk via de gemarkeerde Loireroute, gaat van Blois naar Chambord en dan langs de Loire terug. Een groot deel fietst u over goed bewegwijzerde fietspaden. Voor enigszins getrainde fietsers is het prima in een dag te doen. Wie ruim de tijd wil nemen voor een bezichting van het kasteel van Chambord of in alle rust wil genieten van het landschap, plant onderweg een overnachting.

Verlaat **Blois** via de Pont Jacques Gabriel en kijk hier even om voor het panorama op de stad en het kasteel. Volg links de rivier en ga bij de volgende brug rechts richting **Vineuil.** Via landerijen, wijngaarden en bossen komt u na ongeveer 20 km bij **Chambord.**

Na een rondgang door het wereldberoemde Loirekasteel, volgt u de fietsroute naar **St-Dyé-sur-Loire.** In de renaissance fungeerde dit kleine stadje als de haven van Chambord. Het bouwmateriaal voor het kasteel werd hier aan land gebracht en koning Frans I verbleef in St-Dyé als hij de voortgang van de bouwwerkzaamheden kwam beoordelen. Monumentale huizen, de kerk en de resten van de stadsmuur getuigen van de glorie van weleer. Rechts

Met de fiets van Blois naar Chambord

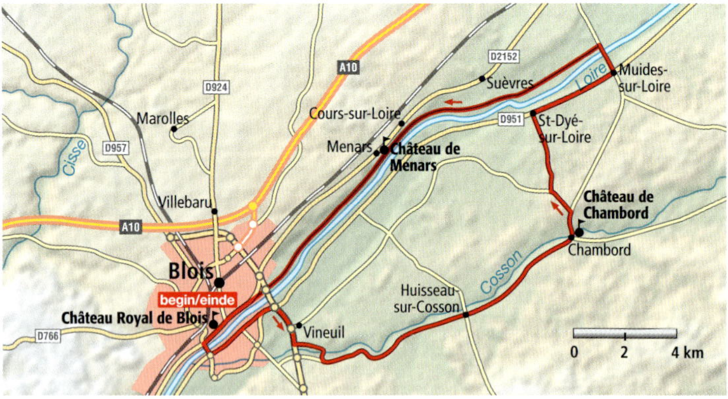

van de kerk gaat er een weg naar de rivier: zo komt u bij een idyllische picknickplek met uitzicht op de Loire, de vele eilandjes en het omringende rivierlandschap.

Vanuit St-Dyé gaat u langs de Loire stroomopwaarts tot **Muides-sur-Loire,** waar u via de brug oversteekt en dan via de andere oever terugfietst. Vanaf **Cours-sur-Loire** loopt de weg dicht langs de rivier. Even verder passeert u het imposante **Château de Ménars,** dat ooit eigendom was van de markies van Pompadour (het kasteel is niet te bezichtigen). Hiervandaan is het nog zo'n 8 km naar Blois.

Kastelen rond Blois

In de omgeving van Blois liggen verschillende beroemde Loirekastelen. U kunt ze eventueel tijdens een busexcursie van het Office de Tourisme bezoeken. Voor velen is **Chambord** het mooiste kasteel in het Loiredal. Het is in elk geval het grootste en indrukwekkendste kasteel en een bezoek behoort tot de hoogtepunten van elke Loirereis. **Cheverny** bezit een prachtig interieur en heeft als extra attractie het voeren van de jachthonden. **Villesavin** biedt met een speurtocht naar de geheimen van het kasteel ook voor kinderen iets bijzonders. **Beauregard** heeft een belangwekkende portrettengalerij en een mooi park. **Chaumont** oogt als een middeleeuws kasteel en is bekend door het internationale tuinenfestival en de interessante exposities van hedendaagse kunstenaars.

Overnachten

Modern comfort – **Mercure Centre** 1: 28, quai St-Jean, tel. 02 54 56 66 66, www.mercure.com, 2 pk vanaf € 112. Comfortabel hotel aan de rivieroever. Enkele kamers kijken uit op de Loire.

Gastvrij – **Anne de Bretagne** 2: 31, avenue J. Laigret, tel. 0254 78 05 38, www.hotelannedebretagne.com, 2 pk vanaf € 75. Aangenaam hotel dicht bij het kasteel, vriendelijke kamers, gastvrije service, fietsverhuur.

Charmant – **Le Clos Pasquier** 3: 10-12, Impasse de l'Orée du Bois (ca. 7 km westelijk), tel. 02 54 58 84 08, www.leclospasquier.fr, 2 pk incl. ontbijt vanaf € 120. 16e-eeuws landhuis met tuin en zes liefdevol ingerichte kamers

Backpackers – **Du Bellay** 4: 12, rue des Minimes, tel. 02 54 78 23 62, 2 pk zonder badkamer vanaf € 45, met badkamer € 50. Hotel met kleine kamers in een klein 15e-eeuws pand in het historisch centrum.

Idyllisch – **La Maison du Carroir** 5: 20, rue Ste-Catherine, tel. 02 54 74 69 94, 2 pk vanaf € 100. Smaakvol gerenoveerde en ingerichte kamers in 19e-eeuwse hoeve. Mooie binnenplaats met klimrozen op witte tufsteen.

Eten en drinken

Elegant – **L'Oranjerie du Château** 1: 1, avenue J. Laigret, tel. 02 54 78 05 36, www.orangerie-du-chateau.fr., zo.-ma. gesl., menu vanaf € 61. Restaurant met één Michelinster, in de vroegere oranjerie van het kasteel. Terras met uitzicht op het kasteel, klassieke keuken met seizoensgerechten, zoals in het voorjaar asperges uit de Sologne.

Nobele vis – **Au Rendez-Vous des Pêcheurs** 2: 27, rue Foix, tel. 02 54 74 67 48, www.rendezvousdespecheurs.com, zo.-ma. gesl., menu vanaf € 35. Wie een plekje wil in dit ongecompliceerde, gezellige en drukbezochte restaurant, moet absoluut reserveren. De even creatieve als sympathieke chef-kok Christophe Cosme is gespecialiseerd

in visgerechten, maar ook de andere gerechten – zeker de desserts – zijn de moeite waard. Het restaurant heeft een zeer goede prijs-kwaliteitverhouding.
À la Parisienne – **Le Bistrot de Léonard** 3: 8, rue Maréchal-de-Lattre-de-Tassigny, tel. 02 54 74 83 04, www.lebistrotdeleonard.fr, à la carte vanaf € 22. Ontspannen bistrosfeer en dagelijks wisselend menu, aangegeven op het schoolbord.
Voedzaam – **Au Bouchon Lyonnais** 4: 25, rue Violettes, tel. 02 54 74 12 87, www.aubouchonlyonnais.com, zo.-ma. behalve op feestdagen gesl., menu vanaf € 18. Maak een keuze uit diverse stevige gerechten uit Lyon, zoals kalfskop met *sauce ravigote*. Eenvoudige, rustieke sfeer, al jaren een populair adres in Blois dat snel volloopt, dus tijdig reserveren!
Pizza – **Le Vespa** 5: 11, rue Vauvert. Geliefd klein Italiaans restaurant met goede pizza's en een leuk terras.

Tip

Sport en ontspanning – Loisirs Loire Valley 5 ▶ N 3

Na een eerste introductie op het grasveld gaat iedereen het bos in: boogschieten als Robin Hood op een 3 km lang parcours. Maar geen angst: ree, hert en krokodil zijn van plastic. Wie meer van snelheid houdt, stapt op een quad. Philippe legt uit hoe het werkt, dan volgt een rit van enkele kilometers door het privébos. Toch liever de lucht in? Geniet dan tijdens een rondvlucht in een ultralight van het exclusieve uitzicht op de Loirekastelen. Het **Domaine de la Pépinière** bij Blois is ook geschikt voor gezinnen met kinderen, die een complete fundag kunnen beleven met zowel culturele als sportieve activiteiten. Overnachten kan eventueel in de door Patricia Allouin met veel zorg ingerichte gastenkamers (Loisirs Loire Valley – Domaine de la Pépinière, Chouzy-sur-Cisse, tel. 09 75 60 67 64, www.domaine-pepiniere.fr. Rondvluchten afhankelijk van weer en voorkeur vanaf € 54, boogschieten juli-aug. elke middag behalve zo., daarnaast ook op afspraak € 19, quadrijden na afspraak € 49 per uur, 2 pk vanaf € 80, gezinskamer 4-6 personen vanaf € 160).

Winkelen

Groente en fruit – **Markt** 1: in het oude centrum aan de Place Louis XII, di., do., za.-ochtend, 120 kramen.
Le Marché Bio – **Biologische markt** 2: quai Amedée Constant, vr. 16-20 uur. Diverse regionale specialiteiten.
Tapisserie – **Langlois** 3: 2, place Victor Hugo, www.langlois-blois.com, di., do.-za. 10-12, 14.30-18 uur, wo. alleen ochtend. Traditioneel bedrijf met atelier voor wandtapijten, restauratie en reproductie van historische meubelstoffen, kussens en hoogwaardige decoraties.
Chocolade – **La Boîte aux Chocolats** 4: 50, rue du Commerce, tel. 02 54 78 23 55. Ambachtelijke chocoladespecialiteiten met namen als 'Les fleurs de Blois' en 'Pavé du Roi'.

Actief

Boottocht – **Promenades en Fûtreau** 1: vertrek vanuit de Port de la Creusille, mei-juni, sept. di.-za. 15, 16.15 uur, juli-aug. ma.-za. 15, 16.15, zo. ook 17.15 uur. Reserveren bij het Office de Tourisme, € 9/7 (voor een uur). Geniet van het uitzicht tijdens een tocht met een traditionele platbodem tussen de bruggen Jacques Gabriel en Charles de Gaulle.

Koetsritten – **Promenades en Attelage 2**: place du Château, tel. 02 54 87 57 62, www.attelagesdeblois.com, apr.-juni, sept. dag. 14-18, juli-aug. dag. 11-19 uur, € 7, kind tot 12 jaar € 4 (25 min.). Voor het kasteel staan koetsen klaar voor een rondrit door Blois, getrokken door fraaie koudbloedpaarden (*percherons*).

Volg de medaillons – **À Nous les Petits Clous 3**: verdwalen kan niet bij het volgen van een van de vier thematische stadswandelingen, die met messing medaillons in de straten van Blois zijn gemarkeerd. Een brochure (ook in het Engels) met een plattegrond is voor € 2 verkrijgbaar bij het Office de Tourisme.

Fietsverhuur – **Détours de Loire 4**: 39, avenue Docteur Jean Laigret, tel. 02 54 56 07 73, www.locationdevelos.com, ma.-za. 9.30-12.30, 14.30-19, zo. 9.30-12.30, 18-19 uur.

Boogschieten, quads, rondvlucht – **Loisirs Loire Valley – Domaine de la Pépinière 5**: zie blz. 114.

Uitgaan

Cocktails – **Le Saint-James 1**: 50, rue de la Foulerie, tel. 02 54 74 44 99, 18-2 uur. Als u zin hebt in cocktails, is dit de place to be. In de zomer zit het vooral jonge publiek te kletsen op het terras.

Wijnbar – **Chez Jacques 2**: 5, rue Saint-Martin, tel. 02 34 89 13 23. Hier komt tout Blois in een fijne sfeer bij elkaar onder het genot van een wijntje – in de zomer met een *Aperitif Musical*.

Klank- en lichtspektakel – **Son et lumière 3**: op de binnenplaats van het kasteel, Pasen, apr.-mei, sept. dag. 22, juni-aug. 22.30 uur (45 min.), wo. in het Engels, € 10,50/9/6,50. De stemmen van bekende Franse acteurs als Pierre Arditi en Robert Hossein vertellen tijdens het *son et lumière* boeiende en dramatische verhalen uit de Franse geschiedenis.

Muziekfestival van Blois – **Des Lyres d'été:** in de zomermaanden dag. concerten en theater op verschillende plekken in en rond de stad, deels gratis en in de openlucht. Extra genieten is het vanaf een van de terrassen op de Place Louis-XII of op de Esplanade des Jardins voor het kasteel.

Informatie

Office de Tourisme: 23, place du Château (direct tegenover het kasteel), 41000 Blois, tel. 02 54 90 41 41, www.bloischambord.com. Het toeristenbureau is het aanspreekpunt voor accommodatie, maar ook voor het reserveren van boottochten op de Loire, helikoptervluchten, ballonvaarten en busexcursies naar de omliggende kastelen.

Vervoer: regelmatige treinverbindingen met Tours-Orléans en Saumur-Angers. Parkeren bij station.

Chambord ✸ ▶ O 2

www.chambord.org, apr.-okt. 9-18, nov.-mrt. 9-17 uur, € 13/11, tot 18 jaar gratis, parkeren € 6, histopad (audio/video guide, ook Nederlands, zie blz. 117) € 6,50

Het kasteel van Chambord is het product van een teleurstelling, 'een monument voor de trots die zich wil verdoven om zijn nederlaag te vergeten'. De schrijver Gustave Flaubert verwijst in dit citaat naar de nederlaag die Frans I had geleden tegen de Spaanse koning Karel V om de kroon van Europa: in 1519 kozen de keurvorsten Karel en niet Frans als keizer van het Heilige Roomse Rijk. In datzelfde jaar gaf Frans I opdracht tot de bouw van een van de weelderigste kastelen van die tijd – een immens, nooit voltooid symbool van koninklijke macht, waarvoor geen prijs te hoog was. De

Het kasteel van Chambord vanuit de lucht

koning had geen geld om zijn in Spanje vastzittende zoon vrij te kopen, maar voor Chambord was er kennelijk genoeg voorhanden.

Het kasteel had inderdaad de juiste uitwerking: 'Het summum van wat de menselijke kunst kan voortbrengen,' sprak keizer Karel toen hij in 1539 door zijn vroegere rivaal op Chambord werd ontvangen.

Het Château de Chambord is in veel opzichten een uitzondering. Om te beginnen is er de enorme omvang: 440 vertrekken, 70 trappen en 365 schoorstenen heeft men geteld. En anders dan de kastelen van Amboise of Blois is het een compleet nieuw ontwerp en geen uitgebouwde middeleeuwse burcht, waarvan de sporen altijd terug te vinden zouden zijn in de onregelmatige plattegrond van het complex. Chambord was in de eerste plaats een jachtslot: gelegen midden in het bos in plaats van boven een stad. Voor de bouw werd eerst een moeras drooggelegd, daarna werden palen diep de grond in geslagen om een stevig fundament te krijgen. Slechts 1500 ha van het 5433 ha grote Parc de Chambord, dat door een 32 km lange muur wordt omgeven, is nu via vier wandelpaden voor het publiek opengesteld. De rest dient nog altijd als jachtgebied – gereserveerd voor de president van Frankrijk – gevuld met wilde zwijnen, vossen en roodwild.

Frans I verbleef slechts negentien nachten in Chambord. Na zijn dood in 1547 bleef het kasteel in onvoltooide staat achter. Pas onder Lodewijk XIV werd de bouw voortgezet. Feestelijke jachtgezelschappen brachten de dode muren weer tot leven en men beleefde hier Molières *Le Bourgeois Gentilhomme*. Lodewijk XV schonk Chambord aan Maurits van Saksen, die het verwaarloosde kasteel liet herstellen en luxueus liet inrichten. 's Zomers hield hij er extravagante feesten, waarbij een 'massa hofdames' en zijn 'elite officierscorps – knappe jongemannen, die als monniken in het kasteel van Chambord waren opgesloten' een belangrijke rol speelden.

Tijdens de Franse Revolutie werd Chambord geplunderd; daarna was er niemand meer die het wilde hebben. Het was te groot, te duur – en wie wilde er nog in de koude zalen leven, die zelfs met de gigantische schoorstenen slechts minimaal verwarmd konden worden? Chambord, altijd al meer een kunstwerk op zich dan een gebouw met een daadwerkelijke functie, raakte in verval, tot het in 1930 door de staat werd gekocht en het steeds weer werd gerenoveerd. Tegenwoordig is het een gigantisch amusementsbedrijf dat jaarlijks 800.000 bezoekers uit de hele wereld trekt.

De plattegrond

Het van wit gesteente van de Cher gebouwde kasteel vertoont de klassieke plattegrond van een middeleeuwse burcht: een grote donjon met vier hoektorens, omgeven door een vestingmuur met weer vier hoektorens, waarvan er twee bewaard zijn gebleven, en een slotgracht.

Daken en torens

De dubbele wenteltrap in de donjon (zie blz. 118) mondt uit in een grote lantaarn, een opengewerkte dakbekroning, met daarop de koninklijke lelie. Het is de blikvanger van de weelderige, sprookjesachtige dakdecoraties. Het dak wordt wel vergeleken met een miniatuurstad, waarbij de schoorstenen, dakkapellen, torens en torentjes zijn als stadspaleizen waartussen je kunt rondwandelen via het toegankelijke dakterras, intussen genietend van steeds weer andere perspectieven en het achterliggende decor van eindeloze gazons en bossen. De in de gevels ingelegde driehoeken, cirkels en ruiten maakte men in Italië van kleurig marmer, hier gebruikte men het lokale leisteen, dat ook als dakbedekking dient voor de dakkapellen en torens. De symbolen van de koning – salamanders, de initiaal F, lelies en koningskronen – zijn alomtegenwoordig. Ze sieren de cassettes in het plafond, de trappen en de muren, en omkransen de schouwen.

Tip

Een audioguide? Zó 2015!

Twee dopjes in je oor en als een zombie van zaal naar zaal, dat kan echt niet meer. Nee, tegenwoordig reis je door de tijd met een histopad. De uitrusting en kunst uit de renaissance wordt vertrek na vertrek virtueel gereconstrueerd op een tablet door gebruik van augmented reality. Met interactieve plattegronden vindt u makkelijk uw weg door het kasteel. En jonge bezoekers kunnen op zoek naar een schat!

Overnachten, eten

Bourgeois – **Manoir Bel Air:** 1, route d'Orléans, St-Dyé-sur-Loire, tel. 02 54 81 60 10, www.manoirdebelair.com, 2 pk vanaf € 100, menu ▷ blz. 120

Favoriet

De dubbele spiraaltrap van het kasteel van Chambord ▶ O2

Ook Leonardo da Vinci leverde een bijdrage aan de bouw van het kasteel. Aan hem wordt de unieke, 8 m brede wenteltrap toegeschreven, die bestaat uit twee om elkaar heen draaiende spiralen. Door deze ingenieuze constructie kunnen mensen tegelijk naar boven en naar beneden lopen zonder elkaar tegen te komen. De trap vorm het hart van het kasteel en bood een eigen toegang tot de vier appartementen op elke verdieping – een hoge mate van privacy vergeleken met Blois, waar je alleen via het ene vertrek in het andere kon komen. Meer dan zeventig andere trappen doorsnijden het machtige kasteel van Chambord.

vanaf € 34. Ouderwets degelijk hotel in een 17e-eeuws herenhuis met terras aan de Loire. Grote kamers, restaurant met traditionele keuken, goed gesorteerde wijnkelder.
Landelijk, gezellig – **Auberge de la Caillère:** 36, route des Montils, Candé-sur-Beuvron, tel. 02 54 44 03 08, www.aubergedelacaillere.com, 2 pk vanaf € 75, menu vanaf € 35; 16 km van Blois en 45 km van Tours. Sterrenkok Jacky Guindon heeft de 18e-eeuwse herberg vakkundig en smaakvol gerenoveerd. Hij serveert klassieke gerechten van regionale producten, bij mooi weer ook in de heerlijke tuin.

Winkelen

Delicatessen – **Markt:** voor het kasteel, mei-half okt. zo. (soms ook andere dagen) 9-19 uur. Delicatessen, ambachtelijke producten, regionale wijnen.

Actief

Per fiets of per boot – **Traineurs de Loire:** place St Louis, tel. 02 54 33 37 54, www.traineurs-de-loire.com, dag. 10-19.30 (hoogseizoen) of 10-18 uur, voor het kasteel. Ontdek het enorme kasteelpark vanaf de fiets of vaar met een kleine boot door de grachten van het kasteel.
Koetsritten – **Balade en Calèche:** tel. 02 54 50 50 40, apr.-okt., 45 min. € 11, kind € 8, combikaartje kasteel en koetsrit € 20. Rit door het park.
Paardenshow – **François Ier le roi-chevalier:** Écuries du Maréchal de Saxe, tel. 02 54 50 40 00, mei-sept. di.-zo., juli, aug. dag. 11.45 en 16 uur (45 min.), € 14,50/11, combikaartje kasteel en show € 24. Spectaculaire en historisch interessante show met paarden en ruiters.

Tip

Overnachten in stijl: te gast in Château de la Rue ▶ O 2

Als gast in het 18e-eeuwse landhuis van Véronique de Caix ervaart u het Franse *savoir vivre*. Alle kamers zijn individueel en met veel smaak ingericht. De meubels komen deels uit het familiebezit en zijn deels vondsten gedaan bij antiekhandelaren uit de omgeving. De artistieke eigenaresse is pianiste van beroep en daarom staat niet alleen in de salon, maar ook in de oranjeriekamer, die aan gasten wordt verhuurd, een vleugel. Vanuit de ramen kijkt u uit over de tuin, waarvan de paden worden omzoomd door welriekende, oude rozen.
Een lindenlaan leidt naar een historische kas. Het met veel liefde bereide diner wordt met alle gasten tegelijk genuttigd, als in een *table d'hôte*. Bij het ontbijt komen marmelades op tafel, die zijn gemaakt met vruchten uit de eigen tuin.
In de nabije omgeving van het landhuis vindt u Château de Ménars, waar ooit Madame de Pompadour, de maîtresse van Lodewijk XV, woonde. Vergeet niet om de wandelingen van Madame de Pompadour te herbeleven en tegelijk te ontdekken dat de thema's van de schilders Turner en Monet nauwelijks zijn veranderd (Suévres/Fleury, Cours-sur-Loire, aan de D152 ongeveer 15 km van Blois, tel. 02 54 46 82 47, www.chateaudelarue.com, 2 pk vanaf € 120, tot 12 jaar gratis, babysitterservice).

Cheverny ▶ O 3

www.chateau-cheverny.fr, tel. 02 54 79 96 29, nov.-mrt. 10-17, apr.-okt. 9.15-18.30 uur, geen rondleidingen, voeren van de jachthonden apr.-half sept. dag., anders ma., wo.-vr. 11.30 uur, entreeprijs afhankelijk van omvang bezichtiging € 12-21,50/9-17,50, de grote tuinen zijn te verkennen met een elektrisch voertuig

Groen gras en aangeharkt grind omringen het perfect symmetrische Château de Cheverny. De helder witte steenblokken, afkomstig van het dal van de Cher, contrasteren met het leigrijs van de deels ronde, deels steile daken die de vijf bouwdelen bekronen. De bouw en de inrichting van het kasteel duurden van 1626 tot 1634, waarbij de opdrachtgever, luitenant-generaal Henri Hurault, de oplevering niet meer zou meemaken.

Hurault liet eerst de middeleeuwse burcht van Cheverny, gebouwd om de stormen ten tijde van de Honderdjarige Oorlog te doorstaan, afbreken en bouwde vervolgens op deze plek een comfortabel en representatief onderkomen. Uit de oude burcht stamt nog het met Perzisch zijde gedecoreerde hemelbed in de kamer van de koning, waarin Hendrik IV de nacht zou hebben doorgebracht. Bijzonder aan Cheverny is verder dat de meeste kamers en zalen een nog grotendeels originele inrichting hebben.

Cheverny is ook nu nog in het bezit van de familie Hurault. De huidige eigenaar, de Marquis de Vibraye, bedrijft nog de traditionele drijfjacht met honden. Veel bekijks trekt het dagelijks voeren van de meute van zo'n honderd jachthonden, een kruising van Engelse foxhounds en Franse poitevins. In de trofeeënzaal toont een woud aan geweien de passie van de graaf en zijn voorgangers.

Tip

Rivieridylle in St-Dyé ▶ O 2

St-Dyé-sur-Loire is een betoverende rivieridylle. Waarom hier niet een paar nachten logeren, bijvoorbeeld in **Le Clos Joséphine**? Het 18e-eeuwse pand direct aan de Loire beschikt over drie sfeervol ingerichte gastenkamers. De privétuin van het huis grenst direct aan de rivier. Op verzoek vullen de eigenaars een picknickmand met regionale delicatessen (Le Clos Joséphine, 9, rue Montagne, tel. 02 54 81 67 17, mobiel 06 80 37 60 14, www.leclosjosephine.com, 2 pk vanaf € 65).

Tuinen

De tuin van Cheverny is op zich al een bezoek waard. Aan de noordkant sluit een sfeervolle siertuin aan op het kasteel, aan de zuidkant ontdekt u de hondenkennels en een moestuin (*potager*). Verderop wacht een bosrijk landschapspark, dat via een rondleiding in elektrische wagens en elektrische bootjes te bekijken is. Vanuit de geluidloos rijdende wagens krijgt u zicht op de schitterende oude bomen van het park. Aan het einde van de aangeplante dennenpercelen en de sequoiamoerassen stapt u over in een elektroboot die in het kanaal ligt dat het uitgestrekte park doorsnijdt. U passeert daarbij oude cipressen die met hun wortels in het water staan.

Te gast bij Kuifje

De Belgische striptekenaar Hergé (1907-1983) liet zich door Cheverny inspireren, toen hij in *Het geheim van de Eenhoorn* voor het eerst kasteel Molensloot (Moulinsart) tekende. Kapitein Haddock zou het kasteel later kopen en ook professor Zonnebloem en Kuifje zelf lijken er in sommige albums te wonen. Alleen de buitenste torens van Cheverny ontbreken bij het stripkasteel. Een **museum van de Fondation Hergé** belicht met een tentoonstelling van 700 m^2 op interactieve en amusante wijze de 'Geheimen van Molensloot'.

Overnachten, eten

Très chic – **Les Suites de Cheverny:** 11, avenue du Chateau, tel. 02 54 79 79 05, www.suitesdecheverny.fr, weekend vanaf € 540 voor 2-3 pers. Tegenover het slot staan vier modern-elegante vakantiehuisjes. Toegang tot het slot is bij de prijs inbegrepen.
Landelijke charme – **St-Hubert:** 122, rue Nationale, tel. 02 54 79 96 60, www.hotel-sthubert.com, 2 pk vanaf € 80, menu vanaf € 22. Eenvoudig, klein hotel met open haard in de salon; 's zomers kunt u op de binnenplaats eten, in het seizoen zijn er wildgerechten.

Actief

Golfen – **Golf du Château de Cheverny:** La Rousselière, tel. 02 54 79 24 70, www.golf-cheverny.com. Schitterende 18-holesbaan. Hele jaar geopend, greenfee voor een dag vanaf € 45.

Informatie

Syndicat d'Initiative: 12, rue du Chêne des Dames, 41700 Cour-Cheverny, tel. 02 54 79 95 63, www.bloischambord.com.

Villesavin ▶ O 3

Tour-en-Sologne, www.chateau-de-villesavin.fr, tel. 02 54 46 42 88, mrt.-mei dag. 10-12, 14-19 (mrt. do. gesl.), juni-sept. 10-19, okt.-half nov. 10-12, 14-18 uur, € 6/4,50

Jean Le Breton was door koning Frans I belast met het toezicht op de bouwwerkzaamheden en de betalingen van Chambord. Voor zichzelf liet hij rond 1537 een 'klein' chateau bouwen, een miniatuuruitgave van zijn eigen kasteel van Villandry. De Franse en Italiaanse arbeiders en bouwmeesters liet hij overkomen van Chambord. In de 19e eeuw liet de toenmalige bezitter van het kasteel met de nodige trots een inscriptie op de zuidmuur aanbrengen met de tekst: 'De l'art qui décorait les palais des Valois dans un plus humble essor apercevez les lois' (Bezie de wetten

De portrettengalerij van het kasteel van Beauregard

van de kunst die het paleis van de Valois decoreerde, maar in een bescheidener bloeivorm). Het marmeren waterbekken op de binnenplaats was een geschenk van de Italiaanse bouwmeester aan zijn opdrachtgever. De Italiaanse wand- en de Franse plafondbeschilderingen zijn, net als de rest van het complex, in slechte staat van onderhoud, maar desondanks bezienswaardig. Met gekostumeerde poppen en voorwerpen wordt in de vertrekken de bloeitijd van de 19e eeuw geïllustreerd. Een bezoek wordt afgesloten met een kijkje bij de koetsenverzameling.

Voorzien van een speciaal voor hen gemaakte plattegrond kunnen kinderen op zoek gaan naar de spoken van het kasteel, terwijl de ouders de ingerichte vertrekken bekijken. Voor de kleintjes is er ook een kinderboederij.

Beauregard ▶ O 3

Celettes, www.beauregard-loire.com, tel. 02 54 74 14 65, feb.-apr., okt.-nov. ma.-vr. 13.30-17, za., zo. 10.30-17, mei-sept. 10-18/19 uur, € 12,50/9

Ook dit kasteel, waarvan het huidige uiterlijk dateert van 1550-1553, wordt omgeven door een groot park met monumentale bomen. Het centrale gebouw wordt aan de onderzijde doorbroken door een arcadengalerij, die zich achter de gevel van de verdieping daarboven voortzet. Het kasteel, waar nu graaf en gravin Du Pavillon bezoekers welkom heten, was in de 16e eeuw eigendom van Jean du Thier, destijds staatssecretaris van Hendrik II en als cultuurliefhebber beschermheer van de Koning der Dichters, Pierre de Ronsard. Du Thier gaf de Italiaanse meubelmaker Francisque Scibec de Carpi opdracht de met houtsnijwerk verfraaide en vergulde lambrisering en het cassetteplafond van het **Cabinet des Grelots** (bellenkamer) te maken. De naam komt van de drie belletjes op het wapen van Du Thier, dat overal in de kamer opduikt.

In 1622 kwam het kasteel in handen van Paul Ardier, raadgever en schatbewaarder van de koning. Hij liet op de verdieping boven de arcadengalerij, bereikbaar via een uit zacht, wit kalksteen opgetrokken trappenhuis, een unieke **portrettengalerij** inrichten. Liefst 327 belangrijke mannen en vrouwen uit de geschiedenis (waaronder Willem van Oranje) zijn in hetzelfde formaat geschilderd en vlak naast elkaar opgehangen tegen de muur. Ze kijken neer op een vloer met een groot aantal Delfts blauwe tegels, waarop een compleet 16e-eeuws leger staat afgebeeld. De kostbare muurversiering past goed bij de schitterende, in blauwe tinten geschilderde lambrisering en plafondbalken. Château de Beauregard is privébezit en wordt nog altijd bewoond.

Tuinen

Dat het kasteelpark van Beauregard in 2005 werd opgenomen in de lijst van Historische Monumenten in Frankrijk, is te danken aan de cultuurminnende Comtesse de Beauregard. Zij had immers de tuin laten restaureren en herinrichten volgens de principes van de beroemde tuinarchitect Gilles Clément. In de Engelse landschapstuin vindt u onder andere een groepje statige ceders, een rijke collectie loofbomen en struiken, en een heidetuin die is aangelegd rond een 15e-eeuwse kapel.

Op de plek van de vroegere ommuurde moestuin liet de gravin de moderne Jardin des Portraits aanleggen. De tuin bestaat uit twaalf door heggen omzoomde tuinkamers, waar met behulp van planten, kleuren en symbolen historische tuinstijlen worden ‘geportretteerd’. Vierhonderd soorten vaste planten, rozen en klimplanten vormen deze tuinen, die een verbinding tussen onze tijd en het verleden moeten maken. De bloeitijd begint in maart, met als hoogtepunt de maand juni, maar tot in oktober kunt u bloeiende planten bewonderen. De rozentuin langs de tuinmuur behoort met zijn 107 verschillende soorten rozen tot de grootste van Frankrijk.

Chaumont ▸ N 3

www.domaine-chaumont.fr, tel. 02 54 20 99 22, dag. 10 uur, sluitingstijd afhankelijk van seizoen (zie website), kasteel en tuin met tuinfestival € 18/12

Op weg naar Tours is het hoog boven de Loire gelegen kasteel van Chaumont-sur-Loire niet te missen. Met zijn hoge muren, zware ronde torens, mezekouwen, droge gracht en ophaalbrug oogt het als een echte middeleeuwse vesting. Tussen 1465 en 1510 werd op deze plek een eerste primitieve burcht gebouwd en ondanks het nog altijd weerbare uiterlijk, gaat achter de dikke muren een aantrekkelijk renaissancistisch binnenplein schuil.

Op een gebeeldhouwde fries bij de onderste verdieping van de toegangstorens herkent u de verstrengelde C’s van Charles de Chaumont en zijn vrouw Catharina. Ook zijn er vlammende bergen te zien: men dacht ooit dat de naam Chaumont van *chaud mont* (hete berg, vulkaan) was afgeleid, maar in werkelijkheid komt het van *calvus mons* (kale berg).

In 1550 kocht Catharina de Medici het kasteel. Na de dood van haar man Hendrik II in 1559 wilde ze Diana van Poitiers, de maîtresse van haar man, vanuit het kasteel van Chenonceau naar Chaumont verbannen, maar Diana verkoos uiteindelijk het kasteel van Anet. Toch liet Diana haar monogram, afgewisseld met de symbolen van de Griekse jachtgodin Diana (boog en pijlkoker), aanbrengen bij de mezekouwen en liet ze enkele sierlijke schoorstenen op de kegelvormige daken plaatsen.

Ook Madame de Staël zou zich niet prettig hebben gevoeld op Chaumont. In 1810 bracht de schrijfster hier enkele maanden door nadat ze door Napoleon uit Parijs was verbannen. Ze ontving hier diverse buitenlandse gasten, waaronder de Duitse romantici August Wilhelm Schlegel en Adelbert von Chamisso.

In de 18e eeuw werd de noordvleugel afgebroken om zo beter van het uitzicht op de rivier te kunnen genieten. De binnenplaats fungeert nu als een soort terras boven de Loire. De toenmalige eigenaar van Chaumont, Jacques-Donatien Le Ray, produceerde glas en keramiek in het kasteel. De enorme kegelvormige oven, waarin de Italiaan Giovanni-Battista Nini zijn unieke terracotta medaillons van beroemde personen maakte, is te bezichtigen tijdens een rondleiding door het stallencomplex (ook paarden, koetsen). Het werd later verbouwd tot een manege.

Chaumont heeft overigens ook de moderne kunst omarmd en organiseert in de vertrekken en tuinen van het kasteel tentoonstellingen van bekende hedendaagse kunstenaars als Andreas Gursky, Jannis Kounellis en Tadashi Kawamata.

Tip

Hedendaagse kunst in het kasteel

Sinds Chaumont ook een plek is voor hedendaagse kunst, zijn de bezoekersaantallen verdubbeld. In het hele kasteel zijn installaties te zien, van de keuken tot de kapel. Daarnaast zijn in het park kunstwerken geplaatst die de natuur en kunst met elkaar in verbinding brengen. Er is werk te zien van artiesten als El Anatsui, Giuseppe Penone, Sheila Hicks, Andy Goldsworthy, Gerda Steiner en Jörg Lenzlinger, Ursula von Rydingsvard, Sara Favrian en vele andere grootheden uit de hedendaagse kunstwereld.

Tuinenfestival

Het kasteel van Chaumont wordt omringd door tuinen met oude, monumentale bomen. Sinds 1992 wordt elk jaar tijdens de zomermaanden op het 3 ha grote terrein het Festival International des Jardins gehouden. Kunstenaars en tuinarchitecten uit de hele wereld richten dan hun eigen stukje van de tuin in met hun interpretatie van het thema van dat jaar (zie ook blz. 34). Ook kinderen zullen met plezier de verschillende tuinen verkennen. Er zijn onder meer watertuinen, ecologische tuinen, evolutietuinen, afvaltuinen, klimtuinen, bamboejungles en stadstuinen te ontdekken.

Op het festivalterrein kunt u bij aantrekkelijk uitziende restaurants terecht voor wat 'groene' energie. Kies uit een buffetrestaurant met zelfbediening of een verfijnd menu in een restaurant met bediening – in beide gevallen kunt u een en ander onder de bomen of bij minder weer in tenten nuttigen.

Op ontdekkingsreis

Een boottocht over de Loire – één met de natuur

De Loire is zelfs voor de mensen uit de regio vaak een grote onbekende. De scheepslui van Millière Raboton willen dat graag veranderen. Ze sturen langs zandbanken en eilanden, waar u reigers, sterns en bevers kunt tegenkomen.

Kaart: ▶ N 3
Reserveren: Millière Raboton, Homme de Loire, tel. 06 88 76 57 14, www.milliere-raboton.net, maximaal 12 passagiers per boot, vaartijden afhankelijk van waterstand en het weer.
Prijs: tocht 1,5 uur € 20, kind € 12, met picknick (11.30 uur, 2,5 uur) € 34/16, in de schemering (2,5 uur) € 36/16.

Tegenover restaurant La Chancelière in **Chaumont-sur-Loire** vertrekken de rivierexcursies van de organisatie Millière Raboton, Homme de Loire. Hier gaat u aan boord van de *toue*. Het is een houten platbodem zoals die in de 19e eeuw de Loire bevoeren, voordat de trein een einde maakte aan het goederentransport per schip. De bodem van de schepen is plat, zodat ze eenvoudig tussen ondieptes en zandbanken door kunnen laveren. In zeer droge zomers verandert de brede rivier in een serie stroompjes die zich een weg zoeken tussen de zandeilanden. Het zand is afkomstig van het Centraal Massief, waar de Loire ontspringt. Met elke vloed groeien de zandbanken verder aan. Zodra populieren en wilgen hier wortelen, ontstaan echte eilanden. Zo is het rivierlandschap altijd in beweging.

Door een vogelbroedgebied

De *batelier* vraagt eerst of iemand wellicht haast heeft, deelt dan verrekijkers uit en wijst op de scheepsbibliotheek met boeken over de flora en fauna van de Loire. Vervolgens start hij de kleine buitenboordmotor. De verrekijkers blijken al snel hun nut te bewijzen. De rivieraak pruttelt stroomafwaarts. Hier en daar steekt een reiger (*héron*) zijn kop omhoog, kleine oeverlopers (*chevalier*) trippen heen en weer op het zand van de eilanden, terwijl helderblauwe ijsvogels (*martin-pêcheur*) en sterns (*sternes*), herkenbaar aan hun zwarte kop en rode poten en snavel, voorbijvliegen. Deze trekvogels komen uit Afrika en broeden op de eilanden in de rivier. Maar ze zijn er niet altijd: in 2004 stond het water in de Loire zo hoog, dat alle jongen verdronken. Toen stond het water tot in de straten. Maar dat was nog niet de ergste overstroming: de batelier vertelt dat er in de jaren 50 een 7 m hoge vloedgolf was, die door de dijk brak en het dorp tegenover Chaumont overspoelde. Slechts vier huizen staan daar nu nog overeind.

Op een bevereiland

Met zo'n 7 km per uur gaat het stroomafwaarts. In dit tempo zou u in drieënhalve dag de monding van de Loire bij St-Nazaire bereiken. De batelier blijft liever wat dichter bij huis en vaart nu slechts tot **Mosnes.** Hem gaat het om het genieten van het moment, het licht en de lucht, die verderop één lijken te worden met de rivier. Onderweg wijst de schipper zijn gasten op het werk van de bever (*castor*): afgeknaagde stammen en takken van wilgen en populieren. Bij een avondtocht hebt u goede kans de dieren ook zelf te zien, net als de beverrat, die overdag slaapt in zijn ondergrondse hol aan de oever van de rivier. Ook herten, reeën en wilde zwijnen laten zich zien aan de rand van de rivier en steken soms zelfs zwemmend over.

Tijdens een tussenstop op een eiland toont de kapitein de beversporen in de modder. Sinds 1980 worden de bevers beschermd en zijn hun aantallen weer toegenomen. Hun spoor is te herkennen aan diepe afdrukken van de achterpoten; de kleine voorpoten laten meestal geen afdrukken achter. Te ruiken zijn de bevers overigens ook.

Terug met rugwind

De batelier hijst het zeil en vanaf nu is alleen nog het ruisen van de elzen, wilgen en populieren te horen, en daarbovenuit het gezang van vogels. De Loire oogt onberoerd, maar toch hebben mensen er hun sporen achtergelaten, zoals tomatenplanten op de eilanden. Ook zien sommige mensen de rivier als bedreiging. Zo is het zwemmen in de Loire inmiddels verboden, ook op de strandjes waar dat vroeger was toegestaan. Voor de vogels, die nu in alle rust kunnen broeden, is dat zeker een voordeel. En de Loire zelf op een rustige manier beleven kan natuurlijk ook, bijvoorbeeld vanuit de boot van Millière Raboton.

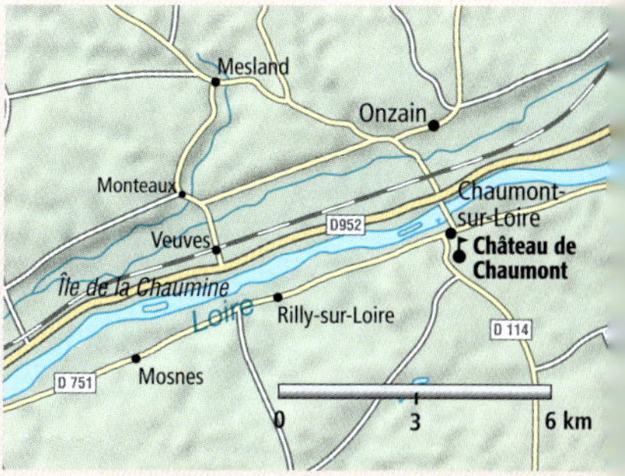

IN EEN OOGOPSLAG

Bourges, Sologne en Sancerre

Hoogtepunt ✸

Bourges: de hoofdstad van Berry oogt nog altijd als een middeleeuwse stad. De kathedraal behoort tot het UNESCO Werelderfgoed en het Palais Jacques Cœur is een van de mooiste stadspaleizen in heel Frankrijk. Zie blz. 130.

Op ontdekkingsreis

In het Palais Jacques Cœur – bij de koninklijke schatbewaarder: tijdens een ontdekkingstocht door het Palais Jacques Cœur in Bourges volgt u de sporen van een ondernemende en succesvolle koopman uit de 15e eeuw. Zie blz. 138.

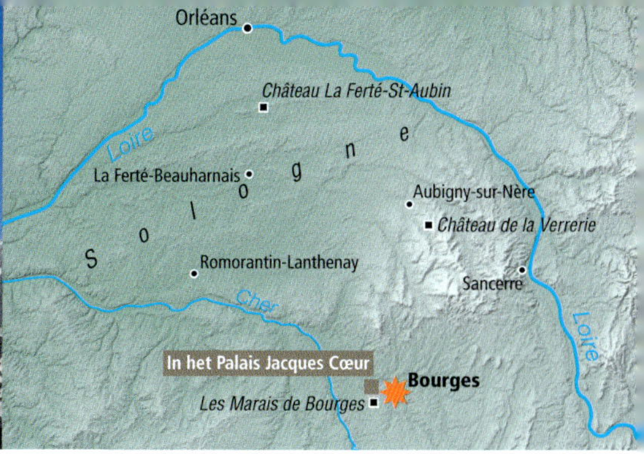

Bezienswaardigheden

Château La Ferté-St-Aubin: in dit schilderachtige kasteel uit de 17e eeuw voelt u zich een gast van de familie. Attracties voor jong en oud. Zie blz. 146.

Aubigny-sur-Nère: een middeleeuws stadje met 16e-eeuwse vakwerkhuizen. Zie blz. 147.

Wandelen

Marais de Bourges: een door kanalen ontsloten, uitgestrekt tuinbouwgebied nodigt uit tot een verrassende wandeling. Zie blz. 136.

Wandelen bij La Ferté-Beauharnais: het melancholische landschap van de Sologne met zijn heidevelden en meren laat zich het best te voet verkennen. Zie blz. 144.

Sfeervol genieten

Le Lion d'Or in Romorantin-Lanthenay: voortreffelijke keuken in de sfeervolle ambiance van een historisch gebouw met een aangename tuin. Zie blz. 144.

Château de la Verrerie: hemels hotel voor een romantisch weekend op het platteland. Zie blz. 148.

Sancerre: voor toekomstige wijnkenners – introductie in de kunst van de *degustation* in het Maison des Sancerre. Zie blz. 147.

Uitgaan

Les Nuits Lumière in Bourges: tijdens deze nachten van het licht zijn de musea en stadspaleizen tot middernacht geopend. Zie blz. 137.

De stad Bourges ligt in Berry, een landelijke regio aan de zuidkant van de Loire, 75 km ten zuiden van Gien. De unieke kathedraal die op de UNESCO Werelderfgoedlijst staat en het historische centrum met zijn vele voorname woonhuizen maken van de kleine stad een aantrekkelijke reisbestemming, bijvoorbeeld als uitstapje vanuit Sancerre, Gien of Orléans, of als eindpunt van een rit langs de Cher vanaf het kasteel van Chenonceau. Bovendien ligt Bourges niet ver van de Sologne en de Loirestad Sancerre. De Sologne, gelegen tussen de rivieren Loire en Cher, kent een relatief onvruchtbare bodem met zand, vennen en beekjes – een groot contrast met de nabije vruchtbare provincies Sancerrois, Berry, Beauce en Touraine. Naaldbossen en heidevelden met berken, bremstruiken en paarsbloeiende heideplantjes tekenen het landschap. Alleen aan de zuidoostkant, rond Cheverny, worden aardbeien, asperges en in beperkte mate wijn geproduceerd. De aantrekkelijkheid van deze regio zit vooral in de tussen het groen verstopte kastelen en jachthuizen. Het aantal exclusieve kasteelhotels en monumentale pensions is hier dan ook zeer groot. Wijnliefhebbers laten de Sologne – letterlijk – links liggen en rijden direct van Bourges naar Sancerre om daar de beste Loirewijnen te proeven en tegelijk te genieten van de fraaie rivierpanorama's.

INFO

Internet

www.bourgesberrytourisme.com: informatie over Bourges en omgeving.
www.solognetourisme.fr: informatie over het mooiste gebied van de Sologne.

Toeristenbureau

Bourges: Office de Tourisme, 21, rue Victor Hugo, tel. 02 48 23 02 60, www.ville-bourges.fr.

Heenreis

Met de auto eerst via de A77 (Nevers) of de A71 (Orléans) en dan via de N151 naar Bourges. Dagelijks vijftien treinen naar Parijs (110 min.). Het station ligt buiten het centrum (taxi). Gratis parkeren aan de Rue de Séraucourt in de buurt van het historische centrum en aan de rand van het centrum: Plateau d'Auron. De kleinere plaatsen in de Sologne zijn lastig met het openbaar vervoer te bereiken. Voor huurauto's kunt u onder andere terecht bij de stations van Orléans, Blois en Bourges.

Bourges ✱ ▶ R 5

De hoofdstad (100.000 inw.) van de vroegere provincie Berry heeft zijn middeleeuwse charme uitstekend weten te bewaren. Veel van de met kasseien bestrate straatjes en straten zijn autovrij, zodat u hier in alle rust van de historische aanblik kunt genieten. De geschiedenis heeft Bourges niet alleen schilderachtige vakwerkhuizen opgeleverd, maar ook een hele serie voorname middeleeuwse stadspaleizen. Nu is Bourges een rustige provinciestad die, ondanks de vele bezienswaardigheden, nog altijd in een doornroosjesslaap lijkt te zijn verzonken.

Geschiedenis

De naam Bourges komt van de Keltische stam de Bituriges, die zich hier in de 5e eeuw v.Chr. vestigde. De nederzetting zou in de middeleeuwen uitgroeien tot een belangrijke stad. Aan het eind van de 12e eeuw werden de Gallo-Romeinse

De Cathédrale St-Étienne staat op de lijst met Werelderfgoed van de UNESCO

stadsmuren gesloopt en begon men met de bouw van een kathedraal, waarvan de naam in één adem kan worden genoemd met de kathedraal van Chartres. Aan het einde van de 14e eeuw maakte Jan van Berry, de broer van de koning en een van de machtigste mannen van het land, Bourges tot de hoofdstad van zijn hertogdom. Het hertogelijk hof, dat de opdracht gaf tot het vervaardigen van het beroemde getijdenboek van de gebroeders Van Limburg, groeide uit tot een invloedrijk cultureel centrum.

Een brand in 1487 verwoestte een derde van de heerlijkheid van de hertog, waaronder het hertogelijk paleis en de in zijn opdracht gebouwde Ste-Chapelle – enkele van de overgebleven ramen zijn nog te zien in de crypte van de kathedraal. Dit bleek het begin van de ondergang van Bourges, waarbij ook de daaropvolgende Godsdienstoorlogen en economische crises hun sporen nalieten.

In de 17e eeuw restte van Bourges niet meer dan een agrarisch centrum. Nu profiteert de stad juist van het culturele erfgoed en doet ze er alles aan om bezoekers te trekken. Zo werden de stadspaleizen van de adel grondig gerestaureerd en zijn de bezienswaardigheden sinds enkele jaren in de zomer ook 's avonds geopend en worden ze sprookjesachtig verlicht.

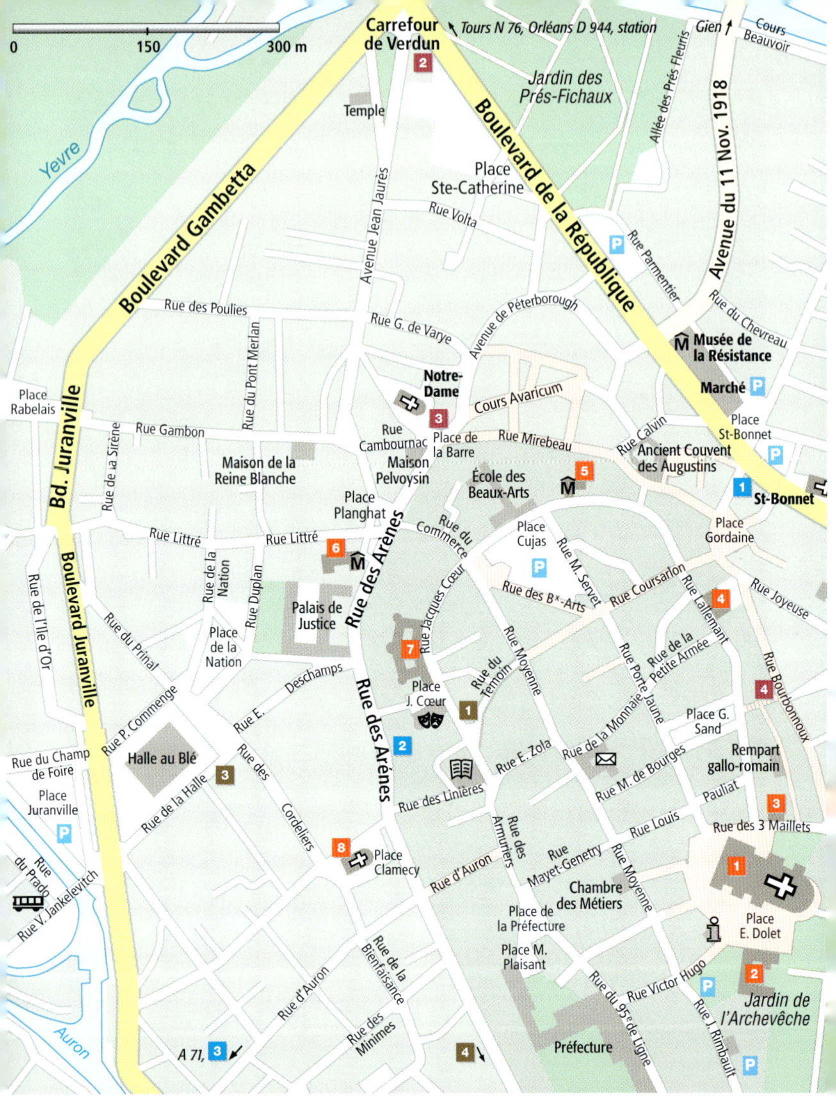

Place Étienne Dolet

Cathédrale St-Étienne 1

Place Étienne Dolet, tel. 02 48 23 02 60, www.diocese-bourges.org, dag. 9-11.30, 14-17.30 uur, crypte en torenbeklimming, € 8

De **Cathédrale St-Étienne** werd in 1992 door de UNESCO op de Werelderfgoedlijst geplaatst. Het mooiste uitzicht op het gotische bouwwerk hebt u vanaf de **Jardin de l'Hôtel de Ville.** U ziet dan een zeer lang schip, bestaande uit vijf beuken maar zonder dwarsbeu-

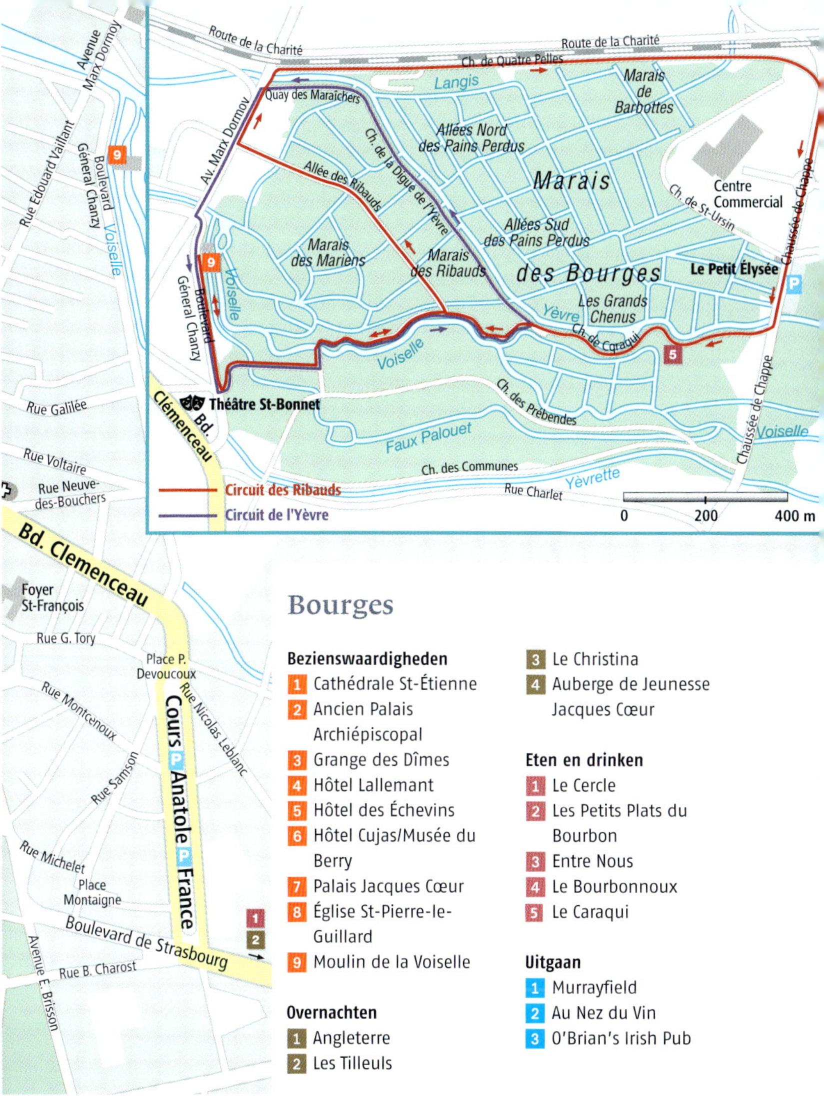

ken, en een groot aantal luchtbogen die de hoog oprijzende muren ondersteunen. In 1195 startte de bouw van het koor, waarvoor de Gallo-Romeinse stadsmuren werden doorgebroken. In de eerste helft van de 13e eeuw volgden het schip en de schitterende portalen, met als pronkstuk het goed bewaard gebleven en rijk bewerkte portaal aan de westgevel, met daarop een voorstelling van het Laatste Oordeel. Doordat alle belangrijke bouwdelen binnen vijftig jaar werden voltooid, biedt de kathedraal nu een unieke eenheid van architectuur. In de 19e eeuw voegde men pas de pinakels toe, de sierlijke torentjes op de zware steunberen.

De gebrandschilderde ramen van de kathedraal, met name die in het koor, behoren tot de mooiste voorbeelden van middeleeuwse glaskunst in Frankrijk. Met hun prachtige blauwe en rode tinten glinsteren ze als edelstenen en zorgen ze in het koor voor een kleurrijk lichtspel. De natuurlijke verlichting van een bouwwerk was in de gotische architectuur altijd een belangrijk thema en dat is in de kathedraal van Bourges bijzonder goed geslaagd.

Een krans van kapellen omringt het koor aan de achterzijde van de kathedraal. Elke kapel is verbonden aan een welgestelde familie, die destijds de schitterende inrichting van de kapel voor haar rekening nam. Zo bevindt zich aan de noordzijde de kapel van Jacques Cœur. Martin de Breuil liet in zijn kapel, de Chapelle St-Jean, in de 15e eeuw een fresco aanbrengen van de kruising voor een zeelandschap, dat bij restauratiewerkzaamheden in 1993 werd ontdekt en hersteld. De maker is onbekend, maar mogelijk gaat het om een werk van de beroemde schilder Jean Fouquet uit Tours. Van deze portrettist van Karel VII en zijn geliefde Agnès Sorel is verder slechts één altaarstuk bewaard gebleven, de aangrijpende *Bewening van Christus* in de dorpskerk van Nouans-les-Fontaines, in de buurt van de vestingstad Loches.

In de crypte staat het marmeren grafmonument van de hertog Jan van Berry, dat afkomstig is uit de in 1757 onherstelbaar beschadigde Ste-Chapelle.

Ancien Palais Archiépiscopal 2

45, place Étienne Dolet, ma.-za. 10-12, 14-18 uur

In het voormalig aartsbisschoppelijk paleis uit de 17e eeuw zijn nu het stadhuis en een klein ambachtelijk museum ondergebracht. Over twee verdiepingen worden de beste meesterstukken van ambachtslieden getoond, waaronder een model van een traditioneel vakwerkhuis.

Grange des Dîmes 3

9, rue Molière

Het plein rond de kathedraal wordt van oudsher omringd door huizen van een bescheiden formaat. Daardoor is het nu nog goed voor te stellen hoe imposant de kerk moet zijn geweest voor de middeleeuwers, die verder nauwelijks hoge gebouwen kenden. In de 13e-eeuwse Grange des Dîmes (tiendschuur) tegenover het noordportaal van de kathedraal werd de belasting aan de kerk in natura geïnd.

Paleizen langs de stadsmuur

De **Rue Bourbonnoux, Rue Edouard Branly** en **Rue Jacques Cœur** markeren de elliptische vorm van de verdwenen Gallo-Romeinse stadsmuren. In de 12e eeuw werd de ommuurde stad te klein en begonnen de burgers hun huizen op en tegen de stadsmuur te bouwen. De **Promenade des Remparts** volgend, ontdekt u Gallo-Romeinse muurresten en een binnenplaats aan de **Rue Bourbonnoux**. Ook kunt u van dichtbij overwoekerde en afbrokkelende muren, erkers en torentjes bekijken. Tegen de oude stadsmuur leunen ook de stadspaleizen van de adel (*hôtels*). Ze stammen uit de de 15e en 16e eeuw, de bloeitijd van Bourges.

Hôtel Lallemant (Musée des Arts Décoratifs) 4

6, rue Bourbonnoux, tel. 02 48 70 23 57, www.ville-bourges.fr, di.-zo. 10-12, 14-18 uur, gratis

Aan het einde van de Rue Bourbonnoux doemt Hôtel Lallemant op, het statige woonhuis van de gelijknamige koopmansfamilie uit het begin van de 16e eeuw. Er waren destijds meer families zoals de Lallemants: rijk en succesvol geworden door de handel, in de adelstand verheven en in het bezit van fraaie stadspaleizen waarmee ze hun rijkdom etaleerden.

De voorname huizen getuigen van de smaak van toen: overal ziet u uit Italië gekopieerde decoraties die verwijzen naar de klassieke oudheid. Pilasters, korinthische kapitelen, medaillons, schelpen, vazen en guirlandes sieren de bovenste binnenplaats, de **cour haute**, die met de onderste binnenplaats, de **cour basse**, in verbinding staat via een schuin lopende, overdekte passage die onder het hoofdgebouw door gaat. De koningsgezindheid blijkt uit de rijkversierde schouw in de **chambre basse**, waarop de koninklijke emblemen zijn terug te vinden: het stekelvarken van Lodewijk XII en de hermelijn van zijn vrouw Anna. Beiden waren in 1506 in Bourges te gast en wellicht hebben ze bij de Lallemants overnacht.

Via een statige wenteltrap komt u bij de **privékapel** van de familie. Het cassetteplafond is versierd met dertig raadselachtige motieven. Het zijn symbolen die zijn ontleend aan de magische wereld van de alchemie, zoals die ook in het Château du Plessis-Bourré bij Angers te vinden zijn.

In de vertrekken van het Hôtel zijn de collecties van het **Musée des Arts Décoratifs** tentoongesteld: meubels uit verschillende tijdperken, gebruiksvoorwerpen, porselein, schilderijen en oud speelgoed.

Place Gordaine

De Place Gordaine, een klein plein met rondom vakwerkhuizen, winkels en restaurants, was in de middeleeuwen het marktplein van de vissers en de slagers. Op de verweerde stenen verhoging in het midden van het plein prezen ze hun waar aan.

Hôtel des Échevins/Musée Estève 5

13, rue Edouard-Branly, tel. 02 48 24 75 38, www.ville-bourges.fr, wo.-ma. 10-12, 14-18 uur, gratis

Na de grote brand van 1475 werd op de stadsmuur het Hôtel des Echevins gebouwd. Het staat aan de Rue Edouard-Branly, die aan weerszijden wordt omzoomd door 18e-eeuwse huizen, gebouwd van soms ruw uitgehakte kalksteenblokken (*pierres de tailles*). Het sierlijke gotische huis, herkenbaar aan de achthoekige, rijkversierde traptoren en de arcaden, biedt sinds 1987 onderdak aan het werk van de schilder Maurice Estève (1904-2001), een gepassioneerd navolger van het werk van Paul Cézanne. In de jaren 40 ontwikkelde hij een kleurrijke, abstracte vormentaal, waarmee hij een van de voormannen werd van de École de Paris, de Parijse School. Met een schenking van 125 werken legde hij de basis voor deze unieke collectie.

Even ten noorden van de Rue Edouard-Branly vindt u de levendige, met winkels en cafés gevulde voetgangersstraat **Rue Mirebeau.**

Hôtel Cujas/Musée du Berry 6

4, rue des Arènes, tel. 02 48 70 41 92, www.ville-bourges.fr, wo.-ma. 10-12, 14-18 uur, gratis

Aan het begin van de 16e eeuw liet de Florentijnse koopman Durand Salvi **Hôtel Cujas** bouwen, genoemd naar een latere eigenaar van het huis. Het bestaat uit verschillende vleugels rond een binnenhof en heeft muren van rode baksteen, met daarin een ruitpatroon van donkere baksteen. Kenmerkend zijn verder de zeer steile daken met dakkapellen en de hoektorens aan de buitenkant. De bouwmeester was Guillaume Pelvoysin, die in de 15e eeuw meewerkte aan de bouw van de kathedraal en voor zichzelf een bescheiden vakwerkhuis creëerde (2, rue Lallemant). Nu herbergt Hôtel Cujas het **Musée du Berry**, waar in een historisch decor objecten uit de geschiedenis van Berry worden tentoongesteld. Zeer kostbaar zijn de albasten *pleurants* – kleine, expressieve beelden van wenende monniken met levensecht gebeeldhouwde pijen – afkomstig van het grafmonument van de hertog van Berry, dat in de afgebrande Ste-Chapelle stond. In de afdeling volkskunde illustreren aangeklede poppen en oude werktuigen het boerenleven in de 19e eeuw.

Van het Palais Jacques Cœur naar de kathedraal

Met het **Palais Jacques Cœur** 7 (zie blz. 138) bouwde de gelijknamige, geniale koopman uit de renaissance een monument voor zichzelf. Sla met de rug naar het paleis rechtsaf, langs het kleine **theater** en dan aan het einde rechts door de Rue de Linières naar de **Église St-Pierre-le-Guillard** 8. De sobere, kleine 13e-eeuwse kerk werd tegelijk met de kathedraal gebouwd. Volg de **Rue d'Auron** terug naar de historische bovenstad. Een messing plaquette in het vakwerkhuis waarin nu **Pub Jacques Cœur** is gevestigd (1, rue d'Auron), markeert het 'geboortehuis' van de koopman Jacques Cœur. In werkelijkheid stond op deze plek het bij de grote stadsbrand verwoeste huis van zijn vrouw, dat zij als onderdeel van de bruidsschat inbracht. Wandel dan, met uitzicht op de westgevel van de kathedraal, door de **Rue Porte Jaune** naar de kathedraal.

Wandelen door het Marais de Bourges

Rondwandeling van 3 of 7 km

Ten noordoosten van de oude stad ligt een door riviertjes en talrijke kanalen doorsneden gebied dat is gevuld met volkstuinen. U komt er door vanaf de Place St-Bonnet de Rue Edouard Vaillant te volgen. Start- en eindpunt van de gemarkeerde routes is de **Moulin de la Voiselle** 9. Het 3 km lange **Circuit de l'Yèvre** volgt enige tijd het riviertje de Voiselle, gaat dan via de dijk langs de Yèvre en tot slot over de Quai des Maraîchers. Onderweg hebt u fraai uitzicht op de kathedraal. Het langere **Circuit des Ribauds** volgt ook eerst de Voiselle, maar gaat al voor de samenvloeiing met de Yèvre linksaf en maakt dan een rondje (tegen de klok in) om het Marais (letterlijk: moeras). Aan de oostkant komt de route bij de Yèvre, met op de oever **Le Caraqui** 5, een eenvoudig restaurant waar u onder een tentdak wat kunt eten of drinken. Het is bij de inwoners van Bourges een bekend doel voor uitstapjes, dus in het weekend zult u moeten reserveren.

Overnachten

In het oude centrum – **Angleterre** 1: 1, place des Quatre-Piliers, tel. 02 48 24 68 51, www.bestwestern-angleterre-bourges.com, 2 pk vanaf € 122. De gasten worden onthaald in grote, comfortabele kamers in een charmant, oud gebouw. Het enige hotel binnen de stadsmuren, op een rustige locatie.

Waar voor je geld – **Les Tilleuls** 2: 7, place de la Pyrotechnie (1,5 km oostelijk van de kathedraal richting Moulins), tel. 02 48 20 49 04, www.les-tilleuls.com, 2 pk vanaf € 65. Comfortabele kamers, bloemrijk terras, zwembad en een kleine fitnessruimte.

Goed en betaalbaar – **Le Christina** 3: 5, rue de la Halle, tel. 02 48 70 56 50, www.le-christina.com, 2 pk € 65. Comfortabel, sfeervol gerenoveerd hotel aan de rand van de oude stad. De duurdere kamers zijn royaal van afmeting.

Goedkoop – **Auberge de Jeunesse Jacques Cœur** 4: 22, rue Henri-Sellier, tel. 02 48 24 58 09, www.hifrance.org, vanaf € 16,50. De jeugdherberg ligt in de buurt van het Stade Alfred Depège.

Eten en drinken

Sterrentent – **Le Cercle** 1: 44, boulevard Lahitolle, tel. 02 48 70 33 27, www.restaurant-lecercle.fr, di.-za. lunch en diner, menu € 26 (lunch) en € 55. Pascal Chaupitre en Christophe Lot koken moderne en creatieve varianten op Franse klassiekers aan de rand van de oude stad. Bij goed weer eet je in de tuin.
In de kapel – **Les Petits Plats du Bourbon** 2: 60–62, avenue Jean-Jaurès, tel. 02 48 70 79 90, www.lespetitsplatsdubourbon.com, ma.-za. De bistro in de kapel van Hotel de Bourbon is niet alleen de moeite waard vanwege zijn excentrieke en tegelijk ontspannen sfeer. De traditionele keuken biedt culinaire hoogstandjes tegen prima prijzen.
Traditioneel – **Entre Nous** 3: 5, place de la Barre, tel. 02 48 70 63 37, zo. (behalve zomer), di.-zo., menu vanaf € 17. Eenvoudige, functionele inrichting, traditionele seizoensgerechten.
Ongecompliceerd en betaalbaar – **Le Bourbonnoux** 4: 44, rue Bourbonnoux, tel. 02 48 24 14 76, www.bourbonnoux.com, zo.-do. lunch, za., ma.-do. diner, menu vanaf € 20. Traditionele keuken: gefileerde zalm, aardappelgratin, lamscurry, peren in karamel.
In de Marais – **Le Caraqui** 5: Chemin du Caraqui, tel. 02 48 50 37 00, www.lecaraqui.com, wo.-zo. lunch, di.-za. diner, vanaf € 17, zie links.

Uitgaan

Dartpub – **Murrayfield** 1: 11, rue Jean Girard, tel. 02 48 70 52 10, ma.-za. 14-2 uur, zo. vanaf 16 uur. Schotse pub met ruime keuze uit diverse soorten bier, whisky en wijn. Eens per maand concerten.
Wijnbar – **Au Nez du Vin** 2: 38, rue des Arènes, tel. 02 48 70 45 35, di.-vr. 12-14.30, 18.30-23, za. 18.30- 23 uur. Relaxte wijnbar in een 17e-eeuws stadspaleis in de buurt van het Palais Jacques Cœur. De kaart vermeldt wijnen uit de regio, maar ook uit de rest van de wereld. Laat daar dan een heerlijk kaas- of worstplankje bij serveren of een van de bistrogerechten. Mooie tuin.
Ierse pub – **O'Brian's Irish Pub** 3: 9, rue Barbès, tel. 02 48 25 98 36, di.-za. 18-1/2 uur. De gezelligste plek in deze pub is de openhaard. Ruime keuze uit verschillende soorten bier en hapjes, op elk moment van de dag of nacht (grote belegde broodjes). Goede plek om voetbal te kijken. ▷ blz. 141

Tip

Les Nuits Lumière de Bourges

Elke zomer biedt de stad na het invallen van de duisternis een bijzondere én gratis nachtvoorstelling wanneer de stadspaleizen van Bourges worden opgeluisterd met licht, beelden en geluid. Blauwe straatlantaarns wijzen daarbij de weg door de smalle straten van de stad. De lichtshows bij de historische huizen focussen zich op architectonische details, zoals beeldhouwwerken of elegante portalen, of op de unieke kenmerken van de vakwerkhuizen. Uiteraard vormt de **Cathédrale St-Étienne** het hoogtepunt: de schijnwerpers laten de piramidale opbouw van de luchtbogen extra goed uitkomen. De route gaat dan verder naar het **Palais Jacques Cœur**, waar het avontuurlijke leven van de schatbewaarder van koning Karel VII met licht en geluid wordt geïllustreerd.

In het Palais Jacques Cœur – bij de koninklijke schatbewaarder

Jacques Cœur (1395-1456) was in zijn tijd de rijkste man van Frankrijk. Na zijn dood stortte zijn enorme handelsimperium ineen. Alles in het 15e-eeuwse stadspaleis van de ondernemende en succesvolle koopman getuigt van zijn roem, macht en zelfbewustzijn.

Stadsplattegrond: Bourges, zie blz. 133.
Palais Jacques Cœur 7: 10, rue Jacques-Cœur, tel. 02 48 23 02 61, www.palais-jacques-coeur.fr
Openingstijden: dag. afhankelijk van seizoen 9.30/10-12.15/12.45, 14-17.15/18/18.15 uur.
Entree: € 12/6,50, tot 17 jaar gratis.

Het Palais Jacques Cœur, dat halverwege de 15e eeuw werd gebouwd, overtreft in pracht en praal alles wat een 'gewone' burger in Frankrijk heeft gebouwd. Het stadspaleis is bovendien een van de weinige bewaard gebleven voorbeelden van niet-kerkelijke gotische architectuur in Frankrijk. Hoge, steile daken, gedecoreerde gevels, grote kruisvensters, torentjes en pinakels, een prachtig maaswerkvenster boven het **hoofdportaal** en de koninklijke lelie als extra versiering: geld, macht en vernuft komen in dit gotische paleiscomplex op unieke wijze samen. Een van de bouwmeesters was de toonaangevende schilder en miniaturist Jean Fouquet uit Tours.

Symbolen van macht en rijkdom

Het stadspaleis van Jacques Cœur, waarvan de bouw startte in 1443, oogt als een vesting en moet niet hebben ondergedaan voor het in 1487 door een brand verwoeste paleis van de hertog van Berry. Het imposante complex bestaat uit vier gebouwen die rond een **binnenplein** zijn gegroepeerd. De grote banketzaal wordt ingekaderd door twee rijkversierde, representatieve wenteltrappen, zoals die bij veel Loirekastelen te vinden zijn. Ongekend luxueus voor die tijd waren de toiletten en badkamers. Het complex, dat moest fungeren als woonhuis, bedrijfsruimte en pakhuis, belichaamt de doortastende persoonlijkheid van de opdrachtgever. *'À vaillans cœurs rien impossible'* (Voor een dapper hart is niets onmogelijk) was dan ook de lijfspreuk van Jacques Cœur, die op de muren van zijn stadspaleis in Bourges te lezen is.

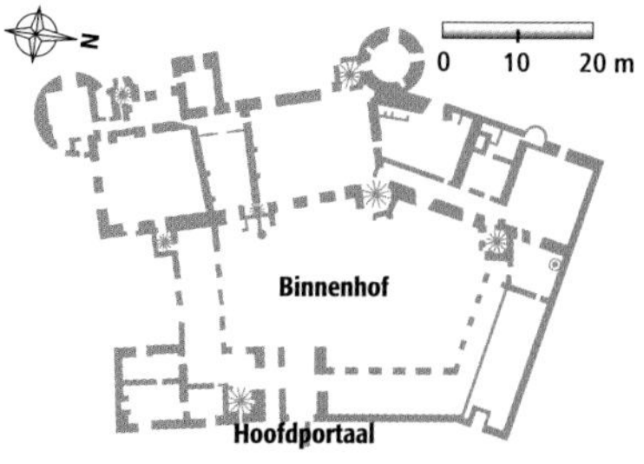

Het hart uit de naam en de waarden van de adel

De symbolen van Jacques Cœur, de sint-jakobsschelp en het hart *(cœur)*, zijn als stenen decoraties overal op de gevels te ontdekken. De eveneens alomtegenwoordige koninklijke lelie bevestigt de nauwe banden van de koopman met de toenmalige koning Karel VII. Reliëfs van sinaasappelbomen, palmen en ananasbomen bij de middelste traptoren op de binnenplaats zijn herinneringen aan de handelsreizen die Jacques Cœur naar het Midden-Oosten maakte. Iets hoger op de gevel kijken de portretten van de huiseigenaar en zijn vrouw Macée de Léodepart naar buiten, hangend uit een gebeeldhouwd raam met een balustrade. Qua stijl sluit het aan bij de afbeeldingen van een dienstknecht en een dienstmaagd, die vanaf het toegangsportaal lijken neer te kijken op de bezoekers.

Bij een rondgang door de lege, hoge vertrekken vallen vooral de met figuren versierde schoorsteenmantels in de vorm van een kasteel op. De levendig weergegeven beelden, zoals op de tweede verdieping van de galerij, illustreren het leven tijdens de middeleeuwen. Hier kijken voornaam geklede edellieden vanuit de ramen van het kasteel naar een vermakelijk schouwspel: een toernooi tussen boeren die op ezels rijden en met stokken en rieten schilden bewapend zijn. De minachting van de ridders voor de boerenstand is in alles zichtbaar, maar het maakt ook duidelijk dat de vanuit de burgerij opgeklommen en rijk geworden Jacques Cœur zich inmiddels de waarden van de adel eigen had gemaakt.

Promotie tot schatbewaarder van de majesteit

Met de omstreeks 1400 in Bourges geboren Jacques Cœur betrad een nieuw type mens het wereldtoneel: de ondernemende, zich naar de rest van de wereld openstellende en avontuurlijke 'nieuwe mens'. Tegelijk verpersoonlijkt hij de opkomst van de burgerij in de Franse standenmaatschappij.

De vader van Jacques had als pelshandelaar en leverancier van het hof van de hertog van Berry al een flink vermogen weten te verwerven. Zijn zoon zou zich vervolgens opwerken tot een

Voor het Palais kijkt een versteende Jacques Cœur trots neer op de bezoekers

van de rijkste mannen in het koninkrijk. Met zijn handelsvloot, die eerst in de kleine haven van Aigues-Mortes en later in Marseille lag, bouwde hij een handelsimperium op in landen rond de Middellandse Zee. Hij onderhield betrekkingen met talrijke invloedrijke mensen en leverde waar zij behoefte aan hadden: zijde, tapijten, bont, specerijen – alles wat hij aanraakte veranderde in goud. Uit zijn vermogen werden de laatste veldslagen van de Honderdjarige Oorlog en de herovering van het koninkrijk betaald.

In 1439 benoemde Karel VII de koopman tot zijn schatbewaarder. Daarnaast werd Jacques Cœur de koninklijke vertegenwoordiger in het nieuwe parlement van Languedoc, bij de paus en bij de koning van Aragón. In 1441 werd Jacques in de adelstand verheven.

Ondergang door een complot

Maar zijn opkomst wekte ook afgunst op en bezorgde hem vele vijanden. Bijna iedereen aan het hof had schulden bij de koopman en velen konden die niet terugbetalen. Met tegenzin stonden ze hun kastelen en landerijen af aan de 'burger'.

Het schitterende huis in Bourges werd nooit bewoond door de beroemde eigenaar. Daar stak zijn plotselinge ondergang een stokje voor: de in 1443 gestarte bouwwerkzaamheden waren pas in 1451 klaar – hetzelfde jaar waarin Jacques Cœur wegens hoogverraad tegen de koning werd gearresteerd.

Vermoedelijk door een complot kreeg Cœur in 1451 de moord op Agnès Sorel, de maîtresse van de koning, in de schoenen geschoven. Hij werd gearresteerd en ook werden zijn huis in Bourges en al zijn andere bezittingen in beslag genomen. Pas na zijn dood werd Cœur gerehabiliteerd en kregen zijn erfgenamen het huis terug. In de 17e eeuw werd het gebruikt als stadhuis en rechtbank, na 1820 kreeg het een functie als Paleis van Justitie. In 1840 werd het pand op de eerste lijst van Historische Monumenten geplaatst.

Paus Nicolaas V voorkwam dat Jacques Cœur ter dood werd veroordeeld. In 1454 wist Cœur vanuit de gevangenis in Poitiers naar Rome te vluchten. In opdracht van paus Calixtus III vocht hij tegen de Turken. Hij stierf in 1456 aan de gevolgen van een verwonding op het eiland Chios in de Egeïsche Zee.

Orgelconcerten in de kathedraal – Les Très Riches Heures de l'Orgue en Berry 1: www.grandorguebourges.org. Elke zondagavond in juli en augustus bespelen bekende organisten, soms begeleid door andere musici, het grote orgel van de kathedraal van Bourges.

Info en festiviteiten

Informatie

Office de Tourisme: 21, rue Victor Hugo, 18000 Bourges, tel. 02 48 23 02 60, www.ville-bourges.fr, ma.-za. 9-19, zo. 10-18 uur.

Evenementen

Festival du Printemps: op het voormalige folkfestival waait een frisse wind. Er is nu ook ruimte voor onder meer rap, rock, pop en wereldmuziek (www.printemps-bourges.com).
Un Été à Bourges: twee maanden lang, van eind juni tot augustus, is er bijna dagelijks een gratis openluchtconcert (wereldmuziek, jazz en klassiek). Bovendien vuurwerk en theater.

Sologne ▶ P 4-Q 2

De Sologne, vroeger een 'woest en ledig' landschap van heide, bossen en moerassen tussen de Loire en de Cher, heeft zijn geheel eigen charme. Hier bent u niet meer in de Tuin van Frankrijk, maar in zijn jachtgebied. Talrijke kastelen – bescheidener dan die aan de Loire en veel minder toeristisch – trekken bezoekers met stijlvolle, historische gastenkamers. De beste manier om de bijzondere sfeer van dit landschap te leren kennen, is via een korte of lange wandeling.

Vooral de vele meren (*étangs*) oefenen een grote aantrekkingskracht uit op de bezoekers van de Sologne – zeker in het late voorjaar en de vroege zomer, als het wateroppervlak is bedekt met witte en gele waterlelies en langs de moerassige oevers de gele lis bloeit. In totaal zijn er meer dan drieduizend meren, waarvan een flink deel tussen de rivieren Sauldre en Beuvron. Het water trekt talrijke vogels aan. Wilde eenden, reigers en waterhoentjes laten zich in alle jaargetijden zien. In de herfst komen daar ganzen en kraanvogels bij, als ze een tussenstop maken op weg naar het zuiden. Veel meren ontstonden in de middeleeuwen, toen de uitgestrekte bossen werden gekapt. De landeigenaars, waaronder kerkelijk leiders, leenheren en rijke burgers, gebruikten de meren vanaf de 12e eeuw als extra bron van inkomsten. Er werden karpers, zeelten, snoeken en blankvoorns gekweekt en vervolgens verkocht op de markten in de regio.

De bewoners van de Sologne waren van oudsher zeer arm, ook toen in de 16e eeuw het hof regelmatig in Romorantin, Blois en Chambord verbleef en in de omgeving talrijke 'satellietkastelen' werden gebouwd. In de 19e eeuw bedroeg de gemiddelde levensverwachting dertig jaar, de kindersterfte was hoog en malaria maakte veel slachtoffers. Tijdens het Tweede Keizerrijk (1852-1870) werd de regio tot kolonie verklaard: een ontwikkelingsgebied in eigen land. Napoleon III gaf opdracht tot herbebossing van de droge, braakliggende gronden waarop zich een heidelandschap had ontwikkeld, tot drooglegging van de vele moerassen en tot de voltooiing van het Canal de la Sauldre, een transportroute die echter slechts kort gebruikt zou worden.
Net als in de afgelopen eeuwen fungeert de Sologne ook nu nog als jachtgebied. De traditionele bevolking, de *solognots*, leeft bescheiden. De helft van de gronden is eigendom van grootindustriëlen, politici en welgestelde zaken-

Water en oude boerderijen kenmerken het landschap van de Sologne

lieden uit de betere wijken van Parijs. Hun monumentale tweede woningen, vaak voormalige boerderijen of landhuizen, liggen aan het einde van lange privéwegen, omgeven door een flinke lap eigen grond. Ze komen hier vooral in de herfst om met vrienden op jacht te gaan naar reeën, herten of fazanten, die speciaal voor dit doel zijn gefokt en vervolgens uitgezet in de natuur.
Ook de toerist krijgt in de Sologne te maken met de rechten van de grootgrondbezitters: vele wegen en paden zijn niet toegankelijk en grote delen van het gebied zijn omheind.

Een verkenning van de Sologne duurt één of twee dagen en begint in de 'hoofdstad' **Romorantin**, gevolgd door enkele karakteristieke kastelen en dorpen. Het vakwerk van de kleine, met bloemen versierde huizen is opgevuld met baksteen, terwijl veel dorpen, zoals **Souvigny**, beschikken over een *église à caquetoire*, een oude, gedrongen dorpskerk met een portaal van hout en/of baksteen voor de ingang.

Romorantin-Lanthenay ▶ P 4

Romoranthin-Lanthenay, de 'hoofdstad' van de Sologne, is een ingeslapen provinciestadje (18.000 inw.) aan een arm van de zich hier splitsende Sauldre. Toch was dit stadje rond de overgang van de 15e naar de 16e eeuw een van de residenties van het koninklijke hof: Louise van Savoye, de moeder van Frans I, woonde enige tijd in het kasteel, waarvan de resterende torens nu worden gebruikt door de prefectuur. Ook werd Claude de France, de latere vrouw van Frans I, hier geboren. Lange tijd was de autofabriek van Matra het kloppende hart van Romorantin. De collectie (race)auto's van de fabriek, die hier vanaf 1968 was gevestigd, is nu nog te zien in de **Espace Automobile Matra** (www.museematra.com, dag. 9-12 (zo. vanaf 10), 14-18 uur, 's zomers dag. geopend, € 7/5). Vanaf 1980 maakten de wijd en zijd bekende Murena's en Simca's plaats voor de productie van de Renault Espace, die tot 2004 in Romorantin zou worden gemaakt. Nu resteert er slechts een toeleveringsfabriek met zo'n 160 medewerkers.

Bezienswaardig zijn verder het oude stadshart met enkele door de tand des tijds aangetaste vakwerkhuizen, de **Tour Jacquemart** aan de oever van de Sauldre en het **Musée de Sologne** (Moulin du Chapitre, www.museedesologne.com, tel. 02 54 95 33 66, wegens waterschade sinds 2016 gesloten). In een oude molen en een moderne aanbouw illustreert het museum het landelijke leven in de regio van voor de industriële revolutie. Culinair geïnteresseerde bezoekers kunnen in Romorantin terecht in het voortreffelijke restaurant **Le Lion d'Or**.

Overnachten, eten

Pure verwennerij – **Grand Hôtel du Lion d'Or:** 69, rue Georges-Clemenceau, Romorantin-Lanthenay, tel. 02 54 94 15 15, www.hotel-liondor.fr, menu vanaf € 64 (lunch) en € 105 (diner), 2 pk vanaf € 170. Didier Clément is een intelligente en creatieve chef-kok die experimenteert met oude recepten en ingrediënten, maar ook nieuwe recepten ontwikkelt, waarbij de wereldkeuken voor inspiratie zorgt. Een oosters thema is bijvoorbeeld te vinden in de tussen de huid en het vlees gevulde duif 'op babylonische wijze'. In de regionale traditie staat zijn kikkerbilletjes met rocambole, een herontdekte looksoort die in de 17e eeuw in de tuinen groeide en later is verwilderd. Ook de wijnkaart laat niets te wensen over in dit met een Michelinster bekroonde restaurant.

Landelijk en rustig – **Auberge du Cheval blanc:** 13 km van Romorantin, 5, place du Mail, 41300 Selles-St-Denis, tel. 02 54 96 36 36, kamer vanaf € 70, menu vanaf € 28. Aangename herberg met chique door parasols overdekte binnenplaats en mooie tuin in een voormalig postkoetsstation; keuken met regionale specialiteiten.

Informatie

Office de Tourisme: place de la Paix, 41200 Romorantin-Lanthenay, tel. 02 54 76 43 89, www.sologne-tourisme.fr, ma. 14-18.30, di.-za. 8.45-12.15, 13.30-18/18.30 uur.

Sologne des Étangs ▶ Q2/3

De Sologne des Étangs, genoemd naar de talrijke, door riet omzoomde meertjes, strekt zich uit tussen Romorantin en **St-Viâtre.** Te voet is de beste manier om dit gebied te verkennen. Het **Maison des Étangs** (www.maison-des-etangs.com, apr.-okt. dag. 10-12, 14-18, nov.-mrt. wo., za., zo. 14-18 uur) in St-Viâtre is een ideaal startpunt voor een wandeling. In het aan een klein meer gelegen vakwerkhuis vindt u alle informatie over wandelroutes, plus een tentoonstelling over de geschiedenis en het belang van het waterrijke landschap. De **kerk** in St-Viâtre bezit een crypte uit de 10e-11e eeuw en een mooi altaarstuk uit de 16e eeuw.

Wandeling bij La Ferté-Beauharnais ▶ Q3

Rondwandeling ongeveer 8,5 km, 2,5 uur

Vanuit **La Ferté-Beauharnais** kunt u een wandeling over de heidevelden maken. Het dorpje bezit een uit baksteen opgetrokken 18e-eeuws kasteel, een romaanse kerk en enkele vakwerkhuizen. Witte zandpaden leiden vanaf het dorp over de in de nazomer paars bloeiende heide en door bossen met dennen, berken en eiken. Ook passeert u verschillende door riet en gele lis omringde meren en met wat geluk ziet u onderweg reeën, reigers en zelfs wilde zwijnen.

Het startpunt is het centrale dorpsplein met daaraan enkele winkels. Bekijk hier eventueel eerst de romaanse **Église St-Barthélemy**. De in de deuren gekraste kruisen zijn van de vele pelgrims die hier in de loop van de eeuwen langskwamen op weg naar Santiago de Compostela. Pak vervolgens de wandelroute op, die is gemarkeerd met de wit-rode strepen van een GR (*Chemin de Grande Randonnée*). De route gaat via de D922 het dorp uit in de richting van Chaumont-sur-Tharonne.

Na de tweede brug over de **Beuvron** volgt u de GR linksaf, een smalle asfaltweg op. Kort daarop gaat u rechtsaf: deze weg gaat tussen het **Étang de la Pérelle** (rechts) en een kleiner meer (links) door. Bij de kruising volgt u de markeringen van de GR rechtdoor (een GRP gaat naar rechts). Verderop volgt u de GR steeds rechtdoor, ook waar deze een privéweg (*allee*) kruist. Dan komt u aan de voet van een kleine helling bij een kruising die wordt gedomineerd door twee grote **eiken**. Hier verlaat u de GR en gaat u scherp linksaf, om dan even verder de privéweg weer te kruisen. Bij de volgende kruising gaat u rechtsaf een weg op met gele markeringen op het wegdek. Aan uw linkerhand ligt het **Étang du Beaufray**. Na dit meer gaat u scherp linksaf de **Chemin de Beaufray** in. Als er een huis in zicht komt, gaat u rechtsaf. Deze weg maakt drie haakse bochten en komt dan bij een andere weg, waar u rechtsaf gaat. Volg deze weg tot een kruising met zicht op het kasteel van La Ferté-Beauharnais. Ga hier linksaf tot aan de D922, dan rechtsaf terug naar het dorp.

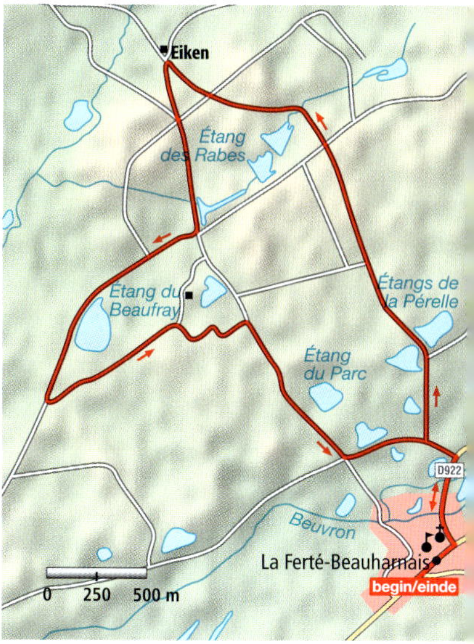

Wandeling bij La Ferté-Beauharnais

Lamotte-Beuvron en Souvigny-en-Sologne ▶ Q 2

In **Lamotte-Beuvron** zouden de gezusters Tatin de beroemde omgekeerde appeltaart, de *tarte tatin*, voor het eerst hebben 'ontdekt' en ontwikkeld. Hun herberg biedt nu onderdak aan een naar hen genoemd hotel-restaurant.

Vanaf de noordkant van het dorp loopt de D101 naar **Vouzon**. In het centrum van Vouzon draait de D101 rechtsaf en gaat dan oostwaarts. Via de bossen van het **Forêt Domaniale de Lamotte-Beuvron** komt u in **Souvigny-en-Sologne**. Hier groeperen de bakstenen huizen zich rond de kerk; het is een karakteristiek voorbeeld van een *église à caquetoire*, een kerk met rond de voorgevel een 16e-eeuwse houten ombouw, zodat de gemeente na de zondagsmis ook bij regenachtig weer de laatste nieuwtjes en roddels kon uitwisselen.

Overnachten, eten

Traditioneel, met tuin – **Hôtel-Restaurant Tatin:** Lamotte-Beuvron, tel. 02 54 88 00 03, www.hotel-tatin.fr, 2 pk vanaf € 66, menu vanaf € 32. In de royale tuin van dit landelijke, eenvoudige hotel-restaurant staan de tafels ruim opgesteld. De gerechten zijn klassiek en smakelijk, met natuurlijk als dessert de beroemde appeltaart. De legendarische oven waarin de taart werd gebakken, is te zien bij de bar.

Château La Ferté-St-Aubin ▶ Q 2

La Ferté-St-Aubin, 2-4, rue Général Leclerc, tel. 02 38 76 52 72, www.chateau-ferte-st-aubin.com, mrt.-half nov. dag. 10-18 (juli, aug. 19) uur, slot en tuinen € 14,50/11,50/9,50, alleen tuinen € 7,5/6/5, alleen slot € 9,50/7,50/6,50

Filmliefhebbers moeten zeker naar Château La Ferté-St-Aubin, want hier draaide Jean Renoir zijn film *La Règle du Jeu* (1939). De bouw van het lage deel van het hoofdgebouw startte in de 16e eeuw, de rest van het complex is 17e-eeuws. De buitenmuren zijn opgetrokken uit een combinatie van baksteen en tufsteen; daarop rusten leigrijze, zeer steile daken. Het kasteel is te bezichtigen en vormt het decor voor een groot aantal activiteiten voor het hele gezin. Het lijkt of u bij vrienden op bezoek bent, want gasten mogen in de gemeubileerde kamers lezen, op de piano spelen, de biljarttafel proberen en in de keuken de versgebakken madeleines proeven. In het zogeheten **Château des Jeux** kunnen de bezoekers binnen en buiten allerlei spelletjes uit het pre-digitale tijdperk proberen. Een verrassing voor jong en oud is het historische treinstation in het park met een complete trein uit de jaren 30. Voor de jongste kinderen zijn er verder een poppenmuseum, een 2 ha groot 'magisch eiland' met speelhuisjes en enkele loslopende boerderijdieren.

Op het landgoed kunt u bovendien overnachten in een smaakvol ingericht paviljoen uit de 17e eeuw en in een karakteristiek Solognehuis (beide tot 15 personen € 450 per nacht).

Overnachten, eten

In het hart van de Sologne – **L'Orée des Chênes:** 921, route de Marcilly-en-Vilette, La Ferté-St-Aubin, tel. 02 38 64 84 00, www.loreedeschenes.com, menu vanaf € 43, 2 pk vanaf € 130. Houten balken en een openhaard bepalen de sfeer in dit landelijke restaurant waar smakelijke gerechten op tafel komen.

Tip

De Sologne per fiets verkennen

In de Sologne is een aantal fietsroutes uitgestippeld. Hierop kunt u ver weg van de drukte, in uw eigen tempo, het vlakke heidelandschap met zijn zandige bospaden verkennen op een toerfiets. Rondritten voeren onder meer naar de 'Sologne des étangs' in Saint-Viâtre (31 km) of door de wijngaarden van Cour-Cheverny op de route 'Au royaume du cerf' (23 km). Fietsen zijn te huur in onder andere Cour-Cheverny en Bracieux. Kijk voor meer informatie en kaarten op www.sologne-tourisme.fr.

Overnachten kan in een hedendaagse versie van vakwerkhuizen die zich in een stil bos ten oosten van het dorp bevinden.

Aubigny-sur-Nère ▶ R 3

Wie vanuit Bourges de D940 noordwaarts volgt richting Gien, komt onderweg door Aubigny-sur-Nère (6000 inw.), dat nog beschikt over een ensemble bijna identieke vakwerkhuizen. Als dank voor de steun tegen de Engelsen in de Honderjarige Oorlog, schonk koning Karel VII het stadje in 1423 aan de Schot John Stuart. Schotse wevers maakten vervolgens in Aubigny de bekende Solognewol. Het kasteel van de Stuarts fungeert nu als stadhuis van het fraaie plaatsje. Bezoek Aubigny zo mogelijk op zaterdag, als hier een grote regionale markt wordt gehouden.

Overnachten, eten

Verwenweekend in een kasteel – **Château de la Verrerie:** in Oizon, zuidoostelijk van Aubigny-sur-Nère, tel. 02 48 81 51 60, www.chateaudelaverrerie.com, 2 pk vanaf € 170, menu in het kasteel € 49. De twaalf enorme gastenkamers zijn ingericht met antiek meubilair. Een klein restaurant is ondergebracht in het voormalige portiershuis in het park van het kasteel. In La Verrerie zijn ook dagbezoekers welkom die alleen het kasteel en het park willen bekijken (zie blz. 148).

Landelijk hotel – **La Chaumière:** 2, rue Paul Lasnier, Aubigny-sur-Nère, tel. 02 48 58 04 01, www.hotel-restaurant-lachaumiere.com, 2 pk vanaf € 89, menu vanaf € 33. Comfortabel en rustiek overnachten onder balkenplafonds en regionale specialiteiten proeven in het restaurant.

Tip

Crottin de Chavignol ▶ S 4

In Chavignol, nabij wijnstad Sancerre, kunt u terecht voor een bij de wijn passende geitenkaas. Deze kunt u rechtstreeks bij boer Dominique Guillot kopen op zijn geitenboerderij **La Brissauderie** in het gehucht Jars tussen Sancerre en Vailly. Er zijn verschillende rijpingsvarianten, van heel vers en wit tot oudere harde, gedroogde kaasjes. Voor kinderen zijn hier een maïslabyrint, springkasteel, minigolf, trampoline en go-karts. Het is ook mogelijk idyllisch te overnachten. Dominiques vrouw Magali Legras verhuurt met veel liefde ingerichte gastenkamers op de geitenboerderij (La Brissauderie, Jars, tel. 02 48 58 74 94, www.labrissauderie.com en www.chevrerie-la-brissauderie.com, 2 pk vanaf € 60).

Eten en drinken

Sfeervolle bistro – **Le Bien Aller:** 3, rue des Dames, tel. 02 48 58 03 92, di.-wo. gesl. (behalve juli-aug.), menu vanaf € 22. Achter de moderne gevel gaat een leuke bistro met wijnbar schuil, waar naast specialiteiten uit de regio soms ook verrassingen op tafel komen als een *tarte* met auberginekaviaar en kabeljauw of Indiase tandoorikip.

Sancerre ▶ S 4

Dit wijnstadje is met zijn terrassen, restaurants en winkels duidelijk ingesteld op toeristen. Een glas sancerre, de beroemde lokale witte wijn, kunt u bijvoorbeeld proeven op de **Nouvelle Place**, waarbij u tegelijk ▷ blz. 150

Favoriet

Romantische wandeling bij het Château de la Verrerie ▶ R3

Midden in het eeuwenoude Forêt d'Ivoy, op een open plek met een golvend gazon en een spiegelend meertje, pronkt het statige La Verrerie. Koning Karel VII schonk het aan de Nère gelegen landgoed aan de Schot Béraut Stuart de Darnley. Hij en zijn neef lieten de bestaande gebouwen tussen 1495 en 1525 uitbouwen tot dit sprookjesachtige kasteel. De schrijver Alain-Fournier (1886-1914) zou het als decor hebben gekozen voor zijn roman *Le Grand Meaulnes*. Nu wonen hier de nakomelingen van de Comte de Vogüé, die het in 1842 in bezit kreeg. Heerlijk is het om te wandelen door het schitterende park of om een koetsritje te maken. Let ook op de arcadengalerij die model stond voor de galerij van Lodewijk XII in het kasteel van Blois, en de met fresco's versierde kapel uit de 15e eeuw. De rondleidingen door het kasteel worden gegeven door een theatergroep die er een historisch sprookje van maakt. Voor wie het zich kan veroorloven, is La Verrerie bovendien een ideale locatie voor een romantisch weekend in absolute stilte en in een schitterende omgeving (www.chateaudelaverrerie.com, rondleidingen apr.-okt. wo.-zo., juli, aug. dag. 14.30, 15.30, 16.30, 17.30 uur, € 10, kind € 8, zie ook blz. 147).

de bedrijvigheid van het stadje en het promotiemateriaal van de wijnhandelaren kunt bestuderen. Vanaf de hooggelegen **Esplanade de la Porte César** (bij het Office de Tourisme) hebt u een schitterend uitzicht over het Loiredal, tot zelfs in Bourgondië.

Maison des Sancerre

3, rue du Méridien, tel. 02 48 54 11 35, www.tourisme-sancerre.com, dag. apr.-mei, okt.-nov. 10-18, juni-sept. 10-19 uur

Voor een introductie in de wereld van de beroemde en populaire Sancerrewijnen kunt u binnenstappen bij het Maison des Sancerre. U vindt er adressen van wijnhuizen, exposities over de productie en de geschiedenis van de Sancerrewijnen. In de geurtuin kunt u uw neus trainen. 's Zomers wordt op vrijdag regelmatig een workshop wijnproeven georganiseerd.

Overnachten, eten

Met uitzicht – **Panoramic:** Rempart des Augustins, tel. 02 48 54 22 44, www.panoramicotel.com, 2 pk met uitzicht vanaf € 120. Het hotel is compleet gerenoveerd en daarbij bevrijd van de voorheen sobere uitstraling. De smaakvol en huiselijk ingerichte kamers en het panoramarestaurant bieden fraaie vergezichten op de wijnhellingen. Op tafel komen goede regionale gerechten. Verder vindt u er een bar en een wijnwinkel.

Crottins proeven – **Côte des Monts Damnés:** in Chavignol, tel. 02 48 54 01 72, www.montsdamnes.com, zo.-avond, di.-avond en wo. gesl., 2 pk vanaf € 101, menu vanaf € 38, in de bijhorende bistro gerecht vanaf € 20. De creatieve keuken en de goede prijskwaliteitverhouding maken de korte rit naar het naburige kaasdorp Chavignol zeker de moeite waard (altijd vooraf reserveren!).

Klein maar fijn – **La Pomme d'Or:** rue de la Panneterie, tel. 02 48 54 13 30, di.-wo. gesl., menu vanaf € 32. Het restaurant (met fresco) is klein, maar heeft een uitstekende Sancerrewijnkaart. Populair adres, dus reserveren.

Innovatief – **La Tour:** Nouvelle-Place, tel. 02 48 54 00 81, www.latoursancerre.fr, zo.-avond en ma. gesl., menu vanaf

Uit Sancerre komen heerlijke witte wijnen

€ 44. Onder leiding van de jonge chef-kok Baptiste Fournier heeft het traditionele zaakje zich ontwikkeld tot fijnproeversrestaurant. De relaxte sfeer en het fraaie uitzicht op de wijngaarden zijn gebleven.

Voor wijnliefhebbers – **Auberge Joseph Mellot:** Nouvelle-Place, tel. 02 48 54 20 53, www.aubergejosephmellot.com, zo.-avond. di.-avond, wo. gesl., menu vanaf € 25. Regionale, traditionele keuken in het restaurant van het bekende wijnhuis.

Informatie

Office de Tourisme du Sancerrois: Esplanade Porte César, 18300 Sancerre, tel. 02 48 54 08 21, www.tourisme-sancerre.com, dag. apr.-sept. 10-12.30, 13.30-18 uur, juli, aug. geen lunchpauze.

IN EEN OOGOPSLAG

Oostelijke Touraine

Hoogtepunt ✱

Chenonceau: het kasteel is het summum van Loireromantiek – gebouwd in het water, omgeven door bos en met een unieke brug over de Cher. Zie blz. 162.

Op ontdekkingsreis

Leonardo da Vinci's ideeënfabriek – op bezoek in Le Clos Lucé: het wereldberoemde genie uit de renaissance bracht zijn laatste levensjaren door in Amboise. In het vroegere woonhuis van Leonardo kunt u in zijn voetsporen wandelen en zijn schilderijen en unieke technische uitvindingen bewonderen. Zie blz. 158.

Bezienswaardigheden

Château de Valençay: de schitterende inrichting en de gekostumeerde spektakels in de zomer herinneren aan de tijd van keizer Napoleon. Zie blz. 168.

Loches: de schilderachtige, middeleeuwse vesting is een stad in een stad, hooggelegen op een rots boven de Indre. Zie blz. 170.

Sfeervol genieten

Delicatessen uit de kasteelkelders: wijn en geitenkaas uit de kelders van het kasteel van Amboise. Zie blz. 161.

Château de la Bourdaisière: het 15e-eeuwse kasteel in het wijnstadje Montlouis heeft schitterende gastenkamers en wordt omgeven door een 55 ha groot landschapspark. Zie blz. 161.

Actief

Boottocht: vaar aan boord van een traditionele platbodem over de Cher naar het kasteel Chenonceau. Zie blz. 162.

Uitgaan

Son et lumière: Amboise illustreert haar geschiedenis tijdens een klank- en lichtshow. Zie blz. 162.

Le Caravage in Loches: loungebar waar u met een cocktail in de hand details van de schilderijen van de Italiaanse barokschilder Caravaggio kunt bekijken; regelmatig concerten en karaoke. Zie blz. 173.

In de omgeving van Amboise is een groot aantal bezienswaardigheden verzameld. Hier begint het land van de kastelen en wordt het Loiredal het Dal van de Koningen. Het kasteel van Amboise (de residentie van koning Frans I) en vooral het aan de Cher gelegen Chenonceau (waar Diana van Poitiers woonde) zijn twee van de mooiste en belangrijkste kastelen van Frankrijk. Vanaf Chenonceau kunt u een ongeveer 60 km lange rit langs de rivier de Cher maken. Dan komt het kasteel van Valençay in beeld, waar de geschiedenis op onderhoudende wijze tot leven wordt gewekt. Vanhieruit gaat de route nog eens 70 km verder, deels door het bekoorlijke landschap langs de Indrois, tot het middeleeuwse stadje Loches wordt bereikt.

INFO

Internet

www.touraineloirevalley.nl: de Nederlandstalige website van de toeristische dienst van Touraine biedt naast tips over bezienswaardigheden en accommodaties ook fietskaarten die te downloaden zijn.

Toeristenbureaus

Amboise: Office de Tourisme, quai du Général-de-Gaulle, tel. 02 47 57 09 28, www.amboise-valdeloire.com.
Loches: Office de Tourisme, place de la Marne, tel. 02 47 91 82 82, www.loches-tourainecotesud.com.

Vervoer

De TGV-Atlantique rijdt in 90 minuten van Parijs naar Tours. Een (huur-) auto is de beste manier om door te reizen naar Amboise en Loches of de rit langs de Cher en het dal van de Indrois te ondernemen.

Amboise ▶ N 3

'Het kasteel van Amboise kijkt neer op de stad, die aan zijn voeten ligt als een hoopje stenen onder aan een rots', zo omschreef de schrijver Flaubert (1821-1880) in zijn *Langs velden en oevers* de fraaie ligging van de kleine stad (16.000 inw.), waar in de 15e en 16e eeuw de Franse koningen resideerden. Sinds 1873 is het kasteel, dat vroeger veel groter was dan nu, eigendom van de graven van Parijs. De oude stadskern, met daarin de 15e-eeuwse, voormalige stadspoort **Tour de l'Horloge**, wordt doorsneden door smalle straatjes, gevuld met cafés en restaurants. Vanaf de terrassen van de **kasteeltuin** hebt u een fantastisch uitzicht op de leistenen daken en de rivier. Een korte wandeling in het voetspoor van Leonardo da Vinci brengt u naar het op ongeveer 500 m van het koningskasteel gelegen **Le Clos Lucé** 2 (zie blz. 158).

Château Royal 1

Place Michel Debré, tel. 02 47 57 00 98, www.chateau-amboise.com,dag. half mrt.-juni, sept.-nov. 9-18, juli-aug. 9-19, dec.-half mrt. 9-12.30, 13.30-17 uur, € 11,70/10/7,80, audioguide € 4, Son et lumière wo., za. juli 22.30, aug. 22 uur

Amboise, waarover een Florentijnse gezant in 1493 verwonderd schreef: 'Hij (Karel VIII) wil uit zijn paleis een stad creëren', was het eerste koninklijke kasteel aan de Loire dat geheel werd aangepast aan de eisen van de nieuwe, verfijnde hoofse cultuur. De bouw startte in 1492 en verliep in een razend tempo: 170 metselaars en tot 90 arbeiders werkten dag en nacht, zo nodig bij het licht van fakkels. In de wintermaanden werden de stenen eerst verwarmd om ze te kunnen verwerken. In 1496 keerde

Het kasteel van Amboise: ook vanaf de andere oever van de Loire een blikvanger

Karel terug uit Italië van een mislukte veldtocht, maar in zijn gevolg nam hij wel 22 Italiaanse kunstenaars en ambachtslieden mee, samen met schilderijen, wandtapijten en meer dan duizend boeken. De bouw van het kasteel was toen al te ver gevorderd om nog veel te kunnen aanpassen aan de nieuwe Italiaanse stijl, maar de voorkeur voor de verfijnde levensstijl die Karel in Italië zo had bewonderd, verspreidde zich nu wel over Frankrijk. Karel stierf in 1498 in Amboise aan een hoofdwond: hij stootte zijn koninklijke hoofd tegen een draagbalk boven een poortje.

Tour des Minimes

Destijds vulden de gebouwen van het kasteel als een 'stad' het gehele trapeziumvormige rotsplateau. Daarvan zijn alleen het **Logis du Roi**, de **Tour des Minimes** aan de noordkant en de **Tour Hurtault** in het zuiden bewaard gebleven. De enorme ronde torens waren niet bedoeld voor de verdediging, maar voor het comfort: ruiters en koetsen konden via een 3 m brede, spiraalvormige opgang in de torens op een comfortabele manier bij het kasteel komen. De overige gebouwen werden in de 19e eeuw gesloopt. De Tour des Minimes biedt nog altijd een majestueus uitzicht over de Loire.

Een zwarte bladzijde uit de geschiedenis van het kasteel wordt met bloed geschreven... Vanaf het platform van de Tour des Minimes kijkt u uit over de met pilasters versierde Loiregevel van het Logis du Roi, het hoofdgebouw dat wordt bekroond door vele dakkapellen en pinakels. In 1560 werden aan de balkons van dit gebouw de protestantse samenzweerders opgehangen, die de koning zouden hebben willen ontvoeren om hem zo aan de invloed van de machtige katholieke hertog De Guise te onttrekken. In totaal werden 1500 mensen onthoofd, gevierendeeld of opgehangen – een schouwspel waar koning Frans II, zijn moeder Catharina

Amboise

Bezienswaardigheden
1 Château Royal en Chapelle St-Hubert
2 Le Clos Lucé
3 La fontaine de Max Ernst
4 Pagode de Chanteloup
5 Mini-Châteaux de Val de Loire

Overnachten
1 Le Choiseul
2 Château de Pray
3 L'Aubinière
4 Le Clos d'Amboise
5 Auberge de Launay
6 Le Blason

Eten en drinken
1 Le Patio
2 Le Lion d'Or
3 L'Épicerie

Winkelen
1 Caveau de Vignerons

de Medici en zijn vrouw Maria Stuart met genoegen naar zouden hebben gekeken. Onder de ribgewelven van de Salle des États in het Logis du Roi kregen de samenzweerders hun doodvonnis te horen.

Chapelle St-Hubert

Vlak bij de toegang tot het plateau, met het kasteel en de tuin, staat een laatgotische kapel uit 1493. Gedetailleerd beeldhouwwerk siert het interieur halverwege de muur en net onder de gewelven. Het contrasteert met het sobere grafmonument van Leonardo da Vinci, die in 1519 in Amboise stierf. Boven het portaal toont een levendig reliëf de legende van St.-Hubertus: als bij het gewei van het hert een lichtend kruis verschijnt, valt Hubertus nederig neer op zijn knieën – een populair thema in het 15e- en 16e-eeuwse Frankrijk.

Stad en omgeving

La fontaine de Max Ernst 3

Quai Général de Gaulle

De opmerkelijke fontein aan de promenade langs de Loire is van de Duitse surrealist Max Ernst. Bronzen dierfiguren staan op zuilen van onregelmatige ronde stenen. Oorspronkelijk sierden kikkers en schildpadjes de surrealistische scène, maar die zijn helaas gestolen. De kunstenaar leefde en werkte van 1955 tot 1969 in het onopvallende plaatsje Huismes bij Chinon (www.maison max-ernst.org).

Pagode de Chanteloup 4

Route de Bléré, tel. 02 47 57 20 97, www.pagode-chanteloup.com, apr.-sept. dag. 10-18, okt.-nov., feb.-mrt. 14-17 uur, € 9,50/8,50

Zo'n 3 km buiten de stad, in een park aan de rand van het bos van Amboise, verheft zich een Chinese toren: de Pagode de Chanteloup. Toen Chinese objecten in de 18e eeuw in de mode waren, liet ook de hertog van Choiseul een 'chinoiserie' op zijn land plaatsen. Het is het enige wat nu nog herinnert aan een groot kasteel dat de uit Parijs verbannen minister van Lodewijk XV hier liet bouwen. Van mei tot september kunt u op de bijbehorende waterpartij met een roeibootje varen, historische spelletjes (crocket) proberen, regionale delicatessen proeven, picknicken op het grasveld of een hapje eten in de *salon de thé*.

Mini-Châteaux de Val de Loire 5

La Ménaudière, www.parcmini chateaux.com, tel. 02 47 23 44 57, apr.-mei dag. 10-19, juni 10-18, juli-aug. 9.30-19, sept.-nov.10.30-18 uur, € 14/10,50

Alle Loirekastelen bekijken binnen twee uur – het is mogelijk in het themapark aan de zuidkant van Amboise. Jong en oud kunnen hier vele, gedetail-

leerd nagebouwde kastelen bekijken en beslissen welke de moeite waard zijn om ook 'in het echt' te bezoeken.

Overnachten, eten

Luxe – **Le Choiseul** 1: 36, quai Charles Guinot, tel. 02 47 30 45 45, www.le-choiseul.com, 2 pk vanaf € 125, menu vanaf € 52. Luxueus hotel in een 18e-eeuws herenhuis aan de oever van de Loire, met prachtige tuin. Uit de keuken van restaurant Le 36 (www.le36-amboise.fr) komen verfijnde hedendaagse gerechten. Vanuit de eetzaal Côté de Loire hebt u een schitterend uitzicht op de rivier.

Kasteelhotel – **Château de Pray** 2: in Chargé, 3 km via de D751, tel. 02 47 57 23 67, www.chateaupray.com, 2 pk vanaf € 139, menu in sterrenrestaurant vanaf € 52. Kasteel uit de 17e eeuw met terras boven de Loire, park, zwembad en moestuin. Sommige kamers zijn ingericht met antiek.

Landhuis – **L'Aubinière** 3: in St-Ouen-les-Vignes, 6 km via de D431, tel. 02 47 30 15 29, www.aubiniere.com, 2 pk vanaf € 125, menu vanaf € 28. Restaurant met uitstekende keuken (cassoulette van langoesten, gebakken snoekbaars), moderne, comfortabele kamers, wellnesscenter, aantrekkelijke tuin en ruime keuze aan Loirewijnen.

Met zwembad – **Le Clos d'Amboise** 4: 27, rue Rabelais, tel. 02 47 30 10 20, www.leclosamboise.com, 2 pk vanaf € 105. Smaakvol ingerichte kamers in een herenhuis nabij het kasteel. Met sportmogelijkheden in de voormalige stallen.

Hoeve – **Auberge de Launay** 5: in Limeray, 7 km via de D952, 9, rue de la Rivière, tel. 02 47 30 16 82, ▷ blz. 161

Leonardo da Vinci's ideeënfabriek – op bezoek in Le Clos Lucé

In een bescheiden herenhuis, opgetrokken in baksteen en natuursteen, bracht Leonardo da Vinci als gast van Frans I zijn laatste levensjaren door. Hier werkte hij zijn ideeën uit. In het huis en het park kunt u zijn uitvindingen bekijken én aanraken.

Stadsplattegrond: Amboise, zie blz. 157.
Le Clos Lucé 2: 2, rue du Clos Lucé, tel. 02 47 57 00 73, www.vinci-closluce.com, feb.-juni, sept.-okt. dag. 9-19, juli-aug. 9-20 uur, anders 10-18 uur, € 16/14,50, kind € 11,50.
Eten en drinken: crêperie La Terrasse Renaissance, restaurant La Table du Moulin en het gastronomische L'Auberge du Prieuré (reserveren).

Pronkziek, levenslustig, kwistig strooiend met geld: Frans I voldoet in alles aan het prototype van een renaissancevorst. Met zijn passie voor kunst en wetenschap nodigde hij vele kunstenaars uit aan zijn hof en spendeerde hij enorme bedragen aan zijn bouwwerken. In 1517 accepteerde de toen 65-jarige Leonardo da Vinci de uitnodiging van de 22-jarige koning om naar Amboise te komen. Twee leerlingen, Francesco Melzi en Salai, plus een aantal muilezels, begeleidden Leonardo op zijn reis over de Alpen.

Frans I als beschermheer van het genie

Koning Frans I schonk Leonardo da Vinci het op slechts 500 m van het kasteel gelegen Manoir du Cloux, zoals Le Clos Lucé destijds heette, en voorzag hem van een jaarlijkse toelage van 700 goudstukken. Frans vereerde de geniale wetenschapper, uitvinder, schilder, schrijver en componist en sprak hem aan als 'mijn vader'.

De vertrekken zijn ingericht met een paar zware kisten en tafels uit de renaissance – een poging om de bescheiden ambiance te reconstrueren waarin Leonardo met slechts twee bedienden (een echtpaar) geleefd zou hebben.

Een bezoek begint op de eerste verdieping. Via een galerij komt u in de slaapkamer van Leonardo. Hier is hij gestorven en schreef hij zijn testament, waarin hij zijn boeken en tekeningen naliet aan zijn assistent Francesco de Melzi, terwijl zijn huishoudster en kokkin Mathurine een degelijke, bontgevoerde mantel kreeg. De slaapkamer biedt uitzicht op het kasteel. Leonardo legde dit tafereel vast in een tekening die zich nu in de collectie van Windsor Castle bevindt.

In de werkkamer bedacht Leonardo waarschijnlijk enkele van zijn Franse projecten. Zo kwam hij met plannen om de koninklijke kastelen van Amboise en Romorantin door een kanaal met elkaar te verbinden, de loop van de Loire te reguleren en de moerassen van de Sologne droog te leggen. Leonardo werkte bovendien aan ontwerpen voor het kasteel van Chambord en aan een plan voor een nieuw kasteel inclusief een nieuwe stad in Romorantin.

Leonardo, de kunstenaar

De kapel op de begane grond liet Karel VIII aan het einde van de 15e eeuw bouwen, zodat zijn vrouw Anna van Bretagne een plekje kreeg om ongestoord om haar jong gestorven kinderen te rouwen. In deze kapel zijn vier fresco's van kunstenaars uit Leonardo's entourage bewaard gebleven. Het atelier zou zich bevonden hebben in de achterliggende zalen, die nu met hun meubilair herinneren aan de 18e eeuw, toen het geslacht Van Amboise het herenhuis bewoonde.

In de grote renaissancezaal, waar Leonardo koning Frans I ontving, zijn drie kopieën verzameld van schilderijen die Leonardo bij zich had op zijn reis naar Frankijk. Zoals een secretaris van de kardinaal van Aragón het destijds beschreef, gaat het om een afbeelding van 'een zekere Florentijnse dame' (de Mona Lisa) en schilderijen van Johannes de Doper en St-Anna-in-drieën. Frans I kocht deze werken, waarvan de originelen nu tot de grootste schatten van het Louvre behoren. Het schilderij van Johannes de Doper zou Leonardo in Le Clos Lucé hebben voltooid.

De keuken was het werkterrein van Mathurine. Het wild en gevogelte dat zij in de haard bereidde en met hete wijn overgoot, was voorbehouden aan de gasten, want Leonardo was zelf vegetariër.

Leonardo, de uitvinder

In de kelder van het huis zijn veertig modellen van technische uitvindin-

gen van Leonardo te zien. Aan de hand van de originele tekeningen zijn onder andere een vliegmachine, een helikopter, een draaibrug en een pantservoertuig gereconstrueerd. Nog interessanter wordt het in het park, waar zestien levensgrote bewegende modellen staan opgesteld. Sommige van deze machines kunt u zelf in beweging zetten, zoals de schroef van Archimedes, waarmee water omhoog gedraaid kan worden.

Wandeling door Leonardo's ideeënlandschap

Aan de hand van de thema's natuur, lichaam, techniek, architectuur, landschap en schilderkunst wandelt u in de tuin over een cultureel leerpad, waarlangs de ideeën van Leonardo zijn verbeeld. Reproducties van tekeningen en schilderijen op bewegende, transparante doeken verlevendigen de route, terwijl citaten uit verdekt onder de bomen opgestelde luidsprekers klinken – het zijn aansporingen aan de wandelaar om zich nog meer te verdiepen in het werk van Leonardo.

Als dank voor de inspanningen van zijn beschermheer zou Leonardo in Le Clos Lucé een legendarisch feest voor het hof hebben georganiseerd. Naast de betoverende verlichting met honderden kaarsen zou een mechanische leeuw opzien hebben gebaard.

Leonardo stierf in Le Clos Lucé op 2 mei 1519, op 67-jarige leeftijd. Hij werd begraven in het klooster St-Florentin naast het kasteel, dat ten tijde van Napoleon werd verwoest. Vermoedelijk rust zijn gebeente nu in de Chapelle St-Hubert.

Model van een door Leonardo ontworpen draaibrug in Le Clos Lucé

INFO

Château de la Bourdaisière ▶ M 3

Gepassioneerde hobbytuiniers moeten zeker wat tijd inruimen voor het kasteel bij **Montlouis-sur-Loire** ten westen van Amboise. In de jaren 90 van de vorige eeuw kocht bankier en prins Louis Albert de Broglie het door een schitterend park omgeven 16e-eeuwse kasteel, om hier vervolgens een leven als tuinier te beginnen. Zijn specialiteit: tomaten. De prins kweekt een grote verscheidenheid aan soorten, waarvan een deel in de vergetelheid was geraakt: gele, oranje, groene en zelfs bijna zwarte, ronde en flesvormige, vlezige en harde tomaten... Meer dan vijfhonderd soorten kunt u in het **Conservatoire de la Tomate** (dag. 11-18 uur) bekijken en ruiken. Tijdens het **Fêtes de Plantes,** dat elk jaar eind maart plaatsvindt, komen de mensen uit de omgeving om een prinselijke tomatenplant mee te nemen voor de eigen tuin. Dan verandert het uitgestrekte landgoedpark in een grote tuinshow, waaraan ook tuinderijen uit de rest van Frankrijk en de buurlanden deelnemen. Bij het **Festival de la Tomate** in september kunt u de tomaten ook proeven. Een andere hobby van de prins is de collectie dahlia's, die gedurende drie maanden met de meest fantastische kleuren bloeien. Daarnaast zijn er op het terrein smaakvol en luxueus ingerichte gastenkamers te huur (tel. 02 47 45 16 31, www.labourdaisiere.com, tuin apr.-okt. dag. 11-18 uur, € 10,50, 2 pk vanaf € 110).

www.au bergedelaunay.com, kamer vanaf € 68, menu vanaf € 28. Landelijk onderkomen met terras. Eigen groente en kruiden, goede wijnkaart.
Schilderachtig – **Le Blason** 6: 11, place Richelieu, tel. 02 47 23 22 41, www.leblason.fr, 2 pk vanaf € 60. Pand uit de 15e eeuw aan een mooi plein, centraal en toch rustig gelegen.

Eten en drinken

Hartje stad – **Le Patio** 1: 14, rue Nationale, tel. 02 47 79 00 00, di.-wo. gesl., menu € 30. Ambitieuze en creatieve fusionkeuken met seizoensproducten, zoals geitenkaasravioli of Vietnamese loempia van kabeljauw met shiitakepaddenstoel en clementine.
Aan de voet van het kasteel – **Le Lion d'Or** 2: 17, quai Charles-Guinot, tel. 02 47 57 00 23, zo.-avond en ma. gesl., menu vanaf € 21. Moderne keuken met uitgelezen ingrediënten. Chef-kok Stéphane Delétang komt uit Amboise en heeft zich eerder in zijn vak bekwaamd in het beroemde Le Choiseul.
Regionale keuken – **L'Épicerie** 3: 46, place M. Debré, tel. 02 47 57 08 94, www.lepicerie-amboise.com, menu vanaf € 26, lunch-*formule* vanaf € 15, ma.-di. gesl. (behalve juli-sept.). Het is altijd druk in dit restaurant met terras tegenover het kasteel.

Winkelen

Wijn en delicatessen – **Château Royal** 1: de enorme wijnkelder van het koninklijk kasteel is geopend tijdens de *foire aux vins* eind maart. Een klein deel is het gehele jaar geopend. Er zijn wijnen van het kasteel en heerlijke geitenkaasjes te koop.

AOC-wijnen – **Caveau de Vignerons** 1: place Michel Debré, onder het kasteel, dag. 10-19 uur.

Uitgaan

Son et lumière – **kasteel van Amboise** 1: sinds 2016 is er in Amboise een nieuw spektakel, *La Prophétie d'Amboise*, met ruim tweehonderd in historische kleding gestoken figuranten en computergestuurde licht- en klankprojecties, episoden uit de geschiedenis van het kasteel getoond (juli, aug. op wo. en za. plus een aantal andere data). Data en reserveringen via het Office de Tourisme of via www.renaissance-amboise.com.

Info en festiviteiten

Office de Tourisme: quai du Général-de-Gaulle, 37400 Amboise, tel. 02 47 57 01 37, www.amboise-valdeloire.com, okt.-mrt. ma.-za. 10-12.30, 14-17, apr.-mei 10-18, zo. 10-12.30, juli-aug. 9-19, zo. 10-18, juni, sept. ma.-za. 9.30-18, zo. 10-13, 14-17 uur.
Festival Européen de Musique Renaissance: renaissancemuziek gedurende enkele dagen in sept. in Leonardo's huis Le Clos Lucé (zie blz. 158).
Trein: regelmatig rechtstreekse treinen naar Parijs. Amboise ligt aan de spoorlijn Orléans-Nantes, verder veel stoptreinen naar Tours en Orléans. Het treinstation bevindt zich 2 km buiten de stad.

Chenonceau ✸ ▶ N 4

Chenonceaux, tel. 02 47 23 90 07, www.chenonceau.com, apr.-sept. 9-19, juli-aug. 9.30-20, anders 9.30-19 uur, met iPod-audioguide € 18,40/14,50; avondlijke bezichtiging van de verlichte tuin met Italiaanse barokmuziek, onregelmatig in de zomer, 21.30 uur, € 6; zelfbedieningsrestaurant in de voormalige stallen, stijlvol restaurant in de oranjerie (vanaf € 29), salon de thé en picknickplaats

Het Château de Chenonceau (let op: het kasteel is zonder x op het eind, het dorp met x) voldoet met zijn romantische charme aan alle verwachtingen die het woord 'Loirekasteel' oproept, aldus de schrijver Gustave Flaubert, die in 1847 als gast van de Comte de Villeneuve op Chenonceau verbleef: 'Het is aan het einde van een grote bomenlaan, op enige afstand van het dorp, dat zich respectvol afzijdig houdt, in het water gebouwd; door bossen omgeven en temidden van een uitgestrekt park met fraaie gazons, reiken de torentjes en vierhoekige schoorstenen van het kasteel naar de lucht. De Cher stroomt kabbelend onder de bogen door, waarvan de scherpe kanten de stroming breken. Het is van een robuuste en toch lieflijke elegantie en de melancholische rust heeft niets sombers of verbitterds.' Nu komt u het best in de vroege ochtend of in de avond als u nog iets van deze 'melancholische rust' wilt ervaren. De veelgeprezen schoonheid van het kasteel, zijn reputatie als decor van amoureuze avonturen en extravagante feesten trekken jaarlijks zo'n miljoen bezoekers.

Kasteel van vrouwen

Chenonceau is als het 'Château des Dames' de geschiedenis in gegaan. De elegantie, schoonheid en charme zijn het werk van de vrouwen die het bezaten en hebben vormgegeven. Catherine Briçonnet is de eerste in de rij. Zij leidde de bouwactiviteiten, terwijl haar man, de bankier Thomas Bohier, voor zaken in Italië was. Bohier kocht het bezit in

Catharina de Medici liet een galerij over de brug over de Cher bouwen

1513 van een adellijke schuldeiser en liet de vervallen gebouwen slopen. Alleen de donjon bleef staan. Op de fundamenten van een molen verscheen een nieuw, relatief klein kasteel met een vierkante plattegrond en torens op de hoeken.

In de bibliotheek herinneren de initialen B en K in het schitterende cassetteplafond aan de eerste slotvrouwe en haar gemaal. Catherine Briçonnet had al een brug over de Cher in haar plannen staan, maar het was haar opvolgster Diana van Poitiers die de brug daadwerkelijk liet aanleggen, misschien om zo direct vanaf het kasteel in het bos te kunnen gaan jagen.

Diana van Poitiers

Toen Hendrik II in 1547 koning werd, schonk hij Chenonceau, dat na de dood van Bohier in bezit van de kroon was gekomen, aan zijn geliefde Diana van Poitiers. Diana, afkomstig uit hoge adellijke kringen, werd op 37-jarige leeftijd weduwe en leerde op een feest de toen 17-jarige Hendrik kennen. Ze werd zijn maîtresse en groeide uit tot een machtige, rijke vrouw die haar bezittingen slim beheerde. Ook haar schoonheid oogste alom bewondering en is in talrijke kunstwerken voor de eeuwigheid bewaard. Zo is ze op een schilderij van Primaticio in de kamer van Frans I als godin van de jacht afgebeeld. Het schilderij is op Chenonceau gemaakt toen Diana 57 jaar was.

Het schitterend in het landschap ingebedde Château de Chenonceau werd Diana's favoriete verbijfplaats in Touraine. Ze voorzag in haar eigen onderhoud door boerderijen in de omgeving te laten bouwen en wijnstokken te laten planten. Ook wilde ze het kasteel vergroten door een galerij te laten bouwen boven op de brug over de Cher.

De uitvoering van dit plan legde ze in handen van de belangrijke renaissancebouwmeester Philibert de l'Orme. Maar de dood van Hendrik II in 1559 maakte een eind aan deze plannen. Diana liet wel de stenen terrassen met daarop de tuinen aanleggen, waarin viooltjes uit het nabijgelegen bos hun geur konden verspreiden. Ook liet ze duizenden in het bos uitgegraven aardbeiplanten en moerbeibomen planten.

Catharina de Medici

Catharina de Medici liet na de dood van haar man Hendrik II haar grote rivale Diana uit het kasteel zetten, in ruil voor het kleinere kasteel van Chaumont. Catharina woonde vervolgens enige tijd zelf met haar kinderen op Chenonceau. Ze richtte een bibliotheek in, vergrootte de zijderupsenkwekerij, begon in het dorp een weverij en liet op de brug een gesloten galerij bouwen (zie blz. 167). De onderste verdieping fungeerde als feestzaal, daarboven woonden waarschijnlijk de hovelingen. Onder Catharina en haar zoon Hendrik III werd Chenonceau het toneel van decadente feesten, die bekend stonden om hun luxe en overdaad. De zogenoemde Groene Kamer was de werkkamer van Catharina de Medici; vanuit dit vertrek regeerde ze over heel Frankrijk.

Louise van Lotharingen

De in zwarte tinten ingerichte slaapkamer van Louise van Lotharingen herinnert aan de laatste belangrijke vrouw van Chenonceau. Louise van Lotharingen, de weduwe van koning Hendrik III, zou haar verdere leven rouwen om de dood van haar in 1589 vermoorde echtgenoot. Gehuld in koninklijk witte rouwgewaden bracht ze haar laatste jaren in eenzaamheid door, met de rug naar de rest van de wereld. Het 'liefdeskasteel' van Diana liet ze met zwarte stoffen aankleden en op de houten plafonds werden symbolen van de dood aangebracht.

Madame Dupin

In de 18e eeuw kwam het kasteel in handen van het echtpaar Dupin. Madame Dupin ontving er beroemde schrijvers en denkers als Voltaire en Montesquieu en ze nam de jonge Jean-Jacques Rousseau in dienst. Later schreef hij over zijn tijd als privéleraar bij de Dupins: 'In 1747 brachten wij de herfst door in Touraine, op het kasteel van Chenonceaux, de koninklijke residentie aan de Cher (...) Wij amuseerden ons zeer op deze fraaie plek; we aten uitstekend, ik werd dik als een monnik.' In het dorp was Madame Dupin zeer geliefd en daaraan is te danken dat het kasteel de Franse Revolutie overleefde.

Kasteel en tuin

Sinds 1913 is Chenonceau eigendom van de familie Menier, die het kasteel openstelde voor bezoekers. De chocoladeproducent liet in de Eerste Wereldoorlog in de galerij een veldhospitaal inrichten. Een informatiebord bij de ingang vermeld dat er 2254 gewonden zijn verpleegd. Aan het begin van de Tweede Wereldoorlog, tussen 1940 en 1941, fungeerde de galerij enige maanden als vluchtroute en was Chenonceau het symbool van een gedeeld Frankrijk: de brug verbond het door de Duitsers bezette gebied met de vrije zone aan de andere kant van de rivier.

Uit de begintijd van het kasteel is weinig bewaard gebleven. Bezoekers wandelen nu door kamers die in de stijl van de renaissance zijn ingericht. In de **Salle des Gardes** (wachtlokaal) zijn de tegelvloer en de schouw nog 16e-eeuws en in de **bibliotheek van Catharina** geldt dat voor het cassetteplafond met de monogrammen van de Bohiers. De

kamer van Louise von Lotharingen is gereconstrueerd op basis van het originele zwarte balkenplafond. Er werd gekookt in een ondergrondse kelder. De koperen potten en pannen in de **keuken** staan er nu slechts voor de sier en het vuur in de haard is gedoofd.

De moeite waard zijn zeker ook de **tuinen** van Chenonceau, die zijn aangelegd naar historische ontwerpen. De formele **tuinen van Diana** liggen op verhoogde terrassen en zijn daardoor beschermd tegen hoogwater. De fontein in het centrale bloembed van de tuin is geïnspireerd op een historische afbeelding. De **tuin van Catharina** ertegenover is eveneens een klassieke Franse tuin en biedt een goed uitzicht op de westgevel van het kasteel. Aan Catharina herinnert verder het labyrint, dat aan het einde van een grote platanenallee werd aangelegd aan de hand van een Italiaanse tekening uit 1720.

De **moestuin** bij de 16e-eeuwse **boerderij** levert producten aan restaurants. De bloemen en vruchten worden bovendien door Annie Lasnier gebruikt voor de bijzondere bloemenarrangementen die elk vertrek in het kasteel opfleuren.

Overnachten, eten

Pure verwennerij – **Auberge du Bon Laboureur:** tel. 02 47 23 90 02, www.bonlaboureur.com, 2 pk vanaf € 136, menu vanaf € 54, vegetarisch € 41. Het traditierijke hotel, gevestigd in een traditioneel 18e-eeuws pand, heeft individueel en smaakvol ingerichte kamers.

La vie en rose – **Hostel La Roseraie:** 97, rue du Docteur Bretonneau, tel. 02 47 23 90 09, www.hotel-chenonceau.com, 2 pk vanaf € 72, menu vanaf € 29. Door een familie gerund hotel met grote kamers, mooie tuin, zwembad en open haard in het restaurant.

Actief

Boottocht – Aan boord van de Belandre kunt u een romantisch tochtje van 2 km over de Cher maken naar kasteel Chenonceau vanuit Chisseaux (tel. 02 47 23 98 64, www.labelandre.com).

Uitgaan

Avondwandeling – **Château de Chenonceau:** onregelmatig in juli-aug. Na het invallen van de duisternis struinen door de tuinen met muziek en feeërieke verlichting (www.chenonceau.com).

Informatie

Office de Tourisme: 1, rue Bretonneau, 37150 Chenonceaux, tel. 02 47 23 94 45, www.chenonceaux-blere-tourisme.com, ma.-za. 10-12.30, 14-17.30 uur.

Montrichard en St-Aignan ▶ N 4

Stroomopwaarts van Chenonceaux ligt **Montrichard.** De rit naar de sobere 12e-eeuwse burchtruïne, waarvan de toren boven het stadje uitsteekt, levert mooie panorama's over het dal van de Cher op. Enkele 16e-eeuwse vakwerkhuizen en renaissancegevels getuigen van het vroegere belang van Montrichard. In de Église Ste-Croix werd in 1476 het huwelijk van de latere koning Lodewijk XII met Johanna van Frankrijk ingezegend.

Volgt u de Cher stroomopwaarts, dan komt u bij **St-Aignan-sur-Cher.** Vanaf het hoog boven het dal gelegen renaissancekasteel geniet u van fraaie uitzichten over de omgeving. De crypte van de bezienswaardige romaanse abdijkerk beschikt over goed bewaard gebleven muurschilderingen. ▷ blz. 168

Favoriet

De galerij van het Château de Chenonceau ▶ N 4

In de duistere jaren van de Tweede Wereldoorlog bood de galerijbrug een vluchtroute van de bezette naar de vrije zone. Catharina de Medici liet de galerij boven op de brug bouwen, die haar voorgangster Diana van Poitiers achter het kasteel had laten aanleggen. Diana, die op schilderijen als godin van de jacht werd afgebeeld, zou over de brug naar het jachtgebied op de andere oever zijn gereden.

Kenmerkend voor het kasteel van Valençay: ronde torens en een vierkante donjon

Château de Valençay ▶ O 5

2, rue de Blois, Valençay, www.chateau-valencay.fr, tel. 02 54 00 15 69, apr. 10.30-18, mei, sept. 10-18, juni 9.30-18.30, juli-aug. 9.30-19, okt.-begin nov. 10.30-17 uur, € 13,50/10,50

Het stadje Valençay, gelegen aan de rand van het Forêt de Gâtine, wordt geheel overschaduwd door het machtige kasteel. Het werd tussen 1540 en 1650 gebouwd, in eerste instantie voor de bankier Jacques d'Estampes. Later ontving Talleyrand, minister van Buitenlandse Zaken onder Napoleon, hier zijn internationale gasten. Hij kocht het complex in 1803 op verzoek van de keizer; de familie zou het tot 1979 in bezit houden.

Aan de voorgevel is te zien dat het kasteel uit vijf verschillende delen bestaat. Rechts staat een grote oude toren, met daarbovenop een koepelvormig dak. Het sluit aan op een lager woongebouw, dat uitkomt bij een vierkante donjon in het midden van de gevel. Links daarvan volgt een kleiner woongebouw van slechts één verdieping en op de hoek weer een ronde toren, maar wel een stuk kleiner dan zijn grote broer aan de andere kant. Het vierkante woongebouw wordt donjon genoemd, maar heeft niets te maken met de oorspronkelijke donjons zoals die bij middeleeuwse kastelen voorkwamen. Datzelfde geldt overigens voor het kasteel van Azay-le-Rideau, dat qua uiterlijk veel overeenkomsten vertoont. Het kasteel is ingericht met meubels en objecten in de empirestijl.

Valençay heeft ook voor gezinnen genoeg te bieden: op het terrein ontdekt u een kinderboerderij, een grote speeltuin en een doolhof om verstoppertje te spelen. Bovendien zijn er op sommige dagen thematische rondleidingen (alleen in het Frans). Op zondagochtend kunt u een kijkje nemen in het kleine theater dat Talleyrand op verzoek van Napoleon liet bouwen voor de Spaanse prinsen die hier in ballingschap verbleven. Inmiddels wordt het theater weer bespeeld. Tijdens het Festival de Talleyrand brengen gerenommeerde muzikanten hier oude muziek ten gehore. Het mooie slotpark en het 'Prinsenwoud' kunt u op eigen houtje te voet of per elektrisch voertuig verkennen. In het fraaie decor van de oranjerie kunt u in het restaurant kleine gerechten of een menu bestellen.

Overnachten, eten

Comfortabel – **Relais du Moulin:** 94, rue Nationale, tel. 02 54 00 38 00, www.hotel-lerelaisdumoulin.com, 2 pk vanaf € 85, menu vanaf € 28. Functioneel ingerichte kamers in een modern complex met tuin en zwembad bij een oude watermolen. Goed restaurant met traditionele keuken.

Informatie

Office du Tourisme du Pays de Valençay: 2, avenue de la Résistance, 36600 Valençay, tel. 02 54 00 04 42, www.valencay-tourisme.fr, juli-aug. dag. 9-19, mrt.-juni, sept.-okt dag. 10-12.30, 14-17.30, nov.-feb. ma.-vr. 10-12.30, 14-17, za. 9.30-12.30 uur.

Montrésor ▶ N 5

Het mooiste uitzicht op het dorp Montrésor krijgt u tijdens een wandeling langs de met populieren omzoomde oever van de Indrois: in het water dobberen schepen en spiegelen zich de tuinen, de stenen huizen en het rijzige **château** (tel. 02 47 92 60 04, www.chateaudemontresor.fr, april-okt. dag. 10-19, nov.-mrt. 10-18 uur, € 8/4). Het complex bestaat uit de resten van een middeleeuwse burcht en een renaissancekasteel uit 1493, waarvan alleen het hoofdgebouw resteert. Hier wonen nu de nakomelingen van de Poolse graaf Branicki, een vriend van Napoleon III en een van de grootste bankiers van zijn tijd. Hij kocht het kasteel in de 19e eeuw, richtte het opnieuw in en bracht er zijn kunstcollecties in onder, waarbij bijzondere Italiaanse schilderijen (te bezichtigen). Op zaterdag kunt u te voet van de burcht naar de oude **markthal**, waarvan het leistenen dak rust op houten palen, om hier alles voor een picknick aan de rivier te kopen.

In het dal van de Indrois ▶ N 5

Vanuit Montrésor gaat de D10 door het lieflijke dal van de Indrois via Chemillé-sur-Indrois naar **Genillé.** In het water van de rivier weerspiegelt het groen van de struiken en bomen die de

Tip

De piëta van Nouans-les-Fontaines ▶ O 5

Kunstliefhebbers stoppen onderweg van Valençay naar Montrésor beslist in Nouans-les-Fontaines. In de kerk van deze kleine plaats hangt een van de belangrijkste laatgotische Franse meesterwerken: het altaarstuk van de *Bewening van Christus* van Jean Fouquet. Het is het enige monumentale altaarretabel dat bewaard is gebleven van Fouquet, die leefde van omstreeks 1415 tot 1480 en als de belangrijkste renaissancekunstenaar van Frankrijk wordt gezien. De expressieve schildering op het paneel toont de kruisafname, waarbij twee mannen Jezus in de schoot van Maria leggen. Let vooral op de uitdrukking van de gezichten!

oevers vullen. Bij Genillé hebben vroegere bewoners in de kalksteenwanden langs de Indrois grotwoningen uitgehakt en zo een ware idylle gecreëerd. Een rij populieren scheidt de sappige weides van de rivier. Daarachter strekken de tuinen zich uit tot aan de grotwoningen. In het dorp gaat u linksaf over de brug en dan via de D746 door het bos van Loches tot aan de oude vestingstad aan de Indre.

Kiest u vanuit Montrésor de D760 richting Loches, dan duikt al snel een juweel van middeleeuwse, landelijke architectuur op: voor een bosschage, omgeven door groene graslanden, staan de gebouwen van **La Corroierie du Liget.** Onregelmatige, bemoste dakpannen in velerlei tinten rood bekronen de vaalwitte stenen muren van het complex. In het behoedzaam gerestaureerde pand zijn stijlvolle gastenkamers gecreëerd (www.corroirie.com, 2 pk incl. ontbijt vanaf € 98).

Het complex, dat het midden houdt tussen een kasteel en een boerderij, is in de middeleeuwen gebouwd en werd gebruikt door de monniken van de **Chartreuse du Liget.** Het ommuurde terrein van het kartuizerklooster zelf, met daaromheen akkers en weilanden, ontdekt u verderop aan de rand van het bos van Loches. Het klooster werd in 1178 door Hendrik II Plantagenet gesticht als boetedoening voor de moord op bisschop Thomas Becket van Canterbury. Van dat oorspronkelijke klooster resteert niet meer dan een indrukwekkende kerkruïne uit de 12e eeuw. De rest werd tijdens de Franse Revolutie met de grond gelijkgemaakt. In het langgerekte woonhuis is een Gite de France voor grote groepen ondergebracht (www.chartreuseduliget.com).

De sleutel van de **Chapelle St-Jean-du-Liget** (ongeveer 800 m westelijk, met bordjes aangegeven, dag. 9-18 uur) kunt u krijgen op het Office de Tourisme van Loches. Deze ronde kapel uit de 12e eeuw, met een aantal goed bewaard gebleven romaanse fresco's, staat midden in het open veld.

Tip

Lac de Chemillé ▶ N 4

In de vallei van de Indrois heeft de gemeente Chemillé-sur-Indrois een stuwmeer geschikt gemaakt voor zwemmen, varen en vissen. Een camping en een restaurant, plus de nabijheid van Genillé en Chemillé, maken dit een ideale plek voor een zomerse pauze (www.chemillesurindrois.fr).

Loches ▶ N 5

Loches is een van de belangrijkste middeleeuwse relicten in het Loiredal, of zelfs in Frankrijk. Het is een stad in een stad, omgeven door een bijna 2 km lange stadsmuur, gebouwd op een rotsplateau hoog boven de Indre. Een gigantische vierkante donjon, de romaanse kloosterkerk St-Ours en het Logis de Roi zijn de blikvangers van de middeleeuwse vesting.

Vanaf de 11e eeuw hadden de graven van Anjou het in Loches voor het zeggen. Zij lieten de donjon, de weerbare woontoren, bouwen. Hendrik II Plantagenet, graaf van Anjou en koning van Engeland, en zijn zonen Richard Leeuwenhart en Jan zonder Land hadden de burcht in de 12e eeuw in bezit. In 1249 kocht Lodewijk IX het complex en viel het definitief onder de Franse kroon. In de 15e eeuw resideerden hier Karel VII, met zijn mooie maîtresse Agnès Sorel, en Lodewijk XII met zijn koningin Anna van Bretagne. Lodewijk maakte van de vesting een staatsgevangenis, wat het bleef tot 1925.

Een stevige muur omringt de oude stad, de kerk en de donjon van Loches

Binnen de stadsmuren

De enige toegang tot de ommuurde bovenstad van Loches is ook nu nog de **Porte Royale** 1. Het in de 15e-16e eeuw gebouwde **Logis du Roi** 2 (www.chateau-loches.fr, apr.-sept. 9-19, okt.-mrt. 9.30-17 uur, € 8,50/6,50) sluit aan op het oude woonverblijf en markeert de overgang van de middeleeuwen naar de renaissance. In de sober ingerichte Grand Salle ontving de koning Jeanne d'Arc na de bevrijding van Orléans. Een erotisch geladen portret van Fouquet (het origineel bevindt zich in het Louvre) geeft een indruk van de legendarische schoonheid van Agnès Sorel, de geliefde van Karel VIII. Aan Anna van Bretagne herinnert een kleine kapel, met op de muren haar symbolen: een koord van de franciscanen en een hermelijn.

De kloosterkerk **St-Ours** 3 dateert uit de 11e-12e eeuw. De in dezelfde periode gebouwde keuken van de abdij van Fontevraud gaf de bouwmeester wellicht de inspiratie voor de twee merkwaardige piramidevormige daken, die in de 12e eeuw het ingestorte dak van het schip vervingen. In het koor van de St-Ours liet Karel VII de in 1450 overleden Agnès Sorel bijzetten – ze was nog maar 28 jaar toen ze stierf door vergiftiging. Het marmeren grafmonument toont haar bijna als een heilige. Misschien juist daarom werd het monument tijdens de Franse Revolutie in 1789 vernield. Het werd hersteld onder Napoleon en staat nu weer op de oorspronkelijke plaats. De lammeren bij haar voeten (*agnus* in het Latijn) verwijzen naar de naam en het zachtaardige karakter van de koninklijke maîtresse. Let bij een bezoek aan de kerk ook op het 12e-eeuwse portaal, dat is versierd met talrijke figuren.

Op passende afstand van de woon- en ontvangstvertrekken van de koning, naast de donjon, staat het beruchte gevangenis- en foltercentrum van het kasteel. In de kerkers van de **Tour Martelet** 4 zaten illustere staatsvijanden als kardinaal La Balue, die Lodewijk XI had verraden aan de Bourgondiërs, en de hertog van Milaan, Ludovico Sforza, die acht jaar lang krijgsgevangen werd gehouden door Lodewijk XII. Veel gevangenen hebben hun namen in de muren van de kerkers gekrast. De schilderingen waarmee Ludovico zijn cel versierde, ondertekende hij met 'Celui qui net pas contan' (de ongelukkige).

De benedenstad

Afdalend naar de benedenstad passeert u eerst het statige renaissancegebouw van het **Hôtel de Ville** 5 (stadhuis), daarna volgt de **Place de la Marne**, een plein met het verkeer van een moderne provinciestad.

De **Carrière Troglodytique de Vignemont** 6 (52ter, rue des Roches, tel. 02 47 91 54 54, www.carriere-de-vignemont.fr, dag. sept.-juni 10-12, 14-18, juli-aug. 10-19 uur, € 13,50/10,50), een grote steengroeve onder de burcht van Loches, is te bezichtigen en biedt een goed beeld van de ondergrondse winning van kalksteen in het Loiredal. Tijdens een 600 m lange wandeling leert u allerlei wetenswaardigheden over geologie, de winning en het gebruik van *tuffeau* (kalksteen). Indrukwekkend zijn ook de klankkunstwerken van Will Menter.

Uitstapje naar de Vallée de Courtineau ▶ L 4/5

De beek de Courtineau ontspringt in **Ste-Catherine-de-Fierbois**, een dorpje tussen Loches en Chinon. Een laatgotisch portaal van de dorpskerk toont Jeanne d'Arc op 15 maart 1429, als ze op weg is naar de koning in Chinon. Hier in Ste-Catherine liet ze haar zwaard ophalen, met in de kling vijf gegraveerde kruisen.

Volg vanuit het dorp de borden naar de D910, die u na 1 km bereikt. Ga hier linksaf. Neem een paar honderd meter verder, in een flauwe bocht naar rechts, de smalle weg die rechts de **Vallée de Courtineau** in gaat. Aan de rechterkant van het groene beekdal rijzen kalksteenwanden omhoog, waarin vroegere bewoners grotwoningen hebben uitgehakt. De bontgekleurde luiken voor de ramen contrasteren met het groen van het gras en de bomen. De **Chapelle Notre-Dame-de-Lorette** werd in de 15e eeuw in de rotsen uitgehakt. Het einde van het dal wordt al sinds diezelfde eeuw bewaakt door het **Château de Brou.** Voorbij het kasteel rijdt u door de bijna even lieflijke en eenzame **Vallée de la Manse** naar **St-Epain.**

Overnachten

Met uitzicht op de rivier – **George Sand** 1: 39, rue Quintefol, tel. 02 47 59 39 74, www.hotelrestaurant-george sand.com, 2 pk vanaf € 70, menu vanaf € 14,50. Het huiselijke hotel aan de Indre is ondergebracht in een natuurstenen huis uit de 15e en 17e eeuw en beschikt over een mooie tuin. Een schouw zorgt voor sfeer in het restaurant, bij de rivier is een overdekt terras.
In de oude stad – **La Maison de l'Argentier du Roy** 2: 21, rue Saint-Ours, tel. 02 47 91 62 86, www.argentier-du-roy.com, 2 pk vanaf € 112. Vijf individueel ingerichte kamers in een mooi tufstenen gebouw.

Eten en drinken

Schitterend uitzicht – **Le Vicariat** 1: 4, place Charles-VII, tel. 02 47 59 08 79, www.aubergelevicariat.e-monsite.com, menu vanaf € 24. Alleen al de ligging met fraai uitzicht op de vesting

Loches

Bezienswaardigheden
1 Porte Royale
2 Logis du Roi
3 St-Ours
4 Tour Martelet
5 Hôtel de Ville (stadhuis)
6 Carrière Troglodytique de Vignemont

Overnachten
1 George Sand
2 La Maison de l'Argentier du Roy

Eten en drinken
1 Le Vicariat
2 Le Cosy

Uitgaan
1 Le Bistrot du Balto
2 Le Grand Café des Arts
3 Le Caravage

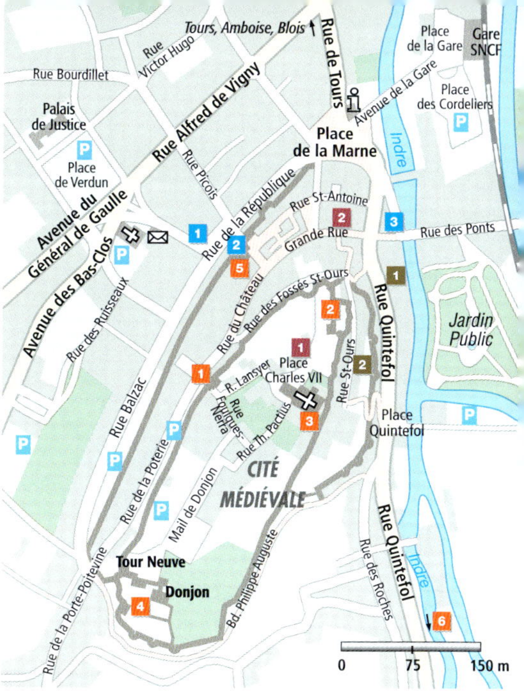

maakt een bezoek de moeite waard. Op de kaart staan rillettes, andouillette, onglet, cabillaud, frites – alles huisgemaakt.
Salon de Thé – **Le Cosy** 2: 33, Grande Rue, tel. 09 62 63 87 86. Net café-restaurant met vrouwelijke *touch*, lange tafels, fauteuils, banken, boeken en schilderijen. Probeer de taarten, het biologisch ijs of de quiches.

Uitgaan

Aan de **Place du Marché au Blé** in de benedenstad vindt u de twee bar-brasseries van Loches: **Le Bistrot du Balto** 1 en **Le Grand Café des Arts** 2. Het zijn klassieke adressen in de bekende Parijse stijl. U kunt er eenvoudig en betaalbaar eten, de inwoners van Loches ontmoeten en ook na 22 uur nog een biertje bestellen, als er elders in Loches niets meer te beleven valt.
Livemuziek – **Le Caravage** 3: Porte des Cordeliers, 2, rue des Ponts, tel. 02 47 91 62 07, www.barlecaravage.com. Lekkere cocktails, vriendelijke bediening en regelmatig livemuziek. Le Caravage is populair bij zowel locals als toeristen.

Info en festiviteiten

Office de Tourisme: place de la Marne, 376011 Loches, tel. 02 47 91 82 82, www.loches-tourainecotesud.com, mrt.-juni, sept. dag. 9.30-12.30, 13.30/14-18.30, juli-aug. ma.-za. 9-12.45, 13.45-19, zon- en feestdagen 10-12.30, 14.30-18, okt.-mrt. ma.-za. 9.30-12.30, 14.30-17.30 uur.
Vervoer: diverse keren per dag treinen naar Tours en Parijs.

IN EEN OOGOPSLAG

Tours

Hoogtepunt ✸

Cathédrale St-Gatien: de door twee torens gedomineerde voorgevel van de kathedraal maakt indruk door de vele tot in detail uitgewerkte gotische decoraties. Schitterende middeleeuwse gebrandschilderde ramen zetten het interieur van het indrukwekkende bouwwerk in een kleurrijk licht. 1 Zie blz. 177.

Op ontdekkingsreis

Souvenirs, souvenirs – winkelen in Tours: een bijzondere hoed, elegante onderzetters, sieraden, antiek of toch liever chocolade? Een rondgang langs winkeladressen in Tours. Zie blz. 182.

Bezienswaardigheden

Musée des Beaux-Arts: een schitterende schilderijenverzameling wacht de kunstliefhebber in het voormalige aartsbisschoppelijk paleis. 3 Zie blz. 180.

St-Julien: goed bewaard gebleven romaanse abdijkerk met moderne glas-in-loodramen. 6 Zie blz. 181.

Musée du Compagnonnage: indrukwekkende getuigen van het werk van verschillende gildes in de vroegere slaapzaal van de abdij St-Julien. 8 Zie blz. 184.

Wandelen

Prieuré de St-Cosme: het klooster aan de rand van Tours, dat is gewijd aan de dichter Pierre de Ronsard, nodigt uit tot een wandeling in de rozentuin. 16 Zie blz. 185.

Sfeervol genieten

Place Plumereau: de inwoners van Tours treffen elkaar op de caféterrassen en genieten van de sfeer van dit middeleeuwse plein met rondom prachtige vakwerkhuizen. 11 Zie blz. 187.

La Roche Le Roy: culinair toprestaurant in een 16e-eeuws kasteel – de moeite waard om de stad even voor te verlaten. 1 Zie blz. 188.

Uitgaan

La Guinguette de Tours: 's zomers wordt de oever van de Loire ingenomen door een hele serie terrassen. 's Avonds worden er regelmatig concerten en andere evenementen georganiseerd. 2 Zie blz. 189.

Tours ▶ M 3/4

De levendige universiteitsstad is een ideale uitvalsbasis voor het verkennen van de beroemde Loirekastelen in de omgeving. Tijdens een kopje koffie op een terras van de door middeleeuwse vakwerkhuizen omzoomde Place Plumereau, of bij een diner in een van de vele goede restaurants, maakt u de plannen voor de volgende dag.

Met zijn voorname oude panden en zijn jonge, pas in 1968 opgerichte universiteit wordt Tours (134.000 inw.) gezien als een typische stad van de traditionele middenklasse, de bourgeoisie – hoewel in 1920 juist in deze omgeving, in het voorstadje St-Pierre-des-Corps, de Franse Communistische Partij werd opgericht. Tours is verder trots op enkele traditionele bedrijven, zoals de in 1660 gestartte zijdeweverij Roze, waar men nog kostbare zijden stoffen weeft, vooral voor de inrichting van musea of kastelen, zoals Valençay.

Middeleeuws centrum met moderne accenten

Een blik op de stadsplattegrond geeft inzicht in de ontstaansgeschiedenis van Tours. Er zijn twee historische kernen te onderscheiden, die geleidelijk aan elkaar zijn vastgegroeid: in het oosten ligt de tot de Romeinse tijd teruggaande wijk rond de Cathédrale St-Gatien, met het aartsbisschoppelijk paleis en het kasteel; in het westen markeert de Basilique St-Martin de grens van het middeleeuwse stadshart, dat zich uitstrekt rond de Place Plumereau.

Rond de Église St-Julien ontstaat nu met nieuwe bouwwerken het 'Tours van de 21e eeuw', zoals burgemeester Serge Barbary zijn plannen voor stadsvernieuwing graag aanduidt. Daarvoor ruimen de weinig aantrekkelijke paviljoens aan het begin van de Rue Nationale het veld. Verder investeert Tours in de vakkundig gerestaureerde historische bouwwerken, waarin de grootste

INFO

Toeristenbureau

Tours: Office de Tourisme, 78, rue Bernard Palissy, tel. 02 47 70 37 37, www.tours-tourisme.fr, apr.-sept. ma.-za. 8.30-19, zo. 10-12.30, 14.30-17, okt.-mrt. ma.-za. 9-12.30, 13.30-18, zo. 10-13 uur. U kunt hier ook dagexcursies naar enkele kastelen (zoals Blois-Chambord-Cheverny of Langeais-Ussé-Villandry) of een vaart met een heteluchtballon boeken. Voor de smartphone is er een digitale stadsgids (www.monument-tracker.com/villes/france/tours).

Vervoer

Met de **TGV-Atlantique** reist u in anderhalf uur van Parijs naar Tours. Elke dag rijden er meerdere treinen. Vanuit Tours zijn er bovendien goede verbindingen met bestemmingen langs de spoorlijn Orléans-Nantes en met diverse bestemmingen in het Loiredal.

Met de auto: in Tours zijn weinig parkeerplaatsen. Het best reserveert u een parkeerplaats bij het hotel. Bij alle hier genoemde hotels is dat mogelijk.

Openbaar vervoer

In 2013 werd in Tours de eerste van twee geplande tramlijnen geopend. De tram rijdt vanaf het voorstadje St-Cyr-sur-Loire door het centrum van Tours naar de voorstadjes Joué-les-Tours en Chambray-Lès-Tours. In het centrum kunt u van de Pont Wilson naar het station reizen.

Slanke, hoge zuilen en gotische ramen in de kathedraal St-Gatien

aantrekkingskracht van de stad schuilt. 'Op minder dan een uur reizen van Parijs hebben wij hier de Tuin van Frankrijk, de Loirekastelen, de gastronomie, de wijn ...,' verklaart directeur Jean-Michel Dutoit het succes van het congrescentrum Vinci als vlaggenschip van het zakelijk toerisme in de regio. De gerenommeerde architect Jean Nouvel ontwierp het sierlijke glazen gebouw tegenover het station, dat Tours in 1993 een eerste modern accent gaf.

Rond de kathedraal

Kathedraal, kunstmuseum en kasteel liggen op het gebied van de Gallo-Romeinse *cité* in het westen van de binnenstad. Resten van de Romeinse stadsmuur, die tot aan de Loire doorliep, zijn nog te zien aan de Rue Cupidon.

Cathédrale St-Gatien 1 ✸

Place de la Cathédrale, tel. 02 47 70 21 00, www.paroisse-cathedrale-tours.catholique.fr, dag. 9-19 uur

De kathedraal is gewijd aan St-Gatien, de eerste bisschop van Tours. De torens, die rusten op de fundamenten van Romeinse muren, bekronen sinds de 15e-16e eeuw het majestueuze bouwwerk, dat verder opvalt door zijn rijk bewerkte westgevel. De bouw startte in 1236 met steun van Lodewijk IX. De door hem aange- ▷ blz. 180

Tours (zie legenda blz. 180)

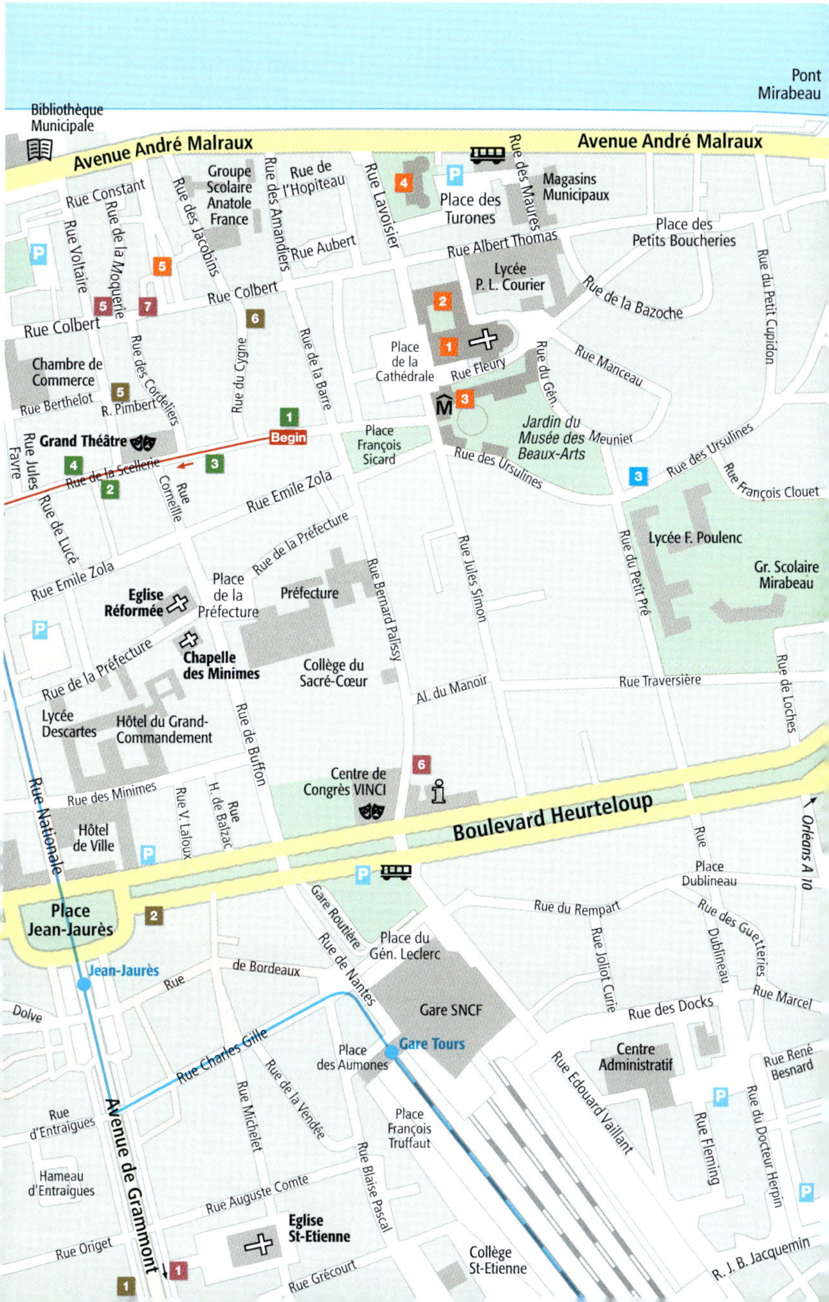
Pont Mirabeau
Bibliothèque Municipale
Avenue André Malraux
Avenue André Malraux
Groupe Scolaire Anatole France
Rue de l'Hopiteau
Rue Lavoisier
Place des Turones
Rue des Maures
Magasins Municipaux
Rue Constant
Rue Voltaire
Rue de la Moquerie
Rue des Jacobins
Rue des Amandiers
Rue Aubert
Rue Albert Thomas
Place des Petits Boucheries
Lycée P. L. Courier
Rue de la Bazoche
Rue du Petit Cupidon
Rue Colbert
Rue Colbert
Rue du Cygne
Rue de la Barre
Place de la Cathédrale
Rue Fleury
Rue Manceau
Chambre de Commerce
Rue Berthelot
R. Pimbert
Rue des Cordeliers
Rue du Gén. Meunier
Jardin du Musée des Beaux-Arts
Grand Théâtre
Begin
Place François Sicard
Rue des Ursulines
Rue des Ursulines
Rue François Clouet
Rue Jules Favre
Rue de la Scellerie
Rue Corneille
Rue Emile Zola
Rue de Lucé
Rue de la Préfecture
Rue Jules Simon
Rue du Petit Pré
Lycée F. Poulenc
Gr. Scolaire Mirabeau
Rue Emile Zola
Eglise Réformée
Place de la Préfecture
Préfecture
Rue Bernard Palissy
Rue de la Préfecture
Chapelle des Minimes
Collège du Sacré-Cœur
Al. du Manoir
Rue Traversière
Rue de Loches
Lycée Descartes
Hôtel du Grand-Commandement
Rue de Buffon
Centre de Congrès VINCI
Rue des Minimes
Rue V. Laloux
Rue H. de Balzac
Rue Nationale
Hôtel de Ville
Boulevard Heurteloup
Orléans A 10
Rue Place Dublineau
Place Jean-Jaurès
Gare Routière
Place du Gén. Leclerc
Rue du Rempart
Rue des Guetteries
Rue Dublineau
Rue Joliot Curie
Jean-Jaurès
Rue de Bordeaux
Rue de Nantes
Dolve
Gare SNCF
Rue des Docks
Rue Marcel
Gare Tours
Place des Aumones
Rue Charles Gille
Rue de la Vendée
Rue Edouard Vaillant
Centre Administratif
Rue René Besnard
Rue d'Entraigues
Avenue de Grammont
Rue Michelet
Place François Truffaut
Rue Blaise Pascal
Rue Fleming
Rue du Docteur Herpin
Hameau d'Entraigues
Rue Auguste Comte
Eglise St-Etienne
Rue Origet
Collège St-Etienne
R. J. B. Jacquemin
Rue Grécourt

Tours (zie kaart blz. 178-179)

Bezienswaardigheden
1 Cathédrale St-Gatien
2 La Psalette
3 Musée des Beaux-Arts
4 Château de Tours
5 Place Foire-le-Roi
6 St-Julien
7 Musée du Compagnonnage
8 Hôtel de Beaune-Semblançay
9 Hôtel Goüin
10 Place Plumereau
11 Tour Charlemagne
12 Tour de l'Horloge
13 Basilique St-Martin
14 Musée St-Martin
15 Prieuré de St-Cosme

Overnachten
1 L'Univers
2 Kyriad
3 L'Adresse
4 Châteaux de la Loire
5 Ronsard
6 Du Cygne

Eten en drinken
1 La Roche Le Roy
2 Charles Barrier
3 La Deuvalière
4 L'Atelier Gourmand
5 Le Laurenty
6 Le Chien Jaune
7 L'Affiné

Winkelen
1 Virginie Poisson
2 100 Dessus Dessous
3 Librairie Ancienne Denis
4 Saperlipopette
5 Perrin Soulat Antiquités
6 La Chocolatière
7 La Balade Gourmande
8 Nicolas Léger
9 Halles Centrales de Tours
10 Marché aux Fleurs

Actief
1 Institut de Touraine

Uitgaan
1 Le Petit Faucheux
2 La Guinguette de Tours
3 Cinémas Studio

—— Winkelroute, zie blz. 182

stelde architect Étienne de Mortagne, die ook de Ste-Chapelle in Parijs ontwierp, bouwde eerst het **koor.** De gotische ramen, de ranke zuilen met eikenbladkapitelen en de drie verdiepingen hoge arcaden geven het een opmerkelijke lichtheid. Het **middenschip** en het **dwarsschip** werden pas in de 14e en de 15e eeuw gebouwd, maar sluiten harmonieus aan bij het koor. In de zuidelijke zijbeuk staat het **grafmonument** voor de kinderen van Anna van Bretagne en koning Karel VIII, rond 1505 uit marmer gehouwen in het atelier van Michel Colombes. De kleine lichamen, die diep in slaap lijken te zijn, worden door vier engeltjes geflankeerd. Voor het eerst zijn hier invloeden uit de Italiaanse renaissance zichtbaar in Frans beeldhouwwerk.

In het kader van de restauratie van het noordelijke roosvenster in de jaren 2006 tot 2010 werden de omringende kale vensters vervangen door vrije tweedimensionale glasschilderingen van de Franse kunstenaar Gérard Collin-Thiébaut. Ze grijpen terug op de middeleeuwse kleuren van de roos, maar zijn tevens geheel eigentijds.

Mooi uitzicht op de luchtbogen van het koor krijgt u vanaf de tweede verdieping van **La Psalette** 2, de kloostergang van de kathedraal. In dit bouwwerk uit de 15e-16e eeuw oefenden de koorknapen, de gesloten galerij aan de oostkant huisvestte de bibliotheek van het kapittel. Een miniatuurversie van de wenteltrap van het kasteel van Chambord en antieke decoraties verwijzen naar de renaissance; eikenbladeren, druiven en *chou frisé* (gekrulde koolbladeren) op de kapitelen symboliseren het vruchtbare land rond Tours.

Musée des Beaux-Arts 3

18, place François-Sicard, tel. 02 47 05 68 73, www.mba.tours.fr, wo.-ma. 9-12.45, 14-18 uur, € 6/3

Een reusachtige libanonceder uit 1804 en een opgezette olifant ontvangen de bezoekers bij de toegang tot het museum voor beeldende kunst. 'Fritz' werd in 1902 door het circus van Barnum & Bailey achtergelaten, nadat hij op weg naar het station tijdens een aanval van razernij moest worden doodgeschoten. De stad Tours kreeg het kadaver van de olifant en liet het opzetten als aanvulling op de natuurhistorische verzameling.

De stedelijke kunstcollectie is gehuisvest in het voormalige **aartsbisschoppelijk paleis** uit de 18e eeuw. Het verzamelen begon tijdens de Franse Revolutie, toen de kunstleraar Charles-Antoine Rougeot de opdracht kreeg 'kunstwerken uit de kloosters, kerken en verlaten huizen bijeen te brengen en een depot aan te leggen'. Rougeot redde objecten uit de nabijgelegen abdij van Marmoutier, het Couvent des Minimes in La Riche, het Château Chanteloup en van verder weg gelegen plaatsen. In de 19e eeuw werd de verzameling uitgebreid en zo ontstond een van de belangrijkste provinciale musea van Frankrijk, met onder andere werken van Rubens, Rembrandt en Mantegna.

De voormalige tuin van het paleis, achter het huidige museum, is nu een **stadspark**.

Château de Tours 4

25, avenue André Malraux; museum: www.tours.fr/139-chateau.htm, di.-zo. 14-18 uur, € 4

Van het **kasteel** van de Franse koningen aan de oever van de Loire zijn alleen een toren en het **Logis des Gouverneurs** bewaard gebleven. Hier zijn fotografietentoonstellingen te zien.

Tijdens een wandeling van het kasteel langs de rivierpromenade richting de bibliotheek en verder naar de universiteit, ontmoet u verliefde stelletjes en studenten die lezen, een praatje maken of simpelweg uitkijken over de traag stromende rivier.

Rond de St-Julien

Via de levendige **Rue Colbert**, een van de oudste straten van de stad, slentert u naar de **Église St-Julien**. De smederij waar Jeanne d'Arc haar wapenrusting bestelde, zou zich in het vakwerkhuis op nr. 39 bevonden hebben. Onderweg komt u langs de langgerekte **Place Foire-le-Roi** 5, met rondom enkele 15e-eeuwse panden. Al vanaf de middeleeuwen wordt het gebruikt als marktplein. De naam draagt het plein al vanaf 1554, het jaar waarin koning Frans I het houden van vrije markten (*foires*) toestond. Aan de Rue Colbert, tussen nummers 62 en 64, geeft een donkere houten poort toegang tot een smalle passage die direct naar de Place Foire-le-Roi leidt. Het verhaal gaat dat terdoodveroordeelden via deze passage naar de galg op het plein werden gebracht.

St-Julien 6

16, rue Nationale

De Église St-Julien kent een lange geschiedenis. Al in de 6e eeuw stichtte Gregorius van Tours op deze plaats een aan de martelaar Julianus gewijd benedictijnenklooster, waar zijn relieken werden bewaard. In de 10e eeuw werd de eerste abdijkerk gebouwd, waarvan nu alleen de indrukwekkende **kerktoren** nog behouden is. De huidige sobere kerk, die met zijn korte zijbeuken een wat gedrongen indruk maakt, dateert uit de 13e eeuw. Na de Tweede Wereldoorlog kregen Max Ingrand en Le Chevalier (apsis) de opdracht alle ramen te vervangen, waardoor het kerkinterieur nu in een kleurrijk licht te bewonderen is.

▷ blz. 184

Op ontdekkingsreis

Souvenirs, souvenirs – winkelen in Tours

Opvallende hoeden, elegante lingerie, sieraden, antiek of chocolade: in de Rue de la Scellerie verleiden de fantasierijk ingerichte etalages van de winkeltjes in pittoreske oude panden tot rondsnuffelen en kopen. Verder vindt u in de Rue des Halles talloze winkels van grote en kleine kledingmerken en kunt u voor delicatessen terecht in de markthallen.

Stadsplattegrond: zie blz. 178.
Duur: ongeveer 2 uur.
Virginie Poisson – Modiste 1: 66, rue de la Scellerie, ma.-za. 10.30-12.30, 14-18.30 uur
100 Dessus Dessous 2: 43, rue de la Scellerie, di.-za. 10-19 uur
Librairie Ancienne Denis 3: 50, rue de la Scellerie, www.librairiedenis.com, ma.-za. 10-19 uur
Saperlipopette 4: 28, rue de la Scellerie, di.-za. 10-19 uur
Perrin Soulat Antiquités 5: 3, rue de la Scellerie, di.-za. 10-19 uur
La Chocolatière 6: 2, rue de la Scellerie, ma.-za. 9.30-19, zo. 9.30-13 uur
La Balade Gourmande 7: 26, place du Grand Marché, di.-za. 10-13, 14-19 uur
Nicolas Léger 8: 59, place du Grand Marché, www.patisserie-leger.fr, di.-za. 8.30-19, zo. 9.30-13 uur
Halles Centrales de Tours 9: place G. Pailhoux, www.halles-de-tours.com, ma.-za. 7-19, zo. 7-13 uur

Hoeden en lingerie

Meteen aan het begin van de Rue de la Scellerie ziet u de hoedenwinkel van **Virginie Poisson** 1. Deze modeontwerpster heeft haar opleiding in de haute couture gekregen bij Jeanne Lanvin in Parijs. Ze geeft al een kleine twintig jaar leiding aan haar atelier. Niet alleen voor bijzondere gelegenheden als een huwelijksfeest kunt u in Tours op zoek gaan naar modieuze en in het gewone leven draagbare hoeden.

Smaakvol ondergoed van bekende merken voor stijlvolle dames vindt u in alle soorten en maten bij **100 Dessus Dessous** 2.

Boeken en speelgoed

Al sinds 1925 is in deze straat de **Librairie Ancienne Denis** 3 gevestigd. De fraaie op maat gemaakte boekenkasten stammen hoogstwaarschijnlijk ook uit die tijd. De boekwinkel wordt sinds jaar en dag zeer gewaardeerd door zowel schrijvers als lezers. Het antiquariaat bestrijkt de meest uiteenlopende onderwerpen. U kunt hier bovendien uitstekend terecht als u kostbare oude boeken verzamelt.

Als u cadeautjes voor kinderen zoekt, vindt u speelgoed van uitstekende kwaliteit en in alle categorieën in twee speelgoedwinkels vlak bij elkaar. **Saperlipopette** 4 verkoopt erg mooi speeltuig, **Le Petit Souk** is gespecialiseerd in de decoratie en inrichting van kinderkamers. Beide zaken hebben prachtige etalages.

Antiek, sieraden en chocolade

In de vanouds hier gevestigde winkel **Perrin Soulat Antiquités** 5 waant u zich in een exotische schatkamer, rijk gevuld met uitzonderlijke pronkstukken van Franse juweliers en modeontwerpers, Afrikaanse maskers en kleine objecten uit Azië die op koraalblauwe stof in vitrines zijn uitgestald. De kostbare stukken van edelmetaal en edelstenen zijn prachtig om te zien, maar misschien te duur om te kopen. Als troost kunt u zich hiertegenover bij **La Chocolatière** 6 laten verwennen met handgemaakte pralines, die men hier al een kwarteeuw elke dag vers vervaardigt en in vitrines van hout, glas en marmer mooi gepresenteerd worden.

Delicatessen en wijn

Onderweg naar de markthallen kunnen fijnproevers eerst alvast rondneuzen op de Place du Grand Marché bij **La Balade Gourmande** 7: kaviaar uit de Sologne, azijn uit Orléans, *rillettes* uit Tours, ganzenlever en honing uit Touraine, terrines van vis uit de Loire, en *poires tapées* – dit alles kunt u ook als souvenirs laten inpakken in een glas of een doos.

Vlak voor de markthallen komt u langs nog een delicatessenzaak met heerlijke chocolade. Als er iets te vieren valt, staan de inwoners van Tours in de rij bij Patisserie **Nicolas Léger** 8. U kunt er ook terecht voor lekkere taartjes en de echte Nougat de Tours.

Luilekkerland – markthallen

Achter de vrij onopvallende gevel van de **Halles Centrales de Tours** 9 gaat een waar luilekkerland schuil. Diverse kaashandelaren, die zonder uitzondering alle 246 kaassoorten in hun assortiment hebben die voor Charles de Gaulle het bewijs waren dat Frankrijk onregeerbaar is, kraampjes met uitgelezen vleeswaren, oesters en andere schelp- en schaaldieren, vis, wild en gevogelte, brood, taarten en kruiden. Elke zaterdag en voor feestdagen staan hier rijen van geduldige wachtenden. Bovendien zijn er ook nog wijnhandelaren als Nicolas Legrand met een reusachtige keuze aan wijnen uit heel Frankrijk en in het bijzonder uit de regio van de Loire.

Van de vroegere kloostergebouwen en de kruisgang van de abdij is slechts weinig bewaard gebleven.

Musée du Compagnonnage 8

8, rue Nationale, tel. 02 47 21 62 20, www.museecompagnonnage.fr, half juni-half sept. dag. 9-12.30, 14-18, half sept.-half juni wo.-ma. 9-12.30, 14-18 uur, € 5,80/4

Naast het wijnmuseum bevindt zich de voormalige kapittelzaal van het klooster. De daarboven gelegen slaapzaal van de monniken huisvest nu het Musée du Compagnonnage, gewijd aan de oude ambachten en de gilden van Frankrijk. In deze 'Tempel van de Herinnering' zijn ambachtelijke werken en meesterstukken te zien, zoals miniatuur dakconstructies van hout, een gevlochten buste van Napoleon en werktuigen.

Hôtel de Beaune-Semblançay 9

Rue Jules Favre

Van het 16e-eeuwse renaissancepaleis van de belangrijke financiële ambtenaar Jacques de Beaune bleef na bombardementen in de Tweede Wereldoorlog weinig staan, maar het is genoeg om een indruk te krijgen van de pracht van het bouwwerk. In de **Jardin de Beaune-Semblançay** ziet u een met klassieke decoraties versierde gevel, een door een interieurwinkel als showroom gebruikte kapel en een marmeren fontein.

Hôtel Goüin 10

25, rue du Commerce

Aan de andere kant van de drukke, met winkels omzoomde Rue Nationale staat het Hôtel Goüin. Na een langdurige renovatie straalt dit renaissancepaleis sinds 2015 weer in zijn oude glorie. Het werd ooit in de 15e eeuw gebouwd als woning en handelshuis van een familie van zijdehandelaars. In de 18e eeuw kwam het in bezit van de bankiersfamilie Goüin, die het in 1977 schonk aan het departement Indre-et-Loire. In de Tweede Wereldoorlog raakte het gebouw zwaar beschadigd, maar de 16e-eeuwse, met schelpen, pauwen, vazen, en wapens versierde zuidgevel bleef behouden. In 1950 volgde de wederopbouw van het pand. De oorspronkelijk hier ondergebrachte collecties van de archeologische vereniging van Touraine zullen een plaats krijgen in de Chapelle Saint-Libért in de Rue de la Bretonnerie, die al sinds 2011 door de vereniging wordt gerestaureerd. Het Hotel Goüin is nu in gebruik genomen door het veilinghuis Rouillac (www.rouillac.com). Tijdens een voorbezichtiging van een veiling kunt u ook het renaissancepaleis zelf bezichtigen.

Rond de Place Plumereau

Slenterend door de straten en straatjes rond de **Place Plumereau** 11 (zie blz. 187), een plein met rondom winkels, boekhandels, cafés en restaurants, ontdekt u talrijke eeuwenoude panden. Een mooi voorbeeld is het met leistenen bedekte huis op de hoek van het plein met de Rue du Change, waar gesneden figuren de houten hoekpijlers sieren.

Bourg Châteauneuf

Vanaf de Place Plumereau wandelt u langs de stijlvolle boetieks van de **Rue du Change** naar het gebied van de vroegere Bourg Châteauneuf. Vanaf de Place Châteauneuf ziet u de oude **Tour Charlemagne** 12 naar de hemel reiken, met vlak in de buurt de koepel van de ('nieuwe') Basilique St-Martin en de met een elegant dak bekroonde, middeleeuwse **Tour de l'Horloge** 13. De twee donkere, zware torens zijn de laatste resten van de oorspronkelijke, romaanse basiliek van St-Martin, waarvan het schip ooit de helft van de huidige

Rue des Halles innam. De 11e-eeuwse toren is genoemd naar Charlemagne (Karel de Grote, 747/748-814) omdat hij is gebouwd op het graf van Luitgard, de vrouw van Karel.

Basilique St-Martin 14

7 rue Baleschoux, www.basilique saintmartin.com, dag. 7.30-19, 's zomers tot 21 uur

Nadat de oude basiliek in verval was geraakt tijdens de antireligieuze periode van de Franse Revolutie en uiteindelijk zelfs werd gesloopt, ontstond in de 19e eeuw bij de katholieke burgers van Tours de behoefte aan een nieuwe kerk. Daarin moest ook het in 1860 herontdekte graf van St.-Maarten worden opgenomen. In 1890 werd de basiliek ingewijd. In de halfondergronde crypte in het koor van de deels neoromaanse en deels neobyzantijnse kerk staat de sarcofaag van de heilige.

Een aantal stoffelijke overschotten en een deel van de sarcofaag van de heilige zijn te zien in het kleine **Musée St-Martin** 15 (3, rue Rapin, mrt.-half nov. wo.-zo 10-13, 14-17.30 uur, € 2) in de voormalige **Chapelle St-Jean** (13e eeuw).

Prieuré de St-Cosme 16

La Riche, tel. 02 47 37 32 70, www. prieure-ronsard.fr, dag. half mrt.-apr., sept.-half okt. 10-18, mei-aug. 10-19, half okt.-half mrt. 10-12.30, 14-17 uur, € 6/4,50

De **Prieuré de St-Cosme** aan de westelijke stadsrand van Tours is een oase tussen de autosnelweg, de route nationale en een industriegebied. De geuren van de bloementuin nodigen uit tot een rustgevende wandeling. Naast irissen zijn er meer dan tweehonderd soorten rozen te ontdekken – zowel de tuin als de bewaard gebleven kloostergebouwen zijn gewijd aan Pierre de Ronsard en zijn beroemdste gedicht: *Mignonne, allons voir si la rose*. De grootste dichter uit de Franse renaissance werd in 1565 benoemd tot lekenprior van het klooster van St-Cosme en werd hier in 1585 ook begraven. De in de 11e eeuw gestichte priorij is nu een ruïne. Alleen het romaanse koor van de kerk, het huis van de prior, met daarin de werkkamer (15e eeuw) van Pierre de Ronsard, en een deel van de kruisgang staan nog overeind. Vol poëzie is ook de tentoonstelling van *livres pauvres,* kleine boekwerkjes met dialogen van dichtende en scheppende kunstenaars, een project waaraan onder anderen Michel Butor, Michel Tournier, Pierre Aléchinsky, Claude Viallat en Richard Texier deelnamen.

Overnachten

Luxe en traditie – **L'Univers** 1: 5, boulevard Heurteloup, tel. 02 47 05 37 12, www.oceaniahotels.com/hotel-lunivers-tours, 2 pk vanaf € 200. Het grote luxehotel in het centrum bestaat sinds 1846 en bevat ruime gerenoveerde kamers, ingericht met hedendaags, stijlvol meubilair. Een muurschildering met prominente gasten in de imposante ontvangsthal herinnert aan de rijke geschiedenis. Traditionele keuken in het restaurant Touraine (menu vanaf € 28).

Aan de boulevard – **Kyriad** 2: 65, avenue Grammont, tel. 02 47 64 71 78, www.kyriad-tours-centre.fr, 2 pk vanaf € 69. Modern, goed geleid hotel uit de bekende keten, gevestigd in een 19e-eeuws pand aan een lommerrijke boulevard.

Charmant – **L'Adresse** 3: 12, rue de la Rôtisserie, tel. 02 47 20 85 76, www. hotel-ladresse.com, 2 pk vanaf € 78. Aantrekkelijk ingerichte ▷ blz. 188

l'appartement
BAR CLUB
CREPERIE
LE BINIOU
BRASSERIE
Glacier
PIZZERIA
PUB

Favoriet

De terrassen van de Place Plumereau 11

Vakwerkhuizen uit de 15e eeuw vormen het kader van dit sfeervolle plein, waar bij mooi weer toeristen en studenten zich verzamelen op de vele terrasjes. Wie een stoel heeft weten te bemachtigen, kijkt uit over smalle vakwerkgevels, bekroond met puntdaken – vooral op warme zomeravonden, na het invallen van de duisternis, is het een heerlijk plekje.

Rommelmarkt onder de platanen van de Boulevard Béranger

kamers met moderne meubels in een natuurstenen 19e-eeuws pand nabij de Place Plumereau.

Waar voor je geld – **Châteaux de la Loire** 4: 12, rue Gambetta, tel. 02 47 05 10 05, hoteldeschateauxloire. Gemoedelijk geleid hotel met gezellige bar in een rustige straat in het historische hart van Tours.

Gezellig – **Ronsard** 5: 2, rue Pimbert, tel. 02 47 05 25 36, www.hotel-ronsard.com, 2 pk vanaf € 73. Leuk klein hotel met twintig kamers achter het Grand Théâtre. Op loopafstand van de kathedraal en het station.

Gastvrij – **Du Cygne** 6: 6, rue du Cygne, tel. 02 47 66 66 41, www.hotel-cygne-tours.com, 2 pk vanaf € 59. Informeel geleid, eenvoudig hotel op een rustige locatie in het historisch centrum. Alleen bereikbaar via de Rue Colbert (gedeeltelijk voetgangerszone).

Eten en drinken

Klassiek – **La Roche Le Roy** 1: 55, route St-Avertin (verlaat het centrum van Tours richting het zuiden, na het oversteken van de Cher onder de spoorbrug door, ongeveer 1 km richting St-Avertin), tel. 02 47 27 22 00, www.rocheleroy.com, 3 weken in aug. en zo.-ma. gesl., menu vanaf € 60. Restaurant in een 18e-eeuws kasteeltje. Voortreffelijke regionale keuken, met *matelote* van Loirepaling en pruimen in Chinonwijn. Ruime keuze uit Loirewijnen. 's Zomers wordt op de fraaie binnenplaats geserveerd.

Gastronomie met traditie – **Charles Barrier** 2: 101, avenue Tranchée (aan de noordkant van de Loire, de straat ligt in het verlengde van de Pont Wilson), tel. 02 47 54 20 39, www.charles-barrier.fr, za.-middag en zo.-avond gesl., menu

vanaf € 59, in de naastgelegen, erbij behorende Bistrot de la Tranchée vanaf € 22. Hervé Lussault zet in een klassiek restaurant de culinaire traditie van Charles Barrier voort, met daarbij enkele persoonlijke accenten.
Goede prijs-kwaliteitverhouding – **La Deuvalière** 3: 18, rue de la Monnaie, tel. 02 47 64 01 57,, www.restaurant-la deuvaliere.com, za.-middag, zo.-ma. gesl., menu vanaf € 34. Moderne interpretaties van traditionele gerechten, geserveerd in een gebouw uit de 15e eeuw.
Modern design – **L'Atelier Gourmand** 4: 37, rue Etienne-Marcel, tel. 02 47 38 59 87, www.lateliergourmand.fr, za.-middag, zo.-middag, ma. gesl., menu vanaf € 24. David en Fabrice hebben hun restaurant nabij de Place Plumereau met veel metaal en bontgekleurd plastic futuristisch gedecoreerd. In de zomer terras op de binnenplaats.
Relaxte sfeer – **Le Laurenty** 5: 54, rue Colbert, tel. 02 47 64 56 54, di.-za., menu vanaf € 21. Grote zaak met moderne keuken en een chef-kok die zijn stempel drukt op klassieke Franse gerechten.
Zeevruchten – **Le Chien Jaune** 6: 74, rue Bernard Palissy, tel. 02 47 66 95 49, ma.-za., menu vanaf € 24. Een instituut in Tours – anno 1930. De typische bistrodecoratie van 'De gele hond' is door de decennia nauwelijks veranderd. In de keuken wordt gekookt met dagverse ingrediënten.
Wijn en kaas – **L'Affiné** 7: 66, rue Colbert, tel. 02 47 61 32 34. Goede wijnen, bijvoorbeeld bij een kaasplankje met tien soorten (€ 21).

Winkelen

Souvenirs, souvenirs – **winkelroute in Tours** 1-9: zie blz. 182.
Planten en brocante – **Marché aux Fleurs** 10: boulevard Béranger, wo., za.-ochtend. Bloemen, vaste planten, struiken enzovoort zijn te koop op de bloemenmarkt die hier al sinds 1874 wordt gehouden. Elke vierde zondag van de maand kunt u onder de platanen van de boulevards langs marktkraampjes met 'rommel' struinen.

Actief

Frans leren – **Institut de Touraine** 1: 1, rue de la Grandière, tel. 02 47 05 76 83, www.institutdetouraine.com. De taalschool, die deel uitmaakt van de universiteit van Tours en sinds 1897 bestaat, is een van de beste van het land. Studenten uit de hele wereld leren hier Frans. In de zomer worden cursussen van twee weken aangeboden. Het is mogelijk om bij een Franse familie te overnachten.

Uitgaan

Jazz – **Le Petit Faucheux** 1: 12, rue Léonard de Vinci, tel. 02 47 38 67 62, www.petitfaucheux.fr. Live jazz en improvisaties in een van de beste jazzconcertzalen van Frankrijk. Optredens van lokale en internationaal bekende musici.
In de openlucht – **La Guinguette de Tours** 2: deze 'biergarten à la francaise' aan de voet van de Pont Wilson is in de zomer razend populair, zowel bij locals als toeristen. Je kunt er eten, er is livemuziek, dans en soms wordt de zaak een openluchtbioscoop.
Bioscoop – **Cinémas Studio** 3: 2, rue Ursulines, tel. 02 47 20 27 00, www.studiocine.com. Films in de oorspronkelijke taal met Franse ondertiteling.

Informatie

Office de Tourisme: zie blz. 176.

IN EEN OOGOPSLAG

Westelijke Touraine

Hoogtepunten ✷

Chinon: het stadje aan de rivier de Vienne wordt overschaduwd door een indrukwekkende burcht. Romantisch zijn de straten en straatjes van het middeleeuwse stadshart. Zie blz. 198.

Azay-le-Rideau: Balzac vergeleek het betoverende waterkasteel met een geslepen diamant – de elegantie en de zuivere verhoudingen van het bouwwerk geven hem gelijk. Zie blz. 207.

Op ontdekkingsreis

Villandry – geometrie van hagen en bloemperken: tijdens een rondgang door de tuinen van Villandry leert u alles over de betekenis en geschiedenis van de kasteeltuin. Zie blz. 194.

Wijnproeverijen – naar de wijndomeinen van Chinon: een autorit door de wijngebieden van Chinon brengt u langs drie wijngaarden waar uitstekende wijnen worden geproduceerd. Zie blz. 204.

Bezienswaardigheden

Langeais: een koninklijke burcht langs de Loire die eeuwenlang de vijanden buiten de deur wist te houden. Zie blz. 192.

Château d'Ussé: lichte stenen, slanke torens en steile daken van leisteen – Doornroosje zou hier zo in slaap zijn gevallen. Zie blz. 211.

Actief

Chinon: kajak- en fietstochten op en langs de Vienne, georganiseerd door Chinon Loisirs Activités Nature en Loire Vélo Nature. Zie blz. 206.

Sfeervol genieten

Domaine de la Giraudière in Villandry: culinaire stop op een 17e-eeuwse boerderij. Zie blz. 194.

Domaine de Beauséjour: gastenkamers op een wijngaard bij Chinon met uitzicht op de wijnhellingen. Zie blz. 204.

Uitgaan

Bistrot de la Place du Général de Gaulle in Chinon: in deze karakteristieke bistro verzamelen zich 's avonds toeristen en de plaatselijke bevolking voor een hapje en een drankje. Zie blz. 206.

Touraine vormt het hart van de Loire. Hier schreef Rabelais zijn *Pantagruel*, hier zocht Balzac rust na de hectiek van Parijs. In Chinon worden de beste rode wijnen van het Loiredal geproduceerd. Wie hier een kanotocht over de Vienne maakt, kan zijn honger stillen in een van de vele goede restaurants. Touraine geldt als de Tuin van Frankrijk en heeft een tuin van wereldklasse binnen haar grenzen: Villandry, een kasteel met een verrassende reconstructie van een renaissancetuin. Een bezoek aan de kastelen van Azay-le-Rideau en Saché tijdens een rit door het dal van de Indre richting Saumur brengt u in het spoor van de schrijver Honoré de Balzac. Op het Château de Saché, nu een museum gewijd aan de schrijver, vond Balzac een schuilplaats voor zijn schuldeisers.

INFO

Internet

www.touraineloirevalley.nl: de Nederlandstalige website van het toeristenbureau van Touraine maakt u vast warm voor de reis en biedt goede service, zoals fietskaarten die u kunt downloaden.

Toeristenbureau

Office de Tourisme in Chinon: 1, rue Rabelais, tel. 02 47 93 17 85, www.azay-chinon-valdeloire.com.

Vervoer

Met de TGV-Atlantique bereikt u Tours vanuit Parijs in negentig minuten. Per dag gaan er verschillende treinen. In Tours kunt u het best een auto huren om de kastelen te bezoeken of naar Chinon te rijden. Als alternatief kunt u zich aansluiten bij een busexcursie (zie Office de Tourisme blz. 176).

Langeais ▶ L 4

Niet ver van de lusthoven van Azay-le-Rideau en Chenonceau, en van de weerbare koningskastelen van Amboise en Blois, werd halverwege de 15e eeuw de burcht van Langeais gebouwd als een van de laatste koningsresidenties in het Loiredal. Het staat op een hoogte midden in de bebouwde kom van het stadje en wist met zijn dikke muren, die door slechts enkele vensters worden doorbroken, zware torens, weergangen en mezekouwen (werpgaten) eeuwenlang stand te houden tegen oprukkende vijanden. Lodewijk XI (1423-1483) liet de burcht bouwen, maar ook in de eeuwen daarvoor bewaakte een vesting het westen van Touraine. Deze was rond het jaar 1000 gebouwd door de gevreesde graaf van Anjou, Fulco III, ook wel Fulco Nerra genoemd. De ruïne van deze donjon staat vlak bij het huidige kasteel en getuigt nog van zijn ambitie om het graafschap Anjou richting het oosten uit te breiden.

Langeais was ook het decor van een belangrijke gebeurtenis uit de Franse geschiedenis: op 6 december 1491 trouwden hier Karel VIII en Anna van Bretagne, een huwelijk dat het machtige hertogdom Bretagne definitief verbond met het Franse koningshuis.

Château de Langeais

Place Pierre de Brosse, www.chateau-de-langeais.com, tel. 02 47 96 72 60, dag. apr.-juni, sept.-half nov. 9.30-18.30, juli-aug. 9-19 uur, half nov.-feb. 10-17 uur, € 9,80/7,80/5

De goede staat waarin het kasteel nu verkeert, is te danken aan het historisch bewustzijn van diverse mensen aan het einde van de 19e eeuw. Met name de bankier en koopman Jacques Siegfried verrichtte hier iets heel bijzonders. Hij

Eetzaal van het Château de Langeais

kocht het terrein in 1886 en gaf het kasteel, met behulp van zijn architect Lucien Roy, zijn laatmiddeleeuwse uiterlijk terug. Ook verzamelde hij in de loop van twintig jaar zeer zorgvuldig de meubels, schilderijen, beeldhouwwerken en vooral de schitterende wandtapijten uit de 15e en 16e eeuw, die nu de van kleurrijke tegelvloeren voorziene vertrekken op een harmonische wijze vullen. Daardoor maakt het kasteel een heel authentieke indruk.

Salle de Mariage

In de trouwzaal is de historische echtverbintenis tussen Anna van Bretagne en koning Karel VIII met levensechte wassen beelden gereconstrueerd. Het wellicht kostbaarste interieurstuk van het kasteel bedekt hier de wanden: de **Teinture des Neuf Preux.** Zeven wandtapijten uit een serie van negen zijn hier bijeengebracht. Ze dateren van begin 16e eeuw en beelden in aangrijpende, heldere composities een destijds bekend thema uit: negen helden (*preux*), waarvan drie uit de Bijbel (Jozua, David en Judas Maccabeus), drie uit de antieke wereld (Hector van Troje, Alexander de Grote en Julius Caesar) en drie uit de middeleeuwen (koning Arthur, Karel de Grote en Godfried van Bouillon) belichamen de deugden van het ridderschap en fungeren als ideale stamvaders, waaraan de daden van hun navolgers kunnen worden gespiegeld. Alle helden zijn afgebeeld in volle wapenuitrusting, met geheven zwaard en gezeten op een krijgspaard.

Salle de la Chapelle

Bezienswaardig is zeker ook de met houtsnijwerk versierde en vergulde reliekschrijn in de Salle de la Chapelle. Christophe Baron creëerde de hoge zaal door het verwijderen van een tussenverdieping, waardoor ook de als een scheepsromp gebouwde dakconstructie zichtbaar werd. ▷ blz. 197

Villandry – geometrie van hagen en bloemperken

De tuinen zijn de belangrijkste reden waarom bezoekers naar Villandry komen: 'Twee uur voor zonsondergang zijn ze op hun mooist,' geeft kasteelheer Henri Carvallo daarbij als tip. Dat Villandry nu het enige voorbeeld van een renaissancetuin in Frankrijk is, met de kenmerkende geometrie van hagen, bloemperken, rozen en kunstig geknipte boompjes, is te danken aan de inzet van zijn familie.

Kaart: ▶ L 4
Internet: www.chateauvillandry.fr.
Openingstijden: tuin mrt., okt. 9-18, apr.-sept. 9-19, nov.-feb. 9-17 uur; kasteel sluit 1 uur eerder.
Entree: tuin € 7/5, met kasteel € 11/7, audioguide € 4.
Domaine de la Giraudière: 1 km van het kasteel richting Druye, www.letapegourmande.com, menu vanaf € 20, 12-14.30, 19.30-21 uur, regionale specialiteiten in een boerenhuis uit de 17e eeuw. Lekkere *foie gras de canard*.
La Doulce Terrasse: bij het kasteel, www.restaurantladoulceterrasse.fr, menu vanaf € 20, 9.30-19 uur, menu's met seizoensgroente, biologisch brood (*tartines du potager*) en taart.

Het beste uitzicht op de tuinterrassen hebt u vanaf de oude slottoren, het enige restant van de middeleeuwse vesting die hier ooit stond. Het laagste terras wordt ingenomen door een geometrische **moestuin**, daarboven ligt een **siertuin** met geknipte buxusboompjes en het derde terras is een **watertuin** met een groot waterreservoir in de vorm van een Lodewijk XV-spiegel. Hier begint een **kanaal** dat de noord-zuidas markeert en uitkomt bij de westgevel van het kasteel. In het westen vormt het silhouet van het dorp Villandry met zijn romaanse kerk de grens van het door een lindenlaan omsloten kasteelterrein. Verder wordt het kasteel omsloten door het lieflijke landschap van Touraine.

Het in 1536 voltooide Villandry is het laatstgebouwde grote renaissancekasteel in het Loiredal. De harmonisch geproportioneerde en slechts schijnbaar symmetrische vleugels van wit natuursteen liggen in een U-vorm rond een hof. Middeleeuwse details als torens of mezekouwen ontbreken – het bouwwerk straalt in alles discrete elegantie uit. De tuinen zorgen daarbij voor een feestelijke omlijsting. Zij verlengen de lijnen van het kasteel en trekken het interieur door naar buiten.

Meer dan een eeuw familiebezit

In 1906 kocht Joachim Carvallo het gedeeltelijk vervallen kasteel, dat ooit eigendom was van Jean Le Breton, de staatssecretaris van koning Frans I en bouwmeester van Chambord. Carvallo gaf een veelbelovende wetenschappelijke carrière op en investeerde zijn tijd en het vermogen van zijn vrouw in de restauratie van het kasteel en de reconstructie van de tuinen naar oude ontwerpen van de bekende architect Jacques Androuet du Cerceau. Henri Carvallo zet nu het werk van zijn voorvader voort.

In de decoratieve moestuin

De **groentetuin**, de *potager* (van *potage*, soep) lag in de middeleeuwen doorgaans bij de wat verder weg gelegen bedrijfsgebouwen en zo mogelijk buiten het zicht van het kasteel. Dat veranderde in de 16e eeuw, toen zeevaarders en kooplieden van hun reizen naar de Nieuwe Wereld allerlei exotische groentesoorten meenamen en de kasteelheren de ontwikkeling van deze kostbare noviteiten van dichtbij wilden volgen. Zo verschoof de *potager* richting het kasteel en veranderde die van een gebruikstuin in een siertuin.

Zo'n 80.000 moesplanten worden twee keer per jaar opnieuw ingedeeld naar de zorgvuldig uitgewerkte teeltplannen van Madame Carvallo, met als doel geometrisch en kleurtechnisch harmonische bloemperken te krijgen. Zeven tuinlieden houden zich bezig met deze schier eindeloze taak.

De decoratieve moestuin is een Franse uitvinding, waarin elementen uit de middeleeuwse kloostertuinen en de Italiaanse siertuinen met elkaar worden gecombineerd. Van de monniken had men de decoratieve ordening van de groenteperken afgekeken, uit Italië kwamen de lage hagen rond de perken, de fonteinen op de kruisingen van de

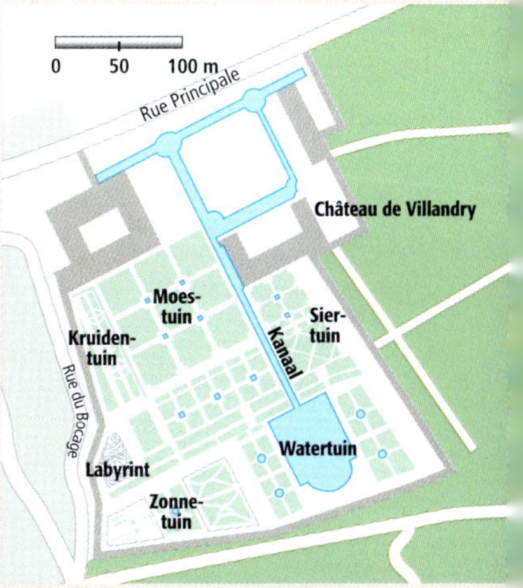

De tuinen van Villandry zijn aangelegd volgens historische ontwerpen

met fijn Loirezand bestrooide paden en de met rozen begroeide prieeltjes.

In de kleine **kruidentuin** (*jardin des simples*), aangelegd tussen de moestuin en het dorp, hangt de geur van dertig geneeskrachtige kruiden en keukenkruiden, waaronder tijm, munt, salie, kamille en ijzerhard, die in ronde perken zijn aangeplant.

Tussen buxus en water

De liefde is het hoofdthema van de **siertuin** (*jardin d'ornament*). Buxushagen met daarin bloemen vormen in de eerste salon symmetrisch geordende allegorische ornamenten: dolken en zwaarden symboliseren de tragische liefde, hoornen en waaiers staan voor de wispelturige liefde, de harten representeren de hartstochtelijke liefde en de gebroken harten staan voor de waanzinnige liefde. De tweede salon rechts van het kanaal heeft muziek als thema.

De aanleg van de decoratieve tuinen gaf Carvallo in handen van de Spaanse kunstenaar Lozano, die zich bij het ontwerpen van de bloemvakken liet inspireren door de Spaanse afkomst van zijn opdrachtgever.

Boven de liefdestuin bevindt zich de **watertuin** (*jardin d'eau*). Een waterbekken in de vorm van een spiegel in Lodewijk XV-stijl biedt rust aan de ogen en wordt omkranst door een kruisgang van altijd groene bomen. De sobere elegantie van deze tuin betovert vooral bij wisselende wolkenluchten en nodigt uit tot reflectie en meditatie.

Voor de honderdste verjaardag van de reconstructie van de tuinen in 2008 werd een laatste plan van Joachim Carvallo uitgevoerd: op het hoogste terras kwam een nieuwe formele tuin, met in het midden een stervormig waterbekken – de *jardin de soleil*. Deze **zonnetuin** beschikt over drie kamers, waaronder een kinderkamer (*chambre des enfants*) met speeltoestellen en decoratieve appelbomen. Daarnaast kunt u ronddolen in een groen **labyrint**.

Vanuit deze ruimte komt u op de **weergang**, waar de soldaten zich konden verschansen. Rondom wandelend kunt u genieten van steeds wisselende panorama's op de daken van het stadje. Tegelijk kunt u 's zomers honderden gierzwaluwen bekijken als ze zich vanaf hun nesten tussen de mezekouwen in de diepte storten en dan heel behendig weer naar binnen vliegen.

Overnachten, eten

Feestelijke ambiance in een park – **Château de Rochecotte:** 37130 St-Patrice (bij Langeais), tel. 02 47 96 16 16, www.chateau-de-rochecotte.fr, 2 pk vanaf € 170, menu vanaf € 50. Een van de mooiste kasteelhotels aan de Loire, met grote kamers, die deels met antiek meubilair zeer stijlvol zijn ingericht. Het 18e-eeuwse kasteel staat aan de bosrand en wordt omgeven door een park met zuilenterrassen. De eetzaal met muurschilderingen en classicistische zuilen roept de sfeer op van 18e-eeuwse feesten. In het restaurant serveert met bijvoorbeeld bladerdeeg met langoesten en tournedos van de kwabaal met safraan.

Buiten zitten – **Au Coin des Halles:** 9, rue Gambetta, tel. 02 47 96 37 25, www.aucoindeshalles.com, *formule* € 26, menu vanaf € 32. Chef Pascal Bouvier kookt modern met verse regionale producten. Relaxte sfeer in een mooi oud tufstenen gebouw. Bij lekker weer eet je in de tuin.

Bourgueil ▶ K 4

Ten westen van Langeais ligt het wijnstadje Bourgueil. Onderweg hiernaartoe kunt u via een kleine omweg naar de romaanse kerk van het wijndorp **Restigné.** Boven het portaal van de kerk ontdekt u monstrueuze dierfiguren en binnen kunt u tussen de balken van de dakconstructie op zoek naar krokodillen en wolven.

In het **Maison des Vins** in Bourgueil (wisselende openingstijden, info via www.vinbourgueil.com, gevestigd in een pand achter de oude markthal, beschikken ze over een wisselend aanbod van karaktervolle, fruitige en toch lichte wijnen van de appellation bourgueil. U kunt er wijn proeven en uiteraard kopen. Ook is een adressenlijst van wijnproducenten en -domeinen beschikbaar, waarmee u een eigen wijnroute kunt samenstellen.

In het stadje zelf kunt u een bezoek brengen aan **Audebert et Fils** (20, avenue Jean Causeret, tel. 02 47 97 70 06, www.audebert.fr), een wijnproducent die weinig exporteert.

Tip

Wijnen van Bourgueil ▶ K 4

Mooie bourgueils zijn onder andere te vinden bij Thierry Boucard op het **Domaine de la Chanteleuserie.** Deze wijngaard in Benais werd al in 1822 gesticht. Familiemens en cultuurliefhebber Boucard noemt zijn *cuvées* bijvoorbeeld naar zijn vrouw Irène of naar zijn kleindochter Marion. Hij produceert verschillende wijnen, afhankelijk van de druif en de locatie van de wijnstokken. De cuvée vieilles vignes komt van vijftig jaar oude stokken die groeien op een leem-kalkbodem, met als resultaat een krachtige wijn die goed te bewaren is. De cuvée alouettes, afkomstig van een stenige leemgrond, is daarentegen een geurige, zachte en jong te drinken rode wijn (Benais, tel. 02 47 97 30 20, www.vin-bourgueil-boucard.com, wijn vanaf € 6,50).

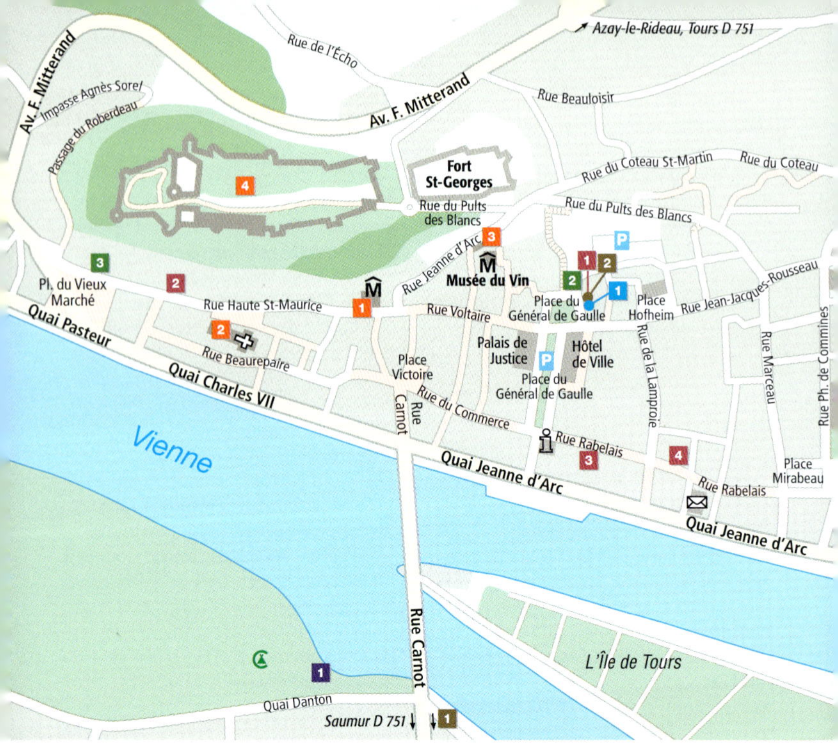

Chinon ✸ ▶ K 4

’s Zomers komen er massa’s toeristen naar Chinon. Terecht, want het stadje (9100 inw.) heeft veel te bieden: op een plateau pronkt een imposante burcht, waar zich een belangrijke episode uit de Franse geschiedenis heeft afgespeeld. Aan de voet daarvan begint een schitterend en autovrij middeleeuws stadshart, waar in augustus een historische markt wordt gehouden. Het centrum eindigt bij de rivier de Vienne – steek deze zeker over om vanaf de andere oever van het uitzicht op Chinon te genieten (zie blz. 200). Tot slot zijn er de heerlijke wijnen, waarover de in het nabije La Devinière geboren dichter en humanist François Rabelais al in de 16e eeuw lovend schreef.

Historisch stadshart

Kalkstenen panden en vakwerkhuizen met schuine daken en erkers, gebouwd in de 14e tot de 16e eeuw, rijgen zich aaneen langs de met kasseien geplaveide **Rue Voltaire.** Aan de **Grand Carroi,** waar de gelijknamige straat de Rue Voltaire kruist, staat een voornaam, met torentjes versierd huis waar Karel VII in 1428 zijn generaals bijeenriep. Nu biedt het pand onderdak aan het **Musée le Carroi** 1, waar interessante objecten uit de stad en de regio te zien zijn (44, rue Haute St-Maurice, tel. 02 47 93 18 12, www.chinon-vienne-loire.fr, mei-sept. wo.-ma. 14.30-18.30, anders di.-zo. tot 17 uur, half nov.-half feb. gesl., € 3). Hier zijn ook kunstexposities te zien. De nabijgelegen **Église St-Maurice** 2,

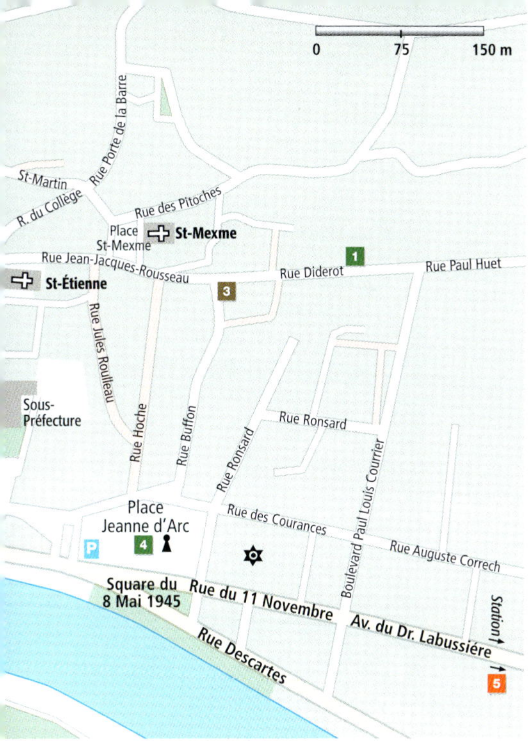

Chinon

6 Le Jardin d'Elsie

Overnachten
1 Château de Marçay
2 Hôtel de France
3 Diderot

Eten en drinken
1 Au Chapeau Rouge
2 Les Années Trente
3 L'Océanic
4 L'Ardoise

Winkelen
1 Couly-Dutheil
2 À la Pause Rabelaisienne
3 Caves Plouzeau
4 Weekmarkt

Actief
1 Chinon Loisirs Activités Nature

Uitgaan
1 Bistrot de la Place du Général de Gaulle

Bezienswaardigheden
1 Musée le Carroi
2 Église St-Maurice
3 Caves Painctes
4 Forteresse Royale
5 Domaine de Noire

waarvan de toren uit de 11e eeuw stamt, is alleen tijdens kerkdiensten geopend.

Caves painctes 3

Impasse des Caves Painctes, tel. 02 47 93 30 44, www.chinon.com, juli-aug. rondleidingen (ca. 60 min.) met proeverij 11, 15, 16.30, 18 uur, € 3

De **Bons Entonneurs Rabelaisiens**, leden van een internationale wijnbroederschap, komen voor hun feestelijke activiteiten bijeen in de Caves painctes. Deze grote wijnkelder, in de 15e eeuw door de burgers van Chinon aangelegd in een voormalige steengroeve, werd al door Rabelais in zijn roman *Gargantua en Pantagruel* vermeld. De *Bons Entonneurs* zijn ervan overtuigd dat de vader van Rabelais of een vriend van de familie ooit zijn beste flessen in deze kelder bewaarde. De toegang tot de kelders was lange tijd voorbehouden aan leden van de broederschap, maar nu houdt men voor iedereen rondleidingen met een proeverij.

Voor de *Entonneurs* is het drinken van wijn iets bijzonders – bijna als een filosofie: 'Dorstig naar wijn te zijn, betekent dorstig naar vriendschap en begrip, dorstig naar alles ▷ blz. 202

Favoriet

Zicht op Chinon vanaf de zuidoever van de Vienne ▶ K 4

Het uitzicht op het middeleeuwse stadje Chinon vanaf de Quai Danton aan de andere kant van de Vienne is op elk moment van de dag prachtig. Het lijkt of er niets wezenlijks is veranderd sinds de tijden van de grote 16e-eeuwse dichter en humanist Rabelais.

wat het leven opgewekt en vredelievend maakt, dorstig naar menselijkheid.' Deze woorden, geheel in de geest van Rabelais, uitte een van de grootmeesters van de broederschap tegen de lokale pers. Op de ledenlijst staan bekende acteurs, entertainers, politici, chef-koks en industriëlen.

Forteresse Royale 4

Tel. 02 47 93 13 45, www.forteresse-chinon.fr, mei-aug. 9.30-19, mrt., apr., sept. tot 18, anders tot 17 uur, € 9/7

Met een enorme krachtsinspanning werd tussen 2003 en 2010 de burchtruïne geheel gerestaureerd en daarmee het middeleeuwse silhouet van Chinon hersteld. De vestingmuren zijn nu weer 18 m hoog en de *logis royaux* weer voorzien van leistenen daken.

Karel VII trok zich met een kleine hofhouding terug in de vesting nadat hij door de Engelsen uit Parijs was verdreven. Hier ontving hij in maart 1429 Jeanne d'Arc, die hem overhaalde de strijd te hervatten en zich tot koning van Frankrijk te laten kronen. Zo werd Chinon de hoofdstad van een nieuw koninkrijk in opbouw.

In de 12e eeuw koos Hendrik II Plantagenet, koning van Engeland, graaf van Anjou en hertog van Normandië, Chinon als residentie. Hij liet de eerste stenen donjon, de **Tour du Moulin** in het westen van het complex, bouwen. De tussen de 10e en 15e eeuw in fases gebouwde burcht bestaat uit drie hoofddelen, die door grachten van elkaar worden gescheiden: het **Fort St-Georges**, het **Château du Milieu** en het **Fort Coudray.** In de hoge, smalle **Tour de l'Horloge** is een museum gewijd aan Jeanne d'Arc. Van de grote zaal waar de legendarische ontmoeting tussen Jeanne en koning Karel plaatsvond, is alleen de schoorsteenmantel bewaard gebleven.

Vanaf de hof bij het **Fort Coudray** hebt u een schitterend uitzicht over het dal van de Vienne en de daken van Chinon. In de gerestaureerde **logis royaux** komt u via tentoonstellingen en films meer te weten over de geschiedenis van de burcht en de stad. In de **Salles de Jeanne d'Arc** wordt het beeld van de nationale heldin weerspiegeld door de eeuwen heen.

Tip

Wijntoerisme – Domaine de Noire 5

Odile en Jean-Max Manceau geven rondleidingen op hun traditierijke wijngoed Domaine de Noire. De gepassioneerde wijnmakers vertellen tijdens een ongeveer vier uur durende wandeling in het Engels en Frans over het werk in de wijngaard. Ze leiden u naar plekken waar u een waanzinnig uitzicht hebt over de heuvels en de Vienne-rivier. Uiteraard wordt de rondleiding afgesloten met een proeverij van regionale specialiteiten en biologische wijnen van het domein (160, rue de l'Olive, Lieu dit Noiré, www.domainedenoire.com, gratis proeverij ma.-za. 10-12 en 14-19 uur). Rondleidingen minimaal 8 personen, rechtstreeks via de site of via het Office de Tourisme in Chinon (€ 10).

Overnachten

Kasteelhotel – **Château de Marçay** 1: 9 km zuidelijk via de D116 in Marçay, tel. 02 47 93 03 47, www.chateaudemarcay.com, 2 pk vanaf € 195, menu vanaf € 48. Kasteel uit de 15e eeuw in

een groot park, met wijngaard en voortreffelijk restaurant.
Met bar – **Hôtel de France** 2: 47, place du Gén. de Gaulle, tel. 02 47 93 33 91, www.bestwestern.fr, 2 pk vanaf € 89. Hotel uit de keten van Best Western in een 16e-eeuws pand aan de rand van de oude stad, aan een verkeersluw pleintje.
Waar voor je geld – **Diderot** 3: 4, rue Buffon, tel. 02 47 93 18 87, www.hoteldiderot.com, 2 pk vanaf € 68. Eenvoudige, charmante kamers in een 18e-eeuws pand. 's Winters ontbijt in een eetzaal met een openhaard, 's zomers in de tuin; met zelfgemaakte marmelades.

Eten en drinken

Seizoenskeuken – **Au Chapeau Rouge** 1: 49, place du Général-de-Gaulle, tel. 02 47 98 08 08, www.auchapeaurouge.fr, zo.-avond, ma., di.-middag gesl., menu vanaf € 29. Voortreffelijke keuken met verse seizoensproducten, in de winter een truffelmenu. 's Zomers wordt buiten op het schaduwrijke terras geserveerd.
Gezellig – **Les Années Trente** 2: 78, rue Haute St-Maurice, tel. 02 47 93 37 18, www.lesannees30.com, tweede helft juni en di.-wo. gesl., menu vanaf € 27. De aankleding van dit gezellige restaurant herinnert aan de jaren 30. Franse keuken met seizoensproducten.
Vis – **L'Océanic** 3: 13, rue Rabelais, tel. 02 47 93 44 55, www.loceanic-chinon.com, menu vanaf € 28 met wijn. Aangenaam restaurant, goede prijs-kwaliteitverhouding.
Jonge bistro – **L'Ardoise** 4: 42, rue Rabelais, tel. 02 47 58 48 78, lardoisechinon.com, di.-za., menu € 30 (lunch € 15). Modern en chic ingerichte bistro met een informele sfeer. Goede seizoensgerechten. Met mooi weer kunt u op het terras eten.

Tip

Herenhuis met duiventoren – Manoir de la Giraudière

Het hotel is gevestigd in een voornaam 17e-eeuws landhuis, gelegen op een stille, eenzame locatie op zo'n 5 km van Chinon, langs de weg naar Montsoreau. Ook de Loirefietsroute komt er vlak langs. Sommige van de gastvrij ingerichte kamers hebben een balkenplafond en prachtige oude schoorsteenmantels, andere beschikken over een eigen terras. Bijzonder is de duiventoren, die nu fungeert als bibliotheek en salon met piano. Een majestueuze oude ceder zorgt 's zomers voor schaduw op het terras van het gezellige restaurant waar landelijke gerechten op tafel komen (tel. 02 47 58 40 36, www.giraudiere.com, 2 pk vanaf € 79, suite € 110, menu vanaf € 20).

Winkelen

Wijn – **Couly-Dutheil** 1: 12, rue Diderot, tel. 02 47 97 20 20, www.coulydutheil-chinon.com. Een van de beste wijnhandels en -producenten van chinonwijnen is gevestigd in het historische stadshart en heeft een dependance tegenover de burcht. Couly-Dutheil was een van de eerste wijnhuizen die op de kalkbodem verschillende *crus* produceerde, zoals de clos de l'olive en de clos de l'echo. De wijngaarden waren in de 16e eeuw eigendom van de vader van Rabelais.
Wijnbar en wijnverkoop – **À la Pause Rabelaisienne** 2: 28, place du Général de Gaulle, tel. 02 47 93 42 53. Patricia en Rainer Schmidt verkopen talrijke wijnen van wijnboeren uit de omgeving van Chinon. Korting bij een afname van minimaal twaalf flessen. Naast verkoop treft u er ook een wijn- ▷ blz. 206

Wijnproeverijen – naar de wijndomeinen van Chinon

Natuurlijk zijn de Chinonwijnen ook in de winkel te koop. Ook is de wijn bij een bezoek aan een wijnproducent (viticulteur) niet goedkoper, tenzij u van plan bent grote hoeveelheden in te slaan. Maar desondanks blijft het een groot genoegen om een dagtocht te maken langs enkele van de wijndomeinen in de omgeving van Chinon.

Kaart: ▶ K 4
Start: Chinon.
Domaine Pierre et Bertrand Couly: Rond Point des Closeaux, Route de Tours, Chinon, tel. 02 47 93 64 19, www.pb-couly.com, wijnen vanaf ongeveer € 10.
Domaine de Beauséjour: Panzoult, tel. 02 47 58 64 64, www.domainedebeausejour.com, wijnen vanaf € 10, 2 pk met ontbijt vanaf € 70.
Charles Joguet: La Dioterie, Sazilly, tel. 02 47 58 55 53, www.charlesjoguet.com, wijnen vanaf € 12.

Alles hangt af van de *terroir*, de bodem, zoals de wijnkenner weet: wordt een cabernet franc aangeplant op een helling met een kalk-leembodem, dan krijg je een krachtige bewaarwijn die pas na enkele jaren rijpen zijn complexe aroma's prijsgeeft. Op een vlakke kiezelkleibodem levert diezelfde druivensoort echter een fruitige, lichte rode wijn op, die je jong moet drinken. De cabernet franc, in deze regio ook wel breton genoemd, is aangeplant rond Chinon en Bourgueil, ten zuiden en ten noorden van de Loire. Op beide oevers van de rivier zijn er kleine verschillen in bodemgesteldheid en microklimaat. In het algemeen zijn wijnen uit Bourgueil iets lichter van toon, met een hint van frambozen, terwijl veel wijnen van de kalkhellingen rond Chinon zich kunnen meten met de *domaines* uit Bordeaux en Bourgondië. Gelukkig geldt die vergelijking alleen voor de smaak en niet voor de prijs.

Bij Pierre en Bertrand Couly

De gebroeders Couly zijn voortgekomen uit de wijnmakersdynastie van Couly-Dutheil, maar gingen in 2004 zelfstandig verder met een eigen wijngaard. Ze maken onder andere een klassieke rode chinon met de naam Le V. Proeven van deze en andere representatieve rode wijnen kan op het domein van de broers in de directe nabijheid van Chinon. Overigens krijgen ook hun witte chinon les blancs closeaux en de chinon rosé in de verschillende wijngidsen goede beoordelingen.

Op het Domaine de Beauséjour

Langs de *Route du Vin* (D21), achter het wijndorpje **Cravant-les-Coteaux**, kijkt het Domaine de Beauséjour uit over het dal van de Vienne. De wijngaard is vanaf de jaren 50 in bezit van de familie Chauveau. Sinds 1998 leidt David het bedrijf samen met zijn moeder Marie-Claude. De chinon van dit *domaine* is een zeer aangename, gemakkelijk drinkbare wijn. De productie vindt plaats in een in de rotsen uitgehouwen ruimte. Marie-Claude houdt zich bezig met de *chambres d'hôtes*, waar ze zorgt voor een gastvrije sfeer. Heel toepasselijk is het uitzicht vanuit de gastenkamers op de terrassen van de wijnhellingen.

In de grotkelder van Charles Joguet

Volg de D221 naar beneden, richting de Vienne, en steek de rivier over via L'Île-Bouchard. Ga dan op de linkeroever via Tavant naar **Sazilly**. Hier heeft een van de meest veeleisende wijnmakers in het Loiregebied zijn domein: Charles Joguet. In een in de rotsen uitgehakte wijnkelder krijgt u uitstekende adviezen. Charles Joguet kwam in 1957, na de dood van zijn vader, uit Parijs terug om zijn moeder te helpen bij de wijnproductie en het wijngoed zo in de familie te houden. Na tientallen jaren hard werken, testen en proeven lukte het hem om toonaangevende wijnen te produceren. Geoogst wordt alleen met de hand, zodat bij het oogsten al een eerste kwaliteitsselectie van de druiven kan plaatsvinden.

De beste wijn van het domein, de clos de la dioterie, is een granaatrode wijn met complexe aroma's van onder andere zwarte bessen en vanille. Vele jaargangen (bijvoorbeeld het uitstekende wijnjaar 2006) kunnen, net als duurdere bordeaux, tientallen jaren worden bewaard (*vins de garde*). De verkoop is beperkt tot zes flessen per persoon. Maar ook de frisse, elegante wijnen van jonge druiven (*cuvée jeunes vignes*), meestal blends, zijn de moeite waard.

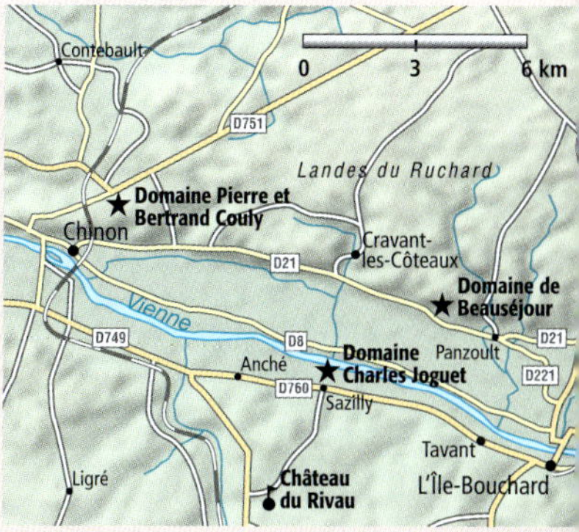

bar met kleine gerechten en een terras op het plein.

Wijnen uit een wijnkelder – **Caves Plouzeau** 3: 94, rue Haute St-Maurice, tel. 02 47 93 32 11, www.plouzeau.com, wijnen vanaf € 9. De indrukwekkende wijnkelder van de jonge wijnmaker Marc Plouzeau, bevindt zich in uitgehakte grotten direct onder de burcht. Het wijnhuis zelf ligt buiten Chinon en bestaat sinds 1848. Een aanrader: de in houten vaten gerijpte Château de la Bonnelière.

In de openlucht – **Weekmarkt** 4: do. Place du Général de Gaulle, za., zo. Place de la Fontaine, altijd 's morgens.

Om te snuffelen – **Rommelmarkt:** het hele jaar 3e zo. van de maand op de Promenade des Docteurs Mattraits.

Actief

De natuur ervaren – **Chinon Loisirs Activités Nature** 1: linkeroever van de Vienne bij de camping, quai Danton, www.loisirs-nature.fr, tel. 06 23 82 96 33, apr.-sept. 9-19 uur. Fietsverhuur van 2 uur (€ 7) tot een week (€ 56), kanoverhuur, excursies naar de wijnhellingen, gecombineerde Viennetochten (bijv. Chinon-Montsoreau per kano heen, per fiets terug € 25,50).

Fietsverhuur – **Loire Vélo Nature:** reserveren via tel. 06 03 89 23 14, www.loirevelonature.com, lokale partner in het Hôtel de France 2.

Uitgaan

Afsluiten met een biertje – **Bistrot de la Place du Général de Gaulle** 1: 47, place du Général de Gaulle, tel. 02 47 93 30 18. Karakteristieke bistro, stevige huismanskost.

Info en festiviteiten

Office de Tourisme: 1, rue Rabelais, 37500 Chinon, tel. 02 47 93 17 85, www.chinon-valdeloire.com, mei-sept. dag. 10-13.30, 14-19, okt.-apr. ma.-za. 10-12.30, 14.30-18 uur.

Marché Médiéval: eerste za. in aug. Middeleeuwse markt in het historisch centrum met handelaren en straatartiesten; in de ochtend gekostumeerde optocht, afsluitend vuurwerk aan de oever van de Vienne.

Chinon en Jazz: eerste weekend juni. Gratis jazzconcerten in de stad en op het kasteel.

In het dal van de Vienne ▶ K 4

De wijngaarden van Chinon strekken zich uit langs beide oevers van de rivier de Vienne; u kunt ze verkennen met een autorit van 35 km. De route gaat vanuit Chinon over de D21 naar **Cravant,** waar de hellingen uitstekende bewaarwijnen voortbrengen, en dan naar **L'Île-Bouchard** aan de andere kant van de oever. Hier is de 12e-eeuwse **Prieuré St-Léonard** een mooi voorbeeld van romaanse bouwkunst. Alleen het koor en de kooromgang zijn bewaard gebleven. De witte zuilen van tufsteen worden bekroond door gebeeldhouwde bladkapitelen en talrijke figuren.

De route gaat verder via de D760. Het koor en de crypte van de **St-Nicolas** in het kleine plaatsje **Tavant** zijn versierd met goed bewaard gebleven fresco's. Bezoek aan de crypte is mogelijk na aanvraag van de sleutel in het dorp.

Voorbij **Sazilly** kunt u via de D749 een uitstapje maken naar het **Château du Rivau** in Le Coudray (Lémeré, www.chateaudurivau.com, mei-aug. dag. 10-19, anders 10-18 uur, € 11/8,50/7). Eric en Patricia Laigneau hebben voor de restauratie van het kasteel, die in 1993 begon en tien jaar zou duren, verschillende prijzen gewonnen. Het middeleeuws aandoende kasteel werd beroemd door de dichter Rabelais.

In zijn romanserie *Gargantua en Pantagruel* schenkt de gelijknamige reus het kasteel aan de veldheer Tolmère als dank voor zijn aandeel in de oorlog tegen Pichrocole. Het kasteel is te bezoeken, maar zeker zo boeiend zijn de tuinen rond thema's uit sprookjes (*jardins de conte de fées*). In de moestuin van Gargantua groeien gigantische pompoenen, kolen en artisjokken, die aan het eind van de zomer in kleurenpracht concurreren met de dahlia's. Aan het begin van de zomer hangt overal de geur van de 450 soorten rozen die de rozentuin vullen, waaronder de witte struikroos *rose du riveau*, genoemd naar het kasteel en gekweekt door de bekende rozenkweker André Eve. Verder ontdekt u onder andere de Tuin van Klein Duimpje, een Toverbos en het Labyrint – alles aangekleed met verrassende moderne tuinsculpturen. Kinderen kunnen in de tuin spelen in gehuurde kostuums (€ 3,50).

Château du Rivau ligt aan de voet van de wijnhellingen van **Ligré**, waar de druiven een van de populairste Chinonwijnen voortbrengen.

In het tuinrestaurant wordt de oogst van de tuin verwerkt tot lekkere soepen, quiches en salades, vegetarisch of met ham. Geschonken wordt de eigen wijn (ca. € 10).

Azay-le-Rideau ✸ ▶ L 4

Als een ketting van edelstenen liggen de kastelen van Touraine in een lang lint in het groen van het landschap. Vooral de kastelen van Azay-le-Rideau en Ussé schitteren als kostbare juwelen langs de rivier de Indre. De bekende schrijver Honoré de Balzac heeft het kleine dal van de Indre vereeuwigd in zijn roman *Le Lys dans la vallée* (1835/1836).

Balzac, die regelmatig vanuit Parijs naar Saché reisde om aan zijn schuldeisers te ontkomen, vergeleek Azay-le-Rideau met een geslepen diamant – een treffende vergelijking gezien de elegantie en puurheid van de verhoudingen van dit *château* aan de Indre, dat met Chenonceau en Chambord strijdt om de titel van 'mooiste Loirekasteel'. Azay-le-Rideau en Chenonceau hebben veel overeenkomsten: ook Azay werd in het water gebouwd, ook hier leidde een vrouw de bouwwerkzaamheden en ook hier was het kasteel bedoeld voor een lid van de 'gewone' burgerij, die er vervolgens niet lang van kon genieten. Gilles Berthelot was burgemeester van Tours en regelde de staatsfinanciën van de koning. Zijn vrouw Philippe Lesbahy was de dochter van een lid van de kleine adel, de heer van Azay. Zelfbewust liet het echtpaar hun initialen PBG in de gevels van de dakkapellen aanbrengen, net zoals de koningen dat in hun kastelen deden. Toen onder verdachte omstandigheden geld van de koning was verdwenen, vluchtte Gilles Berthelot uit Frankrijk, waarna in 1538 het kasteel werd geconfisqueerd door Frans I.

In het plaatsje zelf staat de bezienswaardige romaanse dorpskerk **St-Symphorien**. Wijnliefhebbers kunnen in het **Caveau de dégustation** plezier beleven aan het proeven van het edele nat van de plaatselijke appellation azay-le-rideau.

Château d'Azay-le-Rideau

Tel. 02 47 45 42 04, www.azay-le-rideau.fr, apr.-juni, sept. 9.30-18, juli-aug. 9.30-19, okt.-mrt. 10-17.15 uur, € 10,50/8,50, tot 18 jaar gratis

Azay, gebouwd tussen 1519 en 1524, illustreert de overgangsperiode waarin weerbare burchten plaatsmaakten voor sierlijke woonpaleizen. De uiterlijke kenmerken van een verdedigingswerk zijn nog wel aanwezig, maar de zware vestingtorens hebben nu de vorm van elegante hoektorentjes, de mezekouwen zijn veranderd in guirlandes, de weergang ter hoogte van de dakkapellen fungeert als balkon en de slotgracht is een spiegel die de gratie van het bouwwerk benadrukt. Dit alles wordt harmonisch gecombineerd met elementen van de renaissance, zoals de symmetrie en de pilasters (muurpijlers) en kapitelen, die samen met medaillons en schelpen te zien zijn rond de binnenplaats van het in een L-vorm gebouwde kasteel.

In de zomer van 2017 werd Azay-le-Rideau na een restauratie van drie jaar heropend. De daken werden opnieuw

Bij Azay-le-Rideau maakten vestingtorens plaats voor elegante hoektorentjes

gedekt, de gevels gereinigd en de tuinen opnieuw ingedeeld volgens historische tekeningen.

Architectonische blikvanger van Azay-le-Rideau is de centrale trap, die naar Italiaans voorbeeld niet meer rond loopt, maar uit rechte trappen bestaat – nog een overeenkomst met Chenonceau, waar ook van een gotische wenteltrap werd afgezien. De woonvertrekken van de Marquis de Biencourt, in de 19e eeuw de laatste bewoner van het slot, werden in het kader van de renovatie tot in details gereconstrueerd. Zo zijn er in de keuken porselein en potten en pannen te zien exact zoals ze destijds werden gebruikt. Surrealistische installaties van het kunstenaarspaar Piet.sO en Peter Keene op de eerste verdieping geven het geheel een museale sfeer.

Overnachten, eten

Behaaglijk – **Grand Monarque:** place de la République, tel. 02 47 45 40 08, www.legrandmonarque.com, 2 pk vanaf € 85, menu vanaf € 29. In een schitterend pand van een voormalig postkantoor geniet u nu van een aangenaam terras met oude bomen, relaxstoelen bij de bar en een open haard in het restaurant.

Waar voor je geld – **De Biencourt:** rue Balzac, tel. 02 47 45 20 75, www.hotelbiencourt.fr, 2 pk vanaf € 96. Grote kamers, deels ingericht in 18e-eeuwse stijl, in een ook al 18e-eeuws schoolgebouw met bloemrijke binnenplaats.

Klein maar fijn – **L'Aigle d'Or:** 10, avenue Adélaïde Riché, tel. 02 47 45 24 58, www.laigle-dor.fr, di.-avond (behalve juli-aug.), zo.-avond en wo. gesl., menu vanaf € 31 met drankjes. Uitstekende traditionele keuken in een met bloemen versierde eetzaal met rustiek balkenplafond.

Saché ▶ L 4

In het lieflijke, smalle dal van de Indre staat in het gelijknamige romantische dorp het **Château de Saché.** Het gedrongen, sobere bouwwerk, omgeven door een aantrekkelijk park, fungeerde aan het begin van de 19e eeuw als toevluchtsoord voor de bekende

Franse schrijver Honoré de Balzac. Wie zijn sporen volgt door Touraine, komt in Saché bij het belangrijkste tussenstation.

De **dorpskerk** van Saché dateert uit de 12e en de 13e eeuw. Een **kunstwerk** op het dorpsplein herinnert aan de Amerikaanse kunstenaar Alexander Calder, die ongeveer twintig jaar in Saché woonde en werkte. In 1963 liet hij aan de rand van het bos een groot atelier annex woonhuis bouwen. In het **Atelier Calder** worden nu kunstenaars uit de hele wereld uitgenodigd om hier enige tijd door te brengen (12, route du Carroi, www.atelier-calder.com).

Château de Saché en Musée Balzac

www.musee-balzac.fr, tel. 02 47 26 86 50, 15 apr.-juni, sept. dag. 10-18, juli-aug. dag. 10-19, okt.-mrt. wo.-ma. 10-12.30, 14-17 uur, € 6/5, tot 7 jaar gratis

Honoré de Balzac ervoer het kasteel van Saché als een 'melancholische plek, vol met harmonie, te zwaarmoedig voor oppervlakkige zielen, maar waardevol voor een dichter met pijn in het hart'. Het sobere gebouw heeft nog altijd 'dat geheimzinnige, dat zich ook over het eenzame dal heeft verspreid'. De toenmalige eigenaar, Jean de Margonne, bood Honoré de Balzac een toevluchtsoord voor zijn vele schuldeisers, plus een rustige werkkamer.

Opgesloten, 'als een monnik in zijn cel', schreef Balzac er zijn romans *Louis Lambert*, *Le Père Goriot* en *Le Lys dans la vallée*, waarin hij van Saché een monument maakte. In het kasteel is nu een Balzacmuseum gevestigd, met daarin

Sprookjesfiguren van was in het kasteel van Ussé

onder andere manuscripten, brieven en eerste drukken. Via een trap klimt de bezoeker naar een bronzen afbeelding van Balzac, gemaakt door een uit Touraine afkomstige beeldhouwer. Ook een kopie van het beroemde portret van Rodin is in het museum te bekijken. Onder het dak bevond zich de kleine werk- en slaapkamer van Balzac. Hier staan de schrijftafel en het bed, waarin hij soms werkte bij het licht van een olielamp, met een plank op zijn knieën en op de been gehouden door talloze koppen koffie. Vanuit het enige raam van de kamer dwaalt de blik nog altijd over het 'stille en eenzame dal, een brede plooi in het landschap, omzoomd door eeuwenoude eiken'.

Eten en drinken

Goede klassieke keuken – **Auberge du XIIe Siècle:** rue Principale, tel. 02 47 26 88 77, www.tables-auberges.com, zo.-avond, ma.-di. 's middags gesl., menu vanaf € 28. In de eetzaal, waar plafondbalken en een open haard voor sfeer zorgen, is sinds de tijd van Balzac nauwelijks iets veranderd. Op tafel komen uitstekende regionale gerechten.

Château d'Ussé ▶ K 4

Ussé, www.chateaudusse.fr, tel. 02 47 95 54 05, dag. half feb.-mrt., okt.-half nov. 10-18, apr.-sept. 10-19 uur, laatste toegang 1 uur voor sluiting, € 14/4 tot 8 jaar gratis

Vanaf de brug over de Indre biedt het kasteel van Ussé een sprookjesachtige aanblik: helderwitte stenen, spitse torens en steile, met leisteen bedekte daken steken af tegen het donkere bos van Chinon. De Franse sprookjesschrijver Charles Perrault zou zich hier hebben laten inspireren tot zijn sprookje *La Belle au bois dormant* (Doornroosje). Daarom zijn in een torenkamer voorstellingen van wassen figuren te zien, gekleed in de mode van de belle époque en tegen een decor van 18e-eeuws meubilair, waarbij Doornroosje geduldig wacht tot ze wordt wakker gekust.

Het kasteel werd in de tweede helft van de 16e eeuw door een schoonzoon van koning Karel VII gebouwd op de fundamenten van een oudere vesting. Toch ziet het complex er met zijn stevige torens, weergangen en mezekouwen nog erg middeleeuws uit. Halverwege de 17e eeuw liet de familie Bernin de Valentinay de complete noordvleugel van het oorspronkelijk gesloten complex afbreken, om zo via de binnenplaats uitzicht te krijgen op het dal van de Indre en op de dieper gelegen **tuinterrassen**, ontworpen door de bekende tuinarchitect André Le Nôtre. Tegenwoordig woont hier de Duc de Blacas met zijn familie.

Bijzonder is de in 1538 gebouwde **kapel** in het park. Met zijn gotische spitsbooggewelven en rijke renaissancedecor, met name bij het portaal, illustreert de kapel de overgang van de gotiek naar de renaissance. Let in het interieur op de met houtsnijwerk versierde koorstoelen en de terracotta madonna van Luca Della Robbia.

Winkelen

Gedroogde peren – **Poires tapées:** de volgens eeuwenoud recept gedroogde peren zijn een specialiteit van Rivarennes (5 km ten oosten van Ussé). Het langdurige productieproces wordt in een klein museum verduidelijkt. De peren en toepasselijke recepten zijn hier ook te koop (www.poirestapees.com, di.-zo. 10-12, 14-18 uur, proeverij € 3,25).

IN EEN OOGOPSLAG

In het dal van de Loir

Op ontdekkingsreis

Langs de Sint-Jacobsroute – dorpskerken met romaanse fresco's: de pelgrimsroute naar Santiago de Compostela komt in het Loirdal langs indrukwekkende romaanse muurschilderingen. De mooiste en bestbewaarde zijn te zien in de Chapelle St-Gilles in Montoire, in St-Jacques-des-Guérets aan de voet van het grottendorp Trôo en vooral in de oeroude Église St-Genest in Lavardin. Zie blz. 216.

Bezienswaardigheden

Vendôme: in dit sfeervolle stadje met gotische abdijkerk ging de schrijver Balzac naar school. Zie blz. 214

Parc Botanique de la Fosse: in Fontaine-les-Coteaux bij Montoire vindt u dit prachtige, tweehonderd jaar oude arboretum. Zie blz. 215.

La Possonnière: op dit kleine domein bij Couture-sur-Loir bracht de dichter Pierre de Ronsard zijn jeugd door. Zie blz. 218.

Actief

Fietstocht door de Coteaux du Loir: de route gaat vanuit La Chartre-sur-le-Loir door de wijnbergen van de appellation jasnières. Zie blz. 214.

Sfeervol genieten

Hôtel de France in La Chartre-sur-le-Loir: oer-Frans hotel, al een eeuw lang in handen van dezelfde familie. Loirwijnen aan de hotelbar en in de wijnbar ertegenover. Zie blz. 220.

Domaine de la Charrière in La Chartre-sur-le-Loir: jasnières of pineau d'aunis – bij Joël en Ludovic Gigou kunt u zeldzame wijnen proeven en kopen. Zie blz. 223.

Uitgaan

In het rustige, kleine dal van de Loir is 's avonds weinig te beleven, maar een uitgebreid diner is altijd een aangenaam genoegen.

Tussen Vendôme en La Flèche meandert de Loir door een stil, groen dal. Meer nog dan de Loire met zijn wereldberoemde en drukbezochte kastelen, belichaamt het dal van de Loir het gastvrije, landelijke Frankrijk met zijn kenmerkende *savoir vivre*, de kunst van een blijmoedige, ietwat gelaten levensstijl. Het traject van Vendôme naar La Flèche is ongeveer 150 km lang en neemt zeker twee dagen in beslag. Ondanks de bescheidenheid van het gebied valt er onderweg van alles te zien: de romaanse kerken bij Montoire-sur-le-Loir, de enigszins ouderwets aandoende wijnplaats La Chartre-sur-le-Loir, waar u de zeldzame appellations van het Loirdal kunt proeven, en het renaissancekasteel van Le Lude, met zijn opvallende architectuur en mooie tuinen.

INFO

Fietstochten

Het compacte dal van de Loir is een ideale bestemming voor fietstochten. Bij het toeristenbureau van de Vallée du Loir (zie hieronder) kunt u fietstochten van een week met overnachtingen en avondeten in chambres d'hôte boeken. Bij een diner in een table d'hôte hebt u de kans kennis te maken met de plaatselijke bevolking. U krijgt er bovendien deskundige informatie en tips voor uitstapjes in de omgeving. De accommodaties zijn zeer uiteenlopend, van een biologische boerderij tot een gerestaureerde schuur. Vaak is er een zwembad bij ter verfrissing.

Toeristenbureau

Vallée du Loir: Office de Tourisme, rue Anatole Carré, 72500 Vaas, tel. 02 43 38 16 60, www.vallee-du-loir.com.

Vervoer

Treinstation Vendôme-Villiers-sur-Loir: avenue des Cités Unies, Vendôme. Regelmatige treinverbindingen naar en van Parijs. De reis duurt ruim twee uur.
Met de **auto** bereikt u Vendôme vanuit Tours via de N10, vanuit Blois via de D957.

Vendôme ▶ N 1

Vlak voor Vendôme verdeelt de Loir zich in talrijke rivierarmen die de oude stad (23.000 inw.) omsluiten. Leigrijze daken, kerktorens en platanen bepalen het beeld. Tijdens een **boottocht** glijdt u moeiteloos langs groenuitgeslagen muren, weelderige tuinen en met bloemen versierde ramen. De schrijver Balzac ging hier aan het begin van de 19e eeuw naar school; het strenge schoolgebouw herbergt nu het **stadhuis.** De 16e-eeuwse renaissancedichter Pierre de Ronsard, die op veel plaatsen in het Loirdal zijn sporen heeft nagelaten, hieldt het nooit langer dan 'twintig of dertig maanden uit zonder naar Vendôme terug te keren'.

Vanaf een terras op de **Place St-Martin** maakt u kennis met de charme van het bedrijvige provinciestadje, terwijl het carillon in de vrijstaande kerktoren het refrein van een oud liedje laat horen: 'Orléans, Beaugency, Notre-Dame de Cléry, Vendôme, Vendôme' – het zijn de namen van plaatsen die tijdens de Honderdjarige Oorlog (1337-1453) tegen Engeland trouw bleven aan koning Karel VII.

De rijke geschiedenis is overal in Vendôme zichtbaar: de abdijkerk **La Trinité**, een meesterwerk uit de late, flamboyante gotiek van de 15e eeuw, valt op door zijn luchtbogen en omhoog reikende torenspits. Het raam met een afbeelding van Maria in het koor is van de 12e eeuw. De abdij werd in de 11e eeuw gesticht door Geoffrey Martell, hertog van Anjou, en zijn vrouw Agnes van Bourgondië – van hun **kasteel** resteert nu een ruïne op de heuvelrug boven het stadje. Toen ze beiden drie sterren in een bron in het dal zagen vallen, was dat voor hen een hemels teken van de Heilige Drie-eenheid en besloten ze de abdij te bouwen.

Overnachten, eten

Chic en exotisch – **Le St-Georges:** 8, boulevard de Trémault, tel. 02 54 67 42 10, www.hotel-saint-georges-vendome.com, 2 pk vanaf € 94, menu vanaf € 35. Moderne kamers met design, hightech douches en kitchenette in een prachtig hoekpand met koepeldak. Bar en restaurant met Afrikaans thema, internationale sfeer, keuken en wijnkaart.

Goed en betaalbaar – **Le Vendôme:** 15, faubourg Chartrain, tel. 02 54 77 02 88, www.hotelvendome.fr, 2 pk vanaf € 85. Aan de rand van de oude stad gelegen hotel met modern-elegant ingerichte kamers.

Aziatische touch – **Pertica:** 15, place de la République, tel. 02 54 32 72 02, www.restaurantpertica.com, zo.-ma. gesl., menu vanaf € 32. Hier is het niet moeilijk een keuze te maken, want er zijn slechts drie regelmatig wisselende menu's. De traditionele keuken is verrassend opgefrist met Aziatische accenten.

Traditie én fusion – **Le Petit Bilboquet:** Route de Tours, Villerable (2 km ten zuiden van de stad), tel. 02 54 80 40 12, www.restaurant-petit-bilboquet-vendome.fr, wo.-zo., menu vanaf € 32, *formule* € 20. Klassiekers uit de Franse keuken met een moderne twist en een vleugje fusion. Gelegen in het plaatsje Villerable.

Informatie

Office de Tourisme: Hôtel du Saillant, 47-49, rue Poterie, 41100 Vendôme, tel. 02 54 77 05 07, www.vendome-tourisme.fr, mrt.-juni, sept.-begin nov. ma.-za. 9.30-12.30, 14-18, juni zo. 10.30-13, juli-aug. ma.-za. 9.30-12.30, 14-19, zo. 10-13, 15-18, begin nov.-feb. ma.-wo., vr.-za. 10-12.30, 14-17 uur.

Montoire-sur-le-Loir ▶ M 2

In de middeleeuwen trokken veel bedevaartgangers door Montoire-sur-le-Loir op hun lange route naar Santiago de Compostela. De fresco's in de **Chapelle St-Gilles** toonden hun verhalen uit de Bijbel. Ook in het nabijgelegen Lavardin en in St-Jacques-des-Guérets bleven romaanse kerken met bezienswaardige muurschilderingen bewaard (zie blz. 216).

Parc Botanique de la Fosse ▶ M 1

Fontaine-les-Coteaux, tel. 02 54 85 38 63, www.arboretumdelafosse.com, na aanmelding vooraf geopend voor groepen vanaf 10 personen, € 12 per persoon, kinderen gratis

Liefhebbers en kenners van bomen zullen hun ogen uitkijken in het park aan de noordkant van Montoire-sur-le-Loir. Jacques Gérard beheert deze veeleisende erfenis: tweehonderd jaar geleden plantten zijn voorouders op een 25 ha groot, hellend terrein bomen uit de hele wereld, die inmiddels zijn uitgegroeid tot ware reuzen.

Bij slecht weer voorziet de zorgzame monsieur Gérard zijn bezoekers van rubber laarzen en een paraplu.

De inkomsten uit entreegelden komen bijna volledig ten goede aan het onderhoud van het park.

▷ blz. 218

Langs de Sint-Jacobsroute – dorpskerken met romaanse fresco's

Meer dan twintig kleine romaanse kerken herinneren eraan dat in de middeleeuwen een van de pelgrimsroutes naar het graf van St.-Jacobus in Santiago de Compostela door het dal van de Loir voerde. De rijkdom aan fresco's is nu een van de grootste culturele schatten in het dal. De mooiste zijn te vinden in de kapel St-Gilles in Montoire, in St-Jacques-des-Guérets aan de voet van het grottendorp Trôo en vooral in de zeer oude kerk St-Genest in Lavardin.

Kaart: ▶ M 2
Openingstijden: de kerken zijn doorgaans overdag toegankelijk; sleutel van St-Gilles in Café de la Paix aan de Place Clémenceau in Montoire-sur-le-Loir.

Bij een echte fresco wordt de verf aangebracht in een natte laag pleisterkalk. Voordat de kalk gedroogd is (binnen een dag), moet het kunstwerk voltooid zijn. De met kalkwater aangemaakte pigmenten en de kalklaag worden na droging één geheel. Dat betekent: geen mogelijkheid tot corrigeren achteraf. Dat losten de schilders soms op door alleen de ondertekening *a fresco* (nat) op de muur te schetsen en die na droging van de kalk in te kleuren. De pigmenten werden dan aangemaakt met lijm, waardoor de schildering wel minder duurzaam was. In de kerken in het Loirdal zijn beide varianten terug te vinden: van enkele schilderingen bleven alleen de omtrekken bewaard, andere behielden hun volle kleurenpracht.

Schilderingen met lapis lazuli

De fresco's van de 12e-/13e-eeuwse kerk **St-Jacques-des-Guérets** werden in 1890/1891 ontdekt. Ze tonen een ware Bijbel voor de armen, in rijke groene en blauwe tinten, waarin het kostbare pigment lapis lazuli is verwerkt. Veel scènes zijn eenvoudig te herkennen, zoals de geboorte van Jezus, op de noordelijke muur. In de gewelfde apsis staat Christus in een groen gewaad en met een blauwe lichtkrans als Verlosser en Koning in een amandelvormige mandorla. Rond hem ziet u de vier gevleugelde symbolen van de evangelisten: de adelaar van Johannes, de leeuw van Marcus, de stier van Lucas en de mens van Mattheus.

Een kleine kapel voor Christus, Koning van de Wereld

Van 1566 tot 1585 was de dichter Pierre de Ronsard prior van **St-Gilles** in **Montoire-sur-le-Loir**. De oudste resterende delen van de kerk, het koor en het dwarsschip, dateren van eind 11e eeuw, de muurschilderingen zijn 11e-14e-eeuws. In de koorkapel prijkt Christus als Koning, omgeven door engelen en de symbolen van de evangelisten. In het zuidelijke dwarsschip ziet u Christus in een rijkbewerkt en weelderig gewaad, terwijl hij Petrus de sleutels van de hemelpoort geeft. In het noordelijke dwarsschip staat Christus tussen de alfa en de omega, de eerste en de laatste letter uit het Griekse alfabet. Het is een verwijzing naar de Openbaring van Johannes, waarin God zegt: 'Ik ben de Alfa en de Omega, de Eerste en de Laatste, het Begin en het Einde'.

De duivel als fresco op de kerkmuur

Ingebed in een landelijk rivierlandschap en overschaduwd door een schilderachtige kasteelruïne wordt **Lavardin** – terecht – beschouwd als een van de mooiste dorpen van Frankrijk. De 11e-eeuwse **Église St-Genest** is rijk aan muurschilderingen rond oeroude christelijke thema's, die met soms gruwelijke details zijn afgebeeld. De schilderingen op de zuilen van het schip zijn 15e-eeuws, de fresco's in het koor 12e-eeuws. Op de gewelven van het koor ziet u het paradijs met heiligen en musicerende engelen. In de zuidelijke viering jaagt een grote bruine duivel met een vlammende gordel de gedoemden naar een andere duivel, die hen vervolgens in de hel gooit, gesymboliseerd door een kolkende ketel. Aan de andere kant wordt een naakte Jezus door Johannes gedoopt in de rivier de Jordaan; een engel staat klaar met een handdoek. Zeer goed bewaard gebleven zijn de gedetailleerde blauwe tinten van deze *a fresco* gemaakte schilderingen.

Trôo ▶ M 2

Al van verre is de op een steile heuvel gebouwde **Église St-Martin** van Trôo te zien. Via smalle straatjes en trappen klimt u naar boven, daarbij uitgehakte **grotwoningen** passerend. Boven aangekomen kijkt u uit over het vruchtbare dal, dat tot de horizon gevuld is met groene akkers en landerijen, bosschages, buurtschappen, boerderijen en dorpjes.

La Possonnière ▶ M 2

Couture-sur-Loir, tel. 02 54 72 40 05, www.territoiresvendomois.fr/maison-natale-de-ronsard, 15 juni-15 sept. dag. 10-18, anders di.-zo. 14-18 uur, € 5,50/4,50

Rond **Couture-sur-Loir** ligt het 'Land van Pierre de Ronsard'. In het dal van de Loir, dat hij zijn leven lang zou koesteren, bracht de bekendste dichter van de Franse renaissance zijn jeugd door. Zijn vader liet in 1515, na diens terugkeer van een Italiaanse veldtocht, het landhuis La Possonnière bouwen. De vrome en gastvrije Loys Ronsard voorzag de pelgrims op de Sint-Jacobsroute van onderdak en voedsel in de grote grotkelders, die nog resteerden van een oudere vesting die geheel in de rotsen was uitgehakt. Inscripties die verwijzen naar de functie van de ruimte geven het geheel een poëtische sfeer. *Sustine et abstine* (houdt vol en houdt maat) is het motto van de eetzaal.

La Possonnière, het landhuis van de familie van Pierre de Ronsard

La Chartre-sur-le-Loir ▶ L 2

La Chartre-sur-le-Loir, gelegen in de nabije omgeving van de wijndorpen **Ruillé-sur-Loir** en **Lhomme**, is een goede plek om te overnachten en vervolgens de omgeving te verkennen. Elke zaterdag komen de inwoners van de omliggende dorpen naar het zo'n duizend inwoners tellende marktplaatsje om bij de poelier, de vishandel en op de markt hun boodschappen te doen. Daarna zoeken ze een plekje in de goed gesorteerde wijnbar aan de **Place de la République** of bij het historische **Hôtel de France** (zie blz. 220) en ontspannen dan bij een glas jasnières of coteaux du loir.

Poncé-sur-le-Loir ▶ M 2

Ook het **kasteel** van Poncé-sur-le-Loir herinnert aan de dichter Ronsard: zijn borstbeeld markeert het einde van het uit zes trappen bestaande trappenhuis uit de renaissance. De kwetsbare, afgesleten treden worden overspannen door rijkbewerkte plafonds met bloemen, wapens en allegorische symbolen. Sinds 2010 is het kasteel eigendom van de Parijse kunstenaar Guy de Malherbe en zijn vrouw, galeriehouder Marie-Hélene de La Forest Divonne. Zij organiseren hier tentoonstellingen van hedendaagse kunst. Bezienswaardig zijn daarnaast de tuinen met veel bloemen en buksbomen. Richting de berg wordt het terrein afgesloten door het Caroline-terras en een 30 meter hoog bakstenen gebouw uit de jaren 30 van de 19e eeuw.

Fietstocht door de Coteaux du Loir ▶ L/M 2

Fietstocht vanaf La Chartre-sur-le-Loir, ongeveer 40 km; fietsverhuur bij Office de Tourisme de la Vallée du Loir, 13, place de la République, La Chartre-sur-le-Loir, mei-juni, sept. alleen za., zo., juli-aug. dag.; restaurants en cafés in Marçon (7 km), Ruillé-sur-le-Loir (24,5 km), Poncé-sur-le-Loir (28,5 km), Couture-sur-Loir (32,5 km)

Via verkeersluwe departementale wegen doorkruist de fietsroute de wijnhellingen langs de Loir. Het traject is licht heuvelachtig, waarbij u onderweg twee keer een wat pittiger helling moet beklimmen.

In **La Chartre-sur-le-Loir** gaat u vanaf de Place de la République via de Rue Carnot in de richting van Beaumont-sur-Dême. Dan begint meteen de eerste klim naar een ▷ blz. 222

Favoriet

Te gast in het traditionele Frankrijk – Hôtel de France ▶ L 2

De houten bar van deze oer-Franse dorpsherberg is versierd met foto's en andere aandenkens van autocoureurs van het circuit van Le Mans, die hier in de loop van vele jaren hebben overnacht. Tot 1955 parkeerden ze hun racewagens naast het hotel. Nu kunt u hier fietsen huren voor een tochtje door het dal van de Loir. Het bedrijf is al ruim een eeuw in handen van dezelfde familie. Specialiteit van het restaurant zijn de smoorgerechten in een rijke roomsaus met jasnièreswijn (La Chartre-sur-le-Loir, 20, place de la République, tel. 02 43 44 40 16, www.lhoteldefrance.fr, kamer vanaf € 75, menu vanaf € 32).

TEL
DE
NCE
STAURANT LE RELAIS de RONSARD REST
20
HOTEL
RESTAURANT
LES BONNES
ETAPES
HOTEL-RESTAURANT
Logis
de France

plateau, waar u tussen fruitbomen en wijngaarden terechtkomt. De kleine, 19e-eeuwse *maisons des vignes* tussen de druivenstokken zijn karakteristiek voor deze regio. Hier konden de wijnboeren schuilen bij slecht weer en bewaarden ze hun werktuigen.

Bij de eerste kruising gaat u rechtsaf. Na 7 km wacht het dorp **Marçon** en dan gaat het via de D61 naar **Le Port Gauthier** op de noordoever van de Loir. Hier gaat u rechtsaf via de D64, naar het 8 km verderop gelegen **Chahaignes.** De kerk van dit aantrekkelijke dorp heeft als bijzonderheid een aardewerken altaar uit de 18e eeuw.

In de bocht ongeveer 100 m voorbij de kerk gaat rechts een kleine weg, de Rue de la Fontaine St-Jean, naar de pluimveeboerderij **La Malvoyère.** In de bijbehorende winkel kunt u zelfgemaakte delicatessen kopen, zoals eendenleverpastei. Na de boerderij gaat u links de D64bis op en dan rechtsaf naar het 2 km verderop gelegen **Lhomme.** Dit kleine dorp is het kloppend hart van de jasnièreswijnen en ontvangt bezoekers met restaurants, winkels en een wijnmuseum over de appellations jasnières en coteaux du loir (juli-sept. za., zo. geopend).

De fietsroute gaat verder via de **Route des Vignobles** (D305) naar **Ruillé-sur-Loir.** Onderweg passeert u verschillende als wijnkelder ingerichte grotten die in de kalkrotsen zijn uitgehakt. Ook in Ruillé nodigen cafés en restaurants uit om even een pauze te nemen. Volg de bordjes van de Route des Vignobles het dorp uit, waarna de tweede en laatste lastige klim wacht. Eenmaal boven op het kalksteenplateau ziet u de ventilatieschachten waarmee de onderaardse champignonkwekerijen van lucht worden voorzien. Na enkele kilometers doemt **Poncé-sur-le-Loir** (zie blz. 219) op, waar je in de tuinen heerlijk kunt bijkomen.

Ga vanuit Poncé via de D305 richting Montoire. Na ongeveer 1,5 km neemt u rechts de D57, die de Loir oversteekt en naar **Couture-sur-Loir** leidt. Daar wijzen bordjes de weg naar het **Manoir de la Possonnière** (zie blz. 218). Dit landhuis uit de 16e eeuw, waar de dichter Pierre de Ronsard werd geboren, is

Fietstocht door de Coteaux du Loir

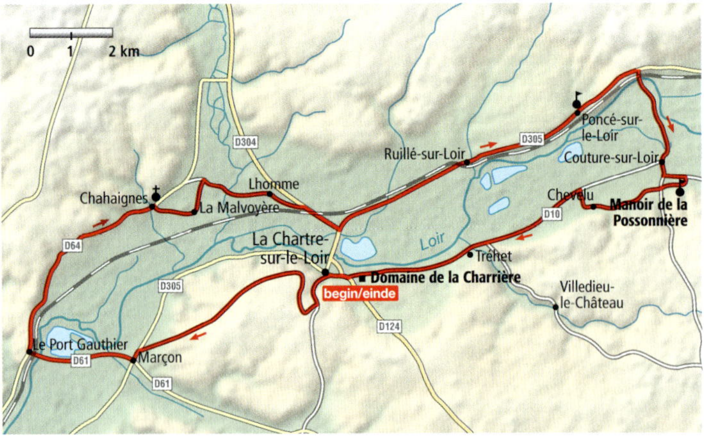

te bezichtigen. Voorbij La Possonnière houdt u rechts aan tot het stopbord, sla dan rechtsaf naar **Chevelu.**

Na 2 km buigt u in de bocht rechtsaf het dal in. De weg komt uit bij een oud stenen wegkruis en bij de D10, waar u linksaf gaat. Via **Tréhet** komt u na 3 km weer bij het startpunt van de route. Voor La Chartre-sur-le-Loir liggen nog enkele wijnkelders langs de weg. Bij het **Domaine de la Charrière** nodigen de wijnbouwers Gigou bezoekers uit voor een proeverij (zie hiernaast).

Château du Lude ▶ K 2

Le Lude, www.lelude.com, tuin apr.-sept. dag. 10-12.30, 14-18 uur, kasteel apr.-sept. dag. 11.30, 14.30-18 uur, kasteel en tuin € 9/4,50, alleen tuin € 6/3

Bijna 40 km verder, richting Angers, staat in het stadje Le Lude een mooi voorbeeld van architectuur uit de vroege renaissance. De middeleeuwse vesting van de graaf van Anjou is in de loop van de eeuwen uitgebouwd tot een lustslot. Medaillons, pilasters en lisenen sieren nu de machtige ronde vestingtorens. Al meer dan honderd jaar wordt het kasteel bewoond door de familie De Nicolaÿ. Zij ontvangen hun bezoekers in een intieme, huiselijke sfeer die historie uitstraalt: in de haard van de salons brandt een vuur, kinderspeelgoed slingert her en der rond en aan de grote tafel in de eetzaal met de renaissanceschouw wordt door de familie dagelijks gegeten. Vanaf het terras dwaalt de blik over het park, dat aan de andere kant van de rivier overgaat in een bekoorlijk rivierenlandschap.

Overnachten, eten

In een klooster – **Hotel-Restaurant Auberge Alsacienne:** 14, rue de la Boule d'Or, tel. 02 43 48 20 45,www.auberge-alsacienne-le-lude.com, 2 pk vanaf € 70, menu vanaf € 24. In warme tinten ingericht hotel van een uit de Elzas afkomstige eigenaar. In het restaurant komen Elzasser en regionale specialiteiten op tafel.

In het centrum – **La Renaissance:** 2, avenue de La Libération, tel. 02 43 94 63 10, www.renaissancelelude.com, 2 pk vanaf € 76, menu vanaf € 19. Aangenaam hotel-restaurant. De vakkundig bereide streek- en seizoensgerechten worden 's zomers ook op het terras geserveerd.

Tip

Wijnproeven bij het Domaine de la Charrière ▶ L 2

Joël Gigou bewerkt 11 ha van het slechts 75 ha grote wijngebied van Jasnières. De telg uit een wijnbouwersdynastie doet dit werk al meer dan dertig jaar, inmiddels samen met zijn zoon Ludovic en dochter Dorothée. Een *maniac* wordt hij genoemd door Franse wijncritici, want Gigou stort zich, om het beste resultaat te krijgen, steeds weer op nieuwe experimenten, terwijl hij tegelijkertijd een voorstander is van het vasthouden aan tradities. Elke dag proeft hij zijn wijnen om hun ontwikkeling te testen en zich te laten inspireren tot het maken van composities. Succesvol waren zijn pogingen om witte wijnen in vaten van kastanjehout te bewaren en om een coteaux du loir van uitsluitend pineau d'aunis te maken en ze enkele maanden in jonge eiken vaten op te slaan om de kruidige aroma's tot volle ontwikkeling te laten komen (4, rue des Caves, La Chartre-sur-le-Loir, tel. 02 43 44 48 72, www.gigou-jasnieres.com, ma.-za 9.30-12.30, 14-19, zo. 9.30-12.30 uur).

Idylle aan de Loir – **Auberge du Port des Roches:** bij Luché-Pringé, zo'n 10 km westelijk van Le Lude, tel. 02 43 45 44 48, www.logishotels.com/fr/hotel/auberge-du-port-des-roches-3032, 2 pk vanaf € 70, menu vanaf € 27. Al vanaf Luché-Pringé wijzen bordjes de weg naar dit ouderwets degelijke hotel met een terras aan de Loir. Goed eten, verzorgde kamers.

Festiviteiten

Fête-weekend des Jardiniers: eerste weekend van juni in Château du Lude. Als de rozen volop in bloei staan zijn er een tuinshow met workshops, verkoop, rondleidingen door de moestuin en tentoonstellingen van tuinkunst.
Journées Potagères et Gourmandes: weekends rond 14 juli, half aug. en eind okt. tijdens de Journée du Patrimoine. Rondleiding door de moestuin

In het renaissancekasteel van Le Lude woonden ooit de machtige graven van Anjou

van Château du Lude, waar zeldzame soorten groeien. De oude kachels en de koperen schotels van de kasteelkeuken worden gebruikt om jam te maken van vruchten uit eigen tuin.

Informatie

Office de Tourisme de la Vallée du Loir: tel. 02 43 38 16 60, www.vallee-du-loir.com.

La Flèche ▶ J 2

In dit vriendelijke stadje (16.000 inw.) komen tegenwoordig veel Canadezen om naar hun Franse wortels te zoeken. Vanuit de oude haven van dit stadje vertrokken vroeger de schepen die hun voorouders naar de Nieuwe Wereld brachten, waar ze het huidige Montréal stichtten.

Prytanée Nationale Militaire

22, rue du Collège, tel. 02 43 48 59 06, juli-aug. 10-12, 14-18 uur

La Flèche staat vooral in het teken van koning Hendrik IV, die vanwege zijn vele amoureuze avonturen ook wel *le vert galant* werd genoemd. Hendriks familie bestuurde La Flèche al vanaf de 15e eeuw. Hij liet hier in de 16e eeuw het **jezuïetenklooster** bouwen waar in de 17e eeuw de filosoof Descartes naar school ging en in 1808 Napoleon een **militaire academie** vestigde. Tijdens vakanties leiden leerlingen bezoekers rond door het nog steeds bestaande instituut, dat een belangrijke plaats inneemt in het nationale bewustzijn van Frankrijk. Prachtig zijn het barokportaal met een borstbeeld van Hendrik en de enorme **jezuïetenkerk** uit wit natuursteen, waar de as van Hendriks hart in een urn bij het hoogaltaar wordt bewaard.

Zoo de la Flèche

La Tertre Rouge, 5 km zuidelijk via de D104, www.zoo-la-fleche.com, apr.-sept. 9.30-18 uur, juli-aug. tot 19 uur, okt.-mrt. 9.30-12, 13.30- 18 uur, € 24/19

Kinderen zullen ongetwijfeld veel plezier beleven aan een bezoek aan de dierentuin. In de Zoo de la Flèche zijn 160 diersoorten te zien op 18 ha door grachten omringde groene eilanden. Honderd verzorgers voeden hun 'kindjes' jaarlijks met 90 t fruit en groente.

Overnachten

Elegant – **Gentleman:** 17, rue de la Tour-d'Auvergne, tel. 02 43 45 89 36, www.legentleman.fr, 2 pk vanaf € 85. Elke kamer is individueel en elegant ingericht – een gentleman waardig.

Postpaarden – **Du Vert Galant:** 70, Grande Rue, tel. 02 43 94 00 51, www.vghotel.com, 2 pk vanaf € 70. Klein, gemoedelijk hotel in een voormalige postkoetshalte uit de 18e eeuw.

Eten en drinken

Gastronomisch – **Le Moulin des Quatre Saisons:** rue Gallieni, tel. 02 43 45 12 12, www.camilleconstantin.com, ma., wo., zo.-avond gesl., menu vanaf € 34,50. Voortreffelijk eten in de oude watermolen van het kasteel aan de Loir (in 2012 grondig gerenoveerd). Ook de wijnkaart heeft verrassingen te bieden.

Informatie

Office de Tourisme de la Vallée du Loir: 20, boulevard de Montréal, 72200 La Flèche, tel. 02 43 38 16 60, www.tourisme-paysflechois.fr, juni-sept. ma.-za. 10-12.30, 14-18, zo. 10-13 uur.

IN EEN OOGOPSLAG

Anjou

Hoogtepunten ✸

Fontevraud: een van de grootste abdijen van Europa, met schitterende romaanse abdijkerk en originele kloosterkeuken. Zie blz. 243.

Angers: de aantrekkelijke hoofdstad van Anjou bezit een levendig oud centrum en enkele interessante musea. Zie blz. 254.

Op ontdekkingsreis

Crémant uit Saumur – een bezoek aan de grotkelders: de wijnkelders in en rond Saumur staan bekend om hun mousserende saumur brut, die de concurrentie aankan met de bekendere champagnes. De flessen rijpen in bezienswaardige grotkelders, die soms met sculpturen zijn aangekleed. Zie blz. 240.

Grotten in Anjou – leven en kunst onder de grond: een dierentuin, een dorp, een schuilplaats en een totaalkunstwerk – een ontdekkingstocht door de onderaardse wereld van de *troglodytes* rond Saumur. Zie blz. 250.

Bezienswaardigheden

Candes-St-Martin: schilderachtig dorp met romaanse kerk en schitterende vergezichten over de samenvloeiing van de Loire en de Vienne. Zie blz. 230.

Cunault: wonderschone romaanse Mariakerk vlak bij de oever van de Loire. Zie blz. 249.

Montgeoffroy: elegant kasteel uit de 18e eeuw met een nog originele inrichting. Zie blz. 254.

Actief

Tochten over de Loire: in Candes-St-Martin vetrekken amaranten – traditionele houten platbodems – voor een boottocht over de Loire. Zie blz. 229.

Op de fiets naar Cunault: vanuit Saumur gaat de route langs de hier breed uitwaaierende Loire naar de abdijkerk van Cunault. De terugweg gaat via de rechteroever van de indrukwekkende rivier. Zie blz. 253.

Sfeervol genieten

La Savonnerie Martin de Candre: handgemaakte zeepjes en natuurproducten uit de winkel van de zeepfabriek bij Fontevraud. Zie blz. 243.

Uitgaan

Le Chabada in Angers: op ten minste zeventig dagen per jaar zijn er concerten, van rock tot reggae. Zie blz. 265.

Grand Théâtre d'Angers: dinsdagen met kamermuziek, jazzconcerten en voorstellingen van de Angers Nantes Opéra en het regionale theater van Pays de la Loire. Zie blz. 265.

De Loire zorgt rond Saumur voor indrukwekkende rivierpanorama's. De weidsheid en woestheid van de rivier zullen elke bezoeker bekoren. De weg gaat hier grotendeels direct langs de oever, zodat u ook vanuit de auto van het natte landschap kunt genieten. Onderweg naar Saumur vormen de idyllische dorpen Candes-St-Martin en Montsoreau aangename pauzeplaatsen. In de steile wanden die aan de dalrand opdoemen, ziet u de toegangen van de wijnkelders, die zich in de grotten daarachter bevinden. Eenmaal bij Saumur wordt u ontvangen met een van de mooiste stadsgezichten langs de Loire. Beroemd zijn de mousserende, op champagne lijkende crémant én de ruiters van het Cadre Noir, waar veel paardenliefhebbers op afkomen. Rond de stad kunt u de ondergrondse wereld van de *troglodytes*, de in de rotsen uitgehakte grotten, verkennen. Ten zuiden van Saumur is de enorme abdij van Fontevraud een architectonisch hoogtepunt. Hier kregen de Plantagenets, die in de middeleeuwen over Engeland en het westen van Frankrijk regeerden, hun laatste rustplaats. Leisteen en graniet mengen zich in Anjou met het kalksteen van de Loire. Dat dat ook geschikte bouwmaterialen zijn, bewijzen de schilderachtige huizen van Angers. Achter de zware muren van de middeleeuwse burcht van Angers gaat een serie 14e-eeuwse wandtapijten van de Apocalyps schuil, een kunstwerk van wereldklasse. De lieflijkheid van het landschap en het klimaat van Angers zijn als *douceur angevine* (*angevine* = van Anjou) in Frankrijk spreekwoordelijk geworden.

INFO

Internet

www.ot-saumur.fr: zeer informatieve site met toeristische informatie over de omgeving van Saumur, inclusief evenementenkalender. Ook in het Nederlands.
www.anjou-tourisme.com: uitgebreide informatie over de regio rond Angers. Ook in het Engels.
www.fietsen-loire.com: Nederlandstalige website van het toeristenbureau van Pays de la Loire over de fietsmogelijkheden langs de Loire, plus veel informatie over het gebied tussen Saumur en Nantes.

Toeristenbureaus

De belangrijkste kantoren van het Office de Tourisme bevinden zich in **Saumur** en **Angers**.

Vervoer

Regelmatige **treinverbindingen** met Parijs via de lijn Orléans-Tours-Angers-Nantes. Het treinstation Angers-St-Laud ligt buiten het centrum langs de D347.

Candes-St-Martin ▶ K 4

Het mooie dorp met licht tufstenen huizen staat bij de samenloop van de rivieren Vienne en Loire (zie blz. 230). Het silhouet wordt bepaald door een **weerkerk** die in de 13e eeuw werd gebouwd ter ere van de hier in 397 gestorven St.-Martinus. Van 1981 tot 2010 woonden de componist Henri Dutilleux en zijn vrouw, de pianiste Geneviève Joy, hier aan het water.

Collégiale St-Martin

De voorgevel van de kerk wordt geflankeerd door vierkante vestingtorens, inclusief kantelen, met daaronder een rij stenen heiligen met boven hun hoofd een baldakijn (afdakje). Een poort geeft toegang tot de voorhal, waar zwaluwen in de gewelven hun nesten hebben gebouwd. De wanden van het portaal zijn versierd met Bijbelse figuren, in het timpaan boven de deur prijkt Christus als Verlosser. Achter de grote deur wacht een helder verlicht middenschip, waar slanke, gebundelde zuilen zogenoemde Angevijnse gewelven dragen: voor Anjou kenmerkende hoge, koepelachtige kruisgewelven. De kleine kapel van St.-Martinus dateert van eind 12e eeuw en vormt daarmee het oudste deel van de kerk. Gebrandschilderde ramen uit de 19e eeuw illustreren het leven van de heilige Maarten, die ook nu nog pelgrims naar de kerk lokt.

Boottochten over de Loire

Tel. 02 47 95 80 85, www.bateauamarante.com, check de website voor actuele tijden, kaartjes vanaf € 18/10
De schoonheid van de benedenloop van de Loire, waar de rivier zeer breed is en de nabijheid van de zee zich al laat gelden, kunt u zelf ervaren tijdens een boottocht van anderhalf uur met de **Amarante** of de **Belle Adele**. Het op traditionele wijze met cederhout gebouwde schip is het werk van de hier gevestigde ambachtsman en scheepsbouwer Sylvain du Robin Delaporte. Verrekijker meenemen! Er worden ook excursies met ontbijt of diner georganiseerd.

Van Montsoreau naar Saumur ▶ K 4

In **Montsoreau**, dat inmiddels aan Candes is vastgegroeid, waken de zware vierkante torens van de 15e-eeuwse **vesting** (www.chateau-montsoreau.com, dag. apr., okt.-half nov. 14-18, mrt. alleen za., zo., mei-sept. 10-19 uur, € 9,80/5,80) over de plek waar de Vienne en de Loire samenvloeien. Het slot is behalve aan wijn ook gewijd aan hedendaagse kunst en reikt elk jaar de Prix Morellet uit ter herinnering aan de in 2016 overleden François Morellet. In een van de vertrekken is een permanente installatie van de kunstenaar te zien.

Wijnliefhebbers blijven hier op de linkeroever en rijden langs de glooiende kalksteenhellingen verder naar Saumur: de cabernet-francdruiven aan de wijnstokken vormen de basis voor de frisse, rode saumur-champigny.

De gaten in de steile rotswanden tussen **Turquant** en **Dampierre** zijn grotwoningen of *maisons troglodytes*. Veel van deze grotten zijn weer bewoond of worden gebruikt als wijnkelder. De grotten van **Souzay-Champigny** zijn door ondergrondse gangen met elkaar verbonden. Margaretha van Anjou, de dochter van koning René I en tijdens de Honderdjarige Oorlog een weinig gelukkige koningin van Engeland, zou hier in de 15e eeuw een herenhuis in de rotsen hebben bewoond.

Wie vanaf Montsoreau oversteekt naar de rechteroever van de Loire, ziet het stadsgezicht van Saumur op zijn mooist.

Le Saut aux Loups ▶ K 4

Avenue de la Loire, Montsoreau, www.troglo-sautauxloups.com, mrt.-half nov. dag. 10-18 uur, € 7/6,50
Le Saut aux Loups, gelegen langs de weg naar Saumur, was oorspronkelijk een complex van steengroeves waar kalksteen voor de bouw van de kastelen werd gewonnen. Vanaf begin 20e eeuw worden hier paddenstoelen gekweekt, onder andere champignons, oesterzwammen en shiitakes. U kunt de grotten van de **champignonière** bezoeken en in het **grotrestaurant** of op het terras met uitzicht op de Loire *galipettes* proberen: grote, gevulde champignons, gebakken in een oude steenoven (ongeveer € 15).

▷ blz. 232

Favoriet

Een wirwar van eilanden bij Candes-St-Martin ▶ K 4

Bij Candes-St-Martin komen de Vienne en de Loire samen. De majestueuze rivier gaat vanaf hier met toegenomen kracht en breedte verder naar de oceaan. Met het meegevoerde zand creëert de rivier een wirwar van eilanden, die soms met struiken of gras begroeid zijn. Volg in het idyllische dorp de bordjes omhoog door de kasseienstraatjes naar het uitzichtpunt (*point de vue*). Of ga beneden aan de kade op een bankje zitten en geniet van het levendige samenspel van de blauwe rivier en de groene eilanden.

Amarante
Amarante

Overnachten

Met tuin – **Le Bussy:** 4, rue Jeanne d'Arc, Montsoreau, tel. 02 41 38 18 10, www.hotel-lebussy.fr, 2 pk vanaf € 80. Schitterend uitzicht op de Loire en de tuin. Ontbijt in een *salle troglodyte.*

Logeren in een grot – **Demeure de la Vignole:** 3, impasse Marguerite d'Anjou, Turquant, tel. 02 41 53 67 00, www.demeure-vignole.com, 2 pk vanaf € 130. Twaalf stijlvol ingerichte kamers en suites, gedeeltelijk in de rotsen, plus een *gîte troglodyte.* Zelfs het verwarmde zwembad bevindt zich in een rots.

Eten en drinken

Met uitzicht – **Diane de Méridor:** 12, quai de Commines, Montsoreau, tel. 02 41 51 71 76, www.restaurant-dianede meridor.com, do.-zo., di., menu vanaf € 29. Naar de heldin van Alexandre Dumas' roman *La Dame de Montsoreau* genoemd restaurant in een tufstenen gebouwtje onder aan het kasteel. De eetzaal heeft een balkenplafond en een schouw. Mooi uitzicht op de Loire en een klassieke keuken.

Winkelen

Wijn – **Les Grandes Caves:** Route de Montsoreau, Souzay-Champigny, apr.-sept. dag. 10-12.30, 14-19.30 uur, okt.-mrt. alleen za., zo. In de helling gebouwd huis met grote wijnkelder. *Dégustation* en verkoop van saumur-champigny.

Saumur ▶ J 4

Een homogene bebouwing van wit kalksteen vult in Saumur (27.000 inw.) de oever van de hier breed uitwaaierende, machtige rivier. Uit de met leisteen bedekte daken steken slanke, bakstenen schoorstenen de lucht in, maar ze vallen in het niet bij de torenspitsen van het trotse kasteel van de hertogen van Anjou, dat op een plateau boven het stadje prijkt.

In de 11e eeuw bouwde Fulco III, de gevreesde graaf van Anjou, een vesting op een rotsplateau hoog boven de Loire. Vanaf de 14e eeuw was dit de vaste residentie van het machtige geslacht, waaruit later de Engelse dynastie van de Plantagenets voortkwam. Na de Godsdienstoorlogen, aan het einde van de 16e eeuw, maakte Hendrik IV van Saumur een vrijplaats voor protestanten. Paus Philippe Duplessis-Mornay, een vriend en medestander van Hendrik en door de katholieken een 'hugenotenpaus' genoemd, resideerde in 1580-1621 als stadsgouverneur op het kasteel en stichtte een protestantse universiteit, die studenten uit heel Europa trok. Toen Lodewijk XIV in 1685 het Edict van Nantes introk, en daarmee de godsdienstvrijheid beperkte, vluchtten veel protestanten uit Saumur en eindigde de economische en culturele bloei. Pas eind 18e eeuw klom het provinciestadje uit het dal door de komst van de cavalerie. Zo werd Saumur de stad van de paarden en verzamelen. Elk jaar verzamelen ruitersportfans zich hier in juli voor de Carrousel, waarbij de ruiters van het Cadre Noir, dat zich qua prestige kan vergelijken met de Spaanse rijschool in Wenen, hun dressuurkunsten vertonen – ondersteund door de tanks van de cavalerie.

Château de Saumur 1

Kasteel en tuin: www.chateau-saumur.com, tel. 02 41 83 31 31, apr.-half juni, half sept.-begin nov. di.-zo. 10-13, 14-17.30, half juni-half sept. dag. 10-18.30 uur, hoogseizoen € 7/5, half juli-half aug. middeleeuws spektakel in het slotpark dag. 12, 16 uur

Na een restauratie van bijna vijftien jaar straalt het kasteel sinds 2017 weer in volle glorie. Een van de torens is bekroond met een vergulde dakruiter die in de zon glinstert en is getooid met een Franse lelie.

Vanaf de **binnenplaats** van het kasteel, die via een kleine poort toegankelijk is, kijkt u uit over de naar de rivier afdalende, leigrijze daken van Saumur en over het dal aan weerszijden van de stad. Het huidige rechthoekige kasteelcomplex werd halverwege de 14e eeuw gebouwd door Lodewijk van Anjou, een broer van koning Karel V en de rijke hertog van Berry. Het sprookjesachtige kasteel met de talrijke torens en gouden weervanen, zoals getekend in het beroemde middeleeuwse getijdenboek van de Nederlandse gebroeders Van Limburg, is echter in de loop van de eeuwen verdwenen. Destijds stonden de wijnstokken, die overal rond Saumur gedijen, tot onder aan de muren van het kasteel. Nu maakt het kasteel vooral de indruk van een weerbare vesting, wat nog wordt versterkt door de omwalling die de gouverneur van de stad Duplessis-Mornay in de 16e eeuw liet aanleggen. Machtige muren met kleine vensteropeningen omkaderen de krappe binnenplaats, slechts onderbroken door een externe **traptoren** aan het einde van de noordvleugel. Via smalle, steile trappen daalt u af naar de **kerkers** van de zuidoostvleugel. Hier werden tijdens de regering van Lodewijk XIV staatsgevangenen vastgehouden, onder wie in 1768 de Marquis de Sade.

De stad kocht in 1906 het eerder als kazerne gebruikte complex, liet het restaureren en richtte er een **museum** in. In de kamers van de hertog van Anjou en de kapel van het kasteel zijn schitterende 15e-eeuwse wandtapijten uit Arras en Tournai te zien, samen met middeleeuws beeldhouwwerk, houtsnijwerk en de bijzondere porseleincollectie van de Comte Lair, die het aardewerk in 1919 aan zijn geboortestad schonk. Tuigage, zadels, hoefijzers en uniformen uit allerlei landen illustreren de geschiedenis van de ruiterij, van de oudheid tot nu. ▷ blz. 236

Het kasteel van Saumur troont op een rots hoog boven de Loire

0
150
300 m
Loire
Boulevard J.-H Dunant
Boulevard Joly Leterme
Quai du Comte Lair
Rue A. Jouanneault
Quai du Gaz
Av. du Général de Gaulle
R. Paul Bert
Rue de la Reine de
la Visitation
Pont Cessart
Quai Carnot
Quai L. Gautier
Place Kléber
St-Nicolas
Rue des Ecuries
Place du Chardonnet
Angers D 751
Rue du Col. Michon
Place Ch. de Foucauld
Avenue du Maréchal Foch
Rue Chanzy
Rue St-Nicolas
Rue Petite Bilange
Place de la Bilange
Rue Molière
Place de la République
Rue de la Fidélité
Rue Daillé
Rue F. Roosevelt
Rue St-Jean
Rue Beaurepaire
Rue de Lorraine
Rue Gambetta
Rue Dacier
Rue du Marché
Rue du Puits Neuf
Rue de la Tonnelle
Place St-Pierre
Palais de Justice
Rue du Portail Louis
Rue d'Alsace
Rue d'Orléans
Rue du Temple
Grand Rue
Place Dupetit Thouars
Place Maupassant
Rue Volney
Rue des Païens
Rue Bodin
Place de L'Arche Dorée
Avenue du Docteur Peton
Rue St-Louis
Rue Couscher
Rue du Maréchal Leclerc
Rue du Dr. Bouchard
Rue Bury
Rue Durny
Place de Verdun
Rue C. Port
Rue Seigneur
Rue Pascal
Rue de Poitiers
Rue Fardeau
Rue de Nantilly
Rue Hoche
Pont Fouchard
Thouet

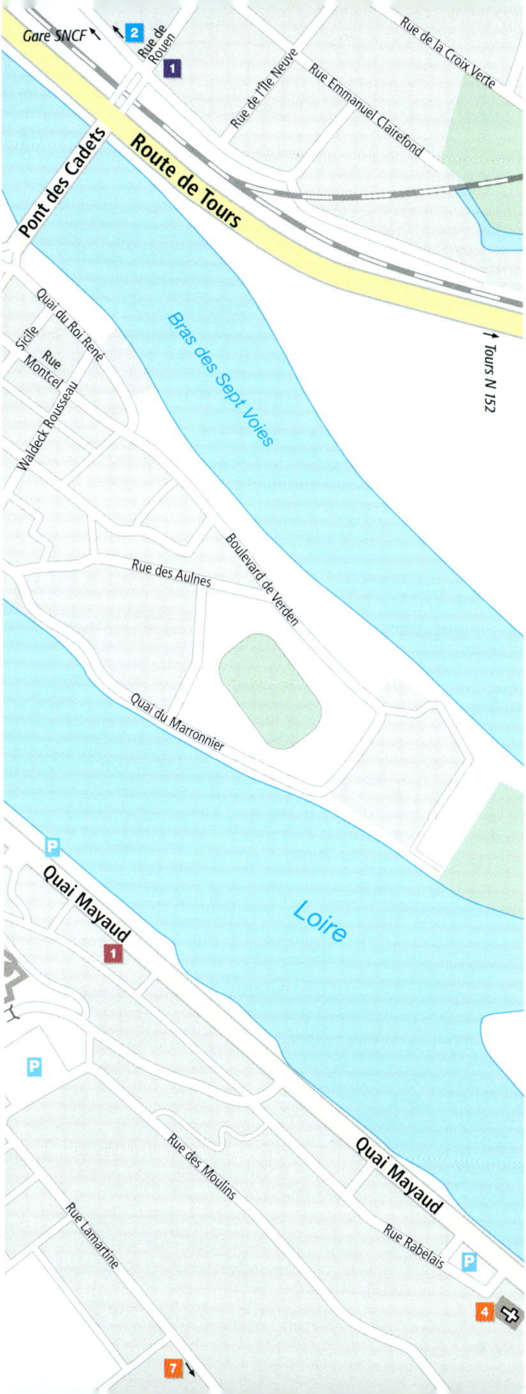

Saumur

Bezienswaardigheden

1 Château de Saumur
2 Église St-Pierre
3 Hôtel de Ville
4 Notre-Dame-des-Ardilliers
5 Notre-Dame-de-Nantilly
6 École d'Application de l'Armée Blindée et de la Cavalerie
7 Musée des Blindés
8 École Nationale d'Équitation
9 Dolmen de Bagneux

Overnachten

1 St-Pierre
2 Kyriad
3 Le Londres
4 Le Volney

Eten en drinken

1 Les Menestrels
2 Gambetta
3 L'Alchimiste
4 L'Aromate

Winkelen

1 Maison des Vins
2 Aux Saveurs de la Tonnelle
3 Fromagerie du Puits Neuf
4 Barre de Chocolat
5 Girardeau Charcutier Traiteur
6 Robert et Marcel, Caves des Vignerons de Saumur
7 Joël Albert
8 Sellerie Belloir

Actief

1 Détours de Loire

Uitgaan

1 Le Lucifer
2 Le Grand Palace (bios)

Oude stad

Via de **Rue des Remparts** en de trappen van de **Montée du Fort** daalt u van het kasteel af naar het historische stadshart van Saumur, waar bochtige straatjes worden omzoomd door lage natuurstenen huizen. De twee oudste huizen van de stad dateren uit de 15e eeuw en hebben, bij uitzondering, vakwerkgevels. U vindt ze aan de **Place St-Pierre**, waar kleine restaurants hun tafels en stoelen buiten hebben gezet. De barokke gevel en het gotische binnenste van de **Église St-Pierre** 2 (juni za., zo. juli/aug. dag. 9-18 uur, anders alleen tijdens de mis), schitteren na een uitvoerige restauratie sinds 2017 weer in hernieuwde pracht, De grootste schat ervan zijn twee series wandtapijten uit de 16e eeuw die het leven van Petrus en St.-Florentius illustreren. De in Tours geweven wandtapijten worden niet altijd tentoongesteld.

Aan de zuidkant van het plein lopen, parallel aan elkaar, de Grande Rue, de Rue des Païens en de Rue du Temple. Alle drie zijn een nadere verkenning waard. Geraniums geven extra kleur bij de ramen, terwijl hier en daar een rozenstruik een toegangspoort siert. In de **Grande Rue** (nr. 45) woonde de 'hugenotenpaus' Duplessis-Mornay en in de **Rue des Païens** valt de 15e-eeuwse **Tour Grenetière** op door zijn weergang met kantelen. Deze toren, en die in de verbindingsstraat **Rue du Prêche**, zijn restanten van de vroegere ommuring van de stad. De **Rue du Temple**, met als blikvanger een 16e-eeuws huis met hoektorentjes en klimop, is vernoemd naar een protestantse tempel die in deze straat stond en in 1685 werd verwoest.

Tip

Het oude Saumur

De roman *Eugénie Grandet* (1833) van Honoré de Balzac speelt zich af in de inmiddels verdwenen wijk boven de Place St-Pierre. Hier woont de naïeve heldin Eugénie met haar ambitieuze en gierige vader. De roman beschrijft de provinciestad als een plek van stilstand en verval, maar ook als een stad vol melancholie.

Hôtel de Ville 3

Place de la République

Keer terug naar **Place St-Pierre** en neem de **Rue de la Tonnelle** richting het Hôtel de Ville (stadhuis). Het voorplein is op zomerse weekenden gevuld met muziek, straattheater en wijnmarkten. Het stadhuis zelf bestaat uit een langgerekt complex met drie goed herkenbare bouwdelen. Het oudste gebouw dateert van 1508 en was vroeger onderdeel van de door de Loire omspoelde stadsmuur. De kleine vensters, mezekouwen en weergang herinneren aan de verdedigende functie. In de gevel is een **steen van de Bastille** gemetseld: een geschenk van de stad Parijs als dank voor de heldendaden van de uit Saumur afkomstige Aubin Bonnemère tijdens de Revolutie. In het midden van het complex staat een groter neogotisch gebouw, met boven in de rijkversierde ingangspartij een klok. In de 19e eeuw vond een laatste uitbreiding plaats met een wat kleiner bouwdeel. Vanaf de binnenplaats ontdekt u een fraaie laatgotische gevel met kruisvensters, torentjes en een gebeeldhouwde dakbalustrade. Twee arcaden aan het einde van de binnenplaats zijn resten van de vroeger belangrijke protestantse universiteit.

De nabijgelegen **Place de la Bilange** met zijn classicistische theater, cafés en bars is het bruisende hart van het historische Saumur.

Île d'Offard

De 18e-eeuwse **Pont Cessart** steekt vanaf de Place de la Bilange de rivier over naar het Île d'Offard, een eiland waar veel oude huizen tijdens bombardementen in de Tweede Wereldoorlog werden verwoest. Tot in de 18e eeuw waren er vijf eilandjes, die men door het afsluiten van de tussenliggende Loirearmen met elkaar heeft verbonden. Een wandeling langs de groene oevers van het eiland resulteert in mooie panorama's op het kasteel en op het silhouet van de stad daaronder.

Rond de oude stad

Notre-Dame-des-Ardilliers 4

Place Notre-Dame-des-Ardilliers, onregelmatige openingstijden

Vanaf de **Place de la Bilange** wandelt u over de met 18e- en 19e-eeuwse huizen bebouwde **Quai Mayaud** naar de kerk Notre-Dame-des-Ardilliers. De leigrijze koepel met daarop een lantaarn is ook vanaf de andere kant van de rivier goed te zien. De geschiedenis begon in 1454, toen een boer een stenen Mariabeeldje in de kleiïge aarde (*ardille*) ontdekte. Op deze plek, dicht bij de groene, van talrijke grotten voorziene dalwand, staat sinds 1553 een bedevaartkerk. In 1614 kwam de kerk in handen van de orde van de oratorianen, die een klooster en de huidige kerk bouwden. In het middendeel van de kerk staat een monumentaal altaar met uit wit steen uitgehakte figuren en zwarte marmeren zuilen.

Notre-Dame-de-Nantilly 5

23, rue du Pressoir, dag. 9-18 uur

Aan de zuidkant van de oude stad zijn nog delen van de stadsmuren te zien, met daar vlak bij de Notre-Dame-de-Nantilly, de oudste kerk van Saumur en de oudste kerk voor Mariabedevaartgangers in Anjou. De kerk werd in de eerste helft van de 12e eeuw gebouwd als dependance van de abdij van St-Florent, een ooit machtige abdij waarvan nu nog slechts enkele stukken muur overeind staan. Opvallend in de kerk zijn het tongewelf, het relatief brede middenschip en het koor. In de zuidelijke zijkapel van het koor staat het vereerde houten Mariabeeldje uit het begin van de 12e eeuw, met daarachter kleurrijke wandtapijten die de geboorte van Maria tonen. Het dwarsschip werd in de 14e eeuw vernieuwd en in de 15e eeuw liet Lodewijk XI, die de kerk vaak bezocht, een grote zijbeuk in flamboyantgotische stijl bouwen. Zijn rijkelijk versierde bidkapel draagt het opschrift: 'Cy est l'oratoire du roi Louis XI' (dit is het oratorium van koning Lodewijk XI). Net als in de Église St-Pierre bedekt een kostbare serie Franse en Vlaamse wandtapijten uit de 16e en 17e eeuw de muren.

Place du Chardonnet

De westkant van Saumur wordt gedomineerd door de **Place du Chardonnet**, een gigantische zandvlakte met bomen rondom, en door de militaire gebouwen van de **École d'Application de l'Armée Blindée et de la Cavalerie** 6. In 1763 werd hier de eerste kazerne gebouwd voor de Royal Carabiniers de Monsieur, een eliteafdeling van de ruiterij. Later kwam daaruit het beroemde **Cadre Noir** voort. Toen de paarden bij de oorlogsvoering plaatsmaakten voor tanks, trok in 1945 de officiersopleiding van de tankdivisies in de 18e-eeuwse gebouwen. Daarbij bleef het traditionele prestigeproject van de cavalerie overigens wel bestaan. Sinds 1826 wordt op de Place du Chardonnet voor de militaire school elke zomer de Carrousel gehouden: demonstraties van paardendressuur en tanks, waarbij de ruiters van het Cadre Noir in hun zwart met gouden uniformen als eregasten optreden.

Musée des Blindés 7

1043, route de Fontevraud, www.museedesblindes.fr, dag. 9.30-18.30, € 9,50/5,50

Het Musée des Blindés in het zuiden van Saumur toont met een voor Europa unieke verzameling pantservoertuigen de militaire slagkracht van het Franse leger.

École Nationale d'Équitation 8

Saint-Hilaire-Saint-Florent, tel. 02 41 53 50 50, www.cadrenoir.fr, een aantal maal per dag rondleiding (1 uur), ook in het Engels, € 8/6

In 1972 verhuisde het **Cadre Noir** vanuit het militaire complex van Saumur naar een nieuw opgerichte nationale rijschool, de École Nationale d'Équitation, gevestigd op het Plateau de Terrefort, zo'n 2,5 km ten noordwesten van St-Florent (vanaf Saumur met borden aangegeven). De rijschool beschikt over een terrein van 300 ha, 450 paarden met elk een eigen box, tien Olympische banen, vijf maneges, honderden hindernissen en 40 km aan ruiterpaden. Enkele keren per maand worden er dressuurdemonstraties van het Cadre Noir in de manege van de rijschool georganiseerd (informatie en reserveren via het Office de Tourisme).

Dolmen de Bagneux 9

56, rue du Dolmen, Bagneux, juli-aug. dag. 9-19, sept.-juni do.-di. 9-18 uur, rondleiding € 4

In de tuin van Bar Le Dolmen staat een van de grootste dolmens van Frankrijk en zelfs van Europa. Het prehistorische graf – enigszins vergelijkbaar met een hunebed – is 23 m lang, 7 m breed en bestaat uit vijftien stenen platen, waarvan de zwaarste 40 ton weegt.

Saumur is de thuisbasis van de beroemde rijschool van het Cadre Noir

Overnachten

Elegant – **St-Pierre** 1: 8, rue Haute-St-Pierre, tel. 02 41 50 33 00, www.saintpierresaumur.com, 2 pk vanaf € 120. Pand uit de 17e eeuw met wenteltrap, balkenplafonds en schouwen. Elegant en stijlvol ingericht.
Centraal en rustig – **Kyriad** 2: 23, rue Daillé, tel. 02 41 51 05 78, www.kyriad.com, 2 pk vanaf € 75. Goed verzorgde en stijlvol ingerichte kamers, sommige extra groot en in de stijl van Lodewijk XVI.
Eigen karakter – **Le Londres** 3: 48, rue d'Orléans, tel. 02 41 51 23 98, www.lelondres.com, 2 pk vanaf € 65. Dit al sinds 1837 bestaande hotel is met respect voor de geschiedenis gemoderniseerd en biedt vriendelijke, individueel ingerichte kamers met een waterkoker, twee kleine appartementen met minikeuken en attente service.
Netjes en betaalbaar – **Le Volney** 4: 1, rue Volney, tel. 02 41 51 25 41, www.levolney.com, 2 pk vanaf € 55. Vriendelijk, informeel geleid hotel aan de rand van de stad tegenover het postkantoor.

Eten en drinken

Uitzicht op het kasteel – **Les Menestrels** 1: 11, rue de Raspail, tel. 02 41 67 71 10, www.restaurant-les-menestrels.com, zo. gesl., menu vanaf € 36. Altijd verse ingrediënten en mooi wijnaanbod. In de zomer tafels in de tuin.
Buitengewoon – **Le Gambetta** 2: 12, rue Gambetta, tel. 02 41 67 66 66, www.restaurantlegambetta.fr, zo.-avond, ma. en wo. gesl., menu vanaf € 36. Niet ver van de rijschool, 's zomers terras op de binnenplaats. De uitgesproken creatieve keuken met seizoensgerechten is bekroond met een Michelinster.
Gemoedelijk – **L'Alchimiste** 3: 6, rue de Lorraine, tel. 02 41 67 65 18, www.lalchimiste-saumur.fr, zo.-ma. gesl., menu € 21. Erg populair restaurant met huiselijke sfeer. Goede streekgerechten in een modern jasje.
Bistro – **L'Aromate** 4: 42, rue due Maréchal Leclerc, tel. 02 41 51 31 45, www.laromate-restaurant.com, menu vanaf € 22. Moderne bistrogerechten in een informele sfeer.

Winkelen

Delicatessen – Boetieks en winkels van de landelijke ketens zijn vooral te vinden in de **Rue St-Jean.**
Wijn – **Maison des Vins** 1: 7, quai Carnot, naast het Office de Tourisme, ma.-za. 10-13, 14.30-18.30 uur, 's zomers dag. Hier kunt u ruim 65 soorten lokale appellations proeven en kopen.
Nog meer wijn – **Aux Saveurs de la Tonnelle** 2: 4, rue de la Tonnelle, www.cave-a-vins-saumur.com, di.-za. 9.30-13, 14.30-19.30 uur. In deze mooie zaak kunt u heerlijk tussen de wijnen ronddwalen. Men biedt meer dan duizend wijnen en andere dranken, voor de helft uit de Loirestreek en voor de helft uit de rest van Frankrijk. Voor een eerste oriëntatie kunt u terecht in de bijbehorende wijnbar. Proeverij na aanmelding vooraf mogelijk.
Kaas – **Fromagerie du Puits Neuf** 3: 18, rue du Puits Neuf. Marie-Claire Girard heeft deze winkel smaakvol ingericht met een groot assortiment, met een breed aanbod aan geitenkazen uit de regio.
Chocolade – **Barre de Chocolat** 4: 5, Grande Rue, di.-za. 9-19 uur. Koekjes, brownies, bonbons, repen chocolade en een mini-cacaobar – alles vervaardigd uit de beste ingrediënten. Het winkeltje is een paradijs voor liefhebbers.
Delicatessen – **Girardeau Charcutier Traiteur** 5: 51-53, rue St-Nicolas, www.girardeau-traiteur.com, ▷ blz. 242

Crémant uit Saumur – een bezoek aan de grotkelders

De wijnboeren van Saumur zijn ervan overtuigd dat hun crémant niet onderdoet voor de concurrentie uit de Champagne. Test het zelf bij een bezoek aan de grotkelders waarin de mousserende wijnen liggen opgeslagen!

Kaart: ▶ J 4
Bezichtiging en wijnproeverijen: duur ongeveer 1 uur, 's zomers ook in andere talen.
In St-Hilaire-St-Florent: Ackerman, 19, rue Léopold Palustre, www.ackerman.fr, 10.30-12.30, 14--18.30 uur, € 5; **Langlois-Château,** 3, rue Leopold Palustre, www.langlois-chateau.fr, apr.-half okt. dag. 10.20, 11.20, 14.20, 16.20 uur (na aanmelding) en op afspraak, € 5; **Veuve Amiot:** 21, rue Jean Ackerman, www.veuveamiot.fr, dag. 10-13, 14-18 uur; **Bouvet-Ladubay,** 11, rue Jean Ackerman, www.bouvet-ladubay.fr, juni-sept. dag. 8.30-19, okt.-mei ma.-vr. 8.30-12, 14-18 uur, rondleiding per fiets tot aan de achterste winkel in het grotlabyrint.
In Saumur: Gratien & Meyer, route de Montsoreau, www.gratienmeyer.com, dag. 10, 11, 14 en 17.30 uur met rondleiding, € 3.

Vijf meter hoog zijn de steile kalkstenen wanden. In de uitgehakte gangen van de vroegere steengroeve duidt mos op de aanwezigheid van leven en vochtigheid. De klimatologische omstandigheden in de grotten zijn ideaal voor de rijping van de verfijnde *vins à bulles*. Hier, bij **Jean Ackerman**, is het allemaal begonnen. In 1811 begon een uit de champagnestreek afkomstige voorvader in een verlaten kalksteengroeve bij Saumur met de eerste productie van een 'champagne voor de armen'. De productiewijze van de mousserende wijn is in heel Frankrijk hetzelfde, maar het product dat met deze *méthode traditionelle* (vroeger *méthode champenoise* genoemd) wordt gemaakt, mag alleen in de Champagnestreek officieel de naam champagne dragen. Daarbuiten spreekt men van crémant. Met een productie van 15 miljoen flessen per jaar is de regio Saumur na Champagne de grootste producent van schuimwijn in Frankrijk.

Draaien, schudden en gisten

Keldermeester Jean-Paul Malinge houdt een fles tegen het spaarzaam binnenvallende licht en toont het bezinksel dat bij de tweede gisting van de *crus* ontstaat. Malinge beheert de enorme wijnkelder en bewaakt het draaien en schudden van de duizenden flessen. De eerste gisting van de *cuvée* (sap of most) vindt plaats in een aluminiumtank of, bij dure wijnen, gedurende drie jaar op eiken vaten. Daarna wordt de wijn 'op de fles getrokken' en wordt er gist toegevoegd. Hierdoor wordt de aanwezige suiker omgezet in alcohol en koolzuur. Na een maand begint in de fles de tweede gisting en moet de fles regelmatig worden gedraaid. Dagelijks worden de ondersteboven opgeslagen flessen eerst een achtste, dan een vierde gedraaid, waarbij ze licht worden geschud. Zo verzamelt het bezinksel zich bij de hals van de fles. Dan bevriest men de hals met het bezinksel en wordt bij het ontkurken het 'depot' naar buiten geperst door de druk die zich in de fles heeft opgebouwd. Daarna wordt de fles bijgevuld.

Welke *cuvées* in de flessen komen, wordt bij Ackerman bepaald door de oenologe Karine Dugué. Zij combineert verschillende wijnen, doorgaans van de chenin-, cabernet- en/of chardonnaydruif, tot een *assemblage* die de smaak en het karakter van de crémant bepaalt. Bij de laatste fase wordt de fles bijgevuld met *liqueur d'expédition*, een mengsel van suiker en wijn. Dit bepaalt of een crémant uiteindelijk *brut* (heel weinig suiker, droog), *sec* (gemiddeld) of *doux* (zoet) wordt. Tot slot nog een kurk erop – *et voilà!*

Bezoek aan een kelder

Langlois-Château ernaast produceert ook zeer goede witte wijnen. Acht kilometer aan keldergangen en een imposant bedrijfsgebouw uit de 19e eeuw wachten de bezoeker bij **Veuve Amiot**. Als extra verrassing kunt u bij **Bouvet-Ladubay**, buiten de sfeervolle wijnkelders, die ook per fiets zijn te verkennen, een collectie hedendaagse kunst, carnavalsmaskers en een klein 19e-eeuws theater bekijken. De meeste crémantkelders bevinden zich in St-Hilaire-St-Florent. Alleen **Gratien & Meyer** ligt aan de andere kant van Saumur, richting Montsoreau. Deze route is alleen al de moeite waard vanwege de uitzichten op de Loire, bijvoorbeeld vanaf de terrassen langs de oever. In de middeleeuwse kelders liggen meer dan 4 miljoen flessen!

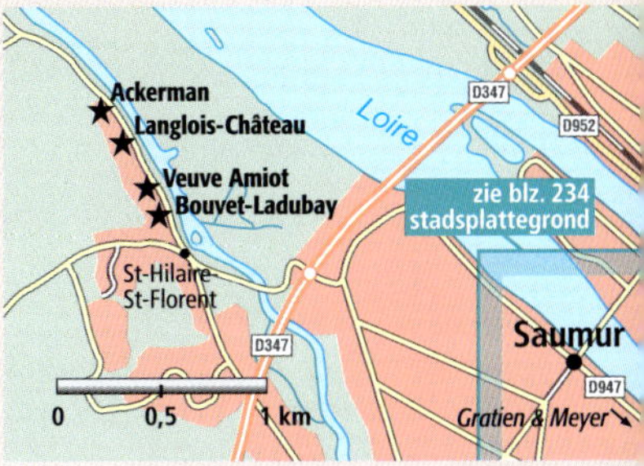

ma. gesl. Een winkel met bekroonde delicatessen van het varken (worsten, varkenspoten, rolpens), oude wijnen en andere heerlijkheden. Gérard Dépardieu en Claude Chabrol gingen u voor als klant.

Wijn proeven in een grotkelder – **Robert et Marcel, Caves des Vignerons de Saumur** 6: in St-Cyr-en-Bourg, 8 km van Saumur, www.robertetmarcel.com, ma.-za. 9.30-19, rondleiding 11, 14, 15, 16 uur. Maar liefst 10 km lang zijn de grotgangen van deze wijncoöperatie. Proeverij en verkoop.

Handgemaakte laarzen – **Joël Albert** 7: 5, place de la Sénatorerie, St-Hilaire-St-Florent, tel. 02 41 38 33 00, www.joelalbert.com. Laarzen van het fijnste leer laat u op maat maken bij de enige *bottier* (laarzenmaker) van Frankrijk.

Zadels – **Sellerie Belloir** 8: Route de l'ENE, St-Hilaire-St-Florent, tel. 02 41 50 79 88, www.sellerie-belloir.fr. Alles voor de ruiter in de beste kwaliteit. Zadelmaker Frédérick Halbert maakt hier zadels van het beste leer.

Actief

Fietsen – **Détours de Loire** 1: 10, rue de Rouen, tel. 02 41 53 01 01, www.locationdevelos.com, apr.-eind sept. ma.-za. 9.30-13, 15-18.30, anders 9.30-10, 16.30-18.30, zo. 18-19 uur. Fietsverhuur vanaf € 15 per dag, maar ook routes en georganiseerde fietstochten. Gehuurde fietsen kunt u op de plaats van bestemming – altijd in de buurt van een treinstation – weer inleveren.

Uitgaan

Enkele brasseries en cafés op de **Place de la Bilange** en de **Place St-Pierre** heten u 's avonds welkom voor een drankje, 's zomers met terras.

Duivels amusant – **Le Lucifer** 1: 23, rue Fouquet, St-Hilaire-St-Florent, tel. 02 41 50 00 50. Op vrijdag en zaterdag, van 22-4 uur, komt men in de Lucifer bijeen om te feesten in de Troglo-Disco. Een bodem leggen kan voordien (vanaf 19.30 uur) bij het grillrestaurant (www.nobles-fouees.fr).

Film – **Le Grand Palace** 2: Rue des Petites Granges, tel. 02 41 51 00 00, www.lepalacesaumur.fr. Actuele films, soms in de originele versie met Franse ondertitels.

Info en festiviteiten

Informatie

Office de Tourisme du Saumurois: 8bis, quai Carnot, 49415 Saumur, tel. 02 41 40 20 60, www.ot-saumur.fr, ma.-za. half mei-sept. 9.15-19, okt-half mei 9.15-12.30, 14-18 uur.

Festiviteiten

Galavoorstelling van het Cadre Noir: enkele keren per maand. Informatie en kaartjes bij het Office de Tourisme. Feestelijke show met paarden en ruiters van de nationale rijschool in St-Florent.

Le Carrousel: derde weekend in juli. Informatie en kaartjes (€ 12-50) bij het Office de Tourisme. Grootschalige demonstraties van de militaire academie. Officieren van de cavalerie en gevechtstanks tonen op de Place du Chardonnet drie dagen lang hun kunnen te paard, op de motorfiets en in tanks. Ook optredens van het Cadre Noir.

Vervoer

Er rijden treinen van en naar Parijs en op het traject Orléans-Tours-Angers-Nantes. Het station van Saumur ligt buiten het centrum aan de D347.

Fontevraud* ▶ J/K 4

Tussen Saumur en Chinon ligt in een beekdal een van de grootste kloostercomplexen van Europa: l'Abbaye de Fontevraud. In de loop van zeven eeuwen werden rond een middeleeuwse kruisgang steeds weer nieuwe gebouwen opgetrokken, waarvan de daken in de 18e eeuw een totale oppervlakte van maar liefst 56.000 m^2 besloegen.

Veel van de 180.000 bezoekers die hier jaarlijks komen zijn Engels, want in de **abdijkerk** ligt een van de machtigste Engelse heersers uit de middeleeuwen begraven: Hendrik II Plantagenet, die in 1189 in het nabijgelegen Chinon is gestorven. Naast hem rust Eleonora van Aquitanië, zijn koningin en een van de machtigste vrouwen uit die periode. Ze eindigde haar lange, avontuurlijke leven als non in Fontevraud, waar ze in 1204 overleed. Verder ziet u de graven van hun legendarische zoon Richard Leeuwenhart († 1199) en Isabella van Angoulême († 1246), de vrouw van de onfortuinlijke Jan zonder Land (de broer van Richard).

Tip

De kunst van de gastvrijheid en van het maken van zeep

Domaine de Mestré, een vroegere vroonhoeve van de abdij van Fontevraud, wordt sinds de vroege jaren 70 geleid door de familie Dauge. Gasten kunnen kiezen uit twaalf nostalgische, gedeeltelijk met antiek en bloemetjesstoffen ingerichte kamers. Bij het ontbijt en het diner komen regionale producten op tafel, deels uit eigen tuin. Ook de zeepmaker **Martin de Candre** oefent hier zijn ambacht uit. Via een traditionele methode uit Marseille wordt de zeep met alleen natuurproducten gemaakt. Onweerstaanbaar is het honingkleurige, welriekende aanbod in de winkel: kleine kubussen of lange, ruwe zeeprollen, geparfumeerd met lavendel, tijm, anjers of kaneel (D947 ten noorden van Fontevraud, tel. 02 41 51 75 87, www.domaine-de-mestre.com, 2 pk vanaf € 96, dinerbuffet € 18, kinderen € 14/8).

Geschiedenis

In het jaar 1101 stichtte de prediker Robert d'Abrissel een uniek kloostercomplex in de bossen van Fontevraud, waar zowel mannen als vrouwen leefden volgens de regels van de benedictijnen. Ze woonden in verschillende kloostergebouwen en kwamen alleen in de kerk bij elkaar.

Robert d'Abrissel, de geleerde zoon van een Bretonse priester, wilde zich rond het jaar 1100 als kluizenaar terugtrekken, maar het aantal mannelijke en vrouwelijke aanhangers dat zich al snel rond hem verzamelde was zo omvangrijk dat hij op verzoek van paus Urbanus II een klooster stichtte. Dat d'Abrissel de leiding van het nieuwe klooster overliet aan een vrouw, riep blijkbaar geen weerstand op. Hij wees Pétronille de Chemillé aan als eerste abdis, omdat zij als weduwe 'de wereld beter kende'. De monniken behandelden haar vol eerbied, zoals de discipel Johannes had gedaan tegenover Maria toen hij haar na de kruisdood van Jezus in huis nam. Na de eerste abdis zouden er nog 35 volgen, vaak van koninklijk of adellijk bloed. De mannen waren in Fontevraud alleen nodig om de mis te lezen en de sacramenten toe te dienen. In latere perioden probeerden de monniken wel om een einde te maken aan de vrouwelijke heerschappij, maar steeds tevergeefs. De macht van de abdissen

In de kruisgang van de adbij van Fontevraud

was inderdaad groot: ze hoefden alleen verantwoording af te leggen aan de paus en de koning, en hadden de bevoegdheid om recht te spreken.

De derde abdis was Mathilde van Anjou, een tante van de latere Engelse koning Hendrik II. Door een ruimhartige schenking van hun kant kon Fontevraud uitgroeien tot een rijke en machtige abdij. Mathilde leidde het klooster meer dan twintig jaar en speelde een grote rol in het leven van koningin Eleonora van Aquitanië, die het klooster ook financieel ondersteunde.

Aan het begin van de 13e eeuw telde Fontevraud bijna honderd priorijen, van het moederklooster afhankelijke nevenvestigingen. Na een terugval aan het einde van de middeleeuwen, kende de abdij onder Renée, Louise en Éléonore van Bourbon in de 16e en 17e eeuw een nieuwe bloeiperiode. Destijds woonden er tot zevenhonderd personen in het klooster, waarvan echter slechts tweehonderd nonnen en monniken, die volgens de kloosterregel geen lichamelijke arbeid mochten verrichten. Renée en Louise, die in het klooster meisjes uit hun familie lieten opleiden tot toekomstige abdissen, lieten de kruisgang en de omliggende gebouwen optrekken. Éléonore deed in de 17e eeuw hetzelfde met het kloosterhospitaal. Met Gabriele de Rochechouart de Mortemart, de goed opgeleide en kunstminnende zuster van Madame de Montespan (de maîtresse van de Zonnekoning Lodewijk XIV), deed de wereldlijke glans van Versailles zijn intrede in Fontevraud. Lodewijk XV liet hier zelfs zijn jongste dochter opgroeien.

Tijdens de Franse Revolutie werd de rijkste abdij van Frankrijk geplunderd en gedeeltelijk verwoest, waaronder het klooster van de monniken. Het totale verval werd voorkomen doordat onder Napoleon een staatsgevangenis in het complex werd ondergebracht.

De kloostergebouwen werden voor dit doel verbouwd, waarbij er onder andere tussenverdiepingen voor slaapzalen in de kerk werden aangebracht.

De abdij vandaag de dag

Na zo'n veertig jaar is het grootste project van de Franse monumentenzorg nagenoeg voltooid. De vertrekken in het gebouw en de aangelegde tuinen zijn gerestaureerd en worden van uitleg voorzien met behulp van de nieuwste digitale technieken op het gebied van museale educatie. Fontevraud heeft daarbij niet alleen ingezet op een restauratie van wat er uit het verleden overgebleven is, maar heeft vooraanstaande Franse kunstenaars opdracht gegeven een link te leggen tussen de historische locatie en de 21e eeuw. Zo maakte Claude Lévêque voor het dormitorium de installatie *Mort en été*. Deze slaapzaal van de nonnen is in rood licht gedompeld, op de vloer zijn acht zwarte Loirebootjes uitgestald, rode lichtstaven hangen als een groot windorgel aan het plafond. François Morellet noemt zijn minimalistische werk van licht in de Chapelle Saint-Benoît 'een oogwenk' (*Un clin d'oeil à Saint Benoît*). Na de bediening van een schakelaar licht slechts gedurende een ogenblik een dunne lijn van rood neonlicht op om de duizend jaar oude muren achter de bogen van de koorgang zichtbaar te maken.

Het Centre Culturel de l'Ouest, dat samen met de staat verantwoordelijk is voor het terugbrengen van de gebouwen in de oorspronkelijke staat, heeft van Fontevraud een cultureel centrum voor de regio gemaakt. Er worden seminars gehouden en tussen juni en september zijn er kamerconcerten met bekende musici. In de Prieuré St-Lazare (oorspronkelijk 12e-15e eeuw), gelegen ten zuidoosten van de kloostergang, zijn nu een hotel en een chic restaurant gehuisvest.

Bezichtiging

www.abbayedefontevraud.com, apr.-okt. 9.30-19, nov.-mrt. 9.30-18 uur, € 11,50/7,50, audioguide of iPad met interactief spel € 4,50

Abdijkerk

Na het binnenstappen in de abdijkerk dwaalt de blik over het bijna 90 m lange, relatief donkere schip, om dan te eindigen bij het hoger gelegen, helder verlichte koor. Koor en dwarsbeuk werden in 1119 door paus Calixtus gewijd en zijn nog gebouwd onder Robert d'Abrissel, de stichter van de abdij. De strenge vormen en soberheid zijn kenmerkend voor de benedictijnen.

Vier koepelgewelven, rustend op ver uit de muur staande bundelpijlers, vormen het plafond van het eenbeukige schip. Enkele jaren nadat het koor en de dwarsbeuk waren voltooid, werden de kapitelen aan de bovenkant van de hoge zuilen rijkelijk versierd met gebeeldhouwde Bijbelse scènes, fantasiedieren en planten. Ze zijn aangebracht door de abdissen, die hiermee hun adellijke afkomst en gevoel voor wereldlijke schoonheid wilden illustreren. In de viering voor het koor staan de kleurrijk beschilderde, stenen sarcofagen van Eleonora van Aquitanië, Hendrik II en Richard Leeuwenhart, met daarnaast de houten tombe van Isabella van Angoulême.

Te bezichtigen zijn verder het door Éléonore van Bourbon in de 17e eeuw gestichte kloosterhospitaal, de **Infirmeries St-Benoît**, met daarbij het koor van de middeleeuwse kapel. Tot slot kunt u een wandeling maken door de **kloostertuin** en de ingetogen **woning van de abdis** uit de 17e-18e eeuw bekijken, waar u bij het betreden van het kloosterterrein al voorbij bent gelopen.

Tip

De rust van een klooster in Hôtel Fontevraud

Hoe zou het zijn als u ook na sluitingstijd van de kloosterrust van Fontevraud zou kunnen genieten? Alleen u en enkele andere gelukkige gasten van de hotellerie zijn nog op het terrein, wandelen door de kloostertuin of mediteren in de abdijkerk. U overnacht in de afzondering van een klooster, maar met alle wereldlijke comfort in de voormalige Prieuré St-Lazare. Het ontbijt wordt geserveerd in het voormalige hospitaal van de abdij van Fontevraud; de tafels van het toprestaurant staan in de kruisgang. Het hotel is in een soort Japans aandoende stijl ingericht (tel. 02 41 51 74 75, www.abbayedefontevraud.com, 2 pk vanaf € 155).

In en rond de kruisgang

Hart van de abdij is de **kruisgang**, in de 16e eeuw onder Renée en Louise van Bourbon gebouwd en de grootste gewelfde kloostergang van Frankrijk. Aan de noordkant hiervan staat de **abdijkerk.** In de **kapittelzaal** aan de oostkant werd elke dag een kapittel (hoofdstuk) uit de orderegels voorgelezen en werden de dagelijkse werkzaamheden besproken. Muurschilderingen tonen het zelfbewustzijn van de abdissen: tot in de 18e eeuw hebben zij hun portretten laten toevoegen aan scènes uit het leven van Jezus. Ook de afbeelding van Jezus in een koningsblauw gewaad, in plaats van het traditionele rode gewaad van een martelaar, is een symbolische verwijzing naar de koninklijke afstamming van de abdissen. Aan de kapittelzaal grenst de enige zaal die in de middeleeuwen werd verwarmd. De **refter** (eetzaal) beslaat de hele zuidkant van de kruisgang. De muren zijn 12e-eeuws, de angevijnse gewelven zijn in de 16e eeuwe toegevoegd door Louise van Bourbon. Aan de westkant van de refter staat de beroemde middeleeuwse kloosterkeuken, wellicht het opvallendste bouwwerk op het terrein. Over de functie van het achthoekige gebouwtje werd lange tijd gespeculeerd. Pas in de 19e eeuw onderkende een Engelse kunsthistoricus dat de talrijke torentjes op het stenen, kegelvormige dak fungeerden als schoorsteenpijpen van de zes vuurplaatsen van een keuken, waar dagelijks de maaltijden voor honderden personen werden bereid.

Overnachten

Traditioneel – **La Croix Blanche:** place Plantagenet, tel. 02 41 51 71 11, www.hotel-croixblanche.com, 2 pk vanaf € 75, menu vanaf € 27. Hotel met goed restaurant en gezellige bar. Al drie eeuwen lang de herberg voor bezoekers van Fontevraud. De meeste kamers in het historische pand hebben een balkenplafond en een schouw.

Eten en drinken

Stijlvol – **La Licorne:** allée Ste-Cathérine, tel. 02 41 51 72 49, okt.-mei zo.-avond en ma. gesl., menu vanaf € 29. ’s Zomers wordt er ook in de tuin van het 18e-eeuwse restaurant geserveerd, bijvoorbeeld Bretonse kreeftenfricassee, zwezerik met morillesaus en sinaasappelsoufflé. Ruime keuze aan goede Loirewijnen.

Informatie

Office de Tourisme: place St-Michel, 49590 Fontevraud-l’Abbaye, tel. 02 41 51 79 45, www.ot-saumur.fr.

Montreuil-Bellay ▶ J 5

Vanuit Saumur gaat de **Route Touristique du Vignoble** (wijnroute) langs het riviertje de Thouet door het lieflijke, weidse landschap van Anjou. Via rustige wegen en een decor van akkers, wijngaarden, bosschages, bloeiende tuinen en versierde wijndorpen komt u bij het middeleeuwse stadje Montreuil-Bellay. Achter de stadsmuren glinsteren de torenspitsen van de indrukwekkende burcht als ongepoetst zilver in het zonlicht.

Château de Montreuil-Bellay

www.chateau-de-montreuil-bellay.fr, apr.-juni, sept.-nov. wo.-ma. vanaf 11 uur, 's middags alleen bij voldoende opkomst, juli-aug. dag. 10-12.30, 14-18.30 uur, interieur alleen tijdens rondleiding, € 12/10/6,50, alleen tuin € 6,50

Een poortgebouw met aan weerszijden twee ronde torens geeft toegang tot het kasteelterrein. De poort maakt deel uit van de 13e-eeuwse en oudste vleugel van het kasteel. Het **Château Neuf** (nieuwe kasteel) rechts hiervan dateert uit de 15e eeuw en bezit een achthoekige traptoren en twee zware, ronde vestingtorens aan de kant van de Thouet. Links staat de vleugel van het **Petit-Château** (kleine kasteel) uit het midden van de 15e eeuw. Vier ronde traptorens met puntdak leiden naar vier appartementen waar waarschijnlijk de geestelijken van de slotkapel woonden.

Tijdens een rondleiding door de in 17e-/18e-eeuwse stijl ingerichte salons, waarin af en toe subtiele sporen van de huidige kasteelbezitter te zien zijn, wordt geregeld reclame gemaakt voor de daadwerkelijk zeer smakelijke wijn van het kasteel (bij de wijnverkoop komt u via de zij-ingang met de klok).

Oogsttijd langs de Route Touristique du Vignoble

Blikvanger van het 'nieuwe kasteel' is de met 15e-eeuwse fresco's beschilderde slotkapel, waar in de gewelven musicerende engelen te zien zijn.

De graven van de familie d'Harcourt, die het huidige kasteelcomplex in de 15e eeuw liet bouwen, bevinden zich in de voormalige **Collégiale Notre-Dame**, een kerk van eind 15e eeuw die iets verder op het kasteelterrein staat. In de sobere kerk vormt een rond het schip en het koor geschilderde zwarte rouwband vrijwel de enige versiering.

Wandeling naar de Thouet

De met bloemen versierde steeg **Escalier St-Pierre** brengt u via trappen naar de rivier beneden. Vervolgens kunt u via een romantisch pad de oever van de Thouet volgen langs restaurants met terrassen, de ruïne van een middeleeuwse brug en een oude **watermolen**. Op mooie zondagen vermaken de inwoners zich hier met de waterfietsen of op de minigolfbaan. Op het **eilandje** in de rivier staan picknicktafels.

Le Puy-Notre-Dame ▶ J 5

Enkele kilometers verderop, te bereiken via de D88, wacht het wijndorp Le Puy-Notre-Dame. Al van verre zijn de twee slanke torens van de 13e-eeuwse **bedevaartkerk** te zien, die hoog boven de bebouwing uitsteken. In de middeleeuwen fungeerden de torens als baken voor de vele pelgrims die hier de gordel van Maria kwamen vereren. Boven de ingang heet een stenen Mariafiguur de bezoekers welkom. Daarachter opent zich een driebeukig schip, met daarboven de hoge spitsbogen van de voor Anjou kenmerkende gewelven, die in het koor rusten op zuilen die zijn versierd met figuren en eikenbladeren.

Doué-la-Fontaine ▶ H 4

Deze kleine plaats lijkt niet erg bijzonder, maar buiten het centrum bevinden zich enkele gezinsvriendelijke attracties. Uniek is de dierentuin, die is ondergebracht in een oude steengroeve (zie blz. 250). Maar ook liefhebbers van rozen kunnen aan de rand van Doué hun hart ophalen.

Chemins de la Rose

Route de Cholet, www.cheminsdelarose.com, mei-sept. di.-zo. 9-19 uur, € 5,50/3

Al tweehonderd jaar worden in Doué rozen gekweekt. Vandaag de dag zijn er meer dan zestig rozenkwekers actief en bezit het stadje met de Chemins de la Rose in het **Parc de Courcilpleu** een van de mooiste rozentuinen van Frankrijk. Anjou staat van oudsher bekend om zijn rozen en in Doué zijn 78 van de oude rozensoorten (meest uit de 19e eeuw) uit deze regio verzameld. Bijzonder zijn de *rosiers mousseux*, zoals de in 1853 ontwikkelde soort René d'Anjou, waarvan de knoppen zijn bedekt met een fijn, groen schuim.

Musée aux Ancien Commerces

Ecuries Foullon – Quartier de Soulanger, www.anciens-commerces.fr, mrt., apr., okt. di.-zo. 10-12, 14-18, mei-juni, sept. di.-zo. 10-12, 14-19, juli-aug. ma. 14-19, di.-zo. 10-13, 14-19 uur, € 8/5,50

Ook voor kinderen interessant is het museum dat zich vlak bij de dierentuin en de rozentuin bevindt. In de paardenstallen van een verdwenen kasteel zijn op twee verdiepingen winkels en werkplaatsen van ambachtslieden uit de periode 1850-1950 met veel liefde voor detail gereconstrueerd. U herkent onder meer een barbier, een drogisterij en een kruidenierswinkel.

Overnachten, eten

Pure verwennerij – **Auberge Bienvenue:** 104, route de Cholet (nabij de Zoo), tel. 02 41 59 22 44, www.auberge bienvenue.com, 2 pk vanaf € 74, menu vanaf € 32. Smaakvol ingerichte kamers, een heerlijke tuin en een van de beste restaurants in de omgeving.

Informatie

Office de Tourisme: 30, place Fontaines, 49700 Doué-la-Fontaine, tel. 02 41 59 20 49, www.ot-douelafontaine.fr.

Cunault ▶ J 4

Een rit van Saumur naar Gennes over de D751 langs de linkeroever van de Loire wordt beloond met schitterende uitzichten over de hier breed uitwaaierende rivier, waarvan het water schijnbaar moeiteloos langs beboste, ruige oevers, groene eilandjes en zandbanken stroomt. Onderweg passeert u **Chênehutte-les-Tuffeaux, Trèves-Cunault** en **Gennes**, bescheiden rivierdorpen met een sfeervolle romaanse kerk. In **Cunault** staat op slechts enkele meters van de rivier een van de mooiste romaanse kerkgebouwen van het oostelijke Loiredal (naast de kerk van St-Benoît).

Prieurale Notre-Dame de Cunault

www.ot-saumur.fr, dag. 8-18, 's zomers tot 20 uur

Het grootste deel van deze imposante bedevaartkerk, die hoorde bij een priorij van de welvarende benedictijnenorde St-Philibert in het Bourgondische Tournus, dateert uit de 12e eeuw. De toren is het enige restant van een 11e-eeuwse voorganger. Let hier op de gebeeldhouwde versieringen: onder de rijen sierlijke bogen zitten duiveltjes en in een arcade onder aan een buitenmuur zijn op twee tegenover elkaar liggende kapitelen symbolische afbeeldingen aangebracht: links ziet u de aankondiging van Jezus' geboorte, rechts verbeeldt een sirene de verzoekingen van het aardse leven. In het timpaan boven het kerkportaal zit Maria met Jezus op schoot op een troon, geflankeerd door twee engelen – een ontroerend voorbeeld van middeleeuwse religieuze beeldhouwkunst.

Via enkele treden daalt u af naar de driebeukige kerkruimte. Hier contrasteren de elegantie en de door gefilterd licht benadrukte verhevenheid sterk met de sobere buitenkant van het gebouw. Hoge zuilenbundels, die ingetogen tongewelven dragen, zorgen voor een speelse harmonie en komen achter in de kerk bij elkaar in het koor, dat door vijf bogen en een kooromgang wordt omgeven.

Van de drie oorspronkelijke koorkapellen zijn er twee overgebleven. In de zuidelijke kapel (rechts) staat de kostbare, handgesneden reliekschrijn waarin sinds de 13e eeuw de relikwieën van St.-Maxentiolus worden bewaard. Meer nog dan de stoffelijke resten van de heilige, die in de 4e eeuw het christendom naar Cunault bracht, trok een (inmiddels verdwenen) flesje met moedermelk van de maagd Maria pelgrims naar Cunault.

Waardevol zijn zeker ook de decoraties op de 223 kapitelen. Naast gestileerde bladeren en bloemenranken zijn er ruwe weergaves van figuren te zien, zoals vechtende ridders en monsters die de middeleeuwse angst voor de hel verbeelden – neem een verrekijker mee voor alle details!

▷ blz. 253

Grotten in Anjou – leven en kunst onder de grond

De bodem van Anjou bestaat uit zacht kalk- en zandsteen. Al zo'n duizend jaar gebruiken de inwoners van het gebied in de driehoek Angers, Montsoreau en Doué-la-Fontaine dit zachte gesteente om gangen in uit te hakken, waardoor de rotsen nu veel weg hebben van een Zwitserse gatenkaas.

Kaart: ▶ J 4-H 3
Bioparc Zoo de Doué-la-Fontaine: 103, rue de Cholet, www.bioparc-zoo.fr, dag. apr.-sept. 9-19/19.30, half feb.-mrt., okt. 10-18 uur, € 22,50/17,50.
Village Troglodyte: Rochemenier, www.troglodyte.fr, apr.-sept. dag. 9.30-18, okt.-nov., feb.-mrt. di.-zo. 10-17 uur, € 7/5,50.
Les Caves de la Genevraie: 13, rue du Musée, Rochemenier, tel. 02 41 59 34 22, www.caves-genevraie.fr, juli-aug. dag., rest van het jaar vr.-za.-avond, zo.-middag, menu met wijn € 24.
Caves de Marson: 1. rue Henri Fricotelle, Rou-Marson, tel. 02 41 50 50 05, www.cavesdemarson.com, half juni-half sept. di.-za., zo.-middag, anders za., zo., menu vanaf € 24.
L'Hélice Terrestre de l'Orbières: L'Orbière, St-Georges-des-Sept-Voies www.heliceterrestre.canalblog.com, het hele jaar door za., zo. 11-18, mei-sept. dag. 11-20 uur, € 5/4.

La Caverne aux Sculptures: Dénezé-sous-Doué, apr.-okt. di.-zo. 10.30-13, www.anjou-tourisme.com, 14.30-18 uur, € 4/2,50.
Hotel Rocaminori: 13, rue du Musée, Louresse-Rochemenier, tel. 02 41 50 03 12, www.rocaminori-hotel.fr, 2 pk in een comfortabel grothotel vanaf € 110.

De ondergrondse reis begint bij het **Bioparc Zoo de Doué**, dat in een enorme voormalige steengroeve met talrijke tunnels een unieke en natuurlijke locatie heeft gevonden. Bezoekers komen dicht bij de dieren – een luipaardkloof, bonte papegaaien, ara's en flamingo's creëren een tropische sfeer. Uitnodigend zijn de terrassen in Afrikaanse stijl met uitzicht op zebra's en giraffen.

Onderaards labyrint

Hoe zijn de talrijke grotten en tunnels van in totaal 1500 km lengte ontstaan? De bewoners van Anjou wonnen grote hoeveelheden kalkzandsteen (*tuffeau*) en mergel (*falun*) voor de adel en de geestelijkheid, die met de steenblokken kerken, kloosters, burchten en paleizen lieten bouwen. Voor zichzelf bouwden de bewoners onderaardse boerderijen en zelfs complete dorpen, wat ze financierden met de opbrengsten van de steenverkoop.

De grotwoningen werden pas sinds de 19e eeuw aangeduid met de benaming *habitations troglodytes*, of kortweg *troglos* (naar een Egyptisch volk dat langs de Nijl in grotten woonde). Elke bewoner die het zich kon veroorloven, verruilde in deze periode zijn grotwoning voor een licht en modern huis. In sommige verlaten gangen en grotten kwamen vervolgens wijnkelders en champignonkwekerijen, andere raakten geleidelijk in verval.

In de jaren 70 beleefden de grotten een revival: de ondergrondse huizen werden door stadsbewoners ingericht als originele tweede woning en de toeristenindustrie zag er een nieuwe attractie in. Tussen Saumur en Angers zijn twee verschillende soorten *troglos* te onderscheiden: de in rotswanden uitgehakte gangen, zoals die veel te zien zijn langs de oever van de Loire, en de in de vlakte uitgehouwen grotten, zoals u die rond Saumur kunt vinden.

Boerderijen onder het maaiveld

In **Rochemenier** wordt het serieus. Bijna klappertandend, ondanks de zon die buiten schijnt, kunt u in het **Village Troglodyte** twee ondergrondse boerderijen bezoeken. Ook kunt u hier het waarheidsgehalte testen van een spreekwoord over de bewoners van de onderaardse huizen: 'Waar nooit zonlicht binnendringt, is de dokter een veelgeziene gast.' In de kleine kamers sliep en at een heel gezin. Warm en licht was het alleen op het centrale boerenerf buiten de grot, waar kippen in de zon hun kostje bij elkaar scharrelden. Veertig boerderijen en 250 grotten telde Rochemenier ooit. Twee ondergrondse kapellen uit die tijd zijn gerestaureerd en te bezichtigen. Net als elders op de plateaus, werd voor deze *troglos* eerst

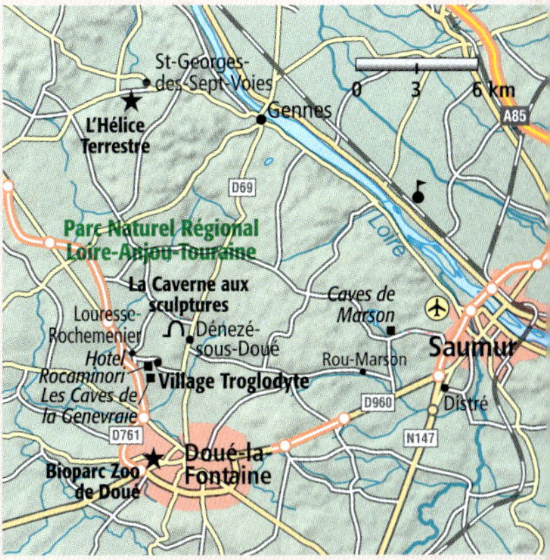

een gat gehakt in de zachte rotsgrond. Dit gat zou later worden gebruikt als een soort boerenerf. Vervolgens werden rond het gat woonkamers en stallen uitgehakt. Rochemenier is het grootste ondergrondse dorp in het Loiredal waar het noeste werk van de grotgravers nog te bekijken is.

Eten in een grotrestaurant

Honger gekregen? Probeer dan eens een menu met *fouées* (ook wel *fouaces* genoemd). Deze in een steenoven gebakken, knapperige platte broden worden gevuld met *rillettes,* gezouten boter, witte bonen of geitenkaas. U kunt ze proeven in de ondergrondse boerderij **Les Caves de la Genevraie.** Voordat het dessert wordt geserveerd, kunt u zelf bij de steenoven gaan kijken hoe de platte broden worden gemaakt.

Fouées zijn ook de specialiteit van de **Caves de Marson** bij **Rou-Marson.** Dit *restaurant troglodytique* heeft onderdak gevonden in een voornaam ogende, 16e-eeuwse grotwoning met een 'oprijlaan' en kruisvensters, en is gelegen naast een groot kasteel.

In het Bioparc Zoo de Doué-la-Fontaine

Uit steen gehouwen

Wie zou de zo'n vierhonderd raadselachtige, primitieve sculpturen hebben gemaakt die twee kinderen in 1956 in de **Caverne aux sculptures** bij **Dénézé-sous-Doué** ontdekten? In het schemerlicht van de grot zijn erotische en religieuze scènes te herkennen. Ook het gezicht van Catharina de Medici duikt op tussen de reliëfs, net als een portret van Essomeric, de eerste indiaan die in 1505 vanuit Brazilië naar Frankrijk werd gesleept. Mogelijk zijn het de gebeeldhouwde fantasieën van een verboden protestants genootschap van steenhouwers?

Ook hedendaagse kunstenaars konden de lokroep van het gemakkelijk bewerkbare gesteente niet weerstaan. De origineel vormgegeven **Hélice Terrestre** (onderaardse spiraal) is het werk van Jacques Warminski († 1997), die met zijn vrouw, assistenten en kippen een verlaten ondergrondse boerderij bij **St-Georges-des-Sept-Voies** bewoonde. Wat het enorme kunstwerk voorstelt? Warminski begroef zich hier letterlijk in een droom – een symbiose van architectuur en beeldhouwkunst in de vorm van een labyrint, een *archi-sculpture*: glad gemaakte, ronde tunnels, met reliëfs van dieren en mensen op de wanden, leiden naar dieper gelegen kamers en vervolgens weer omhoog. Een kanaal van licht slingert zich door de gangen, terwijl buiten amorfen – merkwaardige vormen die uit steen lijken te zijn gegoten – de trappen sieren van een halfrond amfitheater dat in de kuil is aangelegd.

Een toepasselijk slot van een grottentocht is een overnachting in de smaakvol ingerichte *gîte troglodytique* in **Louresse-Rochemenier.**

Op de fiets naar Cunault ▶ J 3/4

Start bij het station van Saumur; rondgaande route van ongeveer 40 km; markeringen van de Loirefietsroute; spitstijden mijden, niet geschikt voor kleinere kinderen; fietsverhuur bij Détours in Saumur, zie blz. 242; horeca in Chênehutte, Gennes en Les Rosiers-sur-Loire

Het traject volgt de oevers van de Loire en biedt schitterende uitzichten op de rivier en de eilanden. Dit fraaie panorama zult u op de zuidelijke oever soms moeten delen met het autoverkeer, want lang niet overal is een vrijliggend fietspad aanwezig.

In **Saumur** gaat u vanaf het treinstation rechts richting de Pont des Cadets. Steek dan de beide bruggen over en volg rechts de Loire via de Quai Carnot. De markeringen van de Loirefietsroute (met opschrift 'La Loirc à Vélo') brengen u vervolgens – buiten de drukke D751 om – via wijngaarden naar **St-Hilaire-St-Florent,** waar kalksteengrotten gevuld met crémant (zie blz. 240) en champignonkwekerijen bezoekers welkom heten. De routebordjes volgend steekt u de D751 over, waarna de Loire weer in zicht komt bij de monding van de **Thouet.** Vanaf hier volgt u de autovrije Chemin de la Petite Monnie, die de Loire over 2,5 km dicht langs de oever volgt richting La Houssaie. Dan gaat het over de D751 verder langs de Loire – links de wijngaarden, rechts de rivier met de eilandjes – via **Chênehutte** en **Trèves** naar het kloosterdorp **Cunault,** met de bezienswaardige kerk Notre-Dame.

In Cunault verlaat de route de rivier en gaat via een autovrij traject door het bos van het klooster naar het **Étang de Joreau,** waar een picknickplaats aan het water uitnodigt tot een aangename rustpauze. Daarna fietst u door het bos over smalle wegen verder, onder andere langs de ruïnes van een klein **Gallo-Romeins amfitheater,** naar de brug over de Loire in **Gennes.**

Aan de andere kant van de rivier ligt **Les Rosiers-sur-Loire.** Hiervandaan

Fietstocht van Saumur naar Cunault

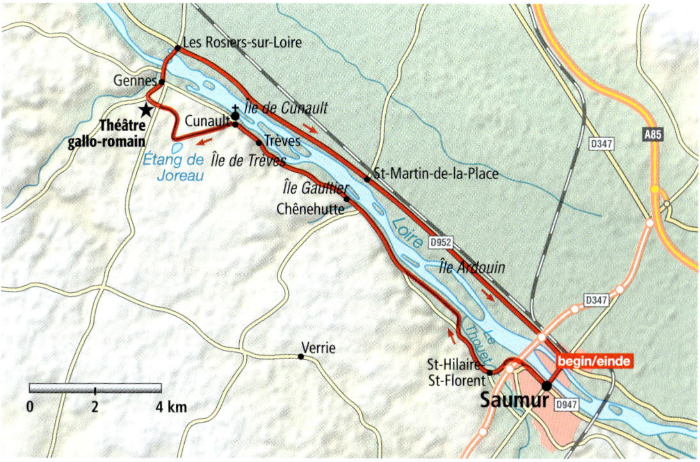

fietst u over een fietspad naast de D952 terug naar Saumur. Pauzeren voor een kopje koffie kan halverwege in **St-Martin-de-la-Place.**

Festiviteiten

Heures Musicales de Cunault: www.lesheuresmusicalesdecunault.fr, reserveringen bij de Offices de Tourisme van Saumur en Angers. In de tweede helft van juli en in augustus zijn er op zondag om 17 uur concerten van klassieke en moderne muziek in de majestueuze abdijkerk of in de intieme romaanse kerk van Trèves-Cunault.

Château de Brissac ▶ H 3

Brissac, www.chateau-brissac.fr, apr.-juni, sept.-okt. wo.-di. 10-12.15, 14-17, juli-aug. dag. 10-17, nov.-mrt. tijdens schoolvakanties dag. 14-16 uur, € 10/8,50/4,50, alleen park € 5

In de gelijknamige plaats pronkt het *château* te midden van weidse gazons en oude bomen. De ronde vestingtorens op de hoeken zijn 15e-eeuws. De door een pagodedak bekroonde renaissancevleugel daartussen – hoog oprijzend en met talrijke ramen – is 17e-eeuws.

Het kasteel is al vijfhonderd jaar eigendom van de familie Brissac. Nu probeert Charles André de Brissac de naam en de geschiedenis van het kasteel te gebruiken om het erfgoed te onderhouden: het is uitstekend geschikt voor ontvangsten, bedrijfsuitjes en feesten. Enkele slokken van de kasteelwijn besluiten de rondleiding, waarbij de bezoekers onder andere een collectie Vlaamse wandtapijten en een klein theater kunnen bekijken, dat in de 19e eeuw door de toenmalige hertogin, een begenadigd zangeres, werd ingericht.

Overnachten

In het kasteel – **Château de Brissac:** Brissac, tel. 02 41 91 22 21, www.chateau-brissac.fr, mei-sept., een of twee personen € 390 per nacht met ontbijt. In het kasteel kunnen gasten overnachten in een van de vier met kostbare 17e-eeuwse meubels, gobelins en schilderijen ingerichte suites.

Château de Montgeoffroy ▶ J 3

Route de Seiches, Maze, www.chateaudemontgeoffroy.com, dag. eind mrt.-half juni 10-12, 14-14, sept.-half nov. 10-12, 14-17, half juni-aug. 10-18 uur, € 11/9/6

Montgeoffroy is een van de laatste kastelen die voor de Franse Revolutie werden gebouwd. Doordat de inrichting sinds eind 18e eeuw nauwelijks is veranderd, geeft het kasteel een uniek inkijkje in de levensstijl van de adel in die periode. Opdrachtgever voor de bouw was de veldmaarschalk van koning Lodewijk XVI, Louis Georges Érasme de Contades, die bij de kroningsceremonie de eer had gehad de kroon te mogen dragen. Hij liet op de plek van het oude familiekasteel een symmetrisch, U-vormig complex rond een gazon aanleggen in de toen populaire classicistische stijl. De stijlvolle, gedistingeerde inrichting van de salons – spiegels, stoelen, speeltafels – bleef behouden en toont de smaak van de hogere adel ten tijde van de Verlichting.

Angers ✸ ▶ H 3

In de levendige hoofdstad van Anjou komen het traditionele en het moderne samen en weten de inwoners wellicht net iets meer van het leven te genieten dan elders. De Atlantische Oceaan is niet al te ver meer en zorgt voor een aangenaam briesje, de wijnen zijn even fris en gemoedelijk als het landschap van Anjou en de meer dan 20.000 studenten onder de ruim 150.000 inwoners geven de stad extra flair. Bijna de helft van hen studeert aan de in 1875 gestichte katholieke universiteit. In Angers speelt de religie van oudsher een belangrijke rol: aan de vooravond van de Franse Revolutie stonden hier 5 abdijen, 27 kloosters en 47 kerken.

Geschiedenis

De naam leende de stad van de Gallische stam van de Andecavi, die zich hier in de 5e eeuw v.Chr. vestigde. De Noormannen veroverden en verwoestten Angers in de 9e eeuw, waarna op de plek van het huidige kasteel een eerste versterking werd gebouwd om de gewelddadige hordes, die vanuit Bretagne hun rooftochten hielden, het hoofd te kunnen bieden. Daarna begon het tijdperk van de hertogen van Anjou. Fulco III (Nerra) regeerde aan het begin van de 11e eeuw met harde hand over Anjou. Hij werd gevreesd, maar stichtte ook talrijke abdijen, zette een eerste bestuursapparaat op en maakte verschillende bedevaartreizen naar het Heilige Land – hij stierf in 1040 op de terugreis van zijn vierde pelgrimage.

De stad kende een bloeitijd onder zijn opvolgers, de Plantagenets, die als graven van Anjou, hertogen van Normandië en uiteindelijk als koningen van Engeland over een enorm rijk regeerden. Na de val van het huis van de Plantagenets bracht koning Filips August in 1189 het graafschap terug onder de Franse kroon.

Omdat Angers constant werd bedreigd door aanvallen van de onafhankelijke Bretonnen, liet Blanca van Castilië in 1230 een machtige burcht bouwen, die ook nu nog de stad overheerst. Lodewijk XI, die Anjou definitief bij het koninkrijk inlijfde, gaf de burgers van Angers in 1475 stadsrechten om zo van hun loyaliteit verzekerd te zijn. Aan het begin van de 16e eeuw werd Angers ook wel 'het Athene van het westen' genoemd, omdat hier tal van humanistische geleerden woonden en werkten, onder wie de bekende dichter Joachim du Bellay en Jean Bodin, de architect van het moderne rechtssysteem.

Aan het begin van de 17e eeuw, tijdens de Godsdienstoorlogen, begon de neergang van Angers. De protestantse hugenoten hadden hier hun tweede kerk (na Parijs) gesticht, waardoor Angers midden in het strijdgewoel lag. Na een adempauze kreeg de stad later in de 17e eeuw nog meer klappen te verwerken door de pest, hongersnoden en de Fronde, een opstand tegen de adel en Lodewijk XIV; Angers hoorde tijdens deze revolte bij de verliezende partij en verloor daarop zijn stadsrechten.

Tijdens de twee wereldoorlogen werd Angers zwaar getroffen, maar het historische stadshart bleef bij de bombardementen wonderwel gespaard. De vestiging van elektrotechnische en computerbedrijven zorgde de afgelopen decennia voor een economische bloei. Beroemder is de van sinaasappelschillen gemaakte likeur Cointreau, die al sinds 1849 in Angers wordt geproduceerd. Ook heeft Angers een lange traditie in de textielweverij, wat wordt bevestigd door het Musée Lurçat en het Centre Régional d'Art Textile, waar naast ongeveer twintig wevers ook enkele hedendaagse kunstenaars werken. Een centrum voor moderne dans en het jaarlijkse, door Jean-Claude Brialy geleide Festival d'Anjou (juli) passen bij de reputatie van Angers als 'kunststad van het westen'.

Château d'Angers 1

2, promenade du Bout du Monde, www.chateau-angers.fr,, dag. mei-sept. 9.30-18.30, okt.-apr. 10-17.30 uur, € 9/7

De vesting van de graven van Anjou lijkt op een kruisridderburcht: 17 ronde torens, 40 tot 60 m hoog, van donker graniet en licht zandsteen, markeren een onregelmatige vijfhoek met een totale muurlengte van bijna 1 km. Daaromheen zorgt een 30 m brede en 11 m diepe gracht voor extra bescherming tegen aanvallers.

In de gracht is een park aangelegd, daar ver boven leidt een ophaalbrug naar de toegangspoort. Dat de vesting inclusief alle torens nog overeind staat, is te danken aan Donadieu de Puycharic, de gouverneur van Angers. Hendrik III had hem tijdens de Godsdienstoorlogen in 1585 bevolen de burcht neer te halen uit angst voor verovering door de protestanten. Maar Donadieu rekte de werkzaamheden tot aan de dood van de koning op en liet, om de schijn van gehoorzaamheid op te houden, alleen de bovenkant van de torens slopen. Na zijn dood werd de gouverneur met een grafmonument in de slotkapel geëerd.

Blanca van Castilië, die na de dood van haar man Lodewijk VIII het land regeerde, had de burcht tussen 1230 en 1239 laten bouwen om het koninkrijk tegen aanvallen van de opstandige hertogen van Bretagne te beschermen. Op het destijds nog onbebouwde kasteelterrein sloegen de vazallen van de koning en hun soldaten hun tenten op wanneer ze zich verzamelden voor hun jaarlijkse, veertig dagen durende veldtocht naar Bretagne. Vanaf de hoge muren kijkt u uit over de daken en kerktorens van de wijk La Doutre aan de andere kant van de Maine.

Pas in de 15e eeuw lieten Lodewijk II, hertog van Anjou, en zijn vrouw Yolande van Aragón de woongebouwen en de aangenzende Chapelle Ste-Geneviève op het plateau bouwen. Een sluitsteen in de gewelven toont hun wapens. Het sierlijke kasteeltje met de kleine hoektorens ten zuiden van de kapel werd opgetrokken door hun zoon René van Anjou, koning van Napels en Jeruzalem. Hier zit nu de ingang naar de grote galerie, die in de jaren 50 werd gebouwd als tentoonstellingsruimte voor de middeleeuwse serie tapijten over de Apocalyps.

De Apocalyps van Angers

De Apocalyps van Johannes, in de Nederlandstalige Bijbel 'Openbaringen' genoemd, is een van de gewelddadigste en beeldrijkste teksten uit de Heilige Schrift; tegelijk is de tekst donker en geheimzinnig. Johannes beschreef zijn visioenen op het eiland Patmos: scènes van de komende eindtijd en de heerschappij van de antichrist – waarna aan het eind van de pijn en het leiden de heerlijkheid van het Koninkrijk Gods wacht. Onder de vele pogingen om de uitzonderlijke en visionaire beschrijvingen van Johannes te illustreren, springen er twee uit: een serie houtsnedes die Albrecht Dürer in 1498 voltooide en de Apocalyps van Angers.

Vurig rood is de hemel boven de stad Babylon, die voor onze ogen als kinderspeelgoed in stukken breekt. Verderop rijden de zwaar bewapende ruiters van de Apocalyps op paarden die aan het einde van hun nek een leeuwenkop met vurige ogen hebben. Met hun hoeven springen ze over de mensen die proberen te vluchten. Want pijn, rampspoed en vernietiging wacht de mensheid tijdens de Apocalyps.

Ondanks de nuchtere, moderne uitstraling van de tentoonstellingsruimte betoveren de enorme, in de 14e eeuw geweven wandtapijten door hun fantasie, verbeeldingskracht en kunstzinnige vormgeving. Maar niet altijd was

De wandtapijten van Angers tonen scènes uit de Openbaringen van Johannes

men door deze tapijten gefascineerd. Tijdens de Franse Revolutie sneed men de middeleeuwse kunstwerken in stukken en gebruikte ze als deken, karpet of winterdek om sinaasappelbomen tegen de vorst te beschermen. In de loop van de eeuwen ging zo een derde van de scènes verloren.

Opdrachtgever van de serie tapijten was de kunstminnende hertog Lodewijk I van Anjou. Hij liet ontwerpen maken bij Hennequin van Brügge, de hofschilder van zijn broer koning Karel V. Het weven zelf werd uitbesteed aan de beroemde wever Nicolas Bataille in Parijs. Maar liefst zeven jaar werkte hij aan de serie wandtapijten, tot ze in 1380 klaar waren. Oorspronkelijk bestond de cyclus waarschijnlijk uit 98 scènes, verdeeld over zeven afzonderlijke wandtapijten: volgens Johannes, de schrijver van Openbaringen, was zeven het getal van de volmaaktheid. Elk van de wandtapijten was ongeveer 6 m hoog en 24 m lang.

Oude stad

Cathédrale St-Maurice 2

Place Monsieur Chapoulie, dag. 8-20 uur, rondleidingen, ook in het Engels, via het Office de Tourisme

Vanaf het kasteel slingert de met kasseien bestrate **Rue St-Aignan** naar beneden, richting de steeg **Montée St-Maurice**, waarvan de brede treden u geleidelijk omhoog brengen naar de westgevel van de **kathedraal**. Fulco Nerra, graaf van Anjou, zou zelf in de 11e eeuw de eerste kathedraal, die op de plek stond van een Gallo-Romeinse basilica uit de 4e eeuw, in brand hebben gestoken. Bisschop Ulger is de bouwmeester van de huidige kathedraal uit de 12e eeuw. De im- ▷ blz. 260

Boulevard Daviers
Place du Dr. Bichon
Place de la Paix
Tour
Pont de la Haute-Chaine
Place du Tertre - St-Laurent
Rue Lionnaise
Boulevard Clemenceau
Boulevard Descazeaux
Boulevard Arago
Quai Monge
Maine
Place de la Laiterie
Rue du Mail
Place Molière
Rue Maillé
Rue St-Nicolas
Place Monprofit
Rue Beaurepaire
Rue de la Tannerie
Place Molière
Rue de la
Rue de la Roë
Boulevard H. Arnauld
Quai des Carmes
Pont de Verdun
Place Poissonnerie
Place du Pilori
Esplanade du Port Ligny
Place de la République
Rue Plantagenêt
Rue Baudrière
Rue
Boulevard Foulques Nerra
Pont de la Basse-Chaine
Blvd. du Bon Pasteur
Rue St-Aignan
Prom. du Bout-du-Monde
Place Freppel
Place Ste-Croix
Rue Voltaire
Rue St-Evroult
Blvd. du Général de Gaulle
Maine
Rue Toussaint
Place du Président Kennedy
Rue des Lices
Place de l'Académie
Boulevard du Roi René
St-Laud
Rue Hoche
Rue Delaâge
Rue Faidherbe
Rue Marceau
Place de la Visitation
Foch – Haras
Avenue de la Blancheraie
Nantes N 23, A 11
Rue Talot
Rue de la Gare
Rue d'Anjou
Rue du Haras
Rue Faidherbe
Avenue Denis-Papin
Place P. Sémard
Les Gares
Place Marengo
Gare SNCF
0
150
300 m

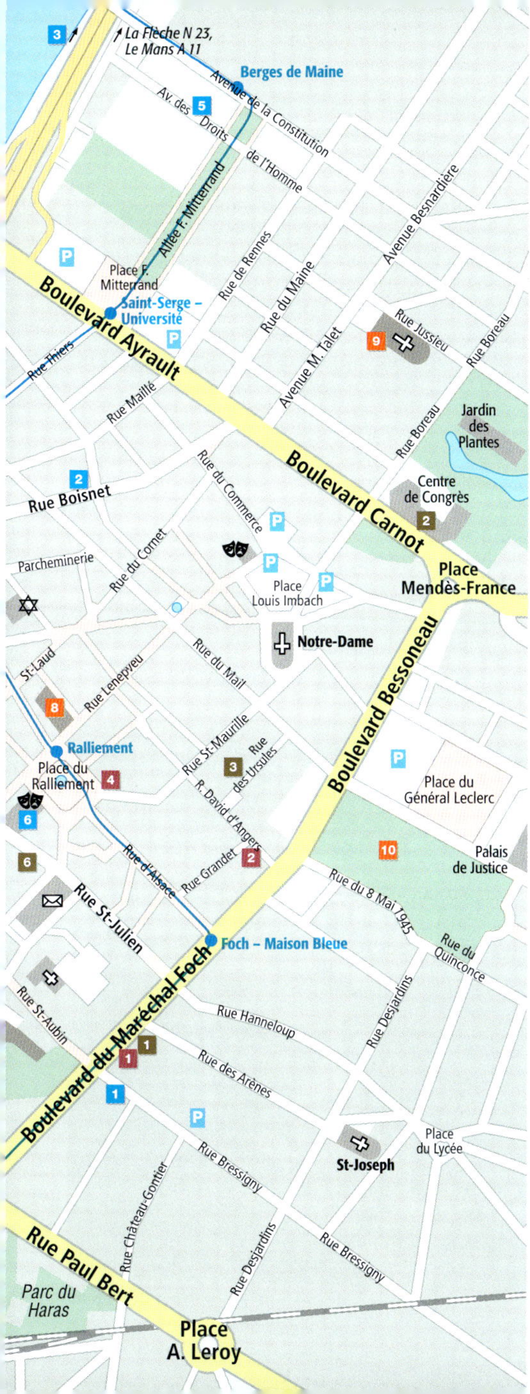

Angers

Bezienswaardigheden

1 Château d'Angers
2 Cathédrale St-Maurice
3 Maison d'Adam/ La Maison des Artisans
4 Préfecture/Abbaye St-Aubin
5 Tour St-Aubin
6 Musée des Beaux-Arts
7 Galerie David d'Angers
8 Hôtel Pincé
9 Église St-Serge
10 Jardin du Mail
11 Musée Jean-Lurçat
12 Abbaye du Ronceray
13 Église de la Trinité

Overnachten

1 Hôtel d'Anjou/ Bistrot Le 1515
2 Mercure Centre
3 Du Mail
4 21 Foch
5 Le Progrès
6 Continental

Eten en drinken

1 Le Favre d'Anne
2 Le Petit Comptoir
3 Le Crémet d'Anjou
4 Provence Caffé

Winkelen

1 La Maison du Vin
2 La Petite Marquise

Actief

1 Le Parc de Loisirs du Lac de Maine

Uitgaan

1 Bar Falstaff
2 L'Entrepôt
3 Le Chabada
4 Les 400 Coups
5 Gaumont Variétés
6 Grand Théâtre d'Angers
7 Théâtre Le Quai

posante westgevel vertoont overeenkomsten met de ongeveer gelijktijdig gebouwde, beroemde kathedraal van Chartres. In de muren links en rechts van de portaalboog ziet u acht statige figuren uit het Oude Testament, onder wie Mozes met een stenen wetstafel, David met een harp en de koningin van Seba. Boven de toegangspoort is een tronende Christus afgebeeld, omringd door de symbolen van de vier evangelisten: de gevleugelde leeuw van Marcus, de adelaar van Johannes, de gevleugelde stier van Lucas en de engel van Mattheus.

Het interieur is verdeeld in een eenbeukig schip en twee dwarsbeuken, die alle door koepelvormige, angevijnse (= van Anjou) kruisribgewelven worden overspannen. De gebrandschilderde ramen aan de linkerkant van het schip zijn 12e-eeuws en behoren tot de mooiste en oudste glas-in-loodramen van de rijkelijk met glas versierde kathedraal.

In de 18e eeuw werd de middenzuil van het portaal verwijderd om meer plaats te maken voor de processies en voor het binnenbrengen van het monumentale barokke hoogaltaar, dat wordt gedomineerd door een baldakijn met verguld houtsnijwerk en roodmarmeren zuilen. De rijkelijk met houtsnijwerk versierde preekstoel dateert uit de 19e eeuw.

Place Ste-Croix

Links van de kathedraal gaat de **Rue du Chanoine Urseau** richting de **Rue de l'Oisellerie**, die pronkt met gerestaureerde 15e-eeuwse vakwerkhuizen. Via de **Rue Montault** wandelt u vervolgens omhoog naar de **Place Ste-Croix**. In de middeleeuwen lag dit ook nu nog drukke plein op het kruispunt

Angers is al eeuwenlang een centrum van glaskunst

van belangrijke handelswegen en verzamelden zich hier handelaren, studenten en reizigers. Vooral het **Maison d'Adam** 3, de mooiste van de 45 resterende vakwerkhuizen van Angers, herinnert aan deze bloeitijd. Het enorme huis van vijf verdiepingen, dat de ruimte van drie 'normale' huizen inneemt, is rijkelijk versierd met fantasievol houtsnijwerk en weerspiegelt de macht en de rijkdom van de burger die het in de 15e eeuw liet bouwen.

Préfecture/Abbaye St-Aubin 4

Rue St-Martin, ma.-za. 9.15-18 uur

Vanaf de met winkels gevulde **Rue St-Aubin** slaat u rechtsaf de **Rue St-Martin** in, die verderop uitkomt bij de **Préfecture.** In dit strakke, 18e-eeuwse bestuursgebouw bevindt zich de vakkundig gerestaureerde romaanse kruisgang van de in 535 gestichtte **Abbaye St-Aubin,** met gebeeldhouwde figuren op de kapitelen en arcaden waarop soms nog de originele beschildering te zien is. Een model van de benedictijnenabdij is te bekijken in de eveneens bewaard gebleven kapittelzaal. De 54 m hoge, vierkante klokkentoren van de abdij, de **Tour St-Aubin** 5, staat aan de Rue des Lices, die in de middeleeuwen deel uitmaakte van de stadsommuring. De toren bleef tijdens de sloopwoede van de Franse Revolutie behouden.

Musée des Beaux-Arts 6

14, rue du Musée, www.musees.angers.fr, juni-sept. dag. 10-18, sept.-mei di.-zo. 10-18 uur, € 6/3, tot 26 jaar gratis

Het kunstmuseum van Angers is sinds 1801 gevestigd in het Logis Barrault, een in 1487 gebouwd representatief herenhuis van Olivier Barrault, schatbewaarder van Bretagne en burgemeester van Angers. Na een grondige renovatie en met een nieuwe uitbouw heropende het museum in 2004. De collectie omvat Franse schilderijen uit de 17e en 19e eeuw, met werken van Watteau, Fragonard, Ingres en Corot, aangevuld met onder andere middeleeuws goudsmeedwerk en email.

Galerie David d'Angers 7

33, rue Toussaint, www.musees.angers.fr, juni-sept. di.-zo. 10-18 uur, € 6/3, tot 26 jaar gratis

Alleen de muren van de abdijkerk stonden nog overeind toen de stad aan Pierre Prunet de opdracht gaf de 11e-eeuwse **Abbaye Toussaint** te restaureren. De architect overspande de muren met een nieuw glazen dak, waarna in 1984 de toenmalige president Mitterrand de hier ingerichte Galerie David d'Angers kon openen. In de door licht overspoelde ruimte is het complete werk van de beeldhouwer te zien, zoals hij dat naliet aan zijn geboortestad. Ook zijn meesterwerk, de timpaan van het Pantheon in Parijs, is in de vorm van een verkleind model aanwezig.

Place du Ralliement

Op dit plein heerst een grootstedelijke bedrijvigheid: winkels, cafés en het classicistische, 19e-eeuwse stadstheater groeperen zich rond een moderne fontein. Niets herinnert aan de periode van de Franse Revolutie, toen de guillotine hier menig kop deed rollen.

Het **Hôtel Pincé** 8 (32, Rue Lenepveu, wegens renovatie tot nader order gesloten) werd rond 1530 voor de toenmalige burgemeester van Angers gebouwd. Medaillons en guirlandes sieren de gevels van de twee verschillende, van steile daken voorziene woonvleugels, waartussen een traptoren is geplaatst. Sinds 1861 toont de stad hier de privécollectie van de Comte Turpin de Crissé, die vooral interessant is vanwege de Oost-Aziatische kunstvoorwerpen, waaronder Japans houtsnijwerk.

In de pubs, cafés en bars langs de autovrije **Rue St-Laud** en **Rue Lenepveu** komen de studenten van Angers bijeen. In de zomer staan de tafels en stoelen buiten op het terras.

Langs de boulevards

Achter de **Place Imbach**, met daaraan een neoromaanse kerk, steekt u de **Boulevard Carnot** over naar de **Jardin des Plantes**, een botanische tuin. Aan de andere kant van de tuin gaat u via de uitgang bij een kinderspeelplaats richting de **Église St-Serge** 9. Van buiten oogt de kleine, 13e-eeuwse kerk sober, maar binnen wordt het koor gezien als het hoogtepunt van de angevijnse gotiek: de zes slanke zuilen zijn 8 m hoog en eindigen in bewerkte kapitelen met daarboven de sierlijke ribben van zeer hoge, bijna koepelvormige gewelven. Ze komen samen bij gebeeldhouwde en gedeeltelijk nog met de originele verf gekleurde sluitstenen.

De **Boulevard Bessonneau** leidt vervolgens naar de **Jardin du Mail** 10. Dit in 1859 aangelegde park met gietijzeren muziektent, fontein, beelden en palmen in grote kuipen, is genoemd naar het *jeu de mail*, het maliespel, dat al in de middeleeuwen aan het Franse hof werd gespeeld. Tijdens een wandeling over de aan het uiteinde van het park beginnende, 1 km lange **Avenue Jeanne d'Arc** kijkt u uit over voorname huizen en villa's uit de 19e eeuw. Op de door platanen omzoomde, autovrije laan zijn de drukte en het lawaai van de boulevards ver weg. De **Boulevard Bessonneau** gaat al snel over in de **Boulevard Maréchal Foch**, een brede straat met verpozing in de vorm van cafés en bioscopen.

La Doutre

Musée Jean-Lurçat et de la Tapisserie Contemporaine 11

Werken van David d'Angers in de voormalige abdijkerk Toussaint

4, boulevard Arago, www.musees.angers.fr, di.-zo. 10-18 uur, € 6/3, tot 26 jaar gratis
De rustige, oude wijk La Doutre ligt aan de andere kant van de Maine en bezit met het **Musée Jean-Lurçat** in het **Hôpital St-Jean** een belangrijke bezienswaardigheid. Het is het oudste bewaard gebleven ziekenhuis van Frankrijk en werd, samen met twee andere hospitalen, gesticht door Hendrik II als boetedoening voor de moord op Thomas Becket, de bisschop van Canterbury. De muren van de gigantische ziekenzaal (60 m lang, 22,5 m breed, 12 m hoog) zijn bedekt met een serie wandtapijten genaamd *Le Chant du Monde*. Ze zijn van de hand van Jean Lurçat (1892-1966), die eerst schilder en etser was voordat hij de tapijtweverij oppakte. De gobelins van de Apocalyps, die hij in 1937 zag, dienden als inspiratie voor zijn cyclus *Le Chant du Monde*, dat hij als zijn levenswerk zag: 'Dit werk waar ik laat aan begon, toen de ouderdom me al op de hielen zat, geeft op een bepaalde manier zin aan het leven.'

Op tien aparte gobelins tekent Lurçat met felle kleuren op een donkere ondergrond het menselijk bestaan in het spanningsveld van de mogelijke vernietiging van al het leven door de atoombom, en de hoop op een geslaagd leven in harmonie met de krachten van de natuur. Wie uitvoerig met het werk van Lurçat – schilderijen, keramiek, wandtapijten – wil kennismaken, bezoekt het ernaast gelegen **museum van de hedendaagse tapisserie.**

Abbaye du Ronceray 12

Door de oude straten van La Doutre wandelt u naar de voormalige Abbaye du Ronceray, waar nu een technische school is gehuisvest. Fulco Nerra, die niet alleen om zijn gewelddadigheid maar ook om zijn vroomheid bekendstond, stichtte deze abdij voor adellijke vrouwen in 1028. Volgens een legende vormde een goddelijke ingreep de directe aanleiding: Fulco, die zijn eerste vrouw op verdenking van overspel op de brandstapel had gezet, beschuldigde zijn tweede vrouw Hildegard van hetzelfde vergrijp. Wanhopig stortte zij zichzelf van de kasteeltoren, maar dankzij haar onschuld, haar wijde kleding en de hulp van engelen bereikte ze ongeschonden de andere oever.

Place de la Laiterie

Het kloppend hart van La Doutre, een wijk met vakwerkhuizen uit de 15e en 16e eeuw, is de Place de la Laiterie. In het verlengde van het plein staat de in de 19e eeuw gerestaureerde **Église de la Trinité** 13, die vooral opvalt door de twee romaanse portalen.

Overnachten

Grand hotel – **Hôtel d'Anjou** 1: 1, boulevard Maréchal Foch, tel. 02 41 21 12 11, www.hoteldanjou.fr, 2 pk vanaf € 95, menu vanaf € 30. Dit luxehotel aan de boulevard bestaat al vanaf 1845. De lobby wordt verlicht door een kleurrijke glazen koepel, de kamers zijn in 17e-/18e-eeuwse stijl ingericht, art-decomozaïeken bedekken de muren van de salons. Met restaurant Bistrot Le 1515 (zie blz. 264).
Parkzicht – **Mercure Centre** 2: place Mendès-France, tel. 02 41 60 34 81, www.mercure.com/angers, 2 pk vanaf € 80, menu vanaf € 24. Modern hotel bij de botanische tuin. Ondanks de centrale ligging is het rustig in de kamers, die bijna allemaal uitkijken op het park. Goed restaurant, genaamd Le Grand Jardin.
Degelijk – **Du Mail** 3: 8, rue des Ursules, tel. 02 41 25 05 25, www.hoteldumail.fr, 2 pk vanaf € 89. Fraai hotel waar u ondanks de ligging midden in

de stad toch rustig kunt slapen. Het pand met een grote binnenplaats is 17e-eeuws, de kamers zijn liefdevol en individueel ingericht, met eigen parkeerplaats en garage. Populair adres, tijdig reserveren!

Informeel – **21 Foch** 4: 21, boulevard du Maréchal Foch, tel. 02 30 31 41 00, www.21foch.fr, 2 pk vanaf € 85. Jong hotel in een stadspaleis uit 1850. Modern en smaakvol ingericht.

Modern – **Le Progrès** 5: 26, avenue Papin, tel. 02 41 88 10 14, www.hotelleprogres.com, 2 pk vanaf € 60. Uitnodigend hotel tegenover het station, met lichte en functionele kamers. Goede prijs-kwaliteitverhouding.

Centrale ligging – **Continental** 6: 12-14, rue Louis-de-Romain, tel. 02 41 86 94 94, www.hotellecontinental.com, 2 pk vanaf € 53. Een mooi oud pand in het centrum van de stad, met gerenoveerde, vriendelijke kamers en goede geluidsisolatie.

Eten en drinken

Stijlvol – **Bistrot Le 1515:** in Hotel d'Anjou 1, zo. gesl., menu vanaf € 31. Restaurant in een stijlvol renaissancedecor en in een keurige sfeer. U hebt hier keus uit gerechten als sabayon met oesters en layonwijn, of baars met basilicumcrème.

Voor fijnproevers – **Le Favre d'Anne** 1: 18, boulevard Foch, tel. 02 41 36 12 12, www.lefavredanne.fr, zo.-ma. gesl., menu vanaf € 65. In de ruime vertrekken van het stijlvol ingerichte restaurant zijn de culinaire creaties van Pascal Favre d'Anne een lust voor het oog en een streling voor de tong. 's Zomers een fraai terras op de binnenplaats.

Bistro – **Le Petit Comptoir** 2: 40, rue David d'Angers, tel. 02 41 43 32 00, di.-za., menu vanaf € 22. Gemoedelijk eethuis. Goede prijs-kwaliteitverhouding.

Regionale gerechten – **Le Crémet d'Anjou** 3: 21, rue Delaâge, tel. 02 41 88 38 38, www.cremetdanjou-restaurant49.com, ma.-vr., menu vanaf € 26. De kok bereidt voor de ogen van de gasten degelijke regionale specialiteiten.

Mediterraans – **Provence Caffé** 4: 9, place du Ralliement, tel. 02 41 87 44 15, www.provence-caffe.com, di.-za., menu vanaf € 23. Dit van buiten niet erg opvallende restaurant is zo populair dat u bij voorkeur al voordat u afreist naar het Loiregebied reserveert. Zuidelijke gerechten in een zonnebloemgeel decor dat aan Vincent van Gogh doet denken.

Winkelen

Kunstnijverheid – **La Maison des Artisans** 3: 1, place Ste-Croix, in het Maison d'Adam, www.maison-artisans.com. Zo'n tachtig *artisans* presenteren hier hun producten. Van veelkleurige zijden sjaals, zoals die al 150 jaar lang door de familie Brochier worden gemaakt, tot prachtige glasschilderingen op vazen en handgemaakte lampen in de stijl van gallé of tiffany. Bovendien kostbare met de hand gemaakte gobelins, deels met historische dessins.

Wijn – **La Maison du Vin** 1: 5bis, place Kennedy, tel. 02 41 17 68 20, di.-za. 10-13, 15-19 uur. In een moderne, lichte setting kunt u hier in alle rust en onder de deskundige begeleiding van Laëtitia Proux verschillende Anjouwijnen proeven: coteaux du layon, bonnezeaux, quarts de chaume, cabernet d'anjou, saumur-champigny enzovoort.

Zoetwaren – **La Petite Marquise** 2: 22, rue des Lices, www.chocolat-lapetitemarquise.com. Deze delicatessenwinkel is bekend vanwege de *quernons d'ardoise*: kostelijke krokante koekjes in een jasje van blauwe chocolade, een verwijzing naar het blauwgrijze leisteen uit de omgeving.

Antiek – verschillende winkels hebben zich verzameld in de **Rue Toussaints.**
Markten – Markt is er zaterdag op de Place Imbach (ook rommelmarkt) en de Boulevard Bessonneau, bloemenmarkt op de Rue Leclerc, biologische markt op de Rue St-Laud.

Actief

Sport en ontspanning – **Le Parc de Loisirs du Lac de Maine** 1: op de rechteroever, ongeveer 2 km in zuidwestelijke richting, www.lacdemaine.fr. Dit recreatiegebied aan de Maine, op korte afstand van de stad, biedt het gehele jaar sport en ontspanning voor inwoners en toeristen: zwemmen, tennis, zeilen, kanovaren, volleybal, groen strand, pétanque, speelterreinen voor de kinderen en meer. Bovendien allerlei wetenswaardigheden over de natuur in het **Maison de l'Environnement** en in de **Jardin Biologique.**

Uitgaan

Voor de actuele uitgaansmogelijkheden kunt u kijken in de stadskrant *Vivre à Angers*. Veel pubs, bars en cafés rijgen zich aaneen in de **Rue St-Laud**, waar 's zomers iedereen buiten zit. Bioscopen en cafés zijn er ook aan de **Boulevard Maréchal Foch**. Angers heeft een rijk theater- en concertaanbod.
Nightlife – **Bar Falstaff** 1: 11 rue Bressigny, tel. 02 41 20 07 07. Met dansvloer, populair bij studenten, tot 2 uur geopend. Als alternatief in dezelfde straat: de Soft Bar.
Dansen en meer – **L'Entrepôt** 2: 23, rue Boisnet, tel. 02 53 91 28 20. Gezellige uitgaansgelegenheid met speelkasten, biljarttafel, bar en dansvloer in een voormalig pakhuis. Zeer jong publiek.
Muzikaal – **Le Chabada** 3: 56, boulevard du Doyenné, tel. 02 41 96 13 40, www.lechabada.com. Hier vinden per jaar minimaal zeventig concerten plaats, waarbij alle populaire muziekstromingen aan bod komen.
Films – **Les 400 Coups** 4: 12, rue Claveau, tel. 02 41 88 70 95, www.les400coups.org. Filmhuis, ook films in de oorspronkelijke taal met Franse ondertiteling. **Pathé Angers** 5: 1 Avenue des Droits de l'Homme, tel. 02 41 18 57 60, www.cinemaspathegaumont.com. Internationale blockbusters, in het Frans nagesynchroniseerd.
Theater – **Grand Théâtre d'Angers** 6: place du Ralliement, tel. 02 41 24 16 40, www.angers.fr, www.angers-nantes-opera.com. Hét culturele instituut van Angers in een mooi, classicistisch gebouw. Locatie waar de *mardis musicaux* (dinsdagen met kamermuziek), jazzconcerten en voorstellingen van het regionale theater Pays de la Loire plaatsvinden. Verder zijn er voorstellingen van de Angers-Nantes Opéra, het operagezelschap dat het Grand Théâtre in Angers als thuisbasis heeft.
Cultuurcentrum en dans – **Théatre Le Quai** 7: cale de la Savatte, tel. 02 41 22 20 20, www.lequai-angers.eu. Supermodern theater in La Doutre, met uitzicht op de Maine. Theater-, muziek- en dansvoorstellingen. Regelmatige gast is het Centre National de Danse Contemporaine (www.cndc.fr). Zij brengen moderne dansen en eigen choreografieën. Verder zijn er gastoptredens van Europese dansgezelschappen op verschillende locaties in Angers.

Info en festiviteiten

Informatie

Office de Tourisme: 7, place Kennedy, 49051 Angers, tel. 02 41 23 50 00, www.angersloiretourisme.com, half juni-

half sept. ma. 10-19, di.-za. 9-19, zo. 10-18, okt.-apr. dag. 10-17.30, anders ma. 10-18.30, di.-za. 9-18.30, zo. 10-18 uur. Het uitstekend toegeruste toeristenbureau van Angers organiseert stadsdrondleidingen en excursies (kastelen, grotten) en u kunt er terecht voor informatie over accommodaties, kaartjes voor festivals en de Angers City Pass, een pas waarmee u gratis toegang krijgt tot veel bezienswaardigheden in Angers en omgeving.

Festiviteiten

Festival d'Anjou: www.festivaldanjou.com. Na dat van Avignon is dit het grootste theaterfestival van Frankrijk. Het vindt al sinds 1948 elke zomer plaats in de kastelen in en om Angers (kaartjes via het Office de Tourisme).

Vervoer

Regelmatige treinverbindingen via de lijn Orléans-Nantes en naar Parijs. Een tramlijn verbindt Avrillé in het noorden met La Roseraie in het zuiden.

Château du Plessis-Bourré ▶ H 2

Ecuillé, www.plessis-bourre.com, mrt.-juni, sept. 10-12, 14-18, juli-aug. 10-18, okt.-dec., feb. 14-18 uur, € 9,50/8, rondleiding (alleen Frans) € 11/8,50

Het middeleeuws aandoende kasteel van Le Plessis-Bourré wordt omgeven door een brede, diepe gracht, waarin de grijze muren en strakke torens worden weerspiegeld. Een lange brug met ophaalbrug vormt de toegang tot het kasteel. In dit romantische decor zijn verschillende Franse films opgenomen, waaronder *Le Bossu* van Philippe de Broca, met Daniel Auteuil en andere Franse sterren. Het kasteel, dat nu wordt bewoond door Comte Sauvebeuf en zijn familie, is vanaf 1468 gebouwd door Jean Bourré, schatbewaarder van de koningen Lodewijk XI en Karel VIII. Hij bezat in Langeais in Touraine al een vergelijkbare burcht, maar wilde ook in Anjou een comfortabel onderkomen. Door de vele kruisvensters en dakkapellen in de hoofdvleugel kon er veel licht binnendringen. Ook de kamers rond de grote binnenplaats zijn comfortabel ingericht. Interessant is de **Salle des Gardes,** waarvan alle panelen in het 15e-eeuwse houten plafond zijn beschilderd met geheimzinnige symbolen uit de alchemie. De kleuren zien er fris uit: de magische illustraties zouden in de 18e eeuw zijn overgeschilderd omdat de bewoners de afbeeldingen te aanstootgevend vonden.

Het kasteel van Plessis-Bourré spiegelt zich in de diepe slotgracht

Château de Serrant ▶ G 3

St-Georges-sur-Loire, www.chateau-serrant.net, mrt.-mei, half sept.-half nov. wo.-za. 13.30-17.15, zon-en feestdagen ook 9.45-12, juni-half sept. 9.45-17.15 uur, € 10/7,50, rondleiding incl. bibliotheek € 1 extra

Het kasteel van Serrant, dat gebouwd is in drie perioden van halverwege de 16e tot in de 18e eeuw, geldt met zijn drie woonvleugels, gevels met pilasters (muurpijlers) en een Engels landschapspark als voorbeeld van een kasteel uit de late renaissance. Kostbare meubels, voornamelijk uit de 19e-eeuw, ziet u in de salons die in empirestijl zijn ingericht. Pronkstukken zijn met name de in hout opgetrokken bibliotheek en het trappenhuis dat met zijn houten plafond kenmerkend is voor de renaissance. Het kasteel is privébezit en wordt bewoond.

IN EEN OOGOPSLAG

Nantes

Hoogtepunt

Nantes: als vanouds is het Île Feydeau voor bezoekers van Nantes aantrekkelijk, met de luisterrijke woonhuizen en handelshuizen van de vroegere reders en slavenhandelaren van de stad. Daar zijn nu ook nog fantastische kunstprojecten en moderne architectuur op het Île de Nantes bijgekomen. De Passage Pommeraye uit de 19e eeuw nodigt uit tot stijlvol winkelen op drie verdiepingen en in het Château des Ducs de Bretagne kunt u zich in het moderne historische museum verdiepen in de boeiende geschiedenis van de stad. 1, 7, 9, 18 Zie blz. 271, 274 en 277.

Bezienswaardigheden

Cathédrale St-Pierre: het grafmonument voor Frans II en zijn echtgenote behoort tot de meesterwerken uit de beeldhouwkunst van de renaissance. 2 Zie blz. 274.

Musée Dobrée: de kunstcollectie van de reder Thomas Dobrée. 12 Zie blz. 276.

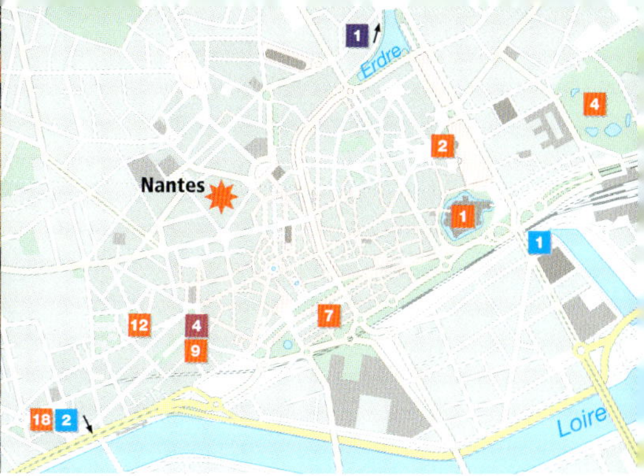

Actief

Ville à Vélo: met de fiets door de stad of langs de Erdre naar het Château de la Gascherie. Zie blz. 271.

Boottocht over de Erdre: excursie met de Bateaux Nantais naar de pronkkastelen van de burgers van Nantes. 1 Zie blz. 282.

Sfeervol genieten

Jardin des Plantes: exotische planten en glazen kassen in een botanische tuin uit de 18e eeuw. 4 Zie blz. 274.

La Cigale: jugendstilbrasserie naast het theater. 5 Zie blz. 278.

Uitgaan

Hangar à Bananes: een voormalig pakhuis op het oude haventerrein op het Île de Nantes biedt op het gebied van kroegen voor ieder wat wils. 2 Zie blz. 283.

Le Lieu Unique: livemuziek, dj's en danstheater – in de vroegere koekjesfabriek is altijd wat te doen. 1 Zie blz. 283.

Nantes ✷ ▶ K 4

De vroegere hoofdstad van Bretagne is een zeer levendige, grote stad met een rijk cultureel aanbod. André Breton (1896-1966), grondlegger van het surrealisme, zei ooit dat buiten Parijs alleen in Nantes nog wat interessants te beleven viel.

Nantes, waar ooit de Bretonse hertogen resideerden, is nu als hoofdstad van de regio Pays de la Loire nog altijd een belangrijk economisch en cultureel centrum. De grote scheepswerven van Nantes en St-Nazaire hebben zware klappen gekregen, maar de havens zijn nog steeds belangrijk voor de import en nemen landelijk een vierde plek in. Desondanks verschuift de werkgelegenheid van de 612.000 inwoners tellende metropool, die een bevolkingsgroei van bijna 10% kent, geleidelijk van de industriële naar de dienstverlenende sector.

INFO

Toeristenbureaus

Office de Tourisme: 9, rue des États, tegenover het Château des Ducs de Bretagne, 44000 Nantes, tel. 08 92 46 40 44 (€ 0,34 per min.), www.nantes-tourisme.com, dag. sept.-juni 10-18, juli-aug. 10-19 uur. Uitnodigende website. In de 'kiosque' zijn allerlei informatiebrochures te downloaden, bijvoorbeeld met hotels en restaurants of over rondvaarten over de Estuaire.

Vervoer

Trein: elk uur TGV-Atlantique naar en van Parijs. Veel verbindingen op de lijn Nantes-Orléans.

Centrum: drie tramlijnen en een dicht buslijnennet bedienen het centrum. De nachtbus Le Luciole rijdt tussen 2.30 en 7 uur in het centrum. Een interactieve kart met een overzicht van alle haltes is te vinden op de website www.tan.fr.

Geschiedenis

Het eerste volk aan de monding van de Loire waren de Namneten, een Keltische stam die voortleeft in de naam van de stad. Zij stichtten een haven, die later door de Romeinen van vestingwerken werd voorzien. In 843 roeiden de Noormannen via de Loire de stad binnen en richtten grote vernielingen aan. Zij bleven hier zo'n honderd jaar. Daarna viel de stad onder Bretons gezag, totdat Anna van Bretagne in 1491 trouwde met Karel VIII, de koning van Frankrijk, en Bretagne bij Frankrijk werd ingelijfd. De band met Bretagne werd echter nooit definitief verbroken. Hendrik IV ondertekende in 1598 in het Château des Ducs de Bretagne het Edict van Nantes, waarbij de hugenoten (protestanten) hun godsdienst vrij mochten uitoefenen.

In de 18e eeuw waren de kooplieden en reders van Nantes zo succesvol met hun suiker- en slavenhandel, dat de rijkdom van toen nog altijd in het stadsbeeld te zien is. Per dag passeerden tussen de drie- en vijfduizend zeilschepen de haven, die destijds aan de Rue de la Fosse lag. De meeste statige, witgepleisterde panden dateren van deze periode. De verfraaiing van de stad werd systematisch aangepakt door de stadsarchitect Mathurin Crucy (1749-1826): bouwen met hout werd – ook vanwege het brandgevaar – verboden, wat krom was werd rechtgetrokken en nieuwe pleinen en boulevards werden aangelegd. Aan het einde van de 18e eeuw ontsnapte ook Nantes niet aan de verschrikkingen van de Franse Revolutie. Drieduizend 'vijanden van de revolutie' liet men in boten in de Loire zinken, zodat ze verdronken – *baignades de Carrier* (zwemmers van Carrier) noemde men deze methode naar de bedenker, die zelf in 1794 onder de guillotine stierf.

Van 1926 tot aan het begin van de Tweede Wereldoorlog zijn verschillende armen van de Loire en de Erdre afgedamd. Hier rijdt nu het autoverkeer door de vroegere beddingen over de Cours des 50 Otages, Cours Franklin-Roosevelt en Cours Estienne-d'Orves.

De straatnaam Cours des 50 Otages herinnert aan de Duitse bezetting: op 21 oktober 1941 werden vijftig gijzelaars doodgeschoten als vergelding voor de moord op een hoge Duitse militair door een verzetsstrijder. In de Tweede Wereldoorlog raakte de stad ook zwaar beschadigd tijdens bombardementen.

Nantes nu

De wederopbouw van Nantes is geslaagd te noemen, waarbij er bovendien alles aan wordt gedaan de stad voor inwoners en toeristen nog aantrekkelijker te maken. Zo werd in 1993 de Quai de Versailles veranderd in een promenade langs de Erdre en werd op het Île de Versailles een Japanse tuin aangelegd. Ook architectonisch gaat Nantes met de tijd mee: er staat een nieuw Paleis van Justitie van de hand van de beroemde architect Jean Nouvel en het cultuurproject Les Machines de l'Île bevestigt de creatieve en surrealistische traditie van de stad. De Estuaire, een beeldenproject in drie episoden – 2007, 2009 en 2012 – kan door middel van een rondvaart worden bezichtigd.

Van het kasteel naar de botanische tuin

Château des Ducs de Bretagne 1

4, place Marc Elder, www.chateau nantes.fr, binnenplaats en muren dag. 8.30-19 (juli-aug. 20) uur, gratis; vertrekken en museum juli-aug. dag. 10-19, sept.-juni di.-zo. 10-18 uur, € 8/5, tot 18 jaar gratis

De bouw van het huidige kasteel startte in 1466 onder Frans II, de machtige hertog van het destijds onafhankelijke Bretagne, en werd na 1491 voortgezet door zijn dochter Anna. Hendrik IV, die in 1598 in het kasteel het Edict van Nantes ondertekende, zou bij de aanblik van het *château* hebben uitgeroepen: 'Parbleu! Onze neven, de Bretonse hertogen, waren zeker geen onaanzienlijke heren!' In die tijd stroomde de Loire overigens nog dicht langs de zuid- en oostmuren van het kasteel. Tegenwoordig biedt het kasteel ▷ blz. 274

Tip

Ville à Vélo – Nantes vanaf de fiets

Nantes is een fietsersparadijs. Er zijn volop fietspaden, kruisingen zijn afgestemd op fietsers, en de stad brengt een speciale plattegrond voor fietsers uit. Heel handig zijn de fietsen van **bicloo,** die bij veel verhuurstations klaarstaan. U koopt op een station een kaartje bij een apparaat, neemt een fiets mee en kan die na een tochtje bij een ander verhuurstation achterlaten. Na een wandeling door de stad kunt u bij een willekeurig station opnieuw weer een fiets meenemen (www.bicloo.nantes metropole.fr).

Voor een fietstocht langs de Erdre naar het Château de la Gascherie kunt u beter een fiets huren bij een van de acht **NGE-parkeerplaatsen** in de stad. Duur is het niet: een halve dag kost € 6, een hele dag € 10 (tel. 02 51 84 94 51, vestigingen bij de Cathédrale, Place Commerce, Place Graslin en de Médiathèque).

Rue de la Pelleterie
Rue du Maine
Rue des Hauts Pavés
Rue Noire
Poitou
Marcel Paul
Rue du Poitou
Rue du Limousin
Cimetière de la Miséricorde
Rue de Miséricorde
Rue d'Auvours
Rue Bergère
Viarme
Talensac
Place Viarme
Rue Félibien
Passage Leroy
Rue du Dr. Brindeau
Passage Saint-Yves
Passage Louis Lévesque
Rue de la Bastille
Maison d'Arrêt
Palais de Justice
Place A. Briand
Rue Harouys
Rue Deshoulières
Boulevard G. Guist'hau
Rue Marceau
Rue Dugommier
Rue La Fayette
Rue de Budapest
Rue Descartes
Place Delorme
Rue Colbert
Rue Copernic
Rue Cassini
Rue Racine
Rue Rosière d'Artois
Rue Montesquieu
Rue Marivaux
Rue Voltaire
Rue Gresset
R. Flandres-Dunkerque 1940
Rue M. Sibille
Rue Dobrée
Notre-Dame de Bon-Port
Place du Sanitat
Quai de la Fosse
Chantiers Navals
St-Nazaire N 165
Pont Anne de Bretagne
Loire
Quai A. Rhuys
Rue Russeil
Rue de Bel-Air
Rue Paul Bellamy
Rue de Bouillé
Quai de Versailles
Rue de la Distillerie
Quai H. Barbusse
St-Mihiel
Place de Chateaubriand
Erdre
Rue de Savenay
Rue Yves Bodiguel
R. Frédureau
Rue Auguste Brizeux
Rue Talensac
Rue Jeanne d'Arc
Quai Ceineray
Place du Pont-Morand
Place R. Salengro
St-Similien
Place St-Similien
Rue Porte-Neuve
Rue J. Jaurès
50 Otages
Rue des Pénitentes
Rue du
Rue L. Cassegrain
Cours des 50-Otages
Rue de Strasbourg
Jean Jaurès
Rue d'Erlon
Rue Jean Jaurès
Rue de l'Industrie
Rue Mercœur
Place de Bretagne
Bretagne
R. de l'Hôtel de Ville
Pl. du Cirque
Rue Brossard
Rue St-Léonard
Rue de la Commune
Sq. de l'Amiral Halgan
Rue St-Vincent
R. Armand
R. des Trois Croissants
R. des Carmes
Rue de Verdun
Rue de Feltre
Rue de l'Arche Sèche
Rue du Calvaire
Rue de la Marne
Rue de l'Emery
Ste-Croix
Rue de la Barillerie
Rue de la Bâclerie
Rue des Petites Écuries
Rue du Chapeau-Rouge
Rue Rubens
Rue d'Orléans
Commerce
Bouffay
Rue Scribe
Rue Crébillon
Rue de la Fosse
Place du Commerce
Cours Franklin Roosevelt
Allée Duguay-Trouin
Rue Kervégan
Allée de Turenne
Cours
Rue J.-J. Rousseau
Rue Piron
Rue Fourcroy
Rue d'Ancin
Place Petite-Hollande
Bd. J. Philippot
Rue F. Eboué
Hôtel Dieu
Chaussée
Bd. Jean Monnet
Faculté de Médecine et de Pharmacie
Médiathèque
Rue G. Veil
C.H.U. Hôtel Dieu
Quai de Tourville
Rue Gaston Michel
Quai Moncousu
Quai André Morice
Pont Haudaudine

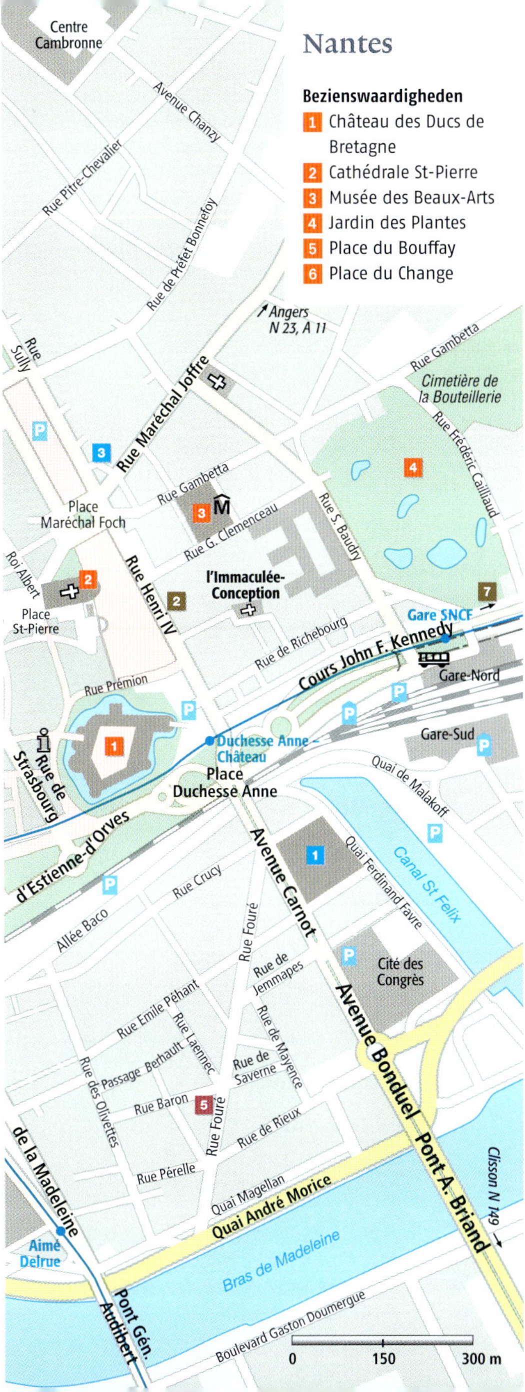

Nantes

Bezienswaardigheden

1 Château des Ducs de Bretagne
2 Cathédrale St-Pierre
3 Musée des Beaux-Arts
4 Jardin des Plantes
5 Place du Bouffay
6 Place du Change
7 Île Feydeau
8 Place Royale
9 Passage Pommeraye
10 Place Graslin
11 Cours Cambronne
12 Musée Dobrée
13 Monument voor afschaffing van de slavernij
14 Musée Jules Verne
15 Marché de Talensac
16 Tour de Bretagne
17 Maison de l'Erdre
18 Île de Nantes

Overnachten

1 Mercure Centre
2 L'Hôtel
3 Ibis Styles Nantes Centre
4 Pommeraye
5 Graslin
6 St-Daniel
7 Auberge de Jeunesse

Eten en drinken

1 L'Atlantide
2 Analudes
3 L'Océanide
4 La Cigale
5 Les frères Piers

Winkelen

1 Georges Gautier
2 Castelanne
3 Bougies Devineau

Actief

1 Bateaux Nantais

Uitgaan

1 Le Lieu Unique
2 Hangar à Bananes
3 La Maison Café
4 L'Univers Speakeasy
5 Chez Manu | Bar à Vins
6 Le Pti Zinc
7 Cinéma Katorza

onderdak aan het **Musée d'Histoire de Nantes.** De collectie illustreert met de nieuwste technieken van museale educatie en architectonische concepten de geschiedenis van de haven- en handelsstad. Vaak interessante tijdelijke tentoonstellingen.

Cathédrale St-Pierre 2

Place St-Pierre
Op de plek van de stadsmuur, die ooit het kasteel met de Erdre verbond, loopt sinds halverwege de 18e eeuw Les Cours St-Pierre, een licht verhoogde promenade met bomen, richting de kathedraal. Al in de 6e eeuw stond hier een kerk. In 1434 startte de bouw van de huidige kerk, die pas in de 19e eeuw zijn definitieve vorm kreeg. In de zuidelijke dwarsbeuk van de lichte kerk staat het marmeren grafmonument (omstreeks 1500) van Frans II, hertog van Bretagne, en zijn vrouw Marguerite. Beeldhouwer Michel Colombe uit Tours omringde het slapende paar met allegorische figuren van de deugden waarover een machthebber zou moeten beschikken: gerechtigheid, moed, matigheid en wijsheid.

Musée des Beaux-Arts 3

10, rue Georges Clemenceau, www.museedesbeauxarts.nantes.fr, wo.-ma. 11-19, juli-aug. dag. 11-19 (do. 21) uur, € 8/4, rondleiding € 12/8
Dit statige 19e-eeuwse museum, gelegen op enkele honderden meters ten oosten van de kathedraal, bezit een uitstekende collectie van vooral Franse schilderkunst. Daarnaast is ook de internationale moderne kunst goed vertegenwoordigd.

Jardin des Plantes 4

Rue Stanislas Baudry, dag. 8.30-20, 's winters tot 18.30 uur
De tuinen naast het museum hebben het uiterlijk van een Engels landschapspark met oude bomen, waterlopen en een vijver. In de 18e eeuw was de tuin een dependance van de koninklijke botanische tuinen van Parijs en voorzag deze van exotische planten. Een koninklijke verordening uit 1726 verplichtte de kapiteins van de grote zeilschepen om planten en zaden van overzee mee naar huis te nemen.

Oude en nieuwe stad

Quartier Bouffay

Rond de **Église Ste-Croix,** aan weerszijden van de **Rue de la Marne** en de daarop aansluitende **Rue de la Barillerie,** ligt de stadswijk die het minst is aangetast door de stadsvernieuwingen van de 18e eeuw. Enkele vakwerkhuizen uit de 15e en de 16e eeuw in de **Rue de la Juiverie** en de zijstraten daarvan hebben de eeuwen overleefd. Wandelaars hebben in deze wijk geen last van auto's en kunnen onderweg kiezen uit een rijk aanbod aan winkels, cafés en restaurants.

De **Place du Bouffay** 5, aan de zuidkant van de Église Ste-Croix, is het oudste plein van Nantes. Aan de open wand van het plein liep vroeger de stadsmuur, met daarachter de havenkades van de Loire. Ook stond hier de eerste vesting van de hertogen van Bretagne, die in de 19e eeuw werd gesloopt. Het huidige uiterlijk van het plein dateert uit de 18e eeuw. Aan de noordkant van de kerk, aan de **Place du Change** 6, staat nog een prachtig vakwerkhuis, het **Maison du Change.**

Île Feydeau ✹ 7

Het Île Feydeau is een ideaal startpunt voor een langere wandeling door de stad. Het voormalige eiland was ooit alleen via vier bruggen bereikbaar vanuit de wijnhaven, de huidige **Place du Commerce.** De voorname

Passage Pommeraye: modern winkelen in een 19e-eeuwse winkelpassage

woon- en pakhuizen van de reders en kooplieden rond dit plein stonden direct aan de kade waar de goederen aan land werden gebracht. De gevels zijn versierd met smeedijzeren balkons en daaronder stenen maskers van Afrikaanse koningen, indianen en andere 'exoten'. De beroemde schrijver Jules Verne is hier als zoon van een koopman opgegroeid.

Place Royale 8

Vanaf de **Place du Commerce** wandelt u door de **Rue des Gorges** naar de Place Royale. Dit plein werd in 1790 naar een ontwerp van de stadsarchitect Mathurin Crucy aangelegd op de plek van de Porte St-Nicolas, een poort die deel uitmaakte van de stadsmuren van Nantes. Een fontein van blauw graniet vormt het middelpunt van het plein. Vier half liggende figuren stellen de zijrivieren van de Loire voor: Sèvre, Erdre, Cher en Loiret. De zittende vrouw staat symbool voor de moederrivier de Loire, die op haar beurt wordt gekroond door een maagd die de stad verbeeldt.

Passage Pommeraye 9

In de **Rue Crébillon** hebben de winkels van de grote internationale modeontwerpers zich verzameld. Halverwege, waar het asfalt plaatsmaakt voor een elegante bestrating, kunt u linksaf naar de **Passage Pommeraye,** een mooi voorbeeld van een typisch 19e-eeuwse winkelpassage. De overdekte passage leidt van de Rue Crébillon naar de **Rue de la Fosse** en verbond vroeger de nieuwe stad met de haven. Beelden symboliseren de wetenschap, de industrie en de handel, de fundamenten van het toen nog jonge industriële tijdperk. De in Nantes opgegroeide regisseur Jacques Demy draaide hier scènes voor zijn film *Lola* (1960). De historische winkels in de passage verkopen snuisterijen, boeken, juwelen, schoenen, nostalgisch snoep en nog veel meer.

Place Graslin 10

Ook de ovale Place Graslin is een creatie van stadsarchitect Mathurin Crucy – daarbij financieel geholpen door de koninklijke belastinginner Graslin, die Nantes op deze manier hielp bij de uitbreiding van de stad in westelijke richting. Het classicistische operagebouw werd ook door Crucy ontworpen, net als het eerste hotel van Nantes tussen de **Rue Racine** en de **Rue Voltaire.** De romantische schrijver Stendhal (1783-1842) overnachtte hier op zijn reis door Frankrijk en genoot van de luxe van een eigen badkamer. Nu verzamelt heel Nantes zich in de **Brasserie La Cigale** (zie blz. 278) en in de omliggende cafés.

Cours Cambronne 11

Op slechts enkele stappen bevindt zich nog een werk van Crucy: de statige woonhof **Cours Cambronne.** Een poort in een smeedijzeren hekwerk biedt toegang tot de straat, met aan weerszijden identieke classicistische woongebouwen. Platanen en groene bankjes sieren de brede laan, die deels met fijn zand is bedekt. In 1848 werd hier een beeld van Pierre Cambronne geplaatst, een generaal en trouwe aanhanger van Napoleon.

Musée Dobrée en Musée Archéologique 12

Place Jean-V, www.nantes-tourisme.com, wegens verbouwing momenteel gesloten

De ontstaansgeschiedenis van het **Musée Dobrée** is illustratief voor de geschiedenis van de stad. Het neoromaanse gebouw van Viollet-le-Duc herbergt de collectie van Thomas Dobrée (1810-1895), telg uit een redersgeslacht, over wie de in Nantes opgegroeide schrijver Julien Gracq (1910-2007) schreef: 'een zeer zwakke nakomeling van de sentimentele, muziekminnende en sadistische slavenhandelaren die Nantes tweehonderd jaar geleden bevolkten'.

Dobrée stak zijn vermogen in het financieren van zijn passie: hij verzamelde middeleeuwse beelden, geïllustreerde handschriften, exotische rariteiten, porselein en kostbare meubels. Het belangrijkste object in het museum hoort echter niet tot de collectie van Dobrée: het hart van Anna van Bretagne werd na haar dood in 1514 in een gouden reliekhouder in het graf van haar ouders bijgezet. Dit was de wens van Anna, die hiermee haar verbondenheid met Bretagne en de stad Nantes benadrukte. Het gouden doosje in de vorm van een hart werd in 1792 naar Parijs gebracht om het tot munten te laten omsmelten, maar in 1819 kwam het toch terug naar Nantes. Sinds 1866 wordt het bewaard in het archeologisch museum.

Monument voor de afschaffing van de slavernij 13

Quai de la Fosse, bij Pont Anne de Bretagne, www.memorial.nantes.fr, half sept.-half mei 9-18, anders 9-20 uur, gratis

Van midden 15e eeuw tot eind 19e eeuw werden ruim 12,5 miljoen mensen uit Afrika verscheept om op de plantages in de Europese koloniën overzee dwangarbeid te verrichten. De rijkdom van Nantes berust voor een groot deel op deze mensenhandel. Een gang onder de promenade aan de Loire herinnert aan dit duistere hoofdstuk in de

geschiedenis. In het halfdonker, begeleid door de geluiden van een ruisende zee en trommels, kunt u op grote glasplaten een aanklacht tegen de slavernij lezen (in het Engels en het Frans).

Buiten het centrum

Musée Jules Verne 14

3, rue de l'Hermitage, www.julesverne.nantesmetropole.fr, tram 1 halte Gare Maritime, hiervandaan ongeveer 10 min. lopen, sept.-juni ma., wo.-vr., zo. 14-18, za. 10-12, 14-18, juli/aug. dag. 10-19, € 6/3,50

Een uitstapje brengt u naar Chantenay, een rustige woonwijk aan de andere kant van de Loire. In een 19e-eeuws huis direct aan de rivier heeft de stedelijke bibliotheek van Nantes het Musée Jules Verne ingericht, dat geheel in het teken staat van de beroemdste zoon van de stad. De schepper van onder meer kapitein Nemo en Phileas Fogg (*De reis om de wereld in tachtig dagen*) werd in 1828 op het Île Feydeau (4, rue de Clisson) geboren. Eerste drukken, toverlantaarns, affiches en allerlei gadgets die de populariteit van de eerste sciencefictionschrijver illustreren, worden in een nieuw vormgegeven maritiem decor op passende wijze gepresenteerd volgens de laatste stand van het Verne-onderzoek. Onderweg naar het wat hoger gelegen Chantenay kunt u bovendien genieten van mooie uitzichten op de Loire, de haven en de daken van Nantes.

Marché de Talensac 15

www. marche-talensac.fr, tram 2 van Place du Commerce naar station 50 Otages

Langs de route naar de in 1937 geopende markthal, waar verse zeevruchten klanten naar binnen lokken, staat de **Tour de Bretagne** 16. De enige wolkenkrabber van de stad is vooral 's nachts indrukwekkend als laserlichten de hoeken markeren. Naast vlees, brood, groente en vis worden in de **markthal** ook Aziatische en Latijns-Amerikaanse lekkernijen verkocht, net als honing en geitenkaas uit de regio.

Île de Versailles

Tram 2 van de Place du Commerce naar de halte La Motte Rouge

Op het eiland in de rivier de Erdre is een Japanse tuin aangelegd. Het **Maison de l'Erdre** 17 (ma., do.-vr. 13.30-18.15, wo., za., zo. 9.30-12.15, 14.15-18.15 uur, gratis) informeert bezoekers over de flora en fauna van de rivier. Aan de **Quai de Versailles** dobberen de platte rivieraken van Nantes en de plezierjachten van de toeristen, die hier hun tocht over de Erdre beëindigen. Van april tot oktober vertrekken hier ook de rondvaartboten voor een tocht over de Erdre, waarbij veertien kastelen worden gepasseerd. Elk jaar in september vindt op de kade de Rendez-vous de l'Erdre plaats, een straatfeest met jazz, theater, eetkraampjes en een rommelmarkt. Vanaf de **Pont Général-de-la-Motte-Rouge** aan de noordkant van het eiland is de Tour de Bretagne goed te zien.

Île de Nantes 18

Het terrein van de vroegere werf van Nantes op het gelijknamige eiland is in de laatste jaren omgetoverd tot een groot recreatiegebied met veel groen, een zonneweide, de Machines de l'Ile, bars, discotheken en restaurants. Het is ook een plek van cultuur, educatie en moderne architectuur geworden. Zo wordt het Palais de Justice van Jean Nouvel (2000) opgeluisterd met een digitaal kunstwerk van Jenny Holzer en is het gebouw van de École Nationale Supérieure d'Architecture van Anne Lacaton en Jean-Philippe Vassal (2009) een mooi voorbeeld van moderne bouwkunst. ▷ blz. 280

Favoriet

Flair en inspiratie – La Cigale 4

In de jugendstilbrasserie aan de Place Graslin komt iedereen bij elkaar, jong en oud, chic en minder chic, om in alle rust te genieten van de hoog opgestapelde zeevruchtenschotels. Mozaïeken van glas en keramiek, pleisterwerk, gekleurde ramen, spiegels en grote schilderingen brengen u terug naar de uitbundige periode van de belle époque. Het in 1850 geopende restaurant is een ontwerp van de uit Nantes afkomstige Émile Libaudière. Hoofdthema van de tegels en mozaïeken is *la cigale,* de 'zingende' cicade. Schrijver en dichter André Breton (1896-1966) liet zich hier door bier en oesters inspireren. Ook later verzamelden zich kunstenaars in La Cigale: zo veranderde de ook uit Nantes afkomstige filmregisseur Jacques Demy de brasserie in 1960 voor zijn film *Lola* in een variététheater (4, place Graslin, tel. 02 51 84 94 94, www.lacigale. com, dag. 7.30-0.30 uur, weelderig Frans ontbijt € 15 menu vanaf € 19).

Een surrealistisch beeld: een 12 m hoge olifant draagt bezoekers over het Île de Nantes

Te voet of per fiets komt u via de **Pont Anne de Bretagne** op het eiland in de Loire. Twee grote kranen, de gele en de blauwe **Grues Titan**, bepalen het silhouet. Ze getuigen van de gouden tijden van de scheepsbouw en de overzeese handel. Een blikvanger is zeker ook het kunstwerk **Les Anneaux** van Daniel Buren en Patrick Bouchain, bestaande uit kleurrijke, verlichte ringen, dat in het kader van het kunstproject Estuaire in 2007 aan de Quai des Antilles werd opgesteld (zie blz. 77). Hier, aan de westkant van het eiland, is de vroegere bananenloods nu gevuld met bars en restaurants.

Les Machines de l'Île

Parc des Chantiers, boulevard Léon Bureau, www.lesmachines-nantes.fr, doorgaans di.-zo. 10-18 uur, € 8,50/6,90

Op een voormalige werf bouwden de kunstenaars Alexandre Chemetoff en Jean-Louis Berthomieu reusachtige, surrealistische machines, die nu staan opgesteld in de **Galerie des Machines.** Bezoekers kunnen zich op een 12 m hoge, stalen olifant over het Île de Nantes laten rijden. Fantastisch is ook de enorme, op de zee geïnspireerde **draaimolen.**

Overnachten

Stijlvol – **Mercure Centre** 1: 4, rue Couëdic, tel. 02 51 82 10 00, www.mercure.com, 2 pk vanaf € 79. Achter de fraaie 19e-eeuwse voorgevel gaan een lobby met een glazen dak, de pianobar 4.44 en in art-decostijl ingerichte kamers schuil.
Uitzicht op het kasteel – **L'Hôtel** 2: 6, rue Henri IV, tel. 02 40 29 30 31, www.nanteshotel.com, 2 pk vanaf € 81. Met uitzicht op het kasteel of – rustiger – op de tuin.
Voordelig – **Ibis Styles Nantes Centre** 3: 5, rue Chapeau Rouge, tel. 02 40 48 79 76, www.ibis.com/nantes, 2 pk vanaf € 70. Nabij de Place Royale in een rustige zijstraat.
Hedendaags – **Pommeraye** 4: 2, rue Boileau, tel. 02 40 48 78 79, www.hotel-pommeraye.com, 2 pk vanaf € 65. Modern comfort en individuele inrichting in een pand uit de 19e eeuw, gelegen om de hoek van de Passage Pommeraye en de Rue Crébillon. Er is een goed ontbijt beschikbaar; voor de auto geldt een gereduceerd tarief in de parkeergarage Graslin.
Centraal – **Graslin** 5: 1, rue Piron, tel. 02 40 69 72 91, www.hotel-graslin.com, 2 pk vanaf € 68. Het centraal gelegen hotel is gedeeltelijk gerenoveerd, waardoor er nu kamers zijn met een IKEA-look en in art-decostijl.
Mooi – **St-Daniel** 6: 4, rue du Bouffay, tel. 02 40 47 41 25, www.hotel-saintdaniel.com, 2 pk vanaf € 52. Gelegen aan een voetgangersstraat in het Quartier Bouffay. De kamers aan de achterkant kijken uit op de tuin en de kerk Ste-Croix.
Jeugdherberg – **Auberge de Jeunesse** 7: La Manu, Cité Universitaire Internationale, 2, place de la Manu, tel. 02 40 29 29 20, www.hifrance.org/auberge-de-jeunesse/nantes.html, overnachting met ontbijt vanaf € 22. Jeugdherberg in een oude tabaksfabriek, 500 m van het station; volg hiervandaan de Boulevard de Stalingrad weg van het centrum.

Eten en drinken

Culinair – **L'Atlantide** 1: 5, rue de l'Hermitage,tel. 02 40 73 23 23, www.restaurant-atlantide.net, zon- en feestdagen gesl., menu vanaf € 70. Het beste restaurant van de stad, in de nabije omgeving van het Musée Jules Verne. Moderne, lichte keuken, afgestemd op het seizoen, bijvoorbeeld tarbot met Kantonese kruiden, burgers met kreeft, uien en tomaten en een mojito als dessert.
Fris – **Le Bistrot à Gilles** 2: 11, rue de la Bastille, tel. 02 40 20 41 58, zo. en ma. gesl., www.lebistrotagilles.fr, menu vanaf € 26. Gilles Renault kookt verrassend goed in deze leuke bistro.
Verse vis – **L'Océanide** 3: 2, rue P. Bellamy, tel. 02 40 20 32 28, www.restaurant-oceanide.fr, zo. en ma.-avond gesl., menu vanaf € 30. Uitstekende visgerechten en goede prijs-kwaliteitverhouding in een gemoedelijke, traditionele ambiance.
Jugendstilbrasserie – **La Cigale** 4: zie blz. 278.
Gezellig buurtrestaurant – **Les frères Piers** 5: 40bis, rue Fouré, tel. 02 40 48 26 24, www.lesfrerespiers.com, zo., ma. gesl., menu vanaf € 25. Gemoedelijk restaurant met een rustieke uitstraling en een wisselende menukaart.

Winkelen

Goede winkelstraten zijn de **Rue Crébillon** met zijn elegante boetieks, de omgeving van de **Église Ste-Croix** en de **Passage Pommeraye**, een overdekte winkelpassage met een geheel eigen sfeer en winkelaanbod.

Verwennerij met chocolade – **Confiserie Georges Gautier** 1: 9, rue de la Fosse, www.patisserie-debotte.com. Uitgelezen chocoladeproducten met een hoog percentage cacao in een mooie oude winkel, vanaf € 50 per kilo.

Zelfgemaakte chocolade – **Castelanne** 2: 21, rue Crébillon (binnenplaats), www.castelanne.com. Zelfgemaakte, prijzige chocolade met een cacaopercentage tot 80%.

Kaarsen en woonaccessoires – **Bougies Devineau** 3: 4, rue Belle Image. Wat ooit begon als een traditionele kaarsenmakerij is uitgegroeid tot een bloeiende onderneming met in totaal 460 werknemers. Het aanbod in de kleine winkel bestaat uit kaarsen in allerlei kleuren en vormen, en stijlvolle woonaccessoires.

Actief

Boottochten op de Erdre en Sèvre – **Bateaux Nantais** 1: www.bateaux-nantais.fr, vanaf de Quai de la Motte Rouge, ook dinercruises. In de 19e eeuw lieten welgestelde burgers van Nantes langs de Erdre kleine buitenplaatsen (*folies*) bouwen. Vanaf de boot kijkt u uit over de villa's en het groene landschap.

Fietsverhuur – **Ville à Vélo** en **bicloo**, zie blz. 271.

Uitgaan

Alles over het bruisende nachtleven van Nantes leest u in maandblad *Nantes Passion*. Veel bars en cafés zijn te vinden in

Le Lieu Unique: cultuur, dans, café en livemuziek in een voormalige koekjesfabriek

Tip

Cultuur en kroeg met industriële charme – Le Lieu Unique 1

Het cultuurcentrum in de vroegere koekjesfabriek van LU aan het Canal St-Félix is een unieke plek: u kunt er avantgardistisch danstheater bekijken, literatuur en nieuwe muziek horen, klanken uit de hele wereld beluisteren of uw kennis verdiepen in de Université Pop. Een hamam in de kelder verwent naast de geest ook het lichaam. Een grote hal, waar dj's voor muziek zorgen, biedt ruimte aan een café (ma.-za. 11-2, zo. 11-20 uur), een boekwinkel, een cd-winkel, een concept store en een eenvoudig restaurant met bistrokeuken (ma.-za. 12-14, 19-24 uur). Overdag kunt u naar het uitkijkplatform klimmen van de al van verre zichtbare fabriekstoren in snoepjeskleuren. Het panorama is indrukwekkend (2, rue de la Biscuiterie, www.lelieuunique.com).

het **Quartier Bouffay.** Bij de chique cafés aan de **Place Royale** en de **Place du Commerce** kunt u heerlijk buiten zitten. Uitgaan kan ook op het **Île de Nantes,** op een voormalig werfterrein, in de bananenloods en op terrassen.

In de koekjesfabriek – **Le Lieu Unique 1**: zie kader.

Van alles wat – **Hangar à Bananes 2**: Île de Nantes, 21, quai des Antilles. De vroegere loods herbergt nu bars, restaurants en terrasjes op 8000 m².

Retro – **La Maison Café 3**: 4, rue Lebrun. De vertrekken doen denken aan kamers uit de jaren zeventig van de vorige eeuw. Muziekstijl: elektro.

Sinds 1852 – **L'Univers Speakeasy 4**: place Graslin, www.luniverscafe.com, ma.-wo. 17-2, do.-za. 17-4 uur. Aloude jazztent, meer dan zestig soorten cocktails en vijftig whisky's aan de American Bar, tapas en chips, gemoedelijke sfeer, gemengd publiek. Eerste en derde dinsdag van de maand livemuziek.

Du vin et du pain – **Chez Manu | Bar à Vins 5**: 8 Rue Armand Brossard, ma.-za. 18-2 uur. Fijne, donkere wijnbar. Binnen is het stuk prettiger dan op het terras aan de ongezellige straat. Veel wijnen per glas, charcuterie, kaas en meer.

Bier en cocktails – **Le Pti Zinc 6**: 10, rue de l'Émery, dag. 15-2 uur. Kroeg met een groot terras; jong publiek.

Films – **Cinéma Katorza 7**: 3, rue Corneille, www.katorza.fr. Hier draaien de betere films met Franse ondertiteling. Ook filmfestivals.

Info en festiviteiten

Office de Tourisme: tegenover het kasteel, zie Info blz. 270. Met de City Pass Nantes krijgt u 24, 48 of 72 uur korting krijgt bij musea, bezienswaardigheden en het openbaar vervoer.

La Folle Journée de Nantes: www.follejournee.fr, eind jan.-begin feb. Gerenommeerd muziekfestival, dat klassiek voor jonge mensen toegankelijk wil maken. Elk jaar een ander hoofdthema.

Aux Heures d'Été à Nantes: www.auxheuresete.com, juli-half aug. Internationaal openluchtfestival met muziek, theater, film en kunstprojecten. Gratis.

Musiques sur l'Île: begin juli. Festival met wereldmuziek op het Île Ste-Anne.

Les Rendez-vous de l'Erdre: www.rendezvouserdre.com, eind aug.-begin sept. Groot jazzfestival op het Île de Versailles met veel gratis optredens.

Toeristische woordenlijst

Algemeen

goedemorgen/hallo	bonjour
goedenavond	bonsoir
goedenacht	bonne nuit
tot ziens	au revoir
sorry	pardon
hallo	salut
graag gedaan	de rien/ s'il vous plaît
dank u	merci
ja/nee	oui/non
oké	d'accord
tot later	à plus tard
wat zegt u?	pardon?
wanneer?	quand?

Onderweg

bushalte	l'arrêt
bus	le bus/le car
auto	la voiture
afrit	le sortie
benzinestation	la station-service
benzine	l'essence
rechts	à droite
links	à gauche
rechtdoor	tout droit
informatie	l'information
telefoon	le téléphone
postkantoor	la poste
treinstation	le gare
luchthaven	l'aéroport
stadsplattegrond	le plan de ville
doorgaand verkeer	toutes les directions
eenrichtingverkeer	rue à sens unique
ingang	l'entrée
geopend	ouvert/-e
gesloten	fermé/-e
kerk	l'église
museum	le musée
strand	la plage
brug	le pont
plein	la place
haven	le port
hier	ici
daar	là

Tijd

uur	l'heure
dag	le jour
week	la semaine
maand	le mois
jaar	l'année
vandaag	aujourd'hui
gisteren	hier
morgen	demain
de ochtend	le matin
de middag	le midi
de namiddag	l'après-midi
de avond	le soir
vroeg	tôt
laat	tard
voor	avant
na	après
maandag	lundi
dinsdag	mardi
woensdag	mercredi
donderdag	jeudi
vrijdag	vendredi
zaterdag	samedi
zondag	dimanche
feestdag	jour de fête
winter	l'hiver
lente	le printemps
zomer	l'été
herfst	l'automne

Noodgevallen

help!	au secours!
politie	la police
arts	le médecin
tandarts	le dentiste
apotheek	la pharmacie
ziekenhuis	l'hôpital
ongeval	l'accident
pijn	la douleur
kiespijn	le mal aux dents
autopech	panne

Overnachten

hotel	l'hôtel
pension	la pension
eenpersoonskamer	la chambre individuelle

tweepersoonskamer	la chambre double
tweepersoonsbed	le grand lit
aparte bedden	deux lits
met/zonder badkamer	avec/sans salle de bains
toilet	le cabinet
douche	la douche
met ontbijt	avec petit-déjeuner
halfpension	demi-pension
bagage	les bagages
rekening	la note/l'addition
prijs	le prix

Winkelen

winkel	le magasin
markt	le marché
creditcard	la carte de crédit
geld	l'argent
geldautomaat	le guichet automatique
bakkerij	la boulangerie
levensmiddelen	les aliments
duur	cher/chère
goedkoop	bon marché
grootte	la taille
betalen	payer

Getallen

1	un	17	dix-sept
2	deux	18	dix-huit
3	trois	19	dix-neuf
4	quatre	20	vingt
5	cinq	21	vingt et un
6	six	30	trente
7	sept	40	quarante
8	huit	50	cinquante
9	neuf	60	soixante
10	dix	70	soixante-dix
11	onze	80	quatre-vingt
12	douze	90	quatre-vingt-dix
13	treize	100	cent
14	quatorze	150	cent cinquante
15	quinze	200	deux cent(s)
16	seize	1000	mille

De belangrijkste zinnen

Algemeen

Spreekt u Nederlands/Engels?	Parlez-vous neérlandais/anglais?
Ik begrijp het niet.	Je ne comprends pas.
Ik spreek geen Frans.	Je ne parle pas français.
Ik heet ...	Je m'appelle ...
Hoe heet je/u?	Comment t'appelles tu/ vous appellez-vous?
Hoe gaat het?	Ça va?
Dank u, goed.	Merci, bien.
Hoe laat is het?	Il est quelle heure?

Onderweg

Hoe kom ik bij ...?	Comment est-ce que j'arrive à ...?
Sorry, waar is ...?	Pardon, où est ...?
Kunt u mij alstublieft de ... wijzen?	Pourriez-vous me montrer ... ?

Noodgeval

Kunt u mij alstublieft helpen?	Pourriez-vous m'aider?
Ik heb een arts nodig.	J'ai besoin d'un médecin.
Hier doet het pijn.	Ça me fait mal ici.

Overnachten

Hebt u een kamer beschikbaar?	Avez-vous une chambre de libre?
Hoeveel kost de kamer per nacht?	Quel est le prix de la chambre par nuit?
Ik heb een kamer gereserveerd.	J'ai réservé une chambre.

Winkelen

Hoeveel kost dat?	Ça coûte combien?
Ik heb ... nodig.	J'ai besoin de ...
Wanneer opent/ sluit ...?	Quand ouvre/ ferme ...?

Culinaire woordenlijst

Bereiding/specialiteiten

à la nage de ...	in het nat van ...
à point	medium gaar
assiette de charcuterie	schotel met worst (voorgerecht)
assiette de crudité	schotel met rauwkost
assiette de fruits de mer	schotel met zee-vruchten
bien cuit/-e	goed doorbakken
braisé/-e	gesmoord
cassoulet	bonengerecht
chaud/-e	warm
civet de ...	ragout van ...
confit de ...	ingemaakte ...
consommée	heldere bouillon
cru/-e	rauw
en croûte (de sel)	in een korst (van zout)
escabèche	zure marinade
farci/-e	gevuld
glacé/-e	bevroren
grillé/-e	gegrild
nature	in zout water gekookt, zonder kruiden
petits farcis	gevulde mediterrane groente
saignant	kort gebakken

Vis en zeevruchten

coquillage	schaaldieren
crevettes	garnalen
gamba	grote garnaal
homard	kreeft
huître	oester
langouste	langoest
langoustine	langoustine
lotte de mer	zeeduivel
maquereau	makreel
morue	kabeljauw/stokvis
moule	mossel
rouget	mul
St-pierre	zonnevis
sardine	sardine
saumon	zalm
thon	tonijn

Vlees

agneau	lam
andouille	pensworst
andouillette	worst van ingewandenvlees
bœuf	rund
boudin noir	bloedworst
brochette	spies
cabri	geit
carré (d'agneau)	(lams)rek
côte de ...	ribstuk van ...
civet	hazenpeper
entrecôte	tussenribstuk
escargot	slak
escalope	dun stuk vlees
gigot (d'agneau)	(lams)bout
porc	varken
tripes	pens
veau	kalf

Wild en gevogelte

chevreuil	hert/ree
dinde	kalkoen
gésier	maag van gevogelte
faisan	fazant
foie gras	ganzenlever
lapin	konijn
lapereau	wild konijn
lièvre	haas
magret de canard	eendenborst
poule	haan
poulet	haantje
sanglier	wild zwijn

Groente en kruiden

ail	knoflook
aneth	dille
artichaut	artisjok
asperges	asperge
avocat	avocado
betteraves	rode biet
blette	snijbiet
câpre	kappertjes
canelle	kaneel
chanterelles	cantharellen
cèpe	eekhoorntjesbrood

champignon de Paris	witte champignon
chou	kool
courgette	courgette
fenouil	venkel
fleur de courgette	courgettebloem
oignon	ui
poireau	prei
poivron	grote paprika

Fruit

abricot	abrikoos
cerise	kers
figue	vijg
fraise	aardbei
framboise	framboos
marron	kastanje
pêche	perzik
poire	peer
pomme	appel

Kaas

brebis	schapenkaas
camembert	zachte kaas
chèvre	geitenkaas
livarot	kruidige koeienkaas
fromage blanc	kwark

Nagerechten en gebak

brioche	zoet brood
chausson aux pommes	appelflap
coupe de glace	sorbet
crème anglaise	vanillecrème
crème chantilly	slagroom
crêpe	dunne pannenkoek
fruits confits	gekonfijt fruit
gâteau	taart
île flottante	eiwitschuim in vanillesauscreme
meringue	schuimgebakje
profiteroles	gevulde soesjes met chocoladesaus
tarte tatin	warme, omgekeerde appeltaart

Dranken

bière (pression)	bier (van de tap)
bouchon	kurk
bouchonné	met kurksmaak
brut	droog (wijn)
café	koffie
cidre	appelwijn
doux	zoet (wijn)
eau de vie	sterkedrank
eau gazeuse/plate	mineraalwater met/zonder koolzuur
jus	sap
lait	melk
thé	thee
tisane/infusion	kruidenthee
vendange tardive	late oogst (wijn)
vin blanc/rouge	witte/rode wijn
vin mousseux	mousserende wijn

In het restaurant

Ik wil graag een tafel reserveren.	Je voudrais réserver une table.
De kaart, a.u.b.	La carte, s.v.p.
wijnkaart	carte des vins
De rekening, a.u.b.	L'addition, s.v.p.
klein voorgerecht	amuse bouche
voorgerecht	hors d'œuvre/entrée
soep	soupe
hoofdgerecht	plat (principal)
nagerecht	dessert
bijgerecht	garniture
dagmenu	plat du jour
bestek	couvert
mes	couteau
vork	fourchette
lepel	cuillère
glas	verre
fles	bouteille
zout/peper	sel/poivre
suiker/zoetstof	sucre/saccharine

Abbaye de Fleury 88
Abbaye de Fontevraud 243
absolutisme 48
actieve vakanties 30
Agnès Sorel 170, 171
Allier 42, 51, 54
ambassades en consulaten 36
Amboise 7, 9, 62, 154, 158
– Château Royal 154
– La fontaine de Max Ernst 156
– Le Clos Lucé 158
– Mini-Châteaux de Val de Loire 156
– Pagode de Chanteloup 156
Angers 8, 254
– Cathédrale St-Maurice 257
– Château d'Angers 256
– Galerie David d'Angers 261
– Maison d'Adam 261
– Musée des Beaux-Arts 261
– Musée Jean-Lurçat et de la Tapisserie Contemporaine 262
– Place du Ralliement 261
– St-Aubin 261
– St-Serge 262
Anjou 42, 68, 226
Anna van Bretagne 47, 104, 170, 171, 192, 270, 276
ANWB Alarmcentrale 24
Apocalyps 256
apotheken 36
architectuur 72, 94
Aubigny-sur-Nère 147
auto 23, 24
Azay-le-Rideau 7, 207
– Château 208
– St-Symphorien 207
ballonvluchten 30
Balzac, Honoré de 19, 207, 210, 214, 236
Bartholomeüsnacht 48
Beaugency 98, 100
Beauregard 11, 113, 123
benedictijnen 88, 243
Berry 130
Berthelot, Gilles 207
bespaartips 38
Béthune, Maximilien de, hertog van Sully 87
bevers 53, 127
bevolking 43
Blanca van Castilië 255, 256
Blois 7, 8, 62, 102, 112
– Cathédrale St-Louis 109
– Château de Blois 103
– Couvent des Jacobins 109
– Hôtel d'Alluye 109
– Jardins de l'Évêché 109, 110
– Maison de la Magie Robert-Houdin 108
boottochten 10, 30, 52, 87, 114, 126, 229, 282
Bourbon, Huis 48
Bourges 8, 72, 130
– Ancien Palais Archiépiscopal 134
– Cathédrale St-Étienne 132
– Festival du Printemps 141
– Grange des Dîmes 134
– Hôtel Cujas 135
– Hôtel des Échevins 135
– Hôtel Lallemant 134
– Les Nuits Lumière 137
– Marais de Bourges 136
– Palais Jacques Cœur 138
– Un Eté à Bourges 141
Bourgueil 68, 197
Bretagne 270
Briare 85
Briçonnet, Catherine 162
Brissac 254
Buren, Daniel 77
bus 24
Cadre Noir 35, 228, 232, 237, 238, 242
Calder, Alexander 210
campings 27
Candes-St-Martin 11, 228, 230
Capetingers 44, 89
Carrousel 232, 237, 242
Carvallo, Henri 194
Catharina de Medici 47, 106, 107, 125, 164, 167
Chambord 7, 9, 63, 112, 113, 115, 118
chambres d'hôtes 25
champignons 43, 222, 229
Chapelle Notre-Dame-de-Lorette 172
Chapelle St-Jean-du-Liget 170
Chartreuse du Liget 170
Château d'Angers 256
Château d'Azay-le-Rideau 208
Château de Beauregard 123
Château de Blois 103
Château de Brissac 254
Château de Brou 172
Château de Chaumont 124
Château de Chenonceau 162
Château de Cheverny 121
Château de Dunois 101
Château de Gien 84
Château de la Bourdaisière 161
Château de Langeais 192
Château de la Rue 120
Château de la Verrerie 148
Château de Ménars 113, 120
Château de Meung 97
Château de Montgeoffroy 254
Château de-Montreuil-Bellay 247
Château de Saché 210
Château de Saumur 232
Château de Serrant 267
Château de Sully 87
Château de Talcy 101
Château de Valençay 168
Château de Villesavin 122
Château du Lude 223
Château du Plessis-Bourré 267
Château du Rivau 207
Château d'Ussé 211
Château La Ferté-St-Aubin 146
Châteauneuf-sur-Loire 89, 99
Chaumont-sur-Loire 7, 34, 113, 124, 126
Chemillé 170
Chênehutte-les-Tuffeaux 249
Chenonceau 7, 162, 167
Cher 162
Cheverny 7, 9, 113, 121
Chinon 59, 67, 198, 200, 204
– Caves painctes 199
– Forteresse Royale 202
– Le Jardin d'Elsie 202
Cléry-St-André 100
Cœur, Jacques 75, 136, 138
Cointreau 255
Coligny, Gaspard de 47
concerten 141, 254
Conservatoire de la Tomate 161

Coteaux du Loir 69, 219
Couëron 77
Courcoult, Jean-Luc 77
crémant 240
Crottin de Chavignol 147
Crucy, Mathurin 270, 275, 276
culturele festivals 34
Cunault 249, 253
Dampierre 229
De Guise, hertog 47, 48, 106, 155
Dénézé-sous-Doué 252
Diana van Poitiers 108, 125, 163
Domaine de Mestré 243
douane 23
Doué-la-Fontaine 248
– Bioparc Zoo de Doué-la-Fontaine 250
– Chemins de la Rose 248
– Musée aux Ancien Commerces 248
Dupin, Madame 164
École Nationale d'Équitation 238
economie 43
Edict van Nantes 48, 232, 270, 271
église à caquetoire 142, 145
elektriciteit 36
Eleonora van Aquitanië 7, 20, 44, 45, 101, 243, 244
Engeland 45, 59
Erdre 277, 282
Ernst, Max 156
Estuaire 271, 280
Estuaire Nantes-St-Nazaire 77
eten en drinken 28
evenementen 34
Faïencerie de Gien 85
feestagenda 35
feestdagen 36
feesten 34
feiten en cijfers 42
Festival d'Anjou 34, 267
Festival de Loire 35
Fêtes de Jeanne d'Arc 34, 90
fietsen 10, 18, 24, 30, 98, 112, 214, 219, 242, 253, 271
fietsverhuur 115, 206, 219, 242
Filips II Augustus 45
Filips IV de Schone 45
Flaubert, Gustave 20, 105, 115, 154, 162
Fontevraud 7, 72, 73, 243
fooien 36
Fouquet, Jean 134, 138, 169
François Villon 97
Franse Revolutie 42, 48, 75, 117, 244, 257, 270
Frans I 47, 74, 103, 105, 115, 158, 181
Frans II 47, 271, 274
Frans leren 189
Fulco III (Nerra) 44, 192, 232, 255, 257, 263
Gaston van Orléans 102, 105
geitenkaas 64, 147
geld 36
Genillé 169
geografie en natuur 42
Germigny 89
geschiedenis 42, 44
getijdenboek 131, 233
gezondheid 37
Gien 84
Godsdienstoorlogen 47, 232, 255
golf 30, 31, 122
gotiek 72
grotten 70, 250
grotwoningen 170, 229, 232, 251
Hendrik II 45, 47, 163, 170, 202, 243
Hendrik III 48, 106, 164, 256
Hendrik IV 73, 87, 225, 270, 271
Hendrik van Navarra 48
Hendrik VI van Engeland 46
Hendrik V van Engeland 46
Hergé 121
Honderdjarige Oorlog 20, 45, 59, 73
hotels 25
hugenoten 47, 48, 255
huisdieren 23
Hurault, familie 121
huurauto 24
Indre 209
Indrois 169
informatie 18
internet 18, 27
Jacob, Max 88
Jan II de Goede 45
Jan van Berry 46, 131, 134
Jan zonder Land 170
Jardins de Roquelin 99
jasnières 69, 222, 223
Jean de Dunois 101
Jean de Meung 97
Jeanne d'Arc 34, 46, 59, 87, 90, 91, 92, 94, 101, 171, 172, 202
jeugdherbergen 27
kalksteen 172
kano en kajak 32
Karel IV 45
Karel IX 47
Karel van Anjou 45
Karel VI de Waanzinnige 46
Karel VII 46, 59, 73, 87, 101, 140, 147, 170, 198, 202
Karel VIII 47, 73, 74, 154, 192, 270
kasteel 73
Kawamata, Tadashi 79
kerncentrales 43
keuken van de Loire 64
kinderen 9, 37
kleding 21
klimaat 21
kloosters 72
koetsritten 115, 120
Kuifje 121
La Chartre-sur-le-Loir 219, 220
La Corroierie du Liget 170
La Ferté-Beauharnais 144
La Ferté-St-Aubin 146
La Flèche 225
– Prytanée Nationale Militaire 225
La Loire à Vélo 30, 31
Lamotte-Beuvron 145
Langeais 192
– Château 192
La Possonnière 218, 222
Lavardin 217
Laveau-sur-Loire 79
Layon 68
Le Breton, Jean 122
Le Clos Lucé 158
lectuur 19
Le Lude 11, 223
Le Nôtre, André 211
Leonardo da Vinci 47, 118, 154, 156, 158
Le Pellerin 78

Le Puy-Notre-Dame 248
Le Saut aux Loups 229
Lesbahy, Philippe 207
Lhomme 219, 222
Liget 170
Ligré 207
L'Île-Bouchard 206
Loches 170
– Carrière Troglodytique de Vignemont 172
– Logis du Roi 171
– Porte Royale 171
– St-Ours 171
– Tour Martelet 171
Lodewijk I 46
Lodewijk II 256
Lodewijk I van Bourbon-Condé 47
Lodewijk IX 170
Lodewijk IX de Heilige 45
Lodewijk VII 44, 101
Lodewijk XI 46, 100, 192
Lodewijk XII 47, 74, 102, 104, 170
Lodewijk XIII 48
Lodewijk XIV 48, 232, 233
Lodewijk XVI 48
Loir 214
Loire 51, 77, 126
Loireschippers 56, 89
Louise van Lotharingen 164
Louresse-Rochemenier 252
maisons troglodytes 9, 229
Margaretha van Valois 48
markt 34
Maruyama, Kinya 78
media 37
Meung-sur-Loire 97, 98
Montgeoffroy 254
Montlouis-sur-Loire 161
Montmorency, hertog van 47
Montoire-sur-le-Loir 215, 217
Montrésor 169
Montreuil-Bellay 247
Montrichard 165
Montsoreau 229
Muides-sur-Loire 113
muziekfestival 88, 115, 162, 283
Nantes 8, 77, 270
– Cathédrale St-Pierre 274
– Château des Ducs de Bretagne 271
– Cours des 50 Otages 271
– Île de Nantes 277
– Île de Versailles 277
– Île Feydeau 274
– Jardin des Plantes 274
– La Cigale 278
– Le Lieu Unique 283
– Les Machines de l'Île 280
– Monument voor afschaffing van de slavernij 276
– Musée des Beaux-Arts 274
– Musée Dobrée 276
– Musée Jules Verne 277
– Passage Pommeraye 275
– Place du Bouffay 274
– Place Graslin 276, 278
– Place Royale 275
– Quartier Bouffay 274
Napoleon Bonaparte 49
Nishi, Tatzu 78
noodgevallen 38
Nouans-les-Fontaines 169
Olivet 95
omgangsvormen 38
ontbijt 28
openingstijden 38
Orléans 8, 59, 60, 89
– Cathédrale Ste-Croix 91
– Festival de Loire 97
– Fêtes de Jeanne d'Arc 97
– Hôtel Cabu 94
– Hôtel Groslot 92
– Hôtel Toutin 94
– Les Turbulences - Frac Centre 94
– Maison de Jeanne d'Arc 94
– Musée des Beaux-Arts 91
– Notre-Dame-de-Recouvrance 94
– Parc Floral de la Source 95
– Place du Martroi 90
overnachten 25
paarden 238
paardrijden 32
Paimbœuf 78
Parc Botanique de la Fosse 215
pech onderweg 24
Plateau van Beauce 51
Plessis-Bourré 267
poires tapées 183
Poires tapées 64, 211
Pompadour, Madame de 120
Pompadour, markies van 113
Poncé-sur-le-Loir 219, 222
Pont-canal de Briare 85
Prieurale Notre Dame de Cunault 249
Prieuré de St-Cosme 185
prijzen 38
protestanten 47, 48, 105, 256
Rabelais, François 68, 198, 199, 207
reders 270
reisseizoen 21
reizen in het Loiredal 24
reizen met een handicap 38
reizen naar het Loiredal 23
religie 43
renaissance 47, 74, 158
René van Anjou 256
restaurant 28
Restigné 197
Richard Leeuwenhart 45, 170, 243
Richelieu, kardinaal 48
rillettes 64, 183
rillons 64
rivierlandschap 51
Rochemenier 251
roken 39
Romorantin-Lanthenay 143
Ronsard, Pierre de 101, 124, 185, 214, 218, 219
Route des Vignobles 222
rozen 21, 99, 124, 185, 207, 248
Ruillé-sur-Loir 219, 222
Saché 209
– Château de Saché 210
– Musée Balzac 210
Sancerre 67, 147
Saumur 8, 70, 232, 253
– Cadre Noir 237, 238
– Château de Saumur 232
– Dolmen de Bagneux 238
– École d'Application de l'Armée Blindée et de la Cavalerie 237
– École Nationale d'Équitation 238
– Hôtel de Ville 236
– Île d'Offard 237
– Musée des Blindés 238
– Notre-Dame-de-Nantilly 237
– Notre-Dame-des-Ardilliers 237

– St-Pierre 236
saumur-champigny 68, 229, 232
Sazilly 205, 207
Serrant 267
Sèvre 282
Sforza, Ludovico 172
slaven 270
Sologne 51, 141
Sologne des Étangs 144
son et lumière 21, 34, 62, 115, 162
SOS Loire Vivante 52
souvenirs 39
Souvigny-en-Sologne 145
Souzay-Champigny 229
sport 30, 114, 265
staat en politiek 42
Staël, Madame de 125
St-Aignan-sur-Cher 165
St-Benoît-sur-Loire 8, 72, 88
St-Dyé-sur-Loire 112, 121
Ste-Catherine-de-Fierbois 172
steengroeve 172
St-Georges-des-Sept-Voies 252
St-Hilaire-Saint-Florent 240, 253
Sint-Jacobsroute 216
St-Jacques-des-Guérets 217
St.-Martinus (St.-Maarten) 44, 59, 61, 185, 228
St-Nazaire 79
St-Viâtre 144
Sully-sur-Loire 87
taal 39, 43, 189
Talcy 101
Talleyrand-Périgord, Charles-Maurice de 63, 168
tarte tatin 66, 145
Tavant 205, 207
taxi 24
telefoneren 39
Thouet 248
toerisme 43
toeristenbureaus 19
tomaten 161
Touraine 42, 152, 190
Tours 8, 61, 176, 182
– Basilique St-Martin 185
– Cathédrale St-Gatien 177
– Château 181
– Hôtel de Beaune-Semblançay 184
– Hôtel Goüin 184
– La Psalette 180
– Musée des Beaux-Arts 180
– Musée du Compagnonnage 184
– Place Foire-le-Roi 181
– Place Plumereau 184, 187
– St-Julien 181
trein 23, 24
troglodyte 229, 232, 250
Trôo 218
tufsteen 42
tufsteengrotten 8
tuinen 10, 21, 121, 124, 125, 161, 164, 185, 194, 207, 211, 224, 277
tuinenfestival van Chaumont 34, 125
Tuin van Frankrijk 52, 56, 192
Turquant 229
uitrusting 21
UNESCO-Werelderfgoedlijst 8, 49, 130, 132
Ussé 75, 211
vakantiewoningen 27
Valençay 63, 168
Vallée de Courtineau 172
Valois 46
Van Limburg, gebroeders 131, 233
Varini, Felice 79
veiligheid 39
Vendôme 214
verkeersregels 24
Verne, Jules 277
verzet 271
Vienne 198, 200, 206, 228
Village Troglodyte 251
Villandry 7, 75, 194
Villesavin 11, 122
vis 64
vliegtuig 23
vogels 53, 127
Voltaire 87
wandelen 10, 32, 136, 144
weer 21
wellness 33, 157
wijn 10, 18, 21, 67, 108, 147, 161, 181, 197, 203, 204, 206, 219, 222, 223, 232, 239, 240, 247, 264
Wurm, Erwin 78
zalm 54
zeep 243
Zoo 250
Zoo de Doué-la-Fontaine 250
Zoo de la Flèche 225

Notities

Notities

Omslag: Château de Chenonceau (Shutterstock)

DuMont-Bildarchiv, Ostfildern: blz. 160 (Wiese)
Huber-Images, Garmisch-Partenkirchen: blz. 7, 12 rb, 12 lo, 16/17, 82 r, 102/ 103, 118/119, 155, 163, 174 l, 186/187, 190 lo, 193, 194, 80/81 (Olimpio); 58 (Picture Finders)
Markus Kirchgessner, Frankfurt a. M: blz. 13 lo, 26, 66, 70, 126, 182, 204, 212 r, 213 l, 218/219, 220/221
Laif, Köln: blz. 85 (Amme); 11, 13 rb, 153 l, 166/167 (Bibollet/TOP); 74/75 (Chicorel/hemis.fr); 56/57 (Degas/hemis.fr); 8, 9, 13 ro, 40/41, 226 l, 230/231, 240, 257 (Dozier/hemis.fr); 152 r, 158 (Escudero/hemis.fr); 266 (Gardel/hemis.fr); 252 (Heuer); 250 (Hughes/hemis.fr); 196, 268 (2x), 275, 278/279 (Jockmanns); 50 (Le Figaro/Martin); 72, 83 l, 90, 116, 122/123, 224, 262 (Linke); 260 (Moirenc/hemis.fr); 53, 54 (Preau/hemis.fr), 282 (Prignet); 67 (Rabouan/hemis.fr); 269 l, 280 (REA/Moschetti); 174 r, 177 (Renault/hemis.fr); 28/29, 171, 191 l, 210, 212 l, 216 (Rieger/hemis.fr); 22 (Velantin/Hoa-Qui); 86/87 (Wysocki-Frances/hemis.fr)
Look, München: blz. 131, 152 l, 168 (age fotostock)
Maison de la France, Frankfurt a. M.: blz. 62/63, 82 l, 98 (Mangeat); 175 l, 188 (Mouton); 78 (Pays de La Loire/Bellanger); 12 lb, 110/111 (Poulalier); 13 lb, 148/149 (Tardieu); 33 (Touraine Vélo/Mouton)
Mauritius Images, Mittenwald: blz. 190 r, 208/209 (Alamy/Bolton); 12 r, 200 (Alamy/Gottschalk); 128 l, 150/151 (Göppert); 76, 128 r, 140, 142/143, 233, 238 (Photononstop); 226 r, 244 (robertharding/Cuvelier), 5 (World Pictures)
Musée de la Sorcellerie, Concressault: blz. 129 l, 146 (Tardieu)
picture alliance, Frankfurt a. M.: blz. 138 (Maeyarts/Bildarc); 227 l, 247 (Maxppp/Bechard)

Hulp gevraagd!
De informatie in deze reisgids is aan verandering onderhevig. Het kan dus wel eens gebeuren dat u ter plaatse een andere situatie aantreft dan de auteur.
Is de tekst niet meer helemaal correct, laat ons dat dan even weten. Ons adres is:

ANWB Media
Uitgeverij reisboeken
Postbus 93200
2509 BA Den Haag
anwbmedia@anwb.nl

Productie: Uitgeverij ANWB
Coördinatie: Els Andriesse
Tekst: Irene Martschukat
Vertaling: Harry Bunk, Barendrecht
Herziening: Amir Andriesse, Diemen
Eindredactie: Machiel Rebergen, Amsterdam
Opmaak: Hubert Bredt, Amsterdam
Ontwerp binnenwerk: Jan Brand, Diemen
Ontwerp omslag: DPS, Amsterdam
Concept: DuMont Reiseverlag, Ostfildern
Grafisch concept: Groschwitz/Blachnierek, Hamburg
Cartografie: DuMont Reisekartografie, Fürstenfeldbruck

Derde, herziene druk
ISBN: 978-90-18-04557-9